सामाजिक शोध : सिद्धान्त एवं व्यवहार

Social Research: Theory and Practice

सामाजिक शोध

सिद्धान्त एवं व्यवहार

(Social Research: Theory and Practice)

डी.के. लाल दास

अनुवादक

सुनील सिंह चन्देल

रावत पब्लिकेशन्स

जयपुर • नई दिल्ली • बैंगलोर • गुवाहाटी • कोलकाता

ISBN 978–81-316-0858-6 (HB)
ISBN 978–81-316-0859-3 (PB)

Published by
Prem Rawat for **Rawat Publications**
Satyam Apts, Sector 3, Jawahar Nagar, Jaipur 302 004 (India)
Phone: 0141 265 1748 / 7006 Fax: 0141 265 1748
E-mail: info@rawatbooks.com
Website: www.rawatbooks.com

New Delhi Office
4858/24, Ansari Road, Daryaganj, New Delhi 110 002
Phone: 011 2326 3290

Also at *Bangalore, Guwahati* and *Kolkata*

Printed at Nice Printing Press, New Delhi

विषय–सूची

भाग–1

सामाजिक शोध का आधार (Basics of Social Research)

भाग–2
समाज कार्य का शोध (Social Work Research)

भाग–3
समाजकार्य में सांख्यिकी (Statistics for Social Work)

प्राक्कथन

सामाजिक कार्य अनुसंधान के लिये एक शिक्षक के रूप में स्नातक और स्नातकोत्तर स्तर पर दो दशकों से अधिक समय तक शोध निर्देशित करने का कार्य किया। अपने छात्रों के लिये उपयुक्त पाठ की खोज में एक लम्बा समय बिताया है। यह स्पष्ट है कि सामाजिक विज्ञान अनुसंधान की पुस्तकों में छात्रों को अभ्यास करने के लिये अवसर नहीं हैं जबकि सामाजिक कार्य शिक्षा के क्षेत्र में अभ्यास का एक अभिन्न हिस्सा है।

इस शोध पुस्तक के लिखने से मेरा आशय यह है कि सामाजिक कार्य के छात्रों, शिक्षकों और पेशेवरों की सहायता करने के लिये सामाजिक कार्य सिद्धान्त और व्यवहार में अनुसंधान विधियों और तकनीकों के अनुप्रयोग सीखने होंगे। निम्नलिखित बातों से प्रेरित होकर इस नये पाठ का विकास किया–

1. सामाजिक कार्य व्यवहार और पेशेवरों के लिये शोध की उपयोगिता बढ़ाना।
2. सामाजिक कार्य अनुसंधान से जो सामग्री सम्बन्धित नहीं है या कम सम्बन्धित है, उसे हटाना या कम करना है और सामाजिक कार्य अनुसंधान से जुड़े विशेष प्रासंगिक विषयों की सामग्री को विस्तृत करना जो सामाजिक कार्य के पाठ्यक्रम में छूट गयी हैं या जिन पर तुलनात्मक रूप में कम ध्यान दिया जा रहा है।
3. सामाजिक कार्य का चित्र उद्धृत करते हुये अनुसंधान विधियों और तकनीकों को समझाना।

मैंने सामाजिक कार्य अनुसंधान में एक नया पाठ तैयार करने पर विचार किया। जब विश्वविद्यालय अनुदान आयोग ने सामाजिक कार्य विषय पर पैनल में

एक सदस्य के रूप में सामाजिक कार्य अनुसंधान पर एक पाठ्य पुस्तक तैयार करने हेतु मुझे आमन्त्रित किया। मैंने निमन्त्रण स्वीकार कर इस परियोजना पर कार्य करना आरम्भ कर दिया।

सामाजिक कार्य अनुसंधान सामाजिक कार्य सिद्धान्त और व्यवहार में अनुसंधान के तरीकों और कौशल के अनुप्रयोगों के साथ सम्बन्धित है, दूसरे शब्दों में सामाजिक कार्य अनुसंधान सामाजिक कार्य के ज्ञान के आधार को बढ़ाने और सामाजिक कार्य विभिन्न अनुसंधान विधियों, उपकरणों और तकनीकों का उपयोग करके एक वैज्ञानिक अभ्यास करना है। सामाजिक कार्य सिद्धान्त और व्यवहार में अनुसंधान के अनुप्रयोग, मूल रूप से निम्नलिखित उद्देश्यों को प्राप्त करने के उद्देश्य निम्नलिखित हैं–

1. सामाजिक कार्य के ज्ञान का आधार बढ़ाने में
2. सामाजिक कार्य हस्तक्षेप के प्रभाव का आकलन करने के लिये
3. वैकल्पिक हस्तक्षेप सुझाव के लिये
4. नये हस्तक्षेप और
5. हस्तक्षेप के परिणामों का मूल्यांकन

सामाजिक कार्य अनुसंधान उपर्युक्त उद्देश्यों को ध्यान में रखते हुये सामाजिक कार्य के छात्रों, शिक्षकों के साथ–साथ पेशेवरों को सक्षम बनाने के लिये, उच्च पेशेवर मानकों और जवाबदेही की बढ़ती मांग को पूरा करने में अद्वितीय भूमिका निभाता है।

इस पृष्ठभूमि के खिलाफ पुस्तक बहुत विशिष्ट तरीके से विषय के साथ सम्बन्धित है। यही कारण है कि पुस्तक में सामाजिक अनुसंधान का मूल वर्णन है। सामाजिक कार्य सिद्धान्त और व्यवहार में अनुसंधान की प्रायोज्यता पर ध्यान केन्द्रित किया गया है। पुस्तक के तीन भाग हैं अर्थात् (अ) सामाजिक अनुसंधान, (ब) सामाजिक कार्य अनुसंधान और (स) सामाजिक कार्य हेतु सांख्यिकी की मूल बातें।

सामाजिक अनुसंधान की मूल बातें वैज्ञानिक अभिविन्यास के रूप में एक हिस्सा हैं। वैज्ञानिक तरीकों के बुनियादी तत्वों, बुनियादी अनुसंधान अभिकल्पन, नमूने सहित और आंकड़ों के संग्रहण की विधियाँ, उपकरणों और आंकड़ों के विश्लेषण इत्यादि शामिल हैं।

पुस्तक के भाग ब में सामाजिक कार्य अनुसंधान का अर्थ, प्रकृति और सीमायें, एकल विषय अभिकल्पन, वैकल्पिक एकल विषय अभिकल्पन, बहु घटक अभिकल्पन, समूह अभिकल्पन, और मूल्यांकन की लागत और लाभ, लागत विश्लेषण प्रभाव, प्रभाव आकलन एवं मूल्यांकन कार्यक्रम इत्यादि विषय सामग्री सहित अनुसंधान में शामिल हैं।

पुस्तक में भाग स सामाजिक कार्य, वर्णनात्मक और अनुमानिक आंकड़े, एकल विषय अभिकल्पन के महत्व और परीक्षण हेतु आंकड़ों की सार्थकता बताते हैं।

मुख्य–मुख्य बातें (Salient Features)

1. प्रत्येक अध्याय में अभ्यास हेतु उदाहरण, चर्चा को अनुसंधान के साथ कैसे जोड़ा जा सकता है, शामिल किया गया है। इसमें सामाजिक कार्य हस्तक्षेप में अनुसंधान की जरूरत पर जोर दिया गया है।
2. पुस्तक के भाग अ में, सामाजिक अनुसंधान की मूल बातें बहुत संक्षिप्त रूप में प्रस्तुत की गयी हैं। इसका उद्देश्य सामाजिक कार्य के क्षेत्र में जो सामग्री प्रासंगिक नहीं है या कम है उसे कम करना है।
3. भाग ब विशेष रूप से सामाजिक कार्य के छात्रों और पेशेवरों जो सामाजिक कार्य व्यवहार में अनुसंधान के बारे में चिंतित हैं, के लिये लिखा गया है।
4. भाग स आंकड़ों से सम्बन्धित होकर सामाजिक कार्य के छात्रों की गैर गणितीय पृष्ठभूमि को ध्यान में रखते हुये लिखा गया है।

सामाजिक कार्य शिक्षा में अनुसंधान पाठ्यक्रम (Research Curriculum in Social Work Education)

सामाजिक कार्य शिक्षा के क्षेत्र में अनुसंधान पाठ्यक्रम को सामाजिक विज्ञान अनुसंधान पर परम्परागत रूप से बनाया गया है। शायद यही कारण है कि कई विद्यालयों में अनुसंधान सामाजिक विज्ञान अनुसंधान के पाठ्यक्रम की विषय सामग्री से अलग तरीके से क्यों नहीं होता है। जैसा कि सामाजिक कार्य के छात्रों द्वारा अनुसंधान की पराकाष्ठा को बड़े रूप में देखते हैं जैसे–निगमनात्मक तर्क की प्रक्रिया द्वारा अनुसंधान परिणामों से निष्कर्षों को निकालना। स्पष्ट रूप से इस प्रकार के निष्कर्ष से न तो समाज कार्य के ज्ञान के आधार में कोई योगदान मिलता है और न कोई समाज कार्य व्यवहार में। वे शायद ही कभी हस्तक्षेपों का परीक्षण या उनके हस्तक्षेपों के परिणामों का मूल्यांकन करने की कोशिश करते हैं। समाज कार्य छात्रों के लिये अनुसंधान पाठ्यक्रम की मुश्किल से ही शायद व्यवहार में प्रासंगिकता हो। परिणामतः सामाजिक कार्य के छात्रों में शोध और व्यवहार के बीच की कड़ी में असफलता ही देखने को मिलती है। उनमें से कई लोग यह विचार विकसित कर लेते हैं कि वे अनुसंधान के साथ कुछ भी नहीं कर सकते हैं।

आवश्यकताओं का प्रकटीकरण (The Emerging Need)

सामाजिक कार्य अनुसंधान पाठ्यक्रम को फिर से अभिकल्पित किये जाने की आवश्यकता है जिससे समाजकार्य की अन्य पद्धतियों के साथ बराबरी की जगह

प्राप्त करने और छायादार अस्तित्व बनाये जाने के लिये सक्षम हो सके। समाज कार्य के अन्य सम्बद्ध पहलुओं को ध्यान में रखकर अनुसंधान और व्यवहार का पाठ्यक्रम फिर से अभिकल्पित किया जाना चाहिये और समाज कार्य के व्यवहार और सिद्धान्त अग्रिम और मजबूत सामान्य लक्ष्य से बाध्य हैं। कार्यक्षेत्र के साथ शोध प्रशिक्षण को सिद्धान्त और व्यवहार के साथ जोड़कर सामान्य क्षेत्रों को पहचान कर शोध में मिलाने की आवश्यकता है (मोन्टे, 1986)। उक्त चर्चा यह साक्ष्य देती है कि सामाजिक कार्य अनुसंधान पाठ्यक्रम के परिवर्तन पर फोकस किये जाने की आवश्यकता है ताकि सामाजिक कार्य व्यवसाय के लिये अनुसंधान के परिणाम प्रासंगिक और उपयोगी हो सकें और सामाजिक कार्य हस्तक्षेपों की जवाबदेही के प्रदर्शन पर ध्यान केन्द्रित कर सकें।

सामाजिक कार्य में उत्तेजक अनुसंधान (Stimulating Research in Social Work)

सामाजिक कार्य के शिक्षकों को एहसास है कि सामाजिक कार्य के क्षितिज़ का विस्तार करने की प्राथमिक जिम्मेदारी उन पर ही सौंपी गयी है। वर्तमान शिक्षण अनुसंधान पर जोर, एक स्वतन्त्र पाठ्यक्रम के रूप में तिरस्कृत किया जाना चाहिये और सामाजिक कार्यों के अन्य पाठ्यक्रमों के साथ शोध को सम्बद्ध कर सामाजिक कार्य के शिक्षकों को सामाजिक कार्य पाठ्यक्रम के लिये सक्षम बनाना होगा।

सामाजिक कार्य विधियों को पढ़ाने के लिये विज्ञान के परिप्रेक्ष्य और पद्धतियाँ एक रूपरेखा प्रदान कर सकते हैं। सामाजिक कार्य के शिक्षकों द्वारा अधिकतम् ज्ञान का उपयोग करने में मजबूत अनुभवजन्य आधार की कमी है। इस पेशे की एक परिहार्य सीमा है जो सामाजिक घटना और मनोवैज्ञानिक मायावी जटिलताओं के साथ सम्बन्धित है। सामाजिक कार्य के शिक्षकों द्वारा सामाजिक कार्य के छात्रों को प्रेरित करने के लिये सामाजिक कार्य पर आधारित विभिन्न ज्ञान का अनुभवजन्य परीक्षण करने के लिये वैज्ञानिक अभिविन्यास का उपयोग किया जा सकता है जो कक्षाओं में सिद्धान्तों, नियमों और अवधारणाओं के रूप में पढ़ाये जा सकते हैं। यह छात्रों की अभिरुचि में सार्थक परिवर्तन करेगा और शिक्षकों को उनके व्यवसाय से जुड़े अनुसंधान, अनुभवजन्य आधारित ज्ञान प्रदान करेगा।

अनुसंधान का अन्तिम चरण विश्लेषण और आंकड़े तथा व्याख्या के आधार पर निष्कर्ष निकालना है, जिससे सांख्यिकी का उपयोग किया जा सकता है। सामाजिक कार्य अनुसंधान के आंकड़ों के विश्लेषण और व्याख्या में सांख्यिकी की आवश्यकता होती है। अधिकतर सामाजिक कार्य के शिक्षकों और छात्रों के विषय अभिगम के प्रति नर्वस (तन्त्रिक) चिन्ता करते हैं। वे अपने आपको सांख्यिकी

समझने में असमर्थ पाते हैं जिसका कारण है कि वे अच्छी गणितीय पृष्ठभूमि से नहीं होते हैं। सांख्यिकी के प्रति यह नकारात्मक अभिरुचि सामाजिक कार्य के शिक्षकों और छात्रों में अनुभवजन्य निर्धारित तथ्यों के बजाय सिद्धान्तों के उच्च मूल्यों की इस स्थिति में ला देते हैं। सामाजिक कार्यकर्ता को अपने पेशेवर मानकों और उनके हस्तक्षेप की जवाबदेही को आगे बढ़ाने के लिये अनुभवजन्य ज्ञान की तरफ तर्कहीन दृष्टिकोण के माध्यम से कार्य करना चाहिये जो सिद्धान्त और व्यवहार के साथ सूचना के आदान–प्रदान की दिशा में पूरक हो।

सामाजिक कार्य के छात्रों को सांख्यिकी व गणितीय व्युत्पन्नों को छोड़कर पढ़ाया जाना चाहिये और सूत्रों का उपयोग कम करके शब्दों और दृश्य कल्पना और जहाँ तक सम्भव हो कथा के रूप में सूत्रों की व्याख्या की जानी चाहिये। शिक्षक सामाजिक कार्यकर्ता को उसके अभिरुचि के उदाहरणों द्वारा सांख्यिकी की प्रासंगिकता को दर्शाना चाहिये।

सामाजिक कार्य के शिक्षकों, पेशेवरों और छात्रों को प्रेरित करने के लिये सांख्यिकी का अध्ययन तर्कसंगत है क्योंकि सामाजिक कार्य के पेशे में हाल ही के वर्षों में बहुत तेजी से वृद्धि हो रही है। अनुसंधान के लिये बढ़ती मान्यताओं की और सांख्यिकी के व्यवहार में अभिवृद्धि की आवश्यकता है। यही कारण है कि सामाजिक कार्य के छात्रों को अच्छी तरह से सांख्यिकीय तरीकों और उपकरणों के उपयोग में निपुण होना चाहिये।

सामाजिक कार्य के छात्रों में अधिकांशतः अनुसंधान का अध्ययन केवल एक ही कारण से करते हैं वह यह कि डिग्री के लिये अनिवार्य आवश्यकता है। कई छात्रों को यह पता ही नहीं होता है कि सामाजिक कार्य के लिये अनुसंधान पाठ्यक्रमों की आवश्यकता क्यों है? जबकि यह और अधिक सीखने की जरूरत होती है कि लोगों की मदद कैसे की जाये। जिन शिक्षकों द्वारा सामाजिक कार्य में अनुसंधान पाठ्यक्रम पढ़ाये जाते हैं, उनके लिये यह आवश्यक है कि वे बच्चों को समझायें कि सामाजिक कार्य अनुसंधान समस्याओं का समाधान करने की एक पद्धति है और यह मानवतावादी लक्ष्यों को पूरा करने के उद्देश्य से सामाजिक कार्य व्यवहार करता है। इसके लिये सामाजिक कार्य के शिक्षकों को विशेष रूप से सामाजिक कार्य में छात्रों के कार्य क्षेत्र के अनुभवों से उपयुक्त उदाहरणों का उपयोग करना चाहिये।

अन्त में, यह पुस्तक अनुसंधान विधियों को समझने में पाठकों को सहायता प्रदान करेगी और सामाजिक कार्य अनुसंधान और व्यवहार दोनों को पद्धतियों के उपयोग हेतु सक्षम बनायेगी।

आभार

पिछले दो दशकों की यात्रा के दौरान का अन्तिम पड़ाव आभार प्रदर्शन है। यह हमें भूतकाल के सुअवसरों के दर्शन कराता है और इसके लिये किये गये प्रयासों में प्राप्त सहायता को भी प्रतिबिम्बित करता है।

सबसे पहले मैं सभी छात्रों को जिन्हें शोध और सांख्यिकी वर्षों से पढ़ा रहा हूँ, उनके प्रति आभार व्यक्त करना चाहता हूँ। वे इस तथ्य से अवगत नहीं हो सकते हैं कि उनके प्रश्नों ने मेरे विचारों को संगठित करने में सहायता प्रदान की, जो इस पाठ में अब प्रस्तुत किये गये हैं।

जब मैं यह पुस्तक लिख रहा था, तब सामाजिक कार्य के महाविद्यालय के सभी साथियों ने उदारता से सामाजिक कार्य अनुसंधान शिक्षण पर अपने दृष्टिकोण साझा कर लगातार समर्थन की पेशकश की। मैं मेरी सहयोगी श्रीमती वानिला भास्करन के प्रति विशेषरूप से आभार व्यक्त कर सराहना करना चाहता हूँ, जिन्होंने अस्वस्थता के बावजूद बड़ी कुशलता से न केवल प्रूफ रीडिंग की, बल्कि सम्पूर्ण टाइप स्क्रिप्ट पढ़ करके बहुमूल्य सुझाव भी दिये। मैं मेरे साथी श्री ए. रवीन्द्र चारी के प्रति कृतज्ञता ज्ञापित करता हूँ, जिन्होंने मेरी जरूरत के अनुसार पुस्तकें और जर्नल्स तुरन्त उपलब्ध कराने में सहायता प्रदान की।

ऐसे कई लोग हैं, जिन्होंने इस परियोजना में कई तरीके से योगदान दिये हैं। उनमें से श्रीमती टी. नन्दा बर्धन और श्री रफीउद्दीन नैयर द्वारा सचिवीय मदद करने के लिये उनका आभारी हूँ। मैं श्रीमती रमा टैगोर को पांडुलिपि टाइप करने के लिये और सुश्री के. एच. सरस्वती, सुश्री दिलशाद और श्री ए. अनिल कुमार जिन्होंने कम्प्यूटर पर टाइपिंग कार्य किया और पुस्तक के लिये हार्ड एवं साफ्ट प्रति उपलब्ध कराने में सहायता प्रदान करने के लिये आभारी हूँ।

मैं डॉ. (श्रीमती) बी. विजयलक्ष्मी, डॉ. देवीप्रसाद और डॉ. के. विश्वेश्वर राव के प्रति कृतज्ञता ज्ञापित करता हूँ, जिन्होंने मुझे उनके लेख दि इन्डियन जर्नल ऑफ सोशल वर्क में प्रकाशित ट्रेन्ड्स इन आर्टिकल्स' (1971–90) को संक्षिप्त रूप में पुनरुत्पादित करने की अनुमति प्रदान की।

स्नातकोत्तर छात्रों को एकल विषय अभिकल्पन पढ़ाते समय कुछ छात्रों ने अपने कार्य क्षेत्र विन्यास में अभिकल्पनों के उपयोग की इच्छा जाहिर की। मैंने छात्रों को सुझाव दिया कि वे एक परियोजना पर कार्य करें। डॉ. (श्रीमती) अन्ना मैथ्यू और डॉ. (श्रीमती) हन्नाह आनन्दराज ने उनमें से पांच को निर्देशित किया। छात्रों द्वारा प्रस्तुत लघु शोध प्रबन्ध एकल विषय अभिकल्पन अनुसंधान का उत्कृष्ट उदाहरण है, विशेषरूप से सामाजिक कार्य अनुसंधान का आरम्भ करने वालों के लिये। मैंने मेरे विद्यार्थी सुश्री टी. माहेश्वरी द्वारा प्रस्तुत शोध प्रबन्ध की रूपरेखा को प्रस्तुत किया है। उसके इस अग्रणी प्रयास के लिये मुझे सराहना का अवसर मिला।

अन्त में, मैं मेरी पत्नी पुष्पा जिन्होंने महान धैर्य के साथ, घर के कामकाज में लम्बे समय तक मेरी अनुपस्थिति यहां तक कि छुट्टियों में भी सहयोग प्रदान किया। मैं मेरे परिवार के सदस्यों हेमेन्द्र, रथीन्द्र, स्नेहा, कल्पना, हर्ष और यश के प्रति भी धन्यवाद ज्ञापित करता हूँ, जिनके सहयोग से निर्मित वातावरण के कारण यह परियोजना अधिक तेजी के साथ पूरी हो गयी।

डी. के. लाल दास

अनुवादक की ओर से

सामाजिक कार्य के सिद्धान्त और व्यवहार पर अनुसंधान की विभिन्न पद्धतियों, उपकरणों और तकनीकों का अनुप्रयोग लगभग समाज विज्ञानों के सभी विषयों में किया जाता है। सामाजिक शोध के व्यवहार पर यह उत्कृष्ट पुस्तक पाठकों की आवश्यकताओं की पूर्ति पिछले दो दशकों से करती आ रही है। हिन्दी में अनुसंधान और अध्ययन अध्यापन करने वालों के लिये सामाजिक कार्य अनुसंधान के स्तरीय सन्दर्भ ग्रन्थों की कमी पहले से ही रही है। ऐसे में इस पुस्तक का हिन्दी अनुवाद निश्चित ही हिन्दी भाषी क्षेत्रों में एक बड़ी कमी को पूरा करने में सहायक सिद्ध होगी।

प्रस्तुत पुस्तक के हिन्दी अनुवाद का प्रस्ताव जब मुझे रावत पब्लिकेशन्स से मिला तो मैंने इसे सहर्ष स्वीकार कर लिया। समाजविज्ञानों में अनुसंधान करने वाले शोध छात्रों, शिक्षकों एवं पेशेवर शोधकर्ताओं के निरन्तर सम्पर्क में रहते हुए मैंने यह अनुभव किया कि हिन्दी भाषी क्षेत्रों में, इस तरह की पुस्तकों का हिन्दी संस्करण भी होना चाहिये जिससे अनुसंधान कार्य में संलग्न छात्र और पेशेवर शोधकर्ता अपने अनुसंधान कार्य को गुणवत्ता प्रदान कर सकें। वैसे भी अनुसंधान पद्धतियों और समाजविज्ञानों में सांख्यिकीय अनुप्रयोग मेरी अपनी अभिरुचि के विषय हैं।

मैं मध्यप्रदेश सामाजिक विज्ञान शोध संस्थान, उज्जैन के समस्त साथियों के प्रति कृतज्ञता ज्ञापित करता हूँ जिन्होंने मुझे अकादमिक कार्य करने के लिये प्रेरित किया और समय–समय पर उत्साहवर्द्धन किया। पुस्तक का हिन्दी अनुवाद करने के दौरान मुझे कई बार तकनीकी शब्दों के उपयोग में कठिनाइयों का अनुभव हुआ, ऐसे अवसरों पर संस्थान के सभी सदस्यों एवं साथियों का बौद्धिक एवं

नैतिक सहयोग मिला, जिसके लिये मैं सभी साथियों एवं सहयोगी सदस्यों के प्रति आभार व्यक्त करता हूँ।

रावत पब्लिकेशन्स के श्री सचिन रावत, श्री प्रणीत रावत के प्रति मैं आभार व्यक्त करता हूँ, जिन्होंने मुझे इस कार्य के लिये चुना तथा इस कार्य को पूरा होने तक मुझे उत्साहित करते रहे।

और अन्त में, एक लेखक की भावनाओं को एक भाषा से दूसरी भाषा में रूपान्तरित करना या अनुवाद करना एक बहुत ही कठिन कार्य है। इस पुस्तक को पूर्ण सावधानी के साथ अनूदित करने का प्रयास किया गया है फिर भी इस अनुवाद में लेखक के भावों को समझने में त्रुटि हो सकती है। अतः इस अनूदित पुस्तक में त्रुटियों, भूलों और अशुद्धियों के लिये अपने उत्तरदायित्व को विनम्रतापूर्वक स्वीकार करता हूँ। उम्मीद है, पुस्तक का हिन्दी अनुवाद मौलिक कृति के अर्थ एवं भाव को सम्प्रेषित करने में सफल होगा। पाठकों के सुझाव और प्रतिक्रियायें आमन्त्रित हैं।

डॉ. सुनील सिंह चन्देल
वरिष्ठ प्रलेखन अधिकारी
मध्यप्रदेश सामाजिक विज्ञान शोध संस्थान
उज्जैन

भाग–1

सामाजिक शोध का आधार

Basics of Social Research

1

वैज्ञानिक अभिगम

The Scientific Approach

मनुष्य अपने आस–पास घटित होने वाली घटनाओं और तथ्यों की जानकारी प्राप्त करने हेतु सदैव ही उत्सुक रहता है। वह अनुभवों के विभिन्न पहलुओं के बारे में विश्वसनीय ज्ञान प्राप्त करने हेतु तथ्यों और घटनाओं से सम्बन्धित साक्ष्यों के विभिन्न स्रोत तलाशता आ रहा है। अक्सर यह देखा जाता है कि व्यक्तिगत पूर्वाग्रह, साक्ष्य चयन के स्रोत को प्रभावित करता है और इन स्रोतों द्वारा उपलब्ध कराये गये साक्ष्य प्रयोगों के परीक्षण में प्रामाणिक नहीं पाये गये क्योंकि परिणाम में उन्हीं तथ्यों या घटना के समय की व्याख्या करने में असंगत थे। अतः विश्वसनीय ज्ञान प्राप्त करने के लिये वैज्ञानिकों, विचारकों और दार्शनिकों ने विभिन्न विधियों का उपयोग किया है।

विभिन्न विधियों में से शायद विज्ञान की विधि सर्वाधिक विश्वसनीयता सुनिश्चित करने या जानकारी प्राप्त करने की विधि है क्योंकि अधिक आश्रित ज्ञान–विज्ञान के द्वारा ही प्राप्त किया जाता है। और अब अन्तिम रूप में यह साक्ष्य और प्रस्ताव अनुभवजन्य परीक्षण के अधीन करने की अपील करता है।

वैज्ञानिक अभिगम की एक विशेषता है कि ज्ञान प्राप्त करने की अन्य कोई विधि ऐसी नहीं है जो निष्पक्ष हो। यह वैज्ञानिक दृष्टिकोण ज्ञान के लिये सभी ओर से स्व–नियन्त्रित यन्त्र है। इस यन्त्र को इस प्रकार से अभिकल्पित किया गया है कि यह न केवल वैज्ञानिक गतिविधियों और निष्कर्षों पर नियन्त्रण और जाँच (पुष्टि) करता है बल्कि वैज्ञानिकों को उनकी निजी मान्यताओं, धारणाओं, पूर्वाग्रह, मूल्यों, व्यवहार और भावनाओं से दूर रखता है। इस प्रकार यह अभिगम वैज्ञानिकों को उनके शोध में निष्पक्षता लाने हेतु सहायता करता है। समाज की समस्याओं का अध्ययन करने में यह वैज्ञानिक अभिगम किस सीमा तक उपयोगी है? मनुष्य

के अनुभवों के विभिन्न पहलुओं के बारे में विश्वसनीय ज्ञान कैसे प्राप्त कर सकते हैं? सामाजिक घटना को समझने में वैज्ञानिक अभिगम का मूल्य और अधिक विशिष्ट किस तरह हो सकता है? इन सवालों के जवाब के लिये हमें सर्वप्रथम विज्ञान के अर्थ को समझना होगा, तदुपरान्त वैज्ञानिक अभिगम तथा इसकी मान्यताओं और उद्देश्यों के परीक्षण के बारे में जानना होगा। अन्त में हमें वैज्ञानिक अभिगम की बारीकियों को भी देखना होगा कि यह सामाजिक वैज्ञानिकों को सामाजिक घटना समझने के लिये किस तरह से सहायता प्रदान कर सकता है।

विज्ञान का अर्थ (Meaning of Science)

विज्ञान लैटिन शब्द से उत्पन्न हुआ है जिसका तात्पर्य जानने से है। ऐतिहासिक परिप्रेक्ष्य में, लोग विभिन्न तरीकों का उपयोग करके ज्ञान प्राप्त करने के लिए उत्सुक रहे हैं। हालांकि इस सन्दर्भ में एक विधि विकसित करने की आवश्यकता को महसूस किया गया जिससे कि निष्कर्षों पर व्यक्तिगत सोच का कोई प्रभाव न पड़े। दूसरे शब्दों में यह विधि इस प्रकार हो कि प्रत्येक व्यक्ति द्वारा प्राप्त अन्तिम निष्कर्ष एक जैसा ही हो। ज्ञान अर्जित करने के प्रयास जिसमें इस तरह की विधियाँ शामिल हों, विज्ञान के नाम से जाना जाने लगा।

विज्ञान पद को विभिन्न प्रकार से परिभाषित किया जा रहा है। कुछ के लिये विज्ञान का अर्थ अनुभवजन्य घटना के अन्वेषण (जाँच) का उद्देश्य, अन्य के लिये विज्ञान एक व्यवस्थित ज्ञान का संग्रहण दर्शाता है। और अन्य लोगों के लिये विज्ञान का तात्पर्य वैज्ञानिक विधियों के माध्यम से संग्रहीत समस्त ज्ञान है। अतः विज्ञान को परिभाषित करने का तरीका कोई भी हो लेकिन विज्ञान अपनी पद्धति से एक ही है। विज्ञान को समझाने का आसान तरीका यह होगा कि हम पहले विज्ञान को अभिगम की एक विधि के रूप में विचार करें तदुपरान्त उसके उद्देश्यों और कार्यों की चर्चा करें।

स्पष्ट नियमों और प्रक्रियाओं की प्रणाली एक विधि है। अतः ज्ञान प्राप्त करने का एक अभिगम जो स्पष्ट नियमों और प्रक्रियाओं का अनुसरण करता है, वह विज्ञान है। इसके अलावा परिणाम, अर्जित ज्ञान इत्यादि विधियों के प्रकाश में मूल्यांकित किये जाते हैं। अध्ययन का तरीका जो इन चरणों में शामिल है वही विज्ञान है।

विज्ञान का उद्देश्य (Aims of Science)

विज्ञान का अन्तिम उद्देश्य, विश्वसनीय ज्ञान के संचित निकाय को उत्पन्न करना है। हम जिस दुनिया में रहते हैं, उसी को समझने के लिये विज्ञान अपने तरीकों से सक्षम बनाता है।

पहले, विज्ञान विभिन्न घटनाओं का विवरण देता है जिसमें हमारी रूचि है जैसे – पिछले दशक में हमारे देश की जनसंख्या वृद्धि दर क्या थी? इस घटना के विवरण का अनुसरण व्याख्या द्वारा किया जाता है। व्याख्या प्रश्नों के उत्तर देती है। विकसित देशों की तुलना में अविकसित देशों में जनसंख्या वृद्धि की दर उच्च क्यों होती है? दूसरे शब्दों में वैज्ञानिक पहले स्थिति का विवरण देता है इसके उपरान्त इसकी व्याख्या करता है। स्थिति की व्याख्या ही विवरण का मतलब बतलाती है। अन्ततः विज्ञान, ज्ञान के निकाय में भविष्यवाणी के माध्यम से अपना योगदान देती है। भविष्यवाणी का तात्पर्य तथ्यों से निष्कर्ष निर्माण करना है। उदाहरण के लिये – यदि वर्तमान स्थितियाँ ऐसी ही बनी रहीं तो देश की जनसंख्या इस दशक के अन्त तक 1 अरब को पार कर जायेगी। यह सत्य है कि वैज्ञानिक बमुश्किल (शायद ही कभी) पूर्ण भविष्यवाणी करते हैं, बल्कि वे अपना निष्कर्ष सम्भावनाओं के पदों में व्यक्त करते हैं। विज्ञान का अन्तिम चरण भविष्यवाणी है जो वैज्ञानिक श्रम के सर्वाधिक वांछित परिणाम के रूप में संदर्भित की जाती रही है।

शोध क्या है (What is Research)?

जब हम कुछ वस्तुओं या घटनाओं का अवलोकन करते हैं तो अक्सर हम अपने पूर्वाग्रह के प्रति जागरूक नहीं रहते हैं। हम उन पर प्रश्न ही नहीं करते हैं इसीलिये अवलोकित की जा रही वस्तुओं या घटनाओं को पूर्ण रूप से उनके गुणधर्मों के अनुकूल अवलोकित नहीं कर पाते हैं। शोध की इस प्रक्रिया में सम्भव है कि गलत कारणों के आधार पर सही निर्णय पर पहुँचना सम्भव नहीं है। ये प्रश्न अवलोकन की प्रक्रिया हैं। क्या किया गया अवलोकन त्रुटि युक्त है? प्रत्येक विधि में यह जानने की निश्चित सीमायें हैं। जब हम अवलोकन करते हैं तो क्या हम अपनी सीमाओं के बारे में जागरूक रहते हैं? प्रत्येक अध्ययन नये ज्ञान का निर्माण करता है या फिर ज्ञान के विद्यमान कोष के उद्देश्य में अभिवृद्धि करता है। पूर्वाग्रह, त्रुटियाँ और सीमायें शोध में हो सकती हैं। यह अवलोकन के द्वारा या किसी अन्य विधि के साथ हो सकता है। ज्ञान की धारा में अभिवृद्धि करने तथा व्यवस्थित घटना का आलोचनात्मक अन्वेषण करने में शोध को वर्णित किया जा सकता है।

वैज्ञानिक शोध (Scientific Research)

प्रकृति में घटनाओं या विभिन्न वस्तुओं की समझ और व्याख्या व विवरण में वैज्ञानिक उद्देश्य होता है जबकि शोध एक विशिष्ट प्रयास है जिसमें व्यवस्थित और आलोचनात्मक अन्वेषण शामिल है। इस प्रकार ज्ञान की धारा में अभिवृद्धि की

दिशा में, वैज्ञानिक शोध को परिभाषित करना आसान है। अतः हम वैज्ञानिक शोध को व्यवस्थित और आलोचनात्मक अन्वेषण के रूप में प्राकृतिक घटना का विवरण देने तथा व्याख्या करने में और अन्ततः उनके बीच सम्बन्ध समझने हेतु परिभाषित कर सकते हैं।

वैज्ञानिक विधि (Scientific Method)

अनुसंधान की सामग्री और प्रकृति को समझे बिना एक विधि की प्रशंसा करना असंभव हो सकता है। यह स्पष्ट है कि विधि जो वैज्ञानिक अनुसंधान में प्रयोग की जाती है उसे सामान्यतः वैज्ञानिक पद्धति का नाम दिया जाता है। जार्ज लुण्डबर्ग के अनुसार (1946), वैज्ञानिक पद्धति में तीन आधारभूत चरण होते हैं जैसे – व्यवस्थित अवलोकन, वर्गीकरण और तथ्यों की व्याख्या। यद्यपि इन चरणों में वैज्ञानिक पद्धति केवल तथ्यों के बारे में जांच ही नहीं करती बल्कि निष्कर्षों की मान्यता में विश्वास देती है।

परिभाषा के स्पष्टीकरण की और अधिक आवश्यकता है। सबसे पहले लुण्डबर्ग (1946) का कहना है कि वैज्ञानिक पद्धति व्यवस्थित अवलोकन है। उसका अर्थ प्रभाव से है कि वैज्ञानिक अन्वेषण आदेशित नहीं किया गया है, इसका उद्देश्य केवल तथ्यों को खोजना है जो वास्तव में हैं या नहीं या जैसे कि वांछित होने चाहिये। इस प्रकार अन्वेषणकर्ता को उसके निष्कर्षों में उत्कृष्ट विश्वसनीयता हो सकती है। दूसरी वैज्ञानिक विधि वस्तुओं के वर्ग से सम्बन्धित है और विशिष्टतः न कि व्यक्तिगत वस्तुओं से। अन्य सुविधायें जो शोध को वैज्ञानिक बनाती हैं, सार्वभौमिकता और भविष्यवाणी। पद्धति घटना के बारे में भविष्यवाणी को सम्भव बनाती है।

समाज विज्ञान में वैज्ञानिक विधि के उपयोग (Use of Scientific Method in Social Science)

सामाजिक विज्ञान मुख्य रूप से मानव विज्ञान से सम्बन्धित है। जो मोटे तौर पर, प्रकृति में जटिल और गतिशील है। अतः कोई भी प्राकृतिक और भौतिक विज्ञानों के रूप में निर्देशित शर्तों के तहत अन्वेषण नहीं किया जा सकता है। यह अनुसंधानकर्ता को कई समस्यायें देता है जैसे – विषयवस्तु की समस्यायें और व्यक्तिगत सामान्यीकरण इत्यादि।

समाज विज्ञानों की विषय सामग्री और प्रकृति से उत्पन्न होने वाली समस्याओं की गम्भीरता से समाज वैज्ञानिकों के लिये वैज्ञानिक पद्धति का महत्व कम नहीं है। सामाजिक विज्ञान वैज्ञानिक पद्धति के निहित दोषों के बावजूद सामाजिक घटना के अध्ययन के लिये स्वयं की सीमाओं के साथ स्वीकार्य हो सकता है और वैध सामान्यीकरण पर पहुंचने में यह सहायता कर सकता है।

अनुसंधान प्रक्रिया (The Research Process)

सामान्यतः समाज अनुसंधान के क्षेत्र में एक निगमनात्मक दृष्टिकोण का उपयोग किया जाता है, जबकि सिद्धान्त से परिकल्पना का निरूपण किया जाता है। परिकल्पना में चर सक्रियता से परिभाषित किये जाते हैं और समंकों का संग्रहण सक्रिय परिभाषाओं पर आधारित होता है। संक्षेप में, सामाजिक शोध (मूल अनुसंधान) अमूर्त से मूर्त की तरफ चलता है। अनुसंधानकर्ताओं द्वारा अवलोकन (आंकड़ों) द्वारा व्याख्या कर समेकित करके सिद्धान्तों को बनाया जाता है।

चित्र 1

अनुसंधान प्रक्रिया के चरण

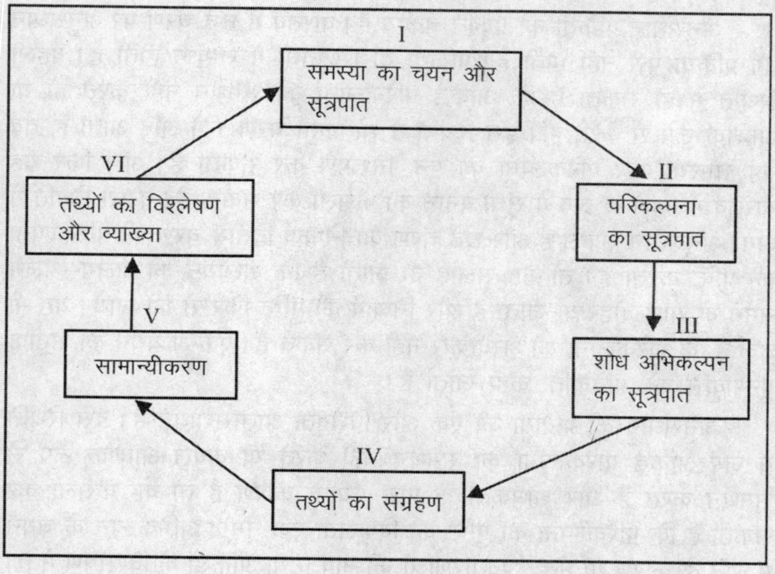

अनुसंधान प्रक्रिया अनुसंधान परियोजना का प्रतिमान है। एक अनुसंधान परियोजना में, विभिन्न वैज्ञानिक गतिविधियों में जिसमें शोधकर्ता स्वयं को संलग्न करके ज्ञान का उत्पादन कर रहे हैं। हालांकि प्रत्येक अनुसंधान परियोजना कुछ तरीकों में अद्वितीय होती है। सभी परियोजनाओं का घटना की परवाह किये बिना अध्ययन किया जा रहा है, जिसमें मोटे तौर पर कुछ सामान्य गतिविधियां शामिल होती हैं। इनमें से प्रत्येक गतिविधियां अंतर्निर्भर होती हैं। विभिन्न गतिविधियां साधारणतया 6 चरणों में समाहित की जाती हैं जो आकृति क्रमांक 1 में दर्शायी गयी हैं।

अनुसंधान एक व्यवस्थित अन्तर्निर्भरता से सम्बन्धित चरण है। अनुसंधानकर्ता साधारणतया अनुसंधान प्रक्रिया के चरणों में प्रवेश करता है। जब वह चरण 2 में प्रवेश करता है, अपनी परिकल्पना का निरूपण करने के लिये वह पिछले अध्ययनों को निकालता है। इसी तरह एक अनुसंधानकर्ता अभिकल्पन का चयन करते समय शोधकर्ता के मन की समस्या और परिकल्पना का ध्यान रखता है। एक शोधकर्ता जो यह नहीं जानता कि आंकड़ों को किस तरह एकत्रित कर विश्लेषण करना है। स्वयं के लिये एक परीक्षण कर योग्य परिकल्पना तैयार करने में या अनुसंधान अभिकल्पन करने में असमर्थ पाता है। अनुसंधान की प्रक्रिया पर संक्षिप्त चर्चा बहुत स्पष्ट करती है कि अनुसंधान की प्रक्रिया सभी 6 चरणों में एक दूसरे पर निर्भर है।

अनुसंधान प्रक्रिया की प्रकृति चक्रीय है। वास्तव में छठे चरण पर अनुसंधान की प्रक्रिया पूरी नहीं होती है। प्रक्रिया दो स्थितियों में सम्पन्न होती है। पहली स्थिति में हो सकता है कि आंकड़े परिकल्पना को समर्थन नहीं करते हों या आंशिक रूप से करते हों। इस स्थिति में शोधकर्ता चरण 1 में लौट आता है, तब वह समस्या और परिकल्पना का पुनः निरूपण कर सकता है। और फिर यह वास्तव में पहले के रूप में सूची बनाने का फैसला कर सकता है। दूसरी स्थिति में अगर अनुसंधान सफल है और छठे चरण का निष्कर्ष द्वितीय चरण की परिकल्पना की पुष्टि करता है। तो यह सलाह दी जाती है कि अध्ययन को अलग–अलग नमूने के साथ दोहराया जाता है और निष्कर्ष की पुष्टि फिर से की जाये। यह भी तर्क है कि परिकल्पना को अस्वीकार नहीं कर सकते हैं। एक अध्ययन की सटीक पुनरावृत्ति को 'प्रतिकृति' कहा जाता है।

अनुसंधान की प्रक्रिया की एक और विशेषता आत्मसंशोधन है। इस स्थिति में जब आंकड़े परिकल्पना का समर्थन नहीं करते या केवल आंशिक रूप से समर्थन करते हैं और शोधकर्ता के पास पर्याप्त कारण हैं तो वह फैसला कर सकता है कि परिकल्पना की पुष्टि की विफलता एक नमूना अभिकल्पन के चयन में त्रुटि के कारण या मुख्य अवधारणाओं की माप में या आंकड़ों के विश्लेषण में है। इन स्थितियों में शोधकर्ता शुरूआत के दोषपूर्ण अध्ययन के साथ दोष सुधार के बाद दोहराने का फैसला कर सकता है। अंत में, सम्भवतः अनुसंधान की प्रक्रिया के 6 चरणों का अध्ययन प्रतिकृति बनाते हैं। शोधकर्ता अपने अध्ययन का अभिकल्पन इस तरह से करता है कि या तो शोधकर्ता या कोई अन्य इसकी नकल कर सकता है। अध्ययन की प्रतिकृति से यह स्पष्ट होता है कि निकाला गया निष्कर्ष संयोग मात्र नहीं है।

मानव जाति के इतिहास में सबसे उल्लेखनीय घटना औद्योगिक क्रान्ति की अवधि के बाद में देखी गयी है। ज्ञान के प्रसार, विशेषज्ञता के लिये और इसके

बदले में मनुष्य के सामाजिक जीवन में विज्ञान के समाज का विशिष्ट विषयों को शामिल करके सीखने से उद्भव हुआ है। जिसे आमतौर पर सामाजिक विज्ञान के रूप में जाना जाता है। जीवन के विज्ञान ने सीखने के समकालीन विषयों में एक प्रमुख स्थान हासिल किया है। आज सामाजिक विज्ञानों की ज्ञान के क्षेत्र में मान्यता प्राप्त धारा है। सामाजिक विज्ञान विषयों के क्षेत्र में व्यक्तियों की प्रगति का अच्छा परिणाम मिल रहा है। अनुसंधान अतीत में सामाजिक विज्ञान में शैक्षणिक गतिविधियों का एक अभिन्न हिस्सा रहा है। सामाजिक विज्ञान मौजूदा स्थिति पर निरन्तर अनुसंधान और अन्वेषण की सहायता के साथ आगे बढ़ रहा है। प्राकृतिक और सटीक विज्ञान, अनुसंधान की अन्तिम कार्यप्रणाली, सटीकता और परिशुद्धता के उच्चतम आदेश विकसित करने में सक्षम किये गये हैं इसलिये ज्ञान अधिक गहराई तक पहुंचने में सफल हो रहे हैं।

प्राकृतिक और सटीक विज्ञान में उपयोग किये जाने वाले शोध तरीकों को सामाजिक विज्ञान में अपनाया गया है लेकिन भौतिक विज्ञान की तरह सटीकता और परिशुद्धता का क्रम हासिल नहीं कर सका है। समस्याओं के कारण मूल रूप में, सामाजिक आंकड़ों के नियन्त्रण की समस्या, माप और मात्रात्मक विश्लेषण की समस्यायें जिनकी प्रकृति विषम और जटिल है। सामाजिक विज्ञान के शोधकर्ताओं के अभिगम सामान्य शोधकर्ताओं से अलग हैं। सामाजिक और व्यवहार विज्ञान के क्षेत्र में किये गये सभी वैज्ञानिक अन्वेषण को आच्छादित करने के लिये सामाजिक अनुसंधान पद का उपयोग अनुचित नहीं होगा।

सामाजिक शोध की प्रकृति (Nature of Social Research)

सामाजिक अनुसंधान के उद्देश्य स्पष्ट रूप से मानव व्यवहार में सम्बन्धों की खोज है। यह आमतौर पर स्वीकार किया गया है कि मानव व्यवहार में प्राकृतिक घटना के रूप में माप की बड़ी डिग्री और साहचर्यों के समूह की भविष्यवाणी आती है। और फिर सामाजिक अनुसंधान भौतिक और प्राकृतिक अनुसंधान की तरह ही होता है। इसमें स्थापित करने के उपाय, विश्लेषण और अपनी सभी किस्म की तीव्रता में इन संगठनों की भविष्यवाणी की जाती है (थामस, 1968: 294)। सामाजिक अनुसंधान हालांकि एक महत्वपूर्ण उपाय में अपने को एक अलग चरित्र मानता है। जब यह वैज्ञानिक प्रक्रिया के उपयोग, प्राकृतिक और भौतिक विज्ञान में अनुसंधान के लक्षण सामाजिक घटना के लिये आता है। प्राकृतिक और भौतिक विज्ञान के विपरीत, सामाजिक अनुसंधान के क्षेत्र में वस्तुयें, सक्रिय इन्सान हैं। वस्तुओं के अलग–अलग व्यवहार, चाहें वे स्वतन्त्र या निर्धारित हों, सामाजिक अनुसंधान वास्तव में एक कठिन कार्य करता है। इसके अलावा शोधकर्ता वस्तु और सामाजिक अनुसंधान के क्षेत्र में उद्देश्य अभिगम की समानता की गुंजाइश काफी हद तक सीमित है।

सामाजिक आंकड़ों के साथ सामाजिक अनुसंधान सम्बन्धित है जो कि भौतिक आंकड़ों की तुलना में अधिक जटिल होता है। सभी सामाजिक सम्बन्धों का आधार एक बड़े जटिल समूह या एक छोटे से एकजुट समूह, व्यवहार की उम्मीदों, बारी से कई कारकों का परिणाम है। सामाजिक अनुसंधान के क्षेत्र में सामाजिक आंकड़ों की जटिल प्रकृति सटीक भविष्यवाणी की शक्ति को कम कर देती है। सामाजिक अनुसंधान विषय के अधिकांश गुणात्मक और मात्रात्मक माप इतने अधिक स्वीकार नहीं करते हैं क्योंकि सामाजिक घटना केवल प्रतीकात्मक अवधारणाओं या ऐसी घटना का प्रतिनिधित्व शर्तों के माध्यम से जाना जाता है।

सामाजिक अनुसंधान में, कारण प्रभाव अलग–अलग करना मुश्किल है। क्योंकि यह कई बार होता है कि कारण प्रभाव भी होता है। इसीलिये यह कहने का अर्थ ही नहीं है कि कारण कैसा है और प्रभाव कैसा है। ऊपर प्रदर्शनी यह स्पष्ट करती है कि सामाजिक अनुसंधान के क्षेत्र में, सामाजिक आंकड़े आमतौर पर कुछ समस्या पैदा कर सकते हैं जबकि यह माप और सटीक भविष्यवाणी करने के काम आता है।

सामाजिक शोध के आधारभूत पूर्वानुमान (Basic Presumptions of Social Research)

सामाजिक आंकड़ों की प्रकृति से उत्पन्न समस्याओं को किसी भी दुर्गम रास्ते से कम नहीं माना जा सकता है। सीमाओं को जो सामाजिक अनुसंधान के क्षेत्र में वैज्ञानिक प्रक्रियाओं के प्रयोग सामाजिक आंकड़ों की स्वयं की प्रकृति के बजाय सामाजिक आंकड़ों के साथ हमारे परिचय से निकाला जाता है।

सामाजिक अनुसंधान मानता है कि सामाजिक घटना के अध्ययन में वैज्ञानिक प्रक्रिया की प्रायोज्यता निम्नलिखित स्थितियों (गालतुंग, 1970) की वजह से सम्भव है।

1. यह माना जाता है कि सभी सामाजिक बातचीत के कुछ प्रकार प्राकृतिक कानून का अनुसरण करते हैं। सामाजिक घटना सामाजिक कार्यवाही है। इसीलिये सामाजिक घटना का अध्ययन करना सम्भव है।
2. यह माना जाता है कि सामाजिक घटना में कम से कम कुछ निश्चित रुझान का पालन छोटी अवधि में करते हैं। इस प्रकार सामाजिक व्यवहार की काफी सटीकता से एक उच्च डिग्री के साथ भविष्यवाणी करना सम्भव है।
3. सामाजिक समंक हमारे लिये अधिक जटिल हैं। क्योंकि उनमें हमारा ज्ञान अपर्याप्त है। और हम अध्ययन के उपकरण विकसित करने में सक्षम नहीं हैं जो उनकी और अधिक तरीके से व्याख्या कर सकते हैं।
4. सामाजिक शोध में हम यह मानते हैं कि कुछ निश्चित गुणों या व्यवहार के आधार पर प्रत्येक परत में आन्तरिक सजातीयता या एकरूपता से काफी

उच्च डिग्री सुनिश्चित करने हेतु सामाजिक समंकों के वर्गीकरण या स्तरीकरण के द्वारा यह सम्भव है। इस प्रकार सामाजिक पूछताछ के निष्कर्ष पर आधारित सामान्यीकरण की वैधता संभव है।

5. यह माना जाता है कि प्रकृति के विभिन्न गुणों में एकरूपता होती है। अतः सामाजिक बातचीत में कुछ सुनिश्चित क्रमों का अनुसरण करते हैं। इसीलिये यह माना जाता है कि एक जैसी परिस्थितियों में एक जैसे कारण से एक जैसे परिणाम आते हैं। जैसा कि कारणों से प्रभाव या प्रभाव से कारणों को ज्ञात करना संभव है।

समीक्षा के लिए महत्वपूर्ण पद (Important Terms for Review)

- पूर्वकथनीयता (Predictability)
- वस्तुपरकता (Objectivity)
- सार्वभौमिकता (Universality)
- सत्यापनशीलता (Verifiability)
- प्रतिकृति (Replication)
- विज्ञान (Science)
- अनुसंधान या शोध (Research)
- सामाजिक घटना (Social Phenomena)
- वैज्ञानिक अनुसंधान या शोध (Scientific Research)
- वैज्ञानिक विधि (Scientific Method)
- अनुसंधान की प्रक्रिया (Research Process)
- सामाजिक अनुसंधान की प्रकृति (Nature of Social Research)
- सामाजिक अनुसंधान की मान्यतायें (Presumptions of Social Research)

समीक्षात्मक प्रश्न (Review Questions)

1. वैज्ञानिक अभिगम क्या है? वैज्ञानिक अभिगम की विशेषताओं की चर्चा कीजिये।
2. वैज्ञानिक अनुसंधान या शोध क्या है?
3. सामाजिक अनुसंधान में वैज्ञानिक विधि के उपयोग की सम्भावनाओं और सीमाओं पर चर्चा कीजिये।

4. सामाजिक अनुसंधान की प्रक्रिया पर संक्षेप में चर्चा कीजिये।
5. सामाजिक अनुसंधान की प्रकृति क्या है? सामाजिक अनुसंधान की आधारभूत मान्यताओं पर चर्चा कीजिये।
6. अवधारणा और निर्माण पदों के बीच अन्तर स्पष्ट कीजिये।

आगे पढ़ने हेतु (For Further Reading)

बेकर, एल. थेरेसे, *डुईग सोशल रिसर्च,* न्यूयॉर्क, मैक्ग्रा हिल्स, 1998.

बैले, कीनिथ डी, *मैथड्स ऑफ सोशल रिसर्च,* लन्दन, दि फ्री प्रेस, 1978.

ब्लैक, जेम्स ए. एण्ड चैम्पियन, डीन जे., *मैथड्स एण्ड इश्यूज़ इन सोशल रिसर्च,* न्यूयॉर्क, जॉन विले, 1976.

ब्रॉडबेक, में (एड.), *रीडिंग्स इन द फिलॉसफी ऑफ साइन्स,* न्यूयॉर्क, मैक–मिलन, 1968.

गॉलतुंग, जॉन, *थ्योरी एण्ड मैथड्स ऑफ सोशल रिसर्च,* लन्दन : जार्ज एलेन एण्ड अनविन, 1970.

गॉलतुंग, जॉन, ''थ्योरी एण्ड मैथड्स ऑफ सोशल रिसर्च : ए प्ली फॉर प्लूरलिज़्म'' इन ओइन एल्स (एड.), *कॉम्परेटिव मैथडोलॉजी : थ्योरी एण्ड प्रैक्टिस इन इन्टरनेशनल रिसर्च,* लन्दन, 1978.

गुडे, डब्लू. जे. एण्ड हॉट, पी. के., *मैथड्स ऑफ सोशल रिसर्च,* न्यूयॉर्क, मैक्ग्रा हिल्स, 1952.

कर्लिन्जर, फ्रेड आर., *फाउन्डेशन्स ऑफ बिहैविरल रिसर्च,* दिल्ली, सुरजीत पब्लिकेशन्स, 1964.

कोठारी, एल. आर., *रिसर्च मैथडोलॉजी,* न्यू डेलही : विश्वा प्रकाशन, 1985.

किदर, ल्यूइस एच., *रिसर्च मैथड्स इन सोशल रिलेशन्स,* न्यूयॉर्क होल्ट, 1981.

लुण्डबर्ग, जी. ए. *सोशल रिसर्च,* न्यूयॉर्क : लांगमैन, 1946.

मोन्टे, ड्यूआना आर. एट ऑल, *अप्लायड सोशल रिसर्च : टूल फॉर दि ह्यूमन सर्विसेज़,* शिकागो होल्ट, 1986.

नचमियास, डी. एण्ड नचमियास, सी., *रिसर्च मैथड्स इन सोशल साइन्सेस,* न्यूयॉर्क सेन्ट मार्टिन्स प्रेस, 1981.

थॉमस, पी. टी., ''सोशल रिसर्च'' इन *एनसाइक्लोपीडिया ऑफ सोशल वर्क इन्डिया,* न्यू डेलही : गवर्नमेन्ट ऑफ इन्डिया, 1977.

विल्किनसन, टी. एस. एण्ड भण्डारकर, पी. एल., *मैथडोलॉजी एण्ड टेक्निक्स ऑफ सोशल रिसर्च,* बाम्बे, हिमालया पब्लिशिंग, 1977.

2

शोध के आधारभूत तत्व

Basic Elements of Research

समाज वैज्ञानिक दो अलग–अलग वैचारिक सैद्धान्तिक तथा अनुभवजन्य अवलोकन परन्तु अन्तर्सम्बन्धित स्तरों पर शोध करते हैं। सामाजिक शोध दो प्रक्रियाओं, सिद्धान्त निर्माण और सिद्धान्त परीक्षण में परस्पर निरन्तर एक क्रिया में शामिल है। उदाहरण के लिये यह एक तथ्य है कि पिछले 100 वर्षों में सामाजिक गतिशीलता में वृद्धि हुयी है। यह तथ्य केवल यादृच्छिक अवलोकन पर आधारित नहीं है लेकिन घटना के बारे में एक अनुभवजन्य सत्यापित कथन है। एक वैज्ञानिक प्रेक्षण और एक पूर्व निर्धारित वैचारिक सैद्धान्तिक ढाँचा दोनों ही हैं जिसको द्वारा अवलोकन निर्देशित किया जाता है। इस अध्याय में, सामाजिक अनुसंधान को वैचारिक सैद्धान्तिक स्तर पर अवधारणा, निर्माण, चर, तथ्य और सिद्धान्त जैसे बुनियादी तत्वों की सहायता से समझाया गया है।

अवधारणा (Concept)

प्रकृति में अनगिनत घटनायें हैं लेकिन वैज्ञानिक अध्ययन के व्यवस्थित गुण कुछ घटनाओं के लिये अनुसन्धान के क्षेत्र को सीमित करते हैं। पूरी घटना का अध्ययन करना यदि बेतुका नहीं है तो असंगत है। इस प्रकार पूरी घटना का अध्ययन करने के बजाय विज्ञान घटना के केवल वास्तविकता से जुड़े कुछ पहलुओं को, जो हमारे जीवन के दिन–प्रतिदिन के अनुभवों जैसे द्रव्यमान, वजन, सत्ता, सामाजिक स्तर आदि उपयोग में लाया जाता है। किसी घटना की सम्पूर्णता से पृथक करने की प्रक्रिया सारांशीकृत करने का एक कार्य है (गुडे और हॉट, 1952: 41)।

अवधारणा अमूर्त वस्तु, वस्तु के गुणों या किसी निश्चित घटना का प्रतिनिधित्व करती है। उदाहरण के लिये पानी, द्रव्यमान, वजन और घनत्व

भौतिक वैज्ञानिकों द्वारा उपयोग की गई अवधारणायें हैं। इसी प्रकार समाज शास्त्रियों द्वारा सामाजिक स्तर, भूमिका, जाति, धर्म और परिवार सामान्य अवधारणाओं के स्वरूप हैं।

सामाजिक शोधकर्ताओं के लिये सामाजिक स्थिति अधिक रूचिकर अवधारणा है। यह व्यक्तियों के कुछ विशेष लक्षणों के अवलोकनों से गठित एक अमूर्त है। ये लक्षण समाज में व्यक्तियों की स्थिति से सम्बन्धित हैं जो निश्चित संकेतकों द्वारा निर्धारित किये जाते हैं जैसे – शिक्षा का स्तर, सामाजिक समूह, समाज द्वारा मान्यता आदि। विभिन्न संकेतकों के आकलन के लिये एक शब्द में अभिव्यक्ति 'सामाजिक स्थिति' के साथ रखा गया है।

प्रत्येक वैज्ञानिक विवरण ने अपने शोध निष्कर्षों के लिये संवाद स्थापित करने में अवधारणाओं से अपने अद्वितीय समूह को विकसित किया है। वैज्ञानिक अन्वेषण में अवधारणाओं के महत्व को तथ्यों से मापा जा सकता है। विज्ञान की अवधारणात्मक सैद्धान्तिक प्रणाली को अक्सर अवधारणात्मक या वैचारिक प्रणाली के रूप में जाना जाता है।

अवधारणाओं का उपयोग, अध्ययन के अन्तर्गत घटना को समझने या घटना के पहलुओं को समझने के लिये किया जाता है। यह ध्यान रखना चाहिये कि अवधारणा का उपयोग घटना के प्रतीक के रूप में करते हैं जैसे कि हम अध्ययन कर रहे हैं और यह वास्तव में एक घटना है, जिसे हम एक–दूसरे से अन्तर–सम्बन्धित करते हैं। शोधकर्ता कई बार घटना की अवधारणा से भ्रमित हो जाता है, वह इसे प्रतीकात्मक मानता है और अवधारणा को घटना की तरह उपयोग करता है। यह गड़बड़ मूर्तरूप को भ्रामक बना देती है। अमूर्त का वास्तविक घटना के रूप में उपयोग करने की त्रुटि भ्रम की ओर ले जाती है।

अवधारणा और तार्किक रचना या निर्माण (Concept and Construct)

शोध में हम पदों के दो समूहों की गणना करते हैं। पहला पदों या शब्दों को सम्मिलित करता है जो वस्तु के पद या शब्द का प्रतिनिधित्व करता है। उदाहरण के लिये माना कि घर। यह शब्द एक वस्तु का प्रतिनिधित्व करता है। हम यहाँ घर के क्षेत्रफल, दीवारों की लम्बाई, चौड़ाई और मोटाई और इसी प्रकार घर की अन्य विमाओं को माप सकते हैं जो कि विद्यमान हैं। और इसी प्रकार कई पद हैं जैसे पेड़, मन्दिर, किताब, चाक और अन्य जिनके लिये भी हम अनेक वस्तुयें बता सकते हैं और उनकी विमायें माप सकते हैं। दूसरे पदों के समूह जैसे – दौड़, धर्म, खुफिया, उपलब्धियाँ आदि में बताने के लिये वस्तुयें नहीं होती हैं। ये पद अवलोकनों से अमूर्त हैं। अतः हम पहले इन पदों को परिभाषित करेंगे और इसके उपरान्त अवलोकन योग्य गुणों के बजाय परिभाषाओं के प्रति उत्तरदायी होंगे।

पहले समूह के पद जो प्रत्यक्ष आनुभविक निर्देश्य का प्रतिनिधित्व करते हैं, उन्हें अवधारणा कहा जाता है। दूसरे समूह के पद जो प्रत्यक्ष आनुभविक निर्देश्य का प्रतिनिधित्व नहीं करते हैं उन्हें तार्किक रचना कहा जाता है। यद्यपि दोनों ही पदों अवधारणा और तार्किक रचना का अर्थ एक जैसा ही है, फिर भी यहाँ एक सार्थक अन्तर है। तार्किक रचना जानबूझकर अपनायी गई एक अवधारणा है जिसे किसी मतलब से एक विशेष उद्‌देश्य के लिये जोड़ा गया है। उदाहरण के लिये – 'उपलब्धि' एक अवधारणा के रूप में है। उपलब्धि हासिल करने वालों तथा उपलब्धि न हासिल करने वालों के निश्चित गुणों के अवलोकनों से गठित एक अमूर्त है। उपलब्धि को तार्किक रचना के रूप में इस प्रकार परिभाषित किया जा सकता है कि यह दो अलग–अलग उद्‌देश्यों के लिये कार्य करती है। पहला यह है कि एक तार्किक रचना को दूसरी तार्किक रचना से अलग–अलग प्रकार से सम्बन्धित किया जा सकता है। जो शोध के सैद्धान्तिक ढाँचे के रूप में कार्य करता है। उदाहरण के लिये हम कह सकते हैं कि उपलब्धता प्रेरणा के कार्य का एक हिस्सा है। दूसरा उपलब्धता एक तार्किक रचना के रूप में जानबूझकर और होशोहवास में इस प्रकार निर्दिष्ट और परिभाषित की गई है कि उसे अवलोकित और मापा जा सके।

परिकल्पना (Hypothesis)

एक बार शोध के लिये समस्या तैयार कर लेने के उपरान्त हम इसके अस्थायी समाधान या जवाबों को तैयार करने का कार्य करते हुये आगे बढ़ते हैं। इस प्रकार ये प्रस्तावित जवाब या समाधान परिकल्पना का निर्माण करते हैं, जिसकी हमें तथ्यों के आधार पर परीक्षण करने की जरूरत होती है। इन्हें हम शोध अध्ययन के दौरान एकत्रित करते हैं। अतः शब्द परिकल्पना प्रस्थापना या सामान्यीकरण के रूप में परिभाषित की जा सकती है जिसका परीक्षण करने की जरूरत रहेगी।

शोध में हमें परिकल्पना की जरूरत होती है, कभी–कभी यह अस्पष्ट हो सकती है लेकिन इसके अभाव में हम अपने अन्वेषण को प्रभावी रूप में आगे नहीं ले जा सकते हैं। हमें पता ही नहीं होता है कि इसके लिये किन–किन तथ्यों को देखा जाना चाहिये। और किन–किन सम्बन्धों या क्रमों की तलाश की जाये। परिकल्पना शोधकर्ता के लिये एक दिशा निर्देशित करती है अर्थात् मार्गदर्शन करती है। जैसे – विस्मयकारी जंगल रूपी तथ्यों से केवल समस्या से सम्बन्धित उन तथ्यों को ही चयनित करना जो प्रासंगिक हों।

तथ्यों का मात्र संग्रह कर लेने से कोई परिणाम प्राप्त नहीं हो जाता। अतः सार्थक परिणाम प्राप्त करने के लिये हमें इस प्रकार के तथ्यों का संग्रह करना होता है जो बहस करने लायक हों अर्थात् तार्किक हों। बिना परिकल्पना के

आंकड़ों को एकत्रित करना या परिकल्पना के साथ आंकड़ों को एकत्रित करने के बीच में फर्क सिर्फ इतना है कि बाद वाले मामले में जानबूझकर हमारी सीमाओं को मान्यता प्रदान करते हैं। और शोध की अशुद्धता या भ्रमशीलता को कम करते हैं। इसके अलावा विशेष पहलुओं पर अधिक से अधिक ध्यान संकेन्द्रित किया जाता है। परिकल्पना शोध प्रश्नों के उत्तर से एकत्रित आंकड़ों के प्रकार के क्रम और सर्वाधिक कुशलता से आंकड़ों को संगठित किये जाने वाले तरीकों में सहायता करती है।

परिकल्पना के स्रोत (Source of Hypothesis)

परिकल्पना के प्रमुख स्रोत के रूप में उपलब्ध साहित्य को माना जाता है। एक शोधकर्ता साहित्य की समीक्षा करते समय विभिन्न सिद्धान्तों और मान्यताओं से गुजरता है। इन्हीं सिद्धान्तों और मान्यताओं के आधार पर कई परिकल्पनाओं का निर्माण किया जाता है। व्यक्तिगत अनुभवों, समाजीकरण की प्रक्रिया और सीखने से प्राप्त अनुभव परिकल्पना के कुछ अन्य स्रोत हैं। एक शोधकर्ता निजी अनुभवों के आधार पर परिकल्पना उत्पन्न करने में सक्षम हो सकता है। कई बार व्यक्तियों के विशिष्ट विचार और कारण–अवलोकन या टिप्पणियाँ परिकल्पना तैयार करने के लिये एक शोधकर्ता की सहायता करती हैं।

अन्य अध्ययनों के निष्कर्ष भी अक्सर मूल्यवान परिकल्पना के स्रोत हैं। एक शोधकर्ता अन्य अध्ययनों के निष्कर्ष के आधार पर परिकल्पना कर सकता है कि चरों के एक समूह के बीच एक जैसे कारण–सम्बन्ध अपने वर्तमान अध्ययन में भी अच्छा आयोजन करेगा।

वास्तव में परिकल्पना एक सिद्धान्तों का बीज बिस्तर है। सिद्धान्त रूपी शरीर से कई परिकल्पनायें तनों के रूप में होती हैं जो सिद्धान्तों के तार्किक निगमन का परिणाम हैं। सिद्धान्त उनका प्रतिनिधित्व करते हैं जो ज्ञात है। इन सिद्धान्तों से एक तार्किक निगमन सत्य हो सकता है परन्तु सिद्धान्त सत्य होना चाहिये।

उपयोग करने योग्य परिकल्पना की कुछ विशेषताएँ (Some Characteristics of Usable Hypothesis)

उपयोग करने योग्य परिकल्पना की मुख्य विशेषता यह है कि यह आनुभविक रूप से परीक्षण योग्य होनी चाहिये। इसका मतलब यह है कि जब एक शोधकर्ता उसकी परिकल्पना का निर्धारण करता है, तब उसे परिकल्पना में शामिल चर को मापने के लिये उपलब्ध उपकरणों के बारे में पता होना चाहिये। तथ्य की वजह यह भी है कि जब तक एक शोधकर्ता को माप के लिये उपलब्ध उपकरणों के बारे में पता नहीं होगा, तब वह उसकी परिकल्पना आनुभविक रूप से परीक्षण करने में

सक्षम नहीं होगा। इसके विपरीत, परिकल्पना में नैतिक निर्णय नहीं होना चाहिये। क्योंकि यह परिकल्पना में चर मापने के लिये अव्यवहारिक होगा। अन्त में, परिकल्पना की धारणा का स्पष्ट होना आवश्यक है और जहाँ तक सम्भव हो विशिष्ट होना भी आवश्यक है।

शोध परिकल्पना (Research Hypotheses - H_1)

कुल मिलाकर सिद्धान्तों से व्युत्पन्न परिकल्पना को शोध परिकल्पना तथा कार्यकारी परिकल्पना के रूप में जाना जाता है। सामाजिक घटना के सिद्धान्तों का परीक्षण शोधकर्ताओं द्वारा किया जाता है। क्योंकि वस्तुओं या घटनाओं की प्रकृति की व्याख्या सिद्धान्तों से होती है। वास्तविकता के बारें में प्रस्ताव या अस्थायी बयान के रूप में व्याख्या माना जाता है जब तक कि उन्हें सत्यापित नहीं किया जाता। उदाहरण के लिये आयु बढ़ने के सिद्धान्तों से अनुसंन्धान परिकल्पना का निगमन हो सकता है।

1. बेहतर शारीरिक एवं मानसिक स्वास्थ्य के साथ उम्र दराज वयस्कों (Older adults) में जीवन के अनुभव से सन्तुष्टि का स्तर उच्च होता है।
2. उम्र दराज वयस्कों में अकेलेपन की अधिकता से जीवन से सन्तुष्टि का स्तर निम्न हो सकता है।
3. उम्र दराज वयस्कों में उच्च सामाजिक समर्थन प्रणाली के विचारों से युक्त जीवन से अनुभव की सन्तुष्टि शायद बेहतर होगी।
4. आध्यात्मिक, रहन–सहन, और जीवन से सन्तुष्टि के काफी जुड़े होने की सम्भावना है।

इसी प्रकार काम करने वाली महिलाओं के खिलाफ लिंग भेदभाव की व्याख्या करने वाले सिद्धान्त हैं। काम करने वाली महिलाओं के खिलाफ लिंग भेदभाव के सिद्धान्तों से कुछ परिकल्पनाओं को व्युत्पन्न किया गया है।

- निम्न सामाजिक आर्थिक स्थिति वाली महिलाओं में भेदभाव का अनुभव होने की सम्भावना उच्च रहती है।
- काम करने वाली महिलाओं के खिलाफ व्यक्तिगत गुणों एवं लिंग भेदभाव जुड़े होने की सम्भावना रहती है।
- क्षेत्रीय विकास तथा मजदूरी असमानता और लैंगिक भेदभाव के स्तर के बीच सीधा सम्बन्ध हो सकता है।

शून्य परिकल्पना (Null Hypotheses -H_0)

शोध परिकल्पना के परीक्षण के उद्‌देश्य के लिये अनुसंधानकर्ता इसकी एक उपप्रमेय (Corollary) प्रतिपादित करता है जो कि शून्य परिकल्पना है। यह एक तरह से शोध परिकल्पना के विपरीत होती है जो शोध परिकल्पना में व्यक्त किये

गये सम्बन्ध का खण्डन या मना (Refute or Deny) करती है, दूसरे शब्दों में शून्य परिकल्पना कहती है कि चरों के बीच सम्बन्ध या अन्तर नही है। ऊपर दिये गये शोध परिकल्पना के लिये शून्य परिकल्पना होगी।

परिकल्पना परीक्षण के चरण (Steps in Testing Hypothesis)

परिकल्पना परीक्षण हेतु निम्नलिखित सात चरणों का अनुसरण किया जाता है–

चरण–1:

शोध परिकल्पना का कथन (State the Research Hypothesis) H_1

स्नातक और स्नातकोत्तर छात्रों के बीच पढ़ने की आदतों के सम्बन्ध में एक सार्थक अन्तर है।

चरण–2:

शून्य परिकल्पना का निर्माण करना (Formulate the Null Hypothesis) H_0

स्नातक और स्नातकोत्तर छात्रों के बीच पढ़ने की आदतों के सम्बन्ध में एक सार्थक अन्तर नहीं है।

चरण–3:

सांख्यिकीय परीक्षण का चयन (Choose a Statistical Test)

माना कि शोध परिकल्पना में चरों के बीच सम्बन्धों में परीक्षण करने हेतु टी–परीक्षण (देखें: अध्याय 17) का चयन किया जाता है तथा इसके उपयोग का निर्णय सांख्यिकीय परीक्षण के रूप में लिया जाता है।

चरण–4 :

सार्थकता स्तर को निर्दिष्ट करना (Specify a Significance Level)

यहाँ पर हम यह मानते हैं कि हमारी परिकल्पना का परीक्षण सार्थकता स्तर 0.05 पर करना चाहते हैं।

चरण–5:

सांख्यिकीय परीक्षण की गणना करना (Compute the Statistical Test)

इस चरण में शोधकर्ता टी–परीक्षण की गणना करता है। परीक्षण की गणना से माना कि परीक्षण से प्राप्त मूल्य 6.78 है जबकि स्वातन्त्र्य अंश df = 19 है।

चरण–6:

शून्य परिकल्पना का अस्वीकार / स्वीकार करना (Reject/Accept the H_0)

यदि टी–परीक्षण की गणना का मूल्य क्रान्तिक मूल्य से अधिक है तो हम शून्य परिकल्पना को अस्वीकार करते हैं।

चरण–7:

निष्कर्ष निर्धारण यानी परिकल्पना की स्वीकृति / अस्वीकृति

(Draw the Inference, i.e., Accept/Reject H_1)

यहाँ पर हम शोध परिकल्पना को स्वीकृत करते हैं क्योंकि शून्य परिकल्पना को अस्वीकृत कर दिया गया है। इसलिये हम यह अनुमान लगा सकते हैं कि स्नातक और स्नातकोत्तर छात्रों के बीच पढ़ने की आदतों के सम्बन्ध में एक सार्थक अन्तर है।

प्रकार–1 और प्रकार–2 की त्रुटियां (Type 1 and Type 2 Errors)

भौतिक विज्ञान की तरह हमें सामाजिक विज्ञान में निश्चितता के संकेत नहीं मिलते हैं। वास्तविक संसार में, सामान्यतया लगभग सभी, कुछ प्रकार की सम्भावनाओं के संकेत देते ही हैं। इस प्रकार यह कहने की बजाय कि अगर अ सत्य है तो ब को अनुसरण करना चाहिये, हमें यह कहना होगा कि अगर केवल अ सत्य है तो ब भी शायद सत्य हो।

हम इस प्रकार की सम्भावना मानते हैं कि ब गलत हो सकता है, भले ही अ सत्य हो। इस प्रकार यदि हम अ को अस्वीकार करते हैं जबकि ब भी गलत है। सही शोध परिकल्पना H_1 को अस्वीकार करके हम यह गलती करने का जोखिम भी उठा लेते हैं। इस तरह की गलती को हम प्रकार–1 की त्रुटि या α– त्रुटि की संज्ञा देते हैं।

जब ब सत्य हो और यदि हम अ को अस्वीकृत / स्वीकृत करने में असफल हो जाते हैं तो हम फिर से एक और गलती करने का जोखिम कर डालते हैं, चूँकि अ वास्तव में गलत हो सकता है। गलत शोध परिकल्पना H_1 को स्वीकार करना ही प्रकार–2 की त्रुटि या β त्रुटि कहलाती है।

उदाहरण (Examples)

1. अधिकांश सदस्य सामाजिक आदर्श अ के अनुरूप होंगे।
2. चोरी नहीं करना, यह समाज का आदर्श है।
3. ब समाज का एक सदस्य है।

निष्कर्ष (Inferences)

1. ब शायद चोरी नहीं करेगा इसलिये यदि अ सत्य है– शागद ब भी सत्य होगा, लेकिन यदि ब चोरी नहीं करता है तो हम प्रकार–1 की त्रुटि के साथ अ को अस्वीकार करते हैं (चूँकि अ सत्य हो सकता है , ब कुछ बेईमान सदस्यों में से एक हो सकता है)।

2. यदि हम अ को अस्वीकार करने में असफल हो जाते हैं जबकि ब सत्य है तो हम त्रुटि करने का जोखिम करते हैं क्योंकि अ वास्तव में गलत हो सकता है यानी कि गलत परिकल्पना को अस्वीकार करने में असफल होना प्रकार–2 की त्रुटि या β– त्रुटि के रूप में जानी जाती है।

सामाजिक शोध में प्रतिदर्शों से निकाले गये निष्कर्ष उसी जनसंख्या या समष्टि पर प्रयोग किये जाते हैं जिससे यह प्रतिदर्श लिये गये हैं। नीचे दिये गये कथनों की सहायता से प्रकार–1 की और प्रकार–2 की त्रुटि को जनसंख्या या समष्टि के सन्दर्भ में समझ सकेंगे।

- प्रकार–1 की त्रुटि : जनसंख्या या समष्टि भिन्न है, जबकि वास्तव में वे एक जैसे ही हैं।
- प्रकार–2 की त्रुटि : दो जनसंख्या या समष्टि एक जैसे हैं, जबकि वास्तव में वे भिन्न हैं।

प्रकार–1 की और प्रकार–2 की त्रुटियों को नीचे चित्र में दर्शाया गया है।

शोध निष्कर्ष (प्रतिदर्श के आधार पर लिये गये हैं)

	अन्तर है ↓	अन्तर नहीं है ↓
अस्वीकृत (यहाँ अन्तर या भेद है) →	सही निर्णय	प्रकार–1 की त्रुटि
स्वीकृत (यहाँ अन्तर या भेद है) →	प्रकार–2 की त्रुटि	सही निर्णय

जब हम परिकल्पना का परीक्षण करते हैं तो सम्पूर्ण जनसंख्या का अध्ययन नहीं करते हैं। इसके बजाय हम एक हिस्से का अध्ययन करते हैं, जैसे हम कभी भी यह साबित नहीं कर सकते हैं कि शून्य परिकल्पना सही है या गलत। क्या हम यह साबित करने की कोशिश करते हैं कि क्या शून्य परिकल्पना के स्वीकार करने या अस्वीकार करने के निर्णय को उचित ठहराने में परिणामों के प्रतिदर्श पर्याप्त रूप में संभव या असंभव हो सकते हैं।

शून्य परिकल्पना सही या गलत हो सकती है। शोधकर्ता के पास एक विकल्प रहता है कि वह परिकल्पना को स्वीकार करे या अस्वीकार। इस तरह की चार सम्भावनाओं को नीचे प्रस्तुत किया जा रहा है–

प्रकरण–1 : शून्य परिकल्पना सही है, इसे अस्वीकार किया जाता है।

प्रकरण–2 : शून्य परिकल्पना सही है, इसे स्वीकार किया जाता है।

प्रकरण–3 : शून्य परिकल्पना गलत है, इसे अस्वीकार किया जाता है।

प्रकरण–4 : शून्य परिकल्पना गलत है, इसे स्वीकार किया जाता है।

पहले प्रकरण में शून्य परिकल्पना को अस्वीकार कर दिया जाता है जबकि वह सत्य है। इस निर्णय में एक त्रुटि है। वह त्रुटि है, सत्य परिकल्पना को अस्वीकार करना। इसे प्रकार–1 की त्रुटि के रूप में जाना जाता है। दूसरे मामले में कोई त्रुटि नहीं है क्योंकि शोधकर्ता परिकल्पना को स्वीकार करता है जो कि सत्य है। तीसरे प्रकरण में भी ऐसा ही है वहाँ निर्णय में कोई त्रुटि नहीं है क्योंकि परिकल्पना गलत है और इसे अस्वीकार कर दिया गया है। चौथे प्रकरण के निर्णय में त्रुटि है, वह यह है कि असत्य परिकल्पना को स्वीकार किया गया है। असत्य परिकल्पना को स्वीकार करना प्रकार–2 के रूप में जाना जाता है।

समीक्षा के लिए महत्वपूर्ण पद (Important Terms for Review)

- अवधारणा (Concepts)
- अवधारणात्मक निकाय (Conceptual System)
- मूर्तता (Reification)
- मूर्तता का भ्रम (Fallacy of Reification)
- अवधारणा (Constructs)
- दिग्दर्शन (Referent)
- अनुभवजन्य दिग्दर्शन (Empirical Referent)
- परिकल्पना (Hypothesis)
- शून्य परिकल्पना (Null Hypothesis)
- सार्थकता स्तर (Significance Level)
- प्रकार–1 और प्रकार–2 की त्रुटियां (Type 1 and Type 2 Errors)

समीक्षात्मक प्रश्न (Review Questions)

1. परिकल्पना क्या है? आपके अपने अनुभवों से कुछ परिकल्पनाओं को चिह्नित कीजिये।
2. परिकल्पना के विभिन्न स्रोत क्या हैं? परिकल्पना परीक्षण की प्रक्रिया में शून्य परिकल्पना की उपयोगिता पर चर्चा कीजिये।

3. परिकल्पना और सिद्धान्त के बीच सम्बन्ध क्या है?
4. वे मापदण्ड कौन–कौन से हैं जिन्हें परिकल्पना परीक्षण से पूर्व किया जाना चाहिये।
5. शोध परिकल्पना और शून्य परिकल्पना के बीच अन्तर स्पष्ट कीजिये।
6. एक वैकल्पिक परिकल्पना क्या है?
7. सांख्यिकीय परिकल्पना के कुछ कार्यों की चर्चा कीजिये।
8. परिकल्पना के परीक्षण में प्रकार–1 (Type-I) और प्रकार–2 (Type-II) के बीच त्रुटियों में अन्तर स्पष्ट कीजिये।

आगे पढ़ने हेतु (For Further Reading)

बेकर, एल. थेरेसे, *डुईग सोशल रिसर्च,* न्यूयॉर्क, मैक्ग्रा हिल्स, 1998.

बैले, कीनिथ डी., *मैथड्स ऑफ सोशल रिसर्च,* लन्दन, दि फ्री प्रेस, 1978.

ब्लैक, जेम्स ए. एण्ड चैम्पियन, डीन जे., *मैथड्स एण्ड इश्यूज़ इन सोशल रिसर्च,* न्यूयॉर्क, जॉन विले, 1976.

गॉलतुंग, जॉन, *थ्योरी एण्ड मैथड्स ऑफ सोशल रिसर्च,* लन्दन : जार्ज एलेन एण्ड अनविन, 1970.

गुडे, डब्लू. जे. एण्ड हॉट, पी. के., *मैथड्स ऑफ सोशल रिसर्च,* न्यूयॉर्क, मैक्ग्रा हिल्स, 1952.

कर्लिन्जर, फ्रेड आर. *फाउन्डेशन्स ऑफ बिहैवियरल रिसर्च,* दिल्ली, सुरजीत पब्लिकेशन्स, 1964.

किदर, ल्यूइस एच., *रिसर्च मैथड्स इन सोशल रिलेशन्स,* न्यूयॉर्क होल्ट, 1981.

कोठारी, एल. आर., *रिसर्च मैथडोलॉजी,* न्यू देहली : विश्व प्रकाशन, 1985.

मोन्टे, ड्यूआना आर. एट ऑल, *अप्लायड सोशल रिसर्च* : टूल फार दि ह्यूमन सर्विसेज़, शिकागो होल्ट, 1986.

नचमियास, डी. एण्ड नचमियास, सी., *रिसर्च मैथड्स इन सोशल साइन्सेस,* न्यूयॉर्क सेन्ट मार्टिन्स प्रेस, 1981.

विल्किनसन, टी. एस. एण्ड भण्डारकर, पी. एल., *मैथडोलॉजी एण्ड टेक्निक्स ऑफ सोशल रिसर्च,* बॉम्बे, हिमालया पब्लिशिंग, 1977.

3

आधारभूत शोध अभिकल्पन

Basic Research Designs

शोध अभिकल्पन, अनुसंधान के निर्देशन में एक तार्किक और व्यवस्थित योजना है। सामान्य वैज्ञानिक प्रतिरूप या मॉडल का विभिन्न शोध समस्याओं में रूपान्तरण अभिकल्पन का ही परिणाम है। लेकिन व्यवहार में यह अधिकांश मामलों में सिर्फ अध्ययन की एक योजना है। सामान्यतया यह अस्पष्ट और अस्थायी है। जैसे–जैसे अध्ययन में प्रगति होती है और अन्तर्दृष्टि को गहराई में ले जाते हैं, इसमें कई परिवर्तन और संशोधन हो जाते हैं। जैसा कि शूमैन (Suchman, 1954: 254) ने ठीक ही कहा है– ऐसी कोई वस्तु नहीं है जो एकल या 'सही' अभिकल्पन ... शोध अभिकल्पन कई व्यावहारिक विचारों के द्वारा किये गये समझौतों का प्रतिनिधित्व करती है जो सामाजिक शोध में होता है। परिणामतः प्रत्येक शोधकर्ता अपनी ही रणनीतिक पद्धतियों का अपने ही शोध अभिकल्पन के साथ समापन करता है। स्टाउफर (1962: 131) के अनुसार शोध अभिकल्पन अत्यधिक विशिष्ट योजना नहीं है जिसका कि बिना विचलनों के अनुसरण किया जाये बल्कि मार्गदर्शन की श्रृंखला के लिये एक सही दिशा में आगे बढ़त बनी रहे।

दूसरे शब्दों में, शोध अभिकल्पन अनुसंधान की प्रक्रिया की एक अस्थायी रणनीति है जो प्रगति के रूप में नये पहलुओं, नई स्थितियों और चरों के बीच नये अन्तर्सम्बन्ध के द्वारा संशोधित करने की संभावना अधिक रहती है।

शोध अभिकल्पन एक विस्तृत योजना की रूपरेखा है जो यह बताती है कि शोध कैसे किया जाता है? शोध अभिकल्पन अनौपचारिक हो सकता है यदि शोधकर्ता इसका उपयोग केवल अपने लिये करता है या औपचारिक जब यह एक अनुदान प्रस्ताव का एक भाग हो। शोध अभिकल्पन स्वयं ही कुछ निश्चित मुद्दे सम्बोधित करता है जो इस प्रकार हैं–

- अध्ययन के तहत समस्या क्या है?
- प्रमुख शोध प्रश्न क्या हैं?
- अध्ययन का क्षेत्र (समष्टि) क्या है?
- कितने लोगों का अध्ययन किया जायेगा?
- इन लोगों को चुना कैसे जायेगा?
- किन–किन तरीकों और तकनीकों का उपयोग करके उन लोगों से आंकड़े एकत्रित किये जायेंगे?

इस प्रकार से, इन मुद्दों के बारे में विवरण शोध अभिकल्पन का गठन करता है। अधिक विशिष्ट होने के लिये शोध अभिकल्पन में समस्या के बारे में जानकारी, उद्देश्यों, शोध प्रश्नों, अध्ययन के क्षेत्र (समष्टि या जनसंख्या), प्रतिदर्श योजना और विधि तथा आंकड़ों के संग्रहण की तकनीक भी शामिल है। वास्तव में शोध अभिकल्पन काफी विवरण बताता है जो अनुसंधान की प्रक्रिया के रूप में निम्नलिखित चरणों में होते हैं।

कुछ परम्परागत शोध अभिकल्पन (Some Conventional Research Designs)

शोध अभिकल्पन, अनुसंधान की समस्या के उद्देश्यों से घनिष्ठता के साथ जुड़े हुये हैं। तदनुसार, शोध अभिकल्पन इसकी प्रकृति से खोजपूर्ण, विवरणात्मक और प्रयोगात्मक हैं।

व्याख्यात्मक शोध अभिकल्पन (Exploratory Research Designs)

व्याख्यात्मक अध्ययनों का उद्देश्य अधिक सटीक अन्वेषण हेतु एक समस्या का सूत्रपात करना या परिकल्पना को विकसित करना है। हालांकि व्याख्यात्मक अध्ययन अनुसंधानकर्ता की घटना से जानकारी प्राप्त करने अर्थात् घनिष्ठता बढ़ाने के लिये किया जा सकता है। वह कुछ समय बाद और अधिक वैज्ञानिकता के साथ अध्ययन करने की इच्छा रखता है।

उदाहरण के लिये, यदि एक शोधकर्ता एड्स/एचआईवी रोगियों की सामाजिक बातचीत के तरीके का अध्ययन करना चाहता है लेकिन घटना के बारे में बहुत कम या कुछ भी नहीं जानता है, इसके लिये व्याख्यात्मक शोध उचित होगा। एड्स/एचआईवी रोगियों के रिश्तेदारों के साथ एक प्रारम्भिक साक्षात्कार शोधकर्ता के एक विशिष्ट अध्ययन के अभिकल्पन को विकसित करने में सक्षम बनायेगा। इसलिये व्याख्यात्मक अध्ययन शोधकर्ताओं को उनकी अनुसंधान समस्या की विशेषताओं के साथ स्वयं को परिचित करने के लिये सहायता करेगा।

विवरणात्मक शोध अभिकल्पन (Descriptive Research Designs)

विवरणात्मक अध्ययन नाम के अनुरूप सुझाव देता है जो कि एक समुदाय या लोगों के समूह की विशेषताओं के बारे में जहाँ तक सम्भव हो यथार्थ विवरण देता

है। एक शोधकर्ता जो लोगों के एक समुदाय, उनकी आयु, लिंग रचना, जाति के अनुसार वितरण, धर्म से सम्बन्धित, शिक्षा का स्तर, व्यावसायिक स्तर का अध्ययन करने में रुचि रखता है। अपने अध्ययन का अभिकल्पन विवरणात्मक अध्ययन के रूप में करता है। एक अन्य शोधकर्ता अध्ययन के विवरणात्मक अभिकल्पन का सूत्रपात किसी विशिष्ट जनसंख्या के लोगों का अनुपात जानने के लिये कर सकता है कि कौन–कौन से लोग दहेज के पक्षधर हैं या जो यह अनुभव करते हैं कि बालश्रम प्रतिबन्धित होना चाहिये। विशिष्ट अनुमान से सम्बन्धित उदाहरण के लिये – अगली जनगणना संचालन में मतदाता सूची में प्रवेश जनसंख्या का कितने प्रतिशत है। विकलांग जनसंख्या का आकार क्या होगा? अगली पंचवर्षीय योजना में वित्तीय सहायता की जरूरत किसे होगी? इत्यादि।

प्रयोगात्मक शोध अभिकल्पन (Experimental Research Designs)

सामान्यतया कुल मिलाकर, प्रयोगात्मक शोध कारण–परिकल्पना के साथ सम्बन्धित है। कारण–परिकल्पना दो चरों के बीच कारण–सम्बन्ध के लिये सन्दर्भित करती है। जहाँ चर X (विशेषता या घटना) दूसरे चर X (विशेषता या घटना) को निर्धारित करता है। उदाहरण के लिये अगर एक शोधकर्ता कारण--परिकल्पना का परीक्षण छात्रों के एक समूह की तुलना द्वारा करना चाहता है, अतः समूह X में दण्ड हेतु उजागर होने के बाद या उसके दौरान इसमें से दो समूह जैसे कुछ को दण्ड हेतु उजागर किया गया है तथा कुछ को दण्ड हेतु उजागर नहीं किया गया है Y के सापेक्ष माप करते हैं। कारण–सम्बन्ध परीक्षण के लिये उपयोग किये गये विभिन्न प्रकार के प्रयोगात्मक अध्ययन के बारे में चर्चा करने से पहले करणीय की अवधारणा के बारे में जान लेना आवश्यक है।

जे.एस. मिल के शब्दों में 'कारण जो स्वयं एक घटना है' बिना सन्दर्भ के किसी का परम या अनन्तिम कारण है (1930)। वे आगे कहते हैं कि करणीय केवल एक जैसी प्रधानता है। हालांकि इस 'कारण' और 'करणीय' की अवधारणाओं की व्याख्या विज्ञान, सामाजिक विज्ञान सहित और अधिक या कम द्वारा स्वीकार किये जाते हैं। अवधारणाओं के बारे में अस्पष्टता अब भी है। विशेष रूप से जब पहली बार के कारण और बाद के कारण और अन्तिम कारण के बारे में जब कोई सोचता है तो परिणाम के रूप में वैज्ञानिक स्पष्टीकरण में भी विभिन्न उपायों के कारण पद अक्सर बारबार भ्रमित करते हैं।

प्रेरित करने या मुक्त करने या खोलने के कार्यों द्वारा कारण हो सकता है। अब हम एक उदाहरण पर विचार करते हैं। स्नूकर के खेल में एक गेंद (बाल) से दूसरी गेंद पर टक्कर मारकर आगे बढ़ाया जाता है, जिसके कारण वह कई गेंदों से टकराती है। इस प्रकरण में, पहली गेंद का आगे बढ़कर टकराना और फिर

इसके आवेग के कारण इसी अनुक्रम में दूसरी गेंदों में गतिशीलता आती है। पहली गेंद अन्य गेंदों में गतिशीलता बनने का कारण बनती है। अतः बाद की गेंदों की गतिशीलता का कारण आवेग 'प्रभाव' से प्रेरित है। अन्य शब्दों में प्रश्न में एक घटना के लिये उसकी पूर्ववर्ती घटनाओं से निर्धारित होना दर्शाया गया है।

संक्षेप में, अनुसंधान में पूर्ववर्ती घटना (कारण) और परवर्ती घटना (प्रभाव) को दर्शाती है। यहाँ पूर्ववर्ती घटना द्वारा 'कारण–सम्बन्ध' का निर्माण हुआ है। वैज्ञानिक शोध मुख्य रूप से एक 'प्रभाव' के लिये आवश्यक और पर्याप्त प्रतिबन्ध को जानने के साथ सम्बन्ध रखता है। जबकि सामान्यतया यह अपेक्षा की जाती है कि 'प्रभाव' के लिये कारण एक पूर्ण विवरण प्रदान कर सकता है। अनुसंधान में प्रभाव के बारे में 'आवश्यक और पर्याप्त प्रतिबन्ध' की उम्मीद से शोधकर्ता शायद ही कभी एकल कारण या प्रतिबन्ध प्राप्त करता हो बल्कि वह प्रभाव या घटनाओं की बहुलता को जानने में दिलचस्पी रखता है।

बल्कि सीधे प्रदर्शित करने के लिये यह असम्भव है। दिये गये चर X स्वयं के द्वारा या किसी अन्य चरों के साथ संयोजन के रूप में Y का कारण बनता है। इसीलिये हम समंकों से निष्कर्ष निकालने हेतु कारण–सम्बन्ध (परिकल्पना) को प्राथमिकता देते हैं। अतः Y की घटना घटित होने के लिये X एक कारण है जो कि विश्वसनीयता के कुछ स्तर के साथ तर्कसंगत है।

जटिल प्रयोगात्मक अध्ययनों में दो प्रकार के समूह इस प्रकार चयनित किये जाते हैं कि वे कुछ अवसरों को छोड़कर एक–दूसरे से बहुत अधिक अलग नहीं होते हैं। उनमें से एक समूह स्वतन्त्र चर के रूप में प्रयोगात्मक समूह के रूप में जाना जाता है। दोनों समूहों की तुलना 'प्रभाव' के पदों में की जाती है। शोध अभिकल्पन को एक प्रयोग के लिये उजागर किया जाता है, जिसमें विषयों के दो या अधिक समूहों की तुलना शामिल होती है। यहाँ पर यह मान्यता निहित रहती है कि प्रयोग से आरम्भ से पहले समूहों में तुलना होने पर एक जैसे थे। यह सुनिश्चित करने के लिये यादृच्छया या मिलान के रूप में इस तरह की तकनीकों का उपयोग किया जाता है। प्रयोगात्मक और नियन्त्रण समूह के विषयों के समूह के सदस्यों का निर्धारण यादृच्छया तकनीक से किया जाता है। किसी भी समूह के सदस्यों के निर्धारण करने की प्रक्रिया में सभी सदस्यों को समान अवसर दिये जाने चाहिये। प्रयोगात्मक और नियन्त्रण समूह के विषयों के निर्धारण हेतु मिलान तकनीक के तरीके को शामिल कर एक विशिष्ट प्रकार के प्रयोगात्मक समूह को नियन्त्रण समूह के सटीक समकक्ष निर्धारित कर सन्तुलित किया जाता है।

प्रयोगात्मक शोध अभिकल्पन के प्रकार (Types of Experimental Research Designs)

विभिन्न प्रयोगात्मक अध्ययनों में आश्रित चर पर प्रभाव को प्रयोग से भिन्न–भिन्न चरणों में मापा जाता है। प्रयोगात्मक अध्ययन सामान्य तौर पर समय बिन्दु के

आधार पर वर्गीकृत जहाँ पर आश्रित चर से प्रभाव की माप की जाती है। कुछ सामान्य प्रकार के प्रयोगात्मक अध्ययन इस प्रकार है–

केवल–पश्चात् प्रयोगात्मक शोध अभिकल्पन (The After Only Experimental Research Designs)

इस अध्ययन के अभिकल्पन में दो एक जैसे (बराबर या समकक्ष) समूहों की रचना होती है। माना कि समूहों की विशेषताओं की सापेक्ष माप बराबर है। समूहों में से एक समूह (प्रयोगात्मक समूह) में चर X के समय की विशिष्ट अवधि हेतु प्रयोगात्मक उपचार को उजागर करता है। तदुपरान्त दोनों समूहों को आश्रित चर Y के सापेक्ष मापा जाता है।

जब परिकल्पना X के कारण Y स्वीकार या अस्वीकार है। प्रयोगात्मक समूह में Y की घटनाओं की, स्वतन्त्र चर X को प्रदर्शित करने के बाद, नियन्त्रित समूह में Y की घटनाओं के साथ तुलना के द्वारा सामान्यतया अनुमान निकाला जाता है। जिसमें X को उजागर नहीं किया गया है।

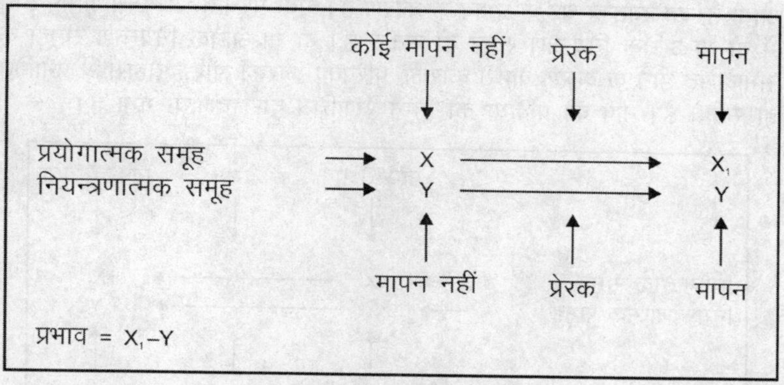

जैसा कि नाम से इंगित होता है कि माप प्रयोगों के बाद ही ली जाती है। अतः प्रयोग से पूर्व कोई माप नहीं है। इस अध्ययन के अभिकल्पन की प्रमुख कमजोरी यही है। अभिकल्पन भी इस मान्यता पर आधारित है कि दोनों समूहों की माप से पहले विशेषताओं के सापेक्ष समान मान लिया जाता है। इसलिये यह सम्भावना काफी रहती है कि शोधकर्ता आश्रित चर में परिवर्तन कर स्वतन्त्र चर के गुण प्रभावित कर सकता है। जो वास्तव में दो समूहों के बीच प्रारम्भिक मतभेदों के कारण हो सकता है। इस कमजोरी के बावजूद यह अभिकल्पन उन परिस्थितियों में उपयोगी है जिनमें कुछ व्यावहारिक समस्याओं के कारण 'से पहले की माप' सम्भव नहीं है। ऐसी परिस्थितियों के अन्तर्गत निश्चय ही यह अभिकल्पन सबसे अच्छा विकल्प हो सकता है, जबकि समूहों का चयन सावधानीपूर्वक बराबर किया गया हो।

पूर्व–पश्चात् प्रयोगात्मक शोध अभिकल्पन (The Before-After Experimental Research Designs)

यह शोध अभिकल्पन, पूर्व के अभिकल्पन में संशोधन कर उसकी कमजोरियों को दूर करके प्राप्त किया गया है। इसमें प्रयोगात्मक चरों को उजागर करने से पूर्व समूहों को मापा जाता है और परीक्षण के उपरान्त आश्रित चरों की मापों के साथ तुलना की जाती है। आश्रित चर में परिवर्तन को निर्धारित करने हेतु 'पूर्व' माप यह सम्भव बनाती है और स्वतन्त्र चर के प्रभावों के मूल्यांकन करते समय यह परिवर्तन ध्यान में रखा जाता है।

व्यवहार में, यादृच्छया आधार पर या सुमेलन के द्वारा समूहों का चयन करने की आवश्यकताओं को पूरा करना मुश्किल है। इस प्रकार शोधकर्ता को स्थिति के साथ समझौता करना पड़ता है। ऐसे मामलों में 'से पहले' माप सुनिश्चित करती है कि समूह आरम्भ में आश्रित चर के सापेक्ष बराबर थे या नहीं। यह शोधकर्ता को अपना आत्मविश्वास बढ़ाने में सहायता करती है कि 'पश्चात्' माप से जो अन्तर आया है, वह स्वतन्त्र चर के प्रभाव के कारण है। 'पूर्व–पश्चात्' अध्ययन अभिकल्पन में दो या अधिक नियन्त्रण समूह हो सकते हैं। दो या अधिक नियन्त्रण समूहों के समावेशित होने के कारण बाहरी कारकों, परिपक्व कारकों और इतिहास से प्रभावित हो सकते हैं। माप की प्रक्रिया को निम्न रेखाचित्र द्वारा दर्शाया गया है।

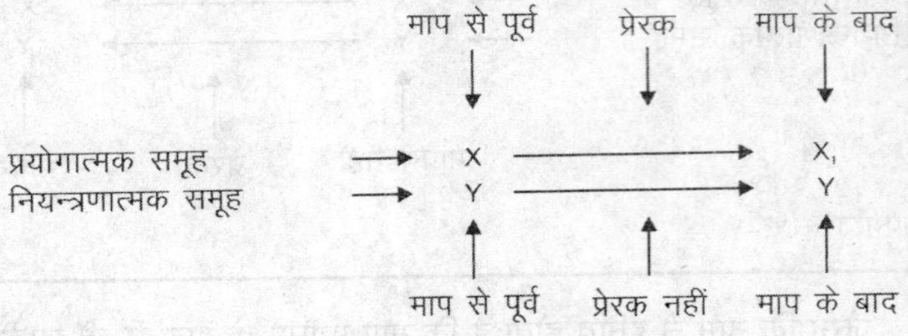

प्रयोगात्मक समूह पर प्रभाव $D_1 = X_1 - X$

नियन्त्रणात्मक समूह पर प्रभाव $D_2 = Y_1 - Y$

कुल प्रभाव $= D_2 - D_1$

कार्यान्तर शोध अभिकल्पन (The Ex-Post-Facto Research Designs)

कार्यान्तर अध्ययन अभिकल्पन एक सर्वेक्षण से एकत्रित आंकड़ों के साथ कारण–सम्बन्धों का पता लगाने हेतु प्रयास है। इसमें मूल्यांकनकर्ता केवल एक का चयन करके महत्वपूर्ण चरों को नियन्त्रित करता है जो पहले से ही अभिलिखित हैं। उदाहरण के लिये – एक एजेन्सी प्रौढ़ हितग्राहियों जिनकी आयु 25 वर्ष या उससे अधिक है, उनके लिये जनमत सर्वेक्षण आयोजित करवाती है

उनसे उनकी आयु, लिंग, जन्म का स्थान इत्यादि पूछती है। एजेन्सी के अधिकारी जन्म स्थान (स्वतन्त्र चर) के अनौपचारिक शिक्षा (आश्रित चर) के कार्यक्रम की प्रभावशीलता पर उत्तरदाता के मत पर कारण–प्रभाव में रुचि रखते हैं। मूल्यांकनकर्ता आंकड़ों के साथ हेरफेर के माध्यम से कुछ अन्य आश्रित चरों (मत) और स्वतन्त्र चरों (जन्म स्थान) पर नियन्त्रण प्राप्त करता है।

कार्यान्तर अभिकल्पन में मूल्यांकनकर्ता कारण–चरों, अध्ययन की स्थितियों, बाहरी चरों और आश्रित चरों की माप पर बहुत अच्छा नियन्त्रण नहीं रख पाता है। इस अध्ययन अभिकल्पन का प्रमुख दोष यह है कि सर्वेक्षण से एकत्रित आंकड़ें केवल एक समयबिन्दु पर लिया गया व्यापक प्रतिनिधित्व है। प्रश्न में कारण–सम्बन्ध व्यक्ति के जन्मस्थान और उसके विचार के बीच कड़ी है। यह एक कारण श्रृंखला है जो समय और वातावरण की दीर्घावधि में परिव्याप्त है। इस अवधि के दौरान जो व्यक्ति रहते हैं व्यापक रूप से भिन्न हो सकते हैं।

समीक्षा के लिए महत्वपूर्ण पद (Important Terms for Review)

- शोध अभिकल्पन (Research Designs)
- व्याख्यात्मक शोध अभिकल्पन (Exploratory Research Designs)
- वर्णनात्मक शोध अभिकल्पन (Descriptive Research Designs)
- प्रयोगात्मक शोध अभिकल्पन (Experimental Research Designs)
- केवल–पश्चात् प्रयोगात्मक शोध अभिकल्पन (After Only Experimental Research Designs)
- पूर्व–पश्चात् प्रयोगात्मक शोध अभिकल्पन (Before After Experimental Research Designs)
- कार्यान्तर शोध अभिकल्पन (Ex-Post-Facto Research Designs)

समीक्षात्मक प्रश्न (Review Questions)

1. एक शोध अभिकल्पन क्या है?
2. अनुसंधान का उद्देश्य क्या है? अनुसंधान का उद्देश्य किस प्रकार अनुसंधान अभिकल्पन हो जाता है, चर्चा कीजिये।
3. व्याख्यात्मक एवं वर्णनात्मक शोध अभिकल्पन के बीच अन्तर कीजिये। अपने स्वयं के अनुभवों से कुछ परिकल्पनात्मक उदाहरण चिह्नित कीजिये, जहाँ ये शोध अभिकल्पन उपयुक्त होंगे।

4. प्रयोग को परिभाषित करें। प्रयोगात्मक अनुसंधान अभिकल्पन के मूल उद्देश्यों पर चर्चा कीजिये।
5. प्रयोगात्मक अनुसंधान अभिकल्पन के भिन्न–भिन्न प्रकार कौन से हैं? प्रत्येक अनुसंधान अभिकल्पन के गुणों और दोषों पर चर्चा कीजिये।
6. प्रयोगात्मक और नियन्त्रण समूहों के बीच अन्तर और उनके कार्यों पर चर्चा कीजिये।

आगे पढ़ने हेतु (For Further Reading)

अबराम, एम., *सोशल सर्वेज़ एण्ड सोशल एक्शन,* लन्दन, हीनेमॉन, 1950.

एकॉफ, आर. एल., *दि डिजायन ऑफ सोशल रिसर्च,* शिकागो : यूनिवर्सिटी ऑफ शिकागो प्रेस, 1953.

बैले, कीनिथ डी, *मैथड्स ऑफ सोशल रिसर्च,* लन्दन, दि फ्री प्रेस, 1978.

बेकर, एल. थेरेसे, *डुईग सोशल रिसर्च,* न्यूयॉर्क, मैक्ग्रा हिल्स, 1998.

बेनेल, कार्ल एट ऑल, *इवेल्यूएशन एक्सपेरीमेन्ट्स,* न्यूयॉर्क, एकेडेमिक प्रेस, 1975.

ब्लैक, जेम्स ए. एण्ड चैम्पियन, डीन जे., *मैथड्स एण्ड इश्यूज़ इन सोशल रिसर्च,* न्यूयॉर्क, जॉन विले, 1976.

कैम्पबेल, डी.टी. एण्ड स्टैनले, जे. सी. *एक्सपेरीमेन्टल एण्ड क्वासी एक्सपेरीमेन्टल डिज़ायन्स फॉर रिसर्च,* बोस्टन, हॉफटान मिफलीन, 1963.

चेपिन, एफ. एस., *एक्सपेरीमेन्टल डिज़ायन इन सोशियोलॉजिकल रिसर्च,* न्यूयॉर्क : हीर्पर, 1974.

एप्सटीन, आई एण्ड त्रिपोडी, टी., *रिसर्च टेक्निक्स फॉर प्रोग्राम प्लानिंग, मॉनीटरिंग एण्ड इवेल्यूएशन,* न्यूयॉर्क : कोलम्बिया यूनिवर्सिटी प्रोग्राम, 1974.

फेस्टीन्जर, एल. एण्ड काट्ज़ डी. (सम्पा.), *रिसर्च मैथड्स इन बिहैविरल साइन्सेस,* न्यूयॉर्क : दि ड्रायडेन प्रेस, 1953.

गुडे, डब्लू. जे. एण्ड हॉट, पी. के., *मैथड्स ऑफ सोशल रिसर्च,* न्यूयॉर्क, मैक्ग्रा हिल्स, 1952.

हाउस, ई. आर., *इवेल्यूएटिंग विथ वैलीडिटी,* बिवेरली हिल्स, कैलिफोर्निया : सेज़, 1980.

कर्लिन्जर, फ्रेड आर., *फाउन्डेशन्स ऑफ बिहैवियरल रिसर्च,* दिल्ली, सुरजीत पब्लिकेशन्स, 1964.

किदर, ल्यूइस एच., *रिसर्च मैथड्स इन सोशल रिलेशन्स,* न्यूयॉर्क : होल्ट, 1981.

कोठारी, एल. आर., *रिसर्च मैथडोलॉजी,* न्यू देहली : विश्वा प्रकाशन, 1985.

मिल, जे. एस., *ए सिस्टम ऑफ लॉजिक,* न्यूयॉर्क : लांगमेन, एट्थ एडिशन, 1930.

मिलेर, डी. सी., *हैन्डबुक ऑफ रिसर्च डिज़ायन एण्ड सोशल मेज़रमेन्ट,* न्यूयॉर्क : डेविड मेकी को., 1964.

मोन्टे, ड्यूआना आर. एट ऑल, *अप्लायड सोशल रिसर्च : टूल फार दि ह्यूमन सर्विसेज़,* शिकागो होल्ट, 1986.

मोज़र, सी. ए. एण्ड कॉलटन, *सर्वे मैथड्स इन सोशल इनवेस्टिगेशन,* लन्दन, हीनेमॉन एजूकेशनल बुक्स, 1975.

नचमियास, डी. एण्ड नचमियास, सी., *रिसर्च मैथड्स इन सोशल साइन्सेस,* न्यूयॉर्क सेन्ट मार्टिन्स प्रेस, 1981.

पोसोवा, इ., जे. एण्ड कैरे, आर. जी., *प्रोग्राम इवेल्यूएशन मैथड्स एण्ड केस स्टडीज़,* एनजे, इगलवूड क्लिफ : प्रैन्टिस हॉल, 1975.

रामचन्द्रन, पी., ''सोशल वर्क रिसर्च एण्ड स्टेटिसटिक्स'' इन *हिस्ट्री एण्ड फिलॉसफी ऑफ सोशल वर्क इन इन्डिया,* बॉम्बे : एलायड पब्लिशर्स, 1968.

रोज़ी, पी., एण्ड एच., फ्रीमैन, *इवेल्यूएशन : ए सिस्टेमेटिक एप्रोच,* बेवेरले हिल्स : सेज़, 1982.

रूबिन, ऐलेन एण्ड बेबी, ई, *रिसर्च मैथडोलॉजी फॉर सोशलवर्क,* बेलमोन्ट, कैलिफोर्निया : वेड्सवर्थ, 1989.

स्केनीरेर, एम.ए., *प्रोग्राम इवेल्यूएशन : दि आर्गेनाइजेशनल कान्टेक्सट,* बेवेरले हिल्स, कैलिफोर्निया : सेज़, 1980.

सेलीट्ज, जी. एट ऑल, *रिसर्च मैथड्स इन सोशल रिलेशन्स,* न्यूयॉर्क : होल्ट (थर्ड एडिशन), 1973.

शाह, वी. एफ, *रिसर्च डिज़ायन अहमदाबाद* : रचना प्रकाशन, 1977.

स्टाउफर, एस. ए., *सोशल रिसर्च टू टेस्ट आडियाज़,* न्यूयॉर्क : फ्री प्रेस ऑफ ग्लेकोय, 1962.

सचमैन, इ. ए., *इवेल्यूएटिव रिसर्च : प्रिन्सिपल्स एण्ड प्रैक्टिस इन पब्लिक सर्विस एण्ड सोशल एक्शन प्रोग्राम्स,* न्यूयॉर्क : रसेल सेज़ फाउन्डेशन, 1967.

सचमैन, इ. ए., ''दि प्रिन्सिपल्स ऑफ रिसर्च डिज़ायन'', इन जॉन टी डोबी एट.आल., *एन इन्ट्रोडक्शन टू सोशल रिसर्च,* न्यूयॉर्क : दि स्टैकपोल, 1953. मेक्ग्रा

वीस्स, कैरोल, *इवेल्यूएशन रिसर्च,* ईगलवूड क्लिफ एन.जे., प्रैन्टिस हॉल, 1972.

विल्किनसन, टी. एस. एण्ड भण्डारकर, पी. एल., *मैथडोलॉजी एण्ड टेक्निक्स ऑफ सोशल रिसर्च,* बॉम्बे, हिमालया पब्लिशिंग, 1977.

यीन, राबर्ट के., *केस स्टडी रिसर्च डिज़ायन एण्ड मैथड्स,* अप्लायड सोशल रिसर्च मैथड्स सीरीज़, वॉल्यूम 5, न्यू डेल्ही : सेज़, 1982.

यंग, पी. वी., *साइन्टिफिक सोशल सर्वेज़ एण्ड रिसर्च,* ईगलवूड क्लिफ, एन. जे. प्रैन्टिस हॉल (फोर्थ एडिशन), 1953.

4

सामाजिक शोध में मापन

Measurement in Social Research

अनुमाप की अभिधारणा (The Concept of Measurement)

मापन की अवधारणा, विशिष्ट संकेतकों के पदों में नियमों के अनुसार इन संकेतकों को संख्या निर्धारण के द्वारा अमूर्त अवधारणाओं का वर्णन करने की प्रक्रिया को सन्दर्भित करती है। सामाजिक शोध में सामाजिक घटना की माप कई कारणों की वजह से एक आवश्यक शर्त बन गयी है। सामाजिक घटना को मापने के लिये महत्वपूर्ण कारणों में से एक यह है कि यह शोधकर्ता को इस घटना का परिकल्पना में दूसरों पर चरों के समूह के प्रभाव को निर्धारित कर उपयोग करने के अवसर की अनुमति देता है (ब्लैक एण्ड चैम्पियन, 1976: 170)।

हम निम्नलिखित परिकल्पना पर विचार करते हैं। लड़के जो अपने आत्मसम्मान में कमतर हैं, उच्चतर आत्मसम्मान वाले लड़कों की तुलना में कालानुक्रम से अनुपस्थित होंगे (व्यक्तित्व का सामाजिक मनोवैज्ञानिक एक घटक)। इस परिकल्पना के परीक्षण हेतु एक औपचारिक सैद्धान्तिक योजना की आवश्यकता है जहाँ आत्मसम्मान उपस्थितिवाद से कारण फैशन में व्यवस्थित रूप से सम्बन्धित होगा। प्रक्रिया के परीक्षण का एक भाग विद्यालय उपस्थिति अभिलेखों से लड़कों की अनुपस्थिति की रैंक निर्धारित करता है। अब हम उसी विद्यालय से चयनित यादृच्छाया दूसरे समूह के लड़कों से, इन लड़कों को सुमेलित करेंगे जो उनकी कक्षाओं में नियमित उपस्थित रहते हैं। अनुपस्थित और नियमित प्रतिदर्शों की तुलना सुनिश्चित करने के लिये समूहों को कई अन्य विशेषताओं के अनुसार सुमेलित किया जा सकता हैं जैसे – 'आयु, लिंग, शिक्षा का वर्ष, सामाजिक–आर्थिक पृष्ठभूमि, शिक्षा और माता–पिता का व्यवसाय और अन्य'।

परिकल्पना परीक्षण का दूसरा भाग सामाजिक मनोवैज्ञानिक चर 'आत्मसम्मान' के निर्धारण की आवश्यकता है। हम यह कैसे निर्धारित करें कि एक विशिष्ट लड़का जो किं कालानुक्रम से अनुपस्थित या नियमित है, दूसरों की तुलना में अधिक या कम विशेषता का है? उपरोक्त परिकल्पना का परीक्षण हम नहीं कर सकते हैं जब तक हम चर 'आत्मसम्मान' को मात्रात्मक नहीं करते। परिकल्पना का परीक्षण करने के लिये यह आवश्यक है कि चर 'आत्मसम्मान' को आनुभविक रूप में मापा जाना चाहिये। हमें यह मानना ही होगा कि इस चर के अनुसार लड़कों में भिन्नता है और आगे हमें इसकी डिग्री का विशिष्टीकरण करना चाहिये, जो प्रत्येक लड़का इस चर में रखता है। हम केवल तभी हमारी परिकल्पना का परीक्षण करने में सक्षम होंगे। मापन शोधकर्ता को परिकल्पना में चरों का उपयोग कर दूसरों पर उनके प्रभावों का निर्धारण करने के अवसर की अनुमति देता है।

मोन्टे, एट. आल. (1986) ने मापन को इस प्रकार परिभाषित किया है कि विशिष्ट संकेतकों के पदों में नियमों के अनुसार इन संकेतकों को संख्या निर्धारण के द्वारा या इस संकेतक के अन्य प्रतीकों से, अमूर्त अवधारणाओं का वर्णन करने की प्रक्रिया है।

बहुत व्यापक अर्थ में मापन निर्धारित करता है कि क्या चर उपस्थित है या अनुपस्थित? लेकिन व्यवहार में मापन और अधिक जटिल प्रक्रिया है जिसमें सीमा निर्धारण के लिये ऑपरेशन शामिल है, जिसके लिये चर उपस्थित है या अनुपस्थित। अब हम निम्न उदाहरणों पर विचार करेंगे–

एक सामाजिक कार्यकर्ता जो सड़क के बच्चों के साथ काम कर रहा है। एक बच्चे का साक्षात्कार लेते हुये निम्न प्रश्न पूछता है–

1. क्या आप पैसे की बचत करते हैं? हाँ / नहीं
2. यदि हाँ, कितना?
3. हमारे देश में बालश्रम पर प्रतिबन्ध लगा देना चाहिये

(जोरदार सहमत) (सहमत) (अनिश्चित) (असहमत) (जोरदार असहमत)

सड़क के बच्चों के कुछ पहलुओं को मापने के प्रयास ये तीनों प्रश्न हैं। पहला प्रश्न सड़क के बच्चों के बीच बचत की आदत की एक विशेषता की उपस्थिति या अनुपस्थिति के निर्धारण के द्वारा एक पहलू की माप करता है। दूसरा प्रश्न और अधिक विशिष्ट बचायी राशि जो बचत के तीव्रता की डिग्री का निर्धारण कर मापने की कोशिश करता है। अन्त में, उत्तरों के अनुक्रम में, एक प्रतिक्रिया या कथन पर टिप्पणी है जिसे बारी से स्कोर में परिवर्तित किया जा सकता है और अधिक विशेषता के साथ प्रश्न में घटना को मापा जायेगा।

अवधारणा और चर, सामाजिक शोध के आधारभूत अवयव हैं जिन्हें सामान्यतया सीधे अवलोकित नही किया जा सकता है। अभिधारणा इस प्रकार

है– मानसिक मंदता, गरीबी, चिन्ता, अवसाद, सामाजिक वर्ग और इसी तरह की अवधारणाओं को जिन्हें देखा नहीं जा सकता है लेकिन कुछ संकेतकों के रूप में निष्कर्षित किया जा सकता है। उदाहरण के लिये – एक बच्चा जिसके साथ दुर्व्यवहार किया जा रहा है, हम देख सकते हैं लेकिन क्या अन्य शारीरिक शोषण के बारे में जो शायद एक बच्चे के द्वारा ही सूचित किया जाता है। अतः हम इस प्रकार के सभी तरह के शोषणों का अवलोकन नहीं कर सकते हैं। हालांकि हम उनकी शारीरिक जांच कर सकते हैं या फिर उनके अभिभावकों / माता–पिता से उसके व्यवहार सम्बन्धी कुछ जानकारी एकत्रित कर सकते हैं। शारीरिक परीक्षण उनकी पीठ पर खण्डित निशान या खरोंच या पैर पर चोट के निशान देखे जा सकते हैं। पूछताछ से हम यह भी पता कर सकते हैं कि उनके अभिभावकों / माता–पिता द्वारा थप्पड़ मारा जाता है तथा उन्हें उपेक्षित या अनदेखा किया जाता है। ये सभी व्यावहारिक बातें बच्चों से दुर्व्यवहार के संकेत हैं और ये स्वयं चर के वास्तविक गुण नहीं हैं। इस उदाहरण से हमें यह भी पता चलता है कि चर के एक से अधिक सूचक हो सकते हैं। सरल सूचक या चर एक पद के रूप में व्यवहार में लाया जाता है। पदों के समूह का उपयोग चर को अर्हता देने के लिये सामान्यतः पैमाने के रूप में जाना जाता है। उदाहरण के लिये – एक व्यक्ति से प्रश्नों या पदों के समूह का पता करने के लिये अभिरुचि स्केल है और फिर उनके उत्तरों को एकल स्कोर में बदलकर उनकी अभिरुचि का प्रतिनिधित्व मुद्दे के रूप में किया जा सकता है।

अनुमाप का स्तर (Levels of Measurement)

एक सामाजिक घटना को विभिन्न तरीके से इस प्रकार मापा जा सकता है जैसे प्रश्नों को पूछकर, अवलोकनों या व्यवहार पर टिप्पणी के माध्यम से। अनुमाप के स्तर के पदों में भी मापन एक–दूसरे से भिन्न हो सकता है। अनुमापन के स्तर नियमों के समूह का प्रतिनिधित्व करते हैं जो अनुमेय गणितीय कार्यों में परिभाषित हैं जिन्हें माप के द्वारा संख्या या स्कोरों द्वारा दर्शाया जा सकता है। अनुमापन के चार स्तर हैं जैसे – सांकेतिक, क्रमसूचक, अन्तर्वर्ती या अन्तराल और आनुपातिक।

सांकेतिक स्तर का अनुमाप (Nominal Level of Measurement)

सांकेतिक स्तर का अनुमाप निम्नतम और सबसे सरल स्तर का अनुमाप है। जब एक चर को कई सांकेतिक उप वर्गों में वर्गीकृत किया जाता है तो यह माना जाता है कि चर में प्रश्नों को सांकेतिक स्तर पर मापा गया है। उदाहरण के लिये – चर लिंग के दो सांकेतिक उप वर्ग हैं अर्थात् महिला और पुरुष। इसी तरह से धर्मों में भी कई उपवर्ग होते हैं जो अनन्त न होकर उनमें से कुछ हिन्दू, मुस्लिम, ईसाई और सिख हैं।

सांकेतिक उपवर्गों को जो संख्यायें निर्धारित की जाती हैं, अनुमाप के स्तर पर वे केवल अनुक्रम का प्रतिनिधित्व करती हैं। संख्याओं का गणितीय मूल्य नहीं होता है। इसीलिये सांकेतिक आँकड़ों के साथ गणितीय कार्य सम्भव नहीं है। उदाहरण के लिये – सांकेतिक आँकड़ों के वर्गीकरण पर विचार नीचे दर्शाया गया है–

1. हिन्दू
2. मुस्लिम
3. ईसाई

इस उदाहरण में माना कि हमें 1 और 2 को जोड़ने पर 3 प्राप्त होता है अतः यहाँ हिन्दू और मुस्लिम को जोड़ने पर ईसाई प्राप्त होता है जो वास्तव में सही नहीं है। अन्य शब्दों में 1, 2 और 3 यहाँ प्रथम श्रेणी के उत्तरदाताओं का प्रतिनिधित्व करते हैं जो हिन्दू हैं। द्वितीय श्रेणी के उत्तरदाताओं का प्रतिनिधित्व करते हैं जो मुस्लिम हैं। तृतीय श्रेणी के उत्तरदाताओं का प्रतिनिधित्व करते हैं जो ईसाई हैं। सांकेतिक स्तर के अनुमापन का दूसरा उदाहरण वैवाहिक स्थिति की निम्न स्वरूप में जानकारी दी जा रही है–

वैवाहिक स्तर :	1. अविवाहित	( )
	2. विवाहित	( )
	3. तलाकशुदा	( )
	4. विधवा	( )

क्रमसूचक स्तर का अनुमाप ***(Ordinal Level of Measurement)***

जब वस्तुओं या व्यक्तियों की सम्बन्धित स्थिति को कुछ विशेषताओं के सापेक्ष परिभाषित किया जाता है तो इस तरह का अनुमाप क्रमसूचक स्तर पर ही सम्भव है। क्रमसूचक स्तर पर अनुमाप की मौलिक आवश्यकता यह है कि अध्ययन के अन्तर्गत वस्तुओं या व्यक्तियों की स्थिति का क्रम विशेषताओं के पदों में निर्धारित करने लायक हों। क्रमसूचक स्तर का अनुमापन सांकेतिक स्तर के अनुमापन से उच्च स्तर का माना जाता है क्योंकि आपस में अपवर्जी (अनन्य) होने के अलावा (सांकेतिक स्तर के अनुमापन के सुविधा) श्रेणियों का क्रम निश्चित है। उदाहरण के लिये शिक्षा का स्तर एक क्रमसूचक चर की रचना करता है और क्रमसूचक स्केल पर शिक्षा के स्तर की माप करता है।

निम्नलिखित उदाहरण क्रमसूचक श्रेणी में विभाजित शिक्षा के स्तर को दर्शाते हैं। क्रमसूचक स्तर के अनुमापन में संख्याओं का उपयोग केवल उप वर्गों में अन्तर करने के लिये ही नहीं किया जाता है बल्कि उनके मध्य 'से कम' या 'से

अधिक' सम्बन्ध को भी निर्धारित करने हेतु किया जाता है। उदाहरण के लिये – शिक्षा के स्तर को दिये गये उत्तरों को देखते हैं।

शिक्षा का स्तर :	1.	स्नातक	( )
	2.	इन्टरमीडिएट	( )
	3.	हाई स्कूल	( )
	4.	मिडिल स्कूल	( )
	5.	प्राथमिक	( )
	6.	अनपढ़	( )

प्रतिक्रियाओं की संख्या 1 से लेकर 6 तक है। और शिक्षा के स्तर के बीच क्रमसूचक अन्तर को चिह्नित करने के लिये अभिकल्पित किया गया है। प्रत्येक स्तर पर एक विशेष संख्या को दूसरों के सापेक्ष आसानी से निर्धारित किया गया है। स्नातक स्तर की शिक्षा इन्टरमीडिएट की तुलना में अधिक है। हालांकि ऐसा बिल्कुल नहीं है कि संख्याओं के बीच की दूरियाँ समान हैं। हम यह नहीं कह सकते हैं कि जो दूरी 1 और 2 के बीच विद्यमान है, वही दूरी 3 और 4 के बीच भी विद्यमान है।

अन्तराल या अन्तर्वर्ती स्तर का अनुमाप (Interval Level of Measurement)

मापन की श्रेणियों के बीच अन्तराल स्तर, सांकेतिक स्तर (परस्पर अनन्य) और क्रमसूचक स्तर (निश्चित क्रम) की विशेषताओं के अलावा बराबर अन्तर रखता है। अन्तराल मापों में स्थितियां या पदों को आरोही क्रम (कम, मध्यम, और उच्च) या अवरोही क्रम (उच्च, मध्यम, और कम) में व्यवस्थित किया जाता है। लेकिन इसमें माप के अन्तराल समान होते हैं। दूसरे शब्दों में स्थितियों के बीच की दूरी बराबर है– जैसे तापमान स्केल पर डिग्री। तापमान स्केल के फारेनहाइट और सेल्सियस सही अन्तराल के उदाहरण हैं। दोनों स्केल के मापन की इकाई डिग्री है और दोनों ही मापन के स्तर पर विशेषताओं का अन्तराल समानता पर आधारित है।

एक अन्तराल स्केल में इकाइयों के बीच समान दूरी पायी जाती है। अर्थात् 2 की 3 से वही दूरी है जो 6 की 5 से इत्यादि। उदाहरण के लिये – थर्मामीटर में सेल्सियस मापन की इकाई है जैसे 60 डिग्री 50 डिग्री से 10 डिग्री अधिक है। जबकि हम दो तापमानों के अनुपात की तुलना नहीं कर सकते हैं। यह निष्कर्ष निकालना त्रुटिपूर्ण होगा कि 50 डिग्री जितना गर्म है 100 डिग्री उससे दोगुना गर्म होगा। ऐसा इसलिये होता है क्योंकि आन्तरिक स्केल पर निरपेक्ष मूल्य शून्य नहीं होता है।

आनुपातिक स्तर का अनुमाप (Ratio Level of Measurement)

उदाहरण के लिये आय को आनुपातिक स्तर के अनुमाप से मापा जा सकता है क्योंकि इसमें निरपेक्ष शून्य होता है (कोई आमदनी नही, पैसों के सन्दर्भ में है आर्थिक स्तर के पदों में नहीं है)। अतः एक व्यक्ति जिसकी मासिक आय 1,500 रुपए है 500 रुपए कमाने वाले व्यक्ति से तिगुनी है। अधिकतम कार्य अन्तराल स्केल पर आंकड़ों की माप द्वारा किया जा सकता है।

सामाजिक विज्ञान अनुसंधान में अन्तराल स्तर पर हमारे पास बहुत कम उपाय या माप हैं। समाज कार्य से सम्बन्धित एक प्रासंगिक माप बुद्धि परीक्षण (Intelligent Quotient Test) के द्वारा बुद्धिमत्ता का मापन है। आईक्यू परीक्षण के मापन की इकाइयाँ विशिष्ट हैं और स्केल के प्रत्येक बिन्दु पर परस्पर अपवर्जी हैं। इसके अलावा आईक्यू स्कोरों के बीच की दूरी 90 और 100 और 100 और 110 बराबर है। जबकि अन्तराल स्केल पर शून्य बिन्दु स्वेच्छ है। हम यह नहीं मान सकते हैं कि एक व्यक्ति जिसका आईक्यू 130 है 65 आईक्यू वाले व्यक्ति से दोगुना बुद्धिमान है।

आनुपातिक स्तर की माप सबसे उच्च स्तर की माप है। इसमें अन्तराल स्तर के मापन की सभी विशेषतायें होती हैं सिवाय इसके कि शून्य बिन्दु निरपेक्ष है, यहाँ तक कि स्वेच्छा के मामले में जैसे अन्तराल स्तर के मापन में। इसका मतलब यह है कि आनुपातिक स्तर के मापन में, सांकेतिक स्तर की अनुमाप (परस्पर अपवर्जी), क्रमसूचक स्तर का अनुमाप (सुनिश्चित क्रम), अन्तर्वर्ती स्तर का अनुमाप (एक निरपेक्ष शून्य के अलावा, समान अन्तर से) सभी की विशेषतायें होती हैं।

सामाजिक विज्ञान अनुसंधान में शायद ही कभी हम ऐसी स्थिति में आते हैं कि जहाँ आनुपातिक स्तर के मापन की सर्वाधिक जरूरत हो क्योंकि निरपेक्ष शून्य पर पहुँचना वास्तव में बहुत कठिन है जब सामाजिक घटना की माप हो। हालांकि आनुपातिक स्तर के मापन को समझने के लिये हम आय की माप पर विचार करेंगे जिसे सामाजिक कार्य शोधकर्ता व्यवहार में ला सकता है। यद्यपि यहाँ पर काफी विवाद है कि 'आमदनी नहीं' को क्या सभी में निरपेक्ष शून्य अंक के पैमाने पर माना जा सकता है? और क्या इकाइयों के बीच समान अन्तर है? बेहतर समझ के लिये हम आय की माप के इस पैमाने पर विचार करेंगे।

चूँकि आनुपातिक स्तर की माप अनुपात के समानता की सुविधा देती है। रुपए 30,000 की आय रुपए 10,000 से तिगुना है लेकिन रुपए 90,000 से केवल एक–तिहाई है, हम इस तरह का बयान दे सकते हैं। लेकिन यह भी ध्यान रखना है कि आय एक आनुपातिक माप जैसे एक व्यक्ति के लिये उपलब्ध पैसे की राशि का एक संकेत मात्र है। यह व्यक्ति की सामाजिक–आर्थिक स्थिति की माप के लिये नहीं है। उदाहरण के लिये – यह आवश्यक नहीं है कि रुपए 1,00,000 और रुपए 1,10,000 के बीच अन्तर जो रुपए 20,000 और रुपए 30,000 के समतुल्य है परन्तु

सामाजिक आर्थिक स्थिति में परिवर्तन का संकेत नहीं देता है। अन्ततः उच्च स्तर पर चरों का सक्षम मापन की तुलना में निम्न स्तर पर चरों के सक्षम मापन से बेहतर है।

अनुमाप के सांकेतिक स्तर (Indicating Level of Measurement)

मापन के स्तर का संकेत करते समय महत्वपूर्ण विचार यह है कि अध्ययन के उद्देश्यों के अनुसार चरों का चयन किया जाए। इसी के अनुसार अनुमाप के स्तरों का चयन करते समय आंकड़ों के संग्रहण में उपकरणों की उपलब्धता का ध्यान रखना चाहिये।

समीक्षा के लिए महत्वपूर्ण पद (Important Terms for Review)

- अमूर्त (Abstract)
- अवधारणा (Concepts)
- चरों (Variables)
- अनुमाप की अवधारणा (Concept of Measurement)
- अनुमाप का स्तर (Levels of Measurement)
- सांकेतिक स्तर का अनुमाप (Nominal Level of Measurement)
- क्रमसूचक स्तर का अनुमाप (Ordinal Level of Measurement)
- अन्तराल या अन्तर्वर्ती स्तर का अनुमाप (Interval Level of Measurement)
- आनुपातिक स्तर का अनुमाप (Ratio Level of Measurement)

समीक्षात्मक प्रश्न (Review Questions)

1. माप क्या है? सामाजिक अनुसंधान में मापन के महत्व पर चर्चा कीजिये।
2. मापन के विभिन्न स्तर कौन–कौन से हैं? सामाजिक कार्य अनुसंधान से उपयुक्त उदाहरण के साथ अपने उत्तर को समझाइये।
3. सांकेतिक, क्रमसूचक, अन्तर्वर्ती या अन्तराल और आनुपातिक स्तरों के अनुमाप के बीच अन्तर स्पष्ट कीजिये और प्रत्येक स्तर की माप का उदाहरण दीजिये।
4. कुछ सामाजिक चरों की माप सीधे नहीं कर सकते हैं और इसीलिये वे वैधानिक तरीके से वैज्ञानिक डोमेन में नहीं आते हैं। उदाहरण की सहायता से इस कथन पर टिप्पणी कीजिये।
5. सामाजिक घटना में समस्या की माप क्या है?

6. चर की माप के स्तर को सुनिश्चित करने के कुछ प्रमुख विचार क्या हैं?

आगे पढ़ने हेतु (For Further Reading)

ब्रयान, ऐलन, *क्वान्टिटी एण्ड क्वालिटी इन सोशल रिसर्च,* लन्दन : अनविन हीमैन (फोटोकॉपीज़ इन दि लायब्रेरी), 1988.

बेकर, एल. थेरेसे, *डुईंग सोशल रिसर्च,* न्यूयॉर्क, मैक्ग्रा हिल्स, 1998.

बैले, कीनिथ डी, *मैथड्स ऑफ सोशल रिसर्च,* लन्दन, दि फ्री प्रेस, 1978.

ब्लैक, जेम्स ए. एण्ड चैम्पियन, डीन जे., *मैथड्स एण्ड इश्यूज़ इन सोशल रिसर्च,* न्यूयॉर्क, जॉन विले, 1976.

फेस्टीन्जर, एल. एण्ड काट्ज़ डी. (सम्पा.), *रिसर्च मैथड्स इन बिहैवियरल साइन्सेस,* न्यूयॉर्क : दि ड्रायडेन प्रेस, 1953.

गुडे, डब्लू. जे. एण्ड हॉट, पी. के., *मैथड्स ऑफ सोशल रिसर्च,* न्यूयॉर्क, मैक्ग्रा हिल्स, 1952.

कर्लिन्जर, फ्रेड आर., *फाउन्डेशन्स ऑफ बिहैविरल रिसर्च,* दिल्ली, सुरजीत पब्लिकेशन्स, 1964.

कोठारी, एल. आर., *रिसर्च मैथडोलॉजी,* न्यू देहली : विश्वा प्रकाशन, 1985.

किदर, ल्यूइस एच., *रिसर्च मैथड्स इन सोशल रिलेशन्स,* न्यूयॉर्क : होल्ट, 1981.

मिलेर, डी. सी., *हैन्डबुक ऑफ रिसर्च डिज़ायन एण्ड सोशल मेज़रमेन्ट,* न्यूयॉर्क : डेविड मेकी को., 1964.

मोज़र, सी. ए. एण्ड कॉलटन, *सर्वे मैथड्स इन सोशल इनवेस्टिगेशन,* लन्दन, हीनेमॉन एजूकेशनल बुक्स, 1975.

मोन्टे, ड्यूआना आर. एट ऑल, *अप्लायड सोशल रिसर्च : टूल फार दि ह्यूमन सर्विसेज़,* शिकागो होल्ट, 1986.

नचमियास, डी. एण्ड नचमियास, सी., *रिसर्च मैथड्स इन सोशल साइन्सेस,* न्यूयॉर्क सेन्ट मार्टिन्स प्रेस, 1981.

रूबिन, ऐलेन एण्ड बेबी, ई, *रिसर्च मैथडोलॉजी फॉर सोशल वर्क,* बेलमोन्ट, कैलिफोर्निया : वेड्सवर्थ, 1989.

सेलीट्ज, जी. एट ऑल, *रिसर्च मैथड्स इन सोशल रिलेशन्स,* न्यूयॉर्क : होल्ट (थर्ड एडिशन), 1973.

विल्किनसन, टी. एस. एण्ड भण्डारकर, पी. एल., *मैथडोलॉजी एण्ड टेक्निक्स ऑफ सोशल रिसर्च,* बॉम्बे, हिमालया पब्लिशिंग, 1977.

यंग, पी. वी., *साइन्टिफिक सोशल सर्वेज़ एण्ड रिसर्च,* ईगलवूड क्लिफ, एन. जे. प्रैन्टिस हॉल (फोर्थ एडिशन), 1953.

5

प्रतिदर्शज़ और प्रतिदर्शज़ अभिकल्पन

Sampling and Sampling Designs

कभी–कभी पूरे समूह या बहुत बड़े समूह का अध्ययन करना सम्भव नहीं होता है। उदाहरण के लिये – सामाजिक कार्य शोधकर्ताओं को मानसिक रूप से विकलांग बच्चों, मानसिक रूप से बीमार, जेल कैदियों, सड़क के बच्चों या कुछ अन्य लोगों के बड़े समूह के बारे में जानने की अभिरुचि हो सकती है। इन समूहों के सभी सदस्यों का अध्ययन करना बहुत ही मुश्किल या असम्भव होगा। यहाँ एक नमूना या प्रतिदर्श नामक प्रक्रिया है जो हमें बड़े समूह से लोगों की एक प्रबन्धनीय संख्या लेकर अध्ययन से निष्कर्ष व्युत्पन्न करने की अनुमति देता है और यह उस बड़े समूह के सभी लोगों पर लागू होने की सम्भावना प्रदान करती है।

हमें 'नमूना' का अध्ययन क्यों करना चाहिये? इसका एक और कारण यह है कि नमूना से प्राप्त परिणाम, पूरे समूह के अध्ययन से प्राप्त परिणामों की तुलना में अधिक सटीक और सही हैं। एक बड़े समूह की सभी इकाइयों के अध्ययन में शामिल लागत अभी भी एक दूसरा पहलू है जो बड़े समूह के बजाय छोटे समूह के लोगों का अध्ययन करने की सलाह देता है। लागत से सम्बन्धित कुछ निश्चित अन्य पहलू हैं जैसे अध्ययन के लिये उपलब्ध समय और अध्ययन की इकाइयों में प्रवेश या पहुंच। मुद्दे की बात यह है कि जब हमें सावधानीपूर्वक चयनित लोगों का एक छोटे समूह के अध्ययन से लगभग वैसे ही परिणाम प्राप्त हो सकते हैं, तो हमें बड़े समूह के लोगों का अध्ययन क्यों करना चाहिये।

अध्ययन की एकल इकाई जनसंख्या के अवयव का प्रतिनिधित्व करती है। जब किसी विशिष्ट घटना के अध्ययन के उद्देश्य के लिये अवयवों के समूह का

चयन करते हैं। अवयवों का यह समूह नमूने या प्रतिदर्श का प्रतिनिधित्व करता है। सभी अवयवों का योग जो परिभाषाओं के कुछ परिभाषित समूह को सदृश कर देता है उसे जनसंख्या या समष्टि कहते हैं। अतः एक शहर के महाविद्यालय के छात्रों से तात्पर्य है कि जनसंख्या जो शहर के विभिन्न महाविद्यालयों में अध्ययनरत सभी छात्रो को शामिल करती है। इसी प्रकार हम शहर में मानसिक रूप से विकलांग सभी बच्चों को समावेशित कर प्राप्त जनसंख्या, शहर में एक विशेष बस्ती में महिला श्रमिकों, एक समुदाय में 16 वर्ष से कम आयु के बालश्रमिक जो होटल में काम करते हैं या एक फाइल के सभी मामलों के अभिलेख। जनसंख्या की एकल इकाई को जनसंख्या के अवयव के रूप में जाना जाता है। वांछित जानकारी प्राप्त करने के लिये सामान्यतः हम सभी के बजाय कुछ अवयवों का अध्ययन करते हैं। और सामान्यतः यह समय, प्रयास और धन के उपयोग में बहुत अधिक किफायती होता है।

यह माना जाता है कि नमूने से प्राप्त परिणाम सम्पूर्ण जनसंख्या के लिये सत्य हैं। यह सत्य हो सकता है और नहीं भी हो सकता है। सांख्यिकीय नमूने कितनी बारीकी से जनसंख्या से मेल खाते हैं, जिस तरह से नमूना चयनित है काफी हद तक उस पर निर्भर करता है (किदर, 1981)। उदाहरण के लिये – माना कि हम यह जानना चाहते हैं कि कितने प्रतिशत जनसंख्या इस कथन से सहमत है 'बालश्रम प्रतिबन्धित होना चाहिये'। हमें इस कथन को नमूने में ले जाना होगा। 'सहमत होने' के प्रतिशत की गणना कर परिणाम प्राप्त करते हैं जनसंख्या में प्रतिशत का आकलन करते हैं कि कौन सहमत है। हम एक प्रतिदर्श योजना बना सकते हैं जो हमारे नमूने के आकलन को सुनिश्चित करेंगे कि जनसंख्या मापदण्डों के संगत अलग न होकर सत्य होंगे। माना कि 5 प्रतिशत से अधिक आकलन सही होंगे (सामान्यतः इसे त्रुटि का मार्जिन या यथार्थता की सीमा कहते हैं)। समय का 95 प्रतिशत (सामान्यतः इसे संभाव्यता या विश्वसनीयता स्तर कहते हैं)। इसी तरीके से हम अन्य प्रतिदर्श प्रक्रियायें निर्मित कर सकते हैं जो एक प्रतिशत की सीमाओं के साथ, 99 प्रतिशत का समय के साथ परिणाम देंगी।

प्रतिदर्श प्रक्रियायें जो यह सुनिश्चित करती हैं कि सांख्यिकीय नमूने निश्चित सीमाओं के साथ सत्य होंगे उन्हें प्रतिनिधि प्रतिदर्श योजना के नाम से जाना जाता है। यहाँ प्रतिनिधि शब्द का प्रयोग नमूने की विशेषता के लिये नहीं बल्कि प्रतिदर्श योजना के लिये किया गया है। एक प्रतिनिधि प्रतिदर्श योजना सुनिश्चित करती है कि चयनित नमूने पर्याप्त रूप में जनसंख्या के प्रतिनिधित्व के लिये प्रतिनिधि के रूप में जोखिम उपयुक्त है (किदर, 1981)

इस धारणा पर आधारित प्रायिकता प्रतिदर्श एक नमूने के चयन के लिये संभावना निर्मित करता है जो प्रतिनिधि होगा। सांख्यिकीय नमूने जनसंख्या

मापदण्डों से भिन्न होने की संभावना के हद तक अनुमान लगाने के लिये शोधकर्ताओं की सहायता करते हैं। इसका मतलब यह है कि प्रायिकता प्रतिदर्श विधि का उपयोग किया जाता है तो नमूने के आकार को निर्धारित करने की संभावना रहती है। यदि हम सुनिश्चितता की डिग्री चाहते हैं तो इसकी आवश्यकता होगी कि जनसंख्या मापदण्डों के उन विशिष्टीकृत मूल्य से अधिक के द्वारा उनके परिणामों के नमूने को अलग नहीं कर सकते हैं।

सांख्यिकीय नमूनों के आधार पर सामान्यीकरण में भ्रामकता की संभावना को कम करने के लिये कई नमूनों की तकनीक है। नमूने में जनसंख्या के विभिन्न अवयवों के समावेश को, विभिन्न प्रकार के अवयवों के अनुपातों को नियन्त्रण के द्वारा सुनिश्चित करने की ये तकनीकें हैं। वैकल्पिक रूप से सांख्यिकीय प्रक्रियायें आंकड़ों के विश्लेषण में उपयोग की जाती है।

एक और अन्य महत्वपूर्ण कारक है कि अध्ययन में प्रयुक्त आंकड़ों के संग्रहण की प्रक्रियायें नमूने की प्रतिनिधित्वता (Representativeness) को प्रभावित करती है। व्यवहार में जनगणना से अधिक वैध और विश्वसनीय परिणामों का उत्पादन किया जा सकता है। उदाहरण के लिये, यह सदैव ही मुश्किल होता है कि बहुत बड़ी संख्या में कुशल साक्षात्कारकर्ताओं के अध्ययन को व्यापक क्षेत्र तक फैलाया जा सके। यहाँ तक कि यदि हम कुशल साक्षात्कारकर्ताओं में अपेक्षित संख्या पाने के लिये प्रबन्ध करना चाहें तो जनगणना अध्ययन में सबसे सतही आंकड़ें से परे कुछ भी संभव नहीं है। इसके अलावा इस तरह के आंकड़ों की विश्वसनीयता भी संदेह से परे नहीं है। इसके विपरीत नमूना अध्ययन में कुशल साक्षात्कारकर्ताओं के कम संख्या की आवश्यकता होगी। और हम न केवल प्रत्येक प्रतिवादी के साथ अधिक समय बिताने की अच्छी तरह जांच कर सकेंगे बल्कि हम एकत्रित आंकड़ों पर निर्भर भी रह सकते हैं। इसके अलावा नमूना अध्ययन बड़े जनगणना अध्ययन के लिये एक बड़ी हद तक आवश्यक सीमा को कम कर देता है।

प्रायिकता और गैर प्रायिकता प्रतिदर्श (Probability and Non-Probability Sampling)

प्रतिदर्श या नमूने में शामिल होने के लिये प्राप्त अवसरों को सामान्यतः प्रायिकता या संभाव्यता के रूप में जाना जाता है। एक अवयव के नमूने में शामिल होने की प्रायिकता का निर्धारण प्रायिकता सिद्धान्त के आधार पर किया जा सकता है। नमूना पद्धति में प्रायिकता और गैर प्रायिकता के नमूने या प्रतिदर्श के बीच बुनियादी फर्क है। नमूने की अनिवार्य विशेषता यह है कि जनसंख्या के प्रत्येक अवयव के लिये नमूनें में शामिल होने के अवसर हेतु निर्दिष्ट कर सकते हैं। सरल

मामलों में प्रत्येक अवयव के शामिल होने की प्रायिकता वही रहती है लेकिन यह एक आवश्यक शर्त नहीं है। जो आवश्यक है कि प्रत्येक अवयव के लिये वहाँ कुछ विशिष्ट अवसर होना चाहिये, जिससे कि इसे शामिल किया जा सके। इस बिन्दु को सरल यादृच्छिक नमूने और स्तरीकृत यादृच्छिक नमूने के संबन्ध में और अधिक चर्चा पर पूरी तरह से विचार किया जायेगा। गैर–प्रायिकता प्रतिचयन में प्रायिकता चयन के आकलन हेतु कोई जगह नहीं रहती है। प्रत्येक तत्व को नमूने में शामिल किया जाता है। और कोई आश्वासन नहीं होता है कि प्रत्येक अवयव को शामिल किये जाने का अवसर प्राप्त हो। (विल्किनसन और भण्डारकर, 1977)।

गैर–प्रायिकता प्रतिदर्श (Non-Probability Sampling)

सांयोगिक प्रतिचयन, अभ्यंश प्रतिचयन, हिमगेंद प्रतिचयन और सोद्देश्य नमूना या उद्देश्यात्मक प्रतिचयन गैर प्रायिकता प्रतिदर्श के चार महत्वपूर्ण प्रकार हैं।

सांयोगिक प्रतिदर्श (Accidental Sampling)

सांयोगिक प्रतिदर्श या आकस्मिक नमूना उत्तरदाताओं के चयन की विधि का प्रतिनिधित्व जो शोधकर्ता को साक्षात्कार होने के इरादे से मिलता है। इस प्रकार शोधकर्ता प्रथम 100 लोगों को ले सकता है जो साक्षात्कार के लिये रुचि रखते हैं, वह उनसे मिलता है।

उदाहरण के लिये – हम स्थितियों पर विचार करते हैं जहाँ एक कार्यक्रम निदेशक कार्यक्रम की प्रगति के बारे में कुछ सामान्यीकरण करने की इच्छा रखता है। लाभार्थियों का चयन करता है जो एक एजेन्सी के लिये सेवायें देते हैं या समुदाय के आयोजक हैं। समुदाय में स्वास्थ्य की स्थिति के बारे में पता लगाने हेतु कि लोगों के अनुभव किस तरह से हैं। उपलब्ध समुदाय में रहने वाले लोगों जैसे – दुकानदार, दैनिक वेतन अर्जक, नाई, और अन्य जो लोगों की राय को प्रतिबिम्बित करने के लिये साक्षात्कार देते हैं। दोनों स्थितियों में, जो अध्ययन के लिये उपलब्ध हैं, नमूनों में शामिल किये जाते हैं। वास्तव में हम इसे ही सांयोगिक प्रतिदर्श कहते हैं। यह बहुत स्पष्ट है कि इस प्रकार से एकत्रित नमूने पक्षपाती हो सकते हैं और वहाँ ऐसे नमूनों जिसके मूल्यांकन का कोई ज्ञात तरीका पूर्वाग्रह से आरम्भ नहीं है (प्रायिकता प्रतिदर्श के साथ समानान्तर अध्ययन करने के अलावा)। हालांकि ऊपर दर्शायी गयी स्थिति में, सांयोगिक प्रतिदर्श केवल असामान्य या गैर–मामूली है शायद इसी कारण से जनसंख्या मापदण्डों से हितग्राहियों या समुदाय के लोग शोधकर्ता के साथ उपलब्ध नहीं हो पाते हैं।

अभ्यंश प्रतिदर्श (Quota Sampling)

अभ्यंश प्रतिदर्श जनसंख्या के विभिन्न अवयवों को नमूने में शामिल किये जाने को सुनिश्चित करता है। और यह सुनिश्चित करता है कि ये विभिन्न अवयव

जनसंख्या के अनुपात में होते हैं। उदाहरण के लिये – हम जनसंख्या से लड़को और लड़कियों के नमूने की समान संख्या लेते हैं। हम अध्ययन करना चाहते हैं कि दोनों समूहों के बीच उनके गुणों में अन्तर है। और हम लड़कियों का साक्षात्कार करने में असफल हो जाते हैं। अध्ययन के परिणाम निश्चित रूप से जनसंख्या के सामान्यीकरण करने हेतु अत्यधिक भ्रामक हो सकते हैं। व्यवहार में, सांयोगिक प्रतिदर्श में कम संख्या में अवयवों का प्रतिनिधित्व कम होता है। छोटे समूहों में बहिष्कार की संभावना की इस प्रत्याशा में, अभ्यंश प्रतिदर्श नमूने के प्रत्येक स्तर पर काफी मामलों का समावेश सुनिश्चित करता है। यहाँ यह ध्यान रखा जाना चाहिये कि अभ्यंश प्रतिदर्श का मुख्य उद्देश्य नमूने का चयन जो जनसंख्या की प्रतिकृति है जिसका कोई सामान्यीकरण करना चाहता है।

इसलिये यह स्पष्ट होना चाहिये कि अभ्यंश प्रतिदर्श में महत्वपूर्ण आवश्यकता यह नहीं है कि विभिन्न जनसंख्या स्तरों को उनके सही अनुपात में नमूनीकृत किया जाये। लेकिन जनसंख्या स्तर के मूल्य का आकलन संभव करने के लिये प्रत्येक स्तर से मामले पर्याप्त हों (किदर, 1981ः 426)। हालांकि अभ्यंश प्रतिदर्श पूर्व में वर्णित सांयोगिक प्रतिदर्श से लगभग एक जैसी ही है, सिवाय इसके कि यह जनसंख्या के सभी विभिन्न अवयवों का समावेश सुनिश्चित करता है।

उद्देश्यात्मक प्रतिदर्श (Purposive Sampling)

उद्देश्यात्मक या सोद्देश्य प्रतिदर्श अनुमान पर आधारित है। कोई भी नमूने की इकाई का चयन सही निर्णय के साथ कर सकता है जो किसी की आवश्यकता के सम्बन्ध में सन्तोषजनक हो। इस प्रतिदर्श तकनीक की सामान्य रणनीति मामलों का चयन करना है जो जनसंख्या की विशेषता के लिये निर्णायक हों जिसमें कोई यह मानने में अभिरुचि रखता है कि चयन में निर्णय की त्रुटि एक–दूसरे के लिये सन्तुलन हो जाता है। उदाहरण के लिये – एक शोधकर्ता, बाह्य रोगी विभाग में रोगियों के लिये जो नियमित नही आ रहे हैं, उन पर एक अध्ययन का संचालन करना चाहता है। इसमें से, जो बार–बार अनियमित रहते हैं, नमूने के लिये रोगियों का चयन वांछनीय है। क्योंकि अनियमितता का कारण के विवरण केवल अनियमित रोगी ही दे सकते हैं। यदि वह नमूने का चयन यादृच्छिक करता है तो उसे नमूने में नियमित रोगी भी प्राप्त हो सकते हैं जो निश्चित ही अध्ययन के परिणामों को प्रभावित करेंगे। वास्तव में यह भी संभव है कि यादृच्छिक नमूने से नियमित रोगी अनियमित रोगियों के प्रभाव को अमान्य ठहरा दें।

हिमगेंद प्रतिदर्श (Snowball Sampling)

स्नोबॉल नमूना या हिमगेंद प्रतिदर्श कुछ विशेष प्रतिदर्श स्थितियों के अध्ययन करने में बाह्य रूप से सहायक हैं जैसे – नशीली दवाओं के नशेड़ी या शराबियों

या जेबकतरों के नमूने। हिमगेंद प्रतिदर्श में, हम कुछ विशेष उत्तरदाताओं से आरम्भ करते हैं जिन्हें हम अध्ययन में शामिल करना चाहते हैं और जिनसे बारी बारी से मार्गदर्शन लेने की उम्मीद की जाती है कि और अधिक उत्तरदाता प्राप्त हों, इत्यादि। हिमगेंद के घूर्णन की तरह, नमूने का आकार बढ़ता जाता है तथा हमें अध्ययन की और अधिक इकाइयां प्राप्त होती जाती हैं। यह तकनीक उपर्युक्त संवेदनशील विषयों के अन्वेषण में विशेष रूप से उपयोगी है क्योंकि नमूने की यह तकनीक इसी तरह के अन्य प्रकरणों के ज्ञान के मामले के नमूनों पर आधारित है। इस प्रतिदर्श तकनीक के उपयोग करने के पक्ष में एक और तर्क यह है कि पीड़ित स्वयं को पहचानने में संकोच कर सकता है, यदि किसी अजनबी द्वारा सम्पर्क स्थापित किया गया है लेकिन अनुकूल होकर अपने अनुभवों को साझा कर सकता है या कुपथगामी हो सकता है यदि जान–पहचान का या दोस्त है (गेलेज़, 1978)।

गैर–प्रायिकता प्रतिदर्श के विशिष्ट अनुप्रयोग (Special Applications of Non-Probability Sampling)

सामान्यतः गैर–प्रायिकता प्रतिदर्श से प्रमुख लाभ सुविधा और आर्थिक बचत है। जबकि सामाजिक शोध कार्य में अधिकतर गैर प्रायिकता प्रतिदर्श के अलावा हमारे पास कोई और विकल्प नहीं होता है। उदाहरण के लिये – एक सामाजिक कार्यकर्ता जो यह अध्ययन करने में अभिरुचि रखता है कि कैंसर के बाह्य रोगी डॉक्टर के पास नियमित रूप से प्रतिवेदन क्यों नहीं दे पा रहे हैं? या मानसिक रूप से विकलांग बच्चों के माता–पिता की समस्याएं क्या हैं? आदि। अब गैर–संभावना नमूने की योजना में किसी एक का उपयोग करना होगा। इसी तरह से सामाजिक शोध कार्य में अनेक प्रतिदर्श कार्य, गैर–प्रायिकता सिद्धान्तों के अनुसार संचालित किये जाते हैं। सामाजिक कार्य शोधकर्ता आश्वस्त हैं कि नमूने की प्रक्रिया काफी अच्छी तरह से कार्य करती है। बावजूद इसके, तथ्य यह भी है कि जनसंख्या के सही आंकड़ों से नमूने से प्राप्त परिणाम कितना अधिक विचलित होने की संभावना है, वे आकलन के लिये कोई आधार प्रदान नहीं करते हैं। दूसरे शब्दों में, सामाजिक कार्य शोधकर्ता गैर–प्रायिकता विधियों का उपयोग लगातार करता रहता है और प्रायिकता प्रतिचयन के सिद्धान्त में प्रतिनिधित्वता स्वीकार करते समय, व्यावहारिक अनुभव के आधार पर अपने उपयोग को औचित्यपूर्ण साबित करता है। कई बार शोधकर्ताओं का यह कहना होता है कि तथाकथित प्रतिनिधित्वता केवल कागज़ पर ही मौजूद होती है। वे मानते हैं कि प्रतिदर्श योजना और इसके वास्तविक क्रियान्वयन के बीच में अन्तर है। योजना के क्रियान्वयन में कई चूक हो सकती हैं जो इसके सैद्धान्तिक गुणों को रद्द या निष्प्रभाव कर देती हैं।

उदाहरण के लिये – अन्वेषक उत्तरदाताओं का चयन करने के निर्देशों का पालन करने में असफल हो सकता है ऐसी स्थितियाँ हैं जैसे – चयनित उत्तरदाताओं में से कुछ का साक्षात्कार के लिये मना करना या उपलब्ध नहीं होना। जब नमूने के लिये चयनित लोग साक्षात्कार के लिये उपलब्ध नहीं होते हैं तो ऐसे में अन्वेषकों को चयनित उत्तरदाताओं के स्थान पर अन्य उत्तरदाताओं को विकल्प के रूप में चयन करने की अनुमति रहती है। अतः सच तो यह है कि इस प्रकार प्राप्त नमूना, प्रायिकता प्रतिदर्श नहीं हो सकता है जिसके लिये यह योजना बनायी गयी थी।

वास्तव में, सामाजिक कार्य व्यवहार में ऐसी स्थितियां हैं जिसमें प्रायिकता प्रतिदर्श अनावश्यक या अनुचित है। तथ्यों से कई बार ऐसी स्थितियां उत्पन्न होती हैं कि सामाजिक कार्य शोधकर्ताओं के लिये यह जरूरी नहीं होता कि नमूने जिसके लिये आहरित किये गये हैं, उसी के लिये, नमूने के अध्ययनों को केवल जनसंख्या के सामान्यीकरण के उद्देश्य से करें। यदि नमूनों का उपयोग किसी अन्य कारणों के लिये किया जाता है तो जनसंख्या मूल्यों से विचलन की संभावना का मूल्यांकन करने की क्षमता अप्रासंगिक है।

उदाहरण के लिये – एक सामाजिक कार्यकर्ता जो मानसिक रूप से विकलांग बच्चों के माता–पिता की समस्याओं का अध्ययन करने की अभिरुचि रखता है उसे विचारों, अन्तर्दृष्टि और महत्वपूर्ण मूल्यांकन प्राप्त करने की बजाय माता–पिता के विचारों की स्थितियों के निर्धारण में अधिक दिलचस्पी होगी। इस स्थिति में, शोधकर्ता एक गैर–प्रायिकता प्रतिदर्श का चयन करता है, उद्देश्यपूर्ण प्रतिदर्श के चयन की संभावना अधिक रहती है। स्थिति लगभग एक जैसी ही है कि एक सामाजिक कार्यकर्ता शराबी रोगियों को शिक्षित करने की नई तकनीक के प्रभाव का मूल्यांकन करने की कोशिश करता है, यह शराबी भी एक सोद्देश्य नमूना (Purposive Sample) है। औसत विचार जानने के लिये यह नहीं कहा जा सकता कि सभी शराबी जनसंख्या के औसत विचार अनुरूप होंगे। उनकी विशेष समस्याओं के कारण इसे ठीक कह सकते हैं।

अपराधी बच्चों के एक समूह की समस्याओं के निदान के बजाय जनसंख्या मूल्यों के आकलन के लिये नमूने का एक अन्य उदाहरण एकल विषय के 'मूल्यांकन अनुसंधान' के रूप में जाना जाता है। मूल्यांकन अनुसंधान विशेष समस्याओं जैसे सुनिश्चित सामाजिक स्थितियों द्वारा जनित इरादों या उद्देश्यों, अभिरुचियों और साहचर्यों का पता लगाता है जबकि स्वयं उत्तरदाताओं को स्पष्ट नहीं हो पाता है। इस प्रकार के अध्ययनों के परिणाम एजेन्सीज़ को प्रतिवेदित किये जाते हैं जो इनका उपयोग उनके निवासियों के उपचार योजना विकसित करने में करते हैं। दिलचस्प है कि मूल्यांकन शोधकर्ता काफी खुश होते हैं जब

सांयोगिक प्रतिचयनों या उद्देश्यपूर्ण नमूनों को इस तरह से चयनित किया जाता है कि नमूने में अवयवों के बीच अन्तर की संभावना को अधिकाधिक कर दे। वे एजेन्सी के लोगों में प्रेरणा–कारक संचारित करना चाहते हैं, न कि जनसंख्या वितरण के सही अनुमान।

प्रायिकता प्रतिदर्श (Probability Sampling)

प्रायिकता प्रतिदर्श अवसरों को निर्दिष्ट करता है। सांख्यिकीय नमूने जनसंख्या मापदण्डों से एक निश्चित सीमा से अधिक भिन्न नहीं होते हैं। वे यह भी सुनिश्चित कर सकते हैं कि जनसंख्या के प्रत्येक स्तर से पर्याप्त अवयवों का चयन किया गया है। संभावना नमूने के सरल यादृच्छिक नमूना, स्तरीकृत यादृच्छिक नमूना, संभाग नमूना प्रमुख प्रकार हैं।

सरल यादृच्छिक प्रतिदर्श (Simple Random Sampling)

यह एक ऐसी प्रक्रिया है जिसमें कि जनसंख्या के प्रत्येक अवयव को नमूने में शामिल किया जाता है और सभी को बराबर मौका देता है। सरल यादृच्छिक नमूने के रूप में जाना जाता है। यादृच्छिक संख्याओं की सूची का उपयोग करके अवयवों को चयनित किया जाता है जो शोध और सांख्यिकी की अधिकतर पाठ्यपुस्तकों में परिशिष्ट के साथ दिये होते हैं। यादृच्छिक संख्याओं की तालिका का उपयोग करने से पहले, अध्ययन की जाने वाली जनसंख्या में सभी अवयवों का अंकन पहली आवश्यकता होती है। तालिका को कुछ बिन्दुओं पर चिह्नित करते हैं और प्रकरण जिनमें संख्यायें आती हैं तालिका में इस बिन्दु से नीचे स्तम्भों से संख्याओं को नमूने के रूप में लिया जाता है, जब तक कि अवयवों की वांछित संख्या प्राप्त नहीं हो जाती है। दूसरे अवयव के चयनित होने से किसी भी दिये गये अवयव के चयन में सीमायें नहीं बदलती हैं। अतः संचयन की अनेक संभावनाओं में से किसी भी अवयव के चुने जाने की संभावना बराबर रहती है।

स्तरीकृत प्रतिचयन (Stratified Sampling)

स्तरीकृत यादृच्छिक नमूनें में जनसंख्या को उप–जनसंख्या के पदों में विभाजित किया जाता है जिसे स्तर या स्ट्राटा (**Strata**) कहा जाता है जिसमें से प्रत्येक के एक या अधिक गुणों के सापेक्ष सजातीयता होती है। यह प्रत्येक उप जनसंख्या से आवश्यक इकाईयों की संख्या को बेतरतीब चुनने का अवसर प्रदान करता है। इसमें चरणों का पालन इस प्रकार किया गया है।

1. प्रासंगिक स्तरीकृत मापदण्ड पर निर्णय लेना जैसे लिंग, निवास स्थान, शिक्षा का स्तर इत्यादि।

2. स्तरीकृत मापदण्ड के आधार पर जनसंख्या को उप–जनसंख्या में विभाजित करना।
3. प्रत्येक परत (Stratum) में पृथक से इकाईयों को सूचीबद्ध करना।
4. प्रत्येक उप–जनसंख्या से नमूना इकाईयों की अपेक्षित संख्या का चयन करके उपयुक्त यादृच्छिक चयन तकनीक का उपयोग करना।

स्तरीकरण की प्रक्रिया नियन्त्रण के द्वितीयक अवयव से आरम्भ होकर नमूने के प्रतिनिधित्व को बेहतर बनाता है हालांकि स्तरीकृत यादृच्छिक नमूना की दक्षता परत के लिये नमूने के आकार के आबंटन पर निर्भर करता है। प्रत्येक मापदण्ड के आनुपातिक महत्व की कसौटी का प्रतिपादन कम लागत में उच्च दक्षता प्राप्त करने में सहायता देकर एवं छोटे नमूने के उपयोग की अनुमति से भविष्य में इसे और बेहतर बनाता है।

स्तरीकृत नमूना बहुत उपयोगी है जब जनसंख्या के इकाईयों की सूची उपलब्ध न हो। यह सरल यादृच्छिक नमूना की तुलना में अधिक सटीक परिणाम प्रदान करने में भी उपयोगी है। उदाहरण के लिये – एक विश्वविद्यालय के स्नातक छात्रों के नमूने का चयन करने में, स्नातक छात्रों की सम्पूर्ण जनसंख्या मे से शोधकर्ता यह निर्णय ले सकता है। जैसे – लड़के और लडकियां या विज्ञान, कला और वाणिज्य प्रत्येक परत से शोधकर्ता छात्रों का चयन नमूनें के रूप में कर सकता है।

आनुपातिक स्तरीकृत यादृच्छिक प्रतिचयन (Proportionate Stratified Random Sampling)

स्तरीकृत यादृच्छिक प्रतिचयन में, जनसंख्या को पहले स्तर में विभक्त किया जाता है। स्तर एकल मापदण्ड या दो या दो से अधिक मापदण्डों के संयोजन के आधार पर निर्मित किया जा सकता है। स्तरीकृत यादृच्छिक प्रतिचयन में, एक सरल यादृच्छिक प्रतिचयन प्रत्येक स्तर से लिया जाता है और तदुपरान्त उप–प्रतिचयन को कुल प्रतिचयनों के साथ संयुक्त किया जाता है।

इस मामले में यदि शोधकर्ता घटना की कुछ विशेषताओं के अध्ययन में रुचि रखता है तो वह आनुपातिक स्तरीकृत यादृच्छिक प्रतिचयन योजना का उपयोग करता है। निश्चित ही यह प्रतिचयन अभिकल्पन पूर्वानुमान है कि अन्वेषक को जनसंख्या सम्बन्धी कुछ विशेषताओं का ज्ञान है जैसे – आयु, लिंग, वैवाहिक स्थिति आदि।

प्रतिचयन योजना में, प्रतिचयन जो जनसंख्या से वितरित किये गये हैं, उनमें से एक ही तरह की विशेषताओं के लिये सही अनुपात में विशेषतायें निर्दिष्ट होंगी।

प्रतिचयन की इस योजना को समझने के लिये हम निम्नलिखित उदाहरण पर विचार करते हैं । हम समाजकार्य के महाविद्यालय के छात्रों पर विचार करते हैं। शोधकर्ता आनुपातिक स्तरीकृत यादृच्छिक प्रतिचयन लेना चाहता है। महाविद्यालय में स्तरीकरण के आधार के रूप में अध्ययन का वर्ष दिया गया है। माना कि इस महाविद्यालय में छात्रों के वितरण को तालिका 5.1 में दर्शाया गया है।

तालिका 5.1

महाविद्यालय में वर्ष के अनुसार छात्रों का वितरण

वर्ष	*जनसंख्या*	*प्रत्येक कक्षा का अनुपात*
बीएसडब्लू–1	50	0.25
बीएसडब्लू–2	40	0.20
बीएसडब्लू–3	30	0.15
एमएसडब्लू–1	40	0.20
एमएसडब्लू–2	40	0.20
कुल प्रतिचयन (n)	200	1.0

आगे, माना कि शोधकर्ता 60 छात्रों का एक नमूना लेने हेतु फैसला करता है। सबसे पहले वह प्रत्येक कक्षा में छात्रों के अनुपात (के रूप में दूसरे स्तम्भ में दिखाया गया है) को निर्धारित करता है। तदुपरान्त जनसंख्या से प्रत्येक स्तरीकृत विशेषताओं के अनुपात को और प्रतिचयन के वांछित आकार से गुणा करके प्रतिचयन की रचना हेतु गणना की जाती है। इस प्रकार वह जनसंख्या से वांछित प्रतिचयन के आकार 60 का बीएसडब्लू प्रथम वर्ष के छात्रों के अनुपात (0.25) से गुणा करते हैं अतः (60) (0.25) = 15

अतः इस प्रकार वह बीएसडब्लू प्रथम वर्ष के 15 छात्रों को नमूने हेतु शामिल करता है। प्रत्येक वर्ष के छात्रों के लिये इस पूर्वता (पूर्व किया गया कार्य) को दोहराकर निम्न वर्णित मान प्राप्त किये गये हैं।

(60) (0.25)	=	15
(60) (0.20)	=	12
(60) (0.15)	=	9
(60) (0.20)	=	12
(60) (0.20)	=	12
प्रतिचयन का आकार (N)	=	60

तालिका 5.2

अनुपात के आधार पर छात्रों का वितरण

वर्ष	*प्रतिचयन का ब्यौरा*	*अनुपात*
बीएसडब्लू–1	15	0.25
बीएसडब्लू–2	12	0.20
बीएसडब्लू–3	9	0.15
एमएसडब्लू–1	12	0.20
एमएसडब्लू–2	12	0.20
कुल प्रतिचयन (n)	60	1.0

प्रत्येक उपवर्ग से नमूने के आकार को निर्धारित करने के उपरान्त शोधकर्ता प्रत्येक श्रेणी से अवयवों की वांछित संख्या निकालने हेतु सरल यादृच्छिक प्रतिचयन का उपयोग करता है।

व्यानुपातिक स्तरित दैव प्रतिचयन (Disproportionate Stratified Random Sampling)

यह प्रतिचयन योजना लगभग आनुपातिक स्तरीकृत यादृच्छिक प्रतिचयन की तरह ही है। सिवाय इसके कि उप–प्रतिचयन जनसंख्या में उनके आनुपातिक भार के अनुसार वितरित किया जाना आवश्यक नहीं है जिससे कि वे नमूने आहरित किये गये हैं यह सम्भव है कि कुछ उप–प्रतिचयन आवश्यकता से अधिक प्रतिनिधित्व करते हैं जबकि अन्य उप–समूहों में प्रतिनिधित्व कम रहता है।

माना कि शोधकर्ता जनसंख्या का स्तरीकरण दो उप–स्तरों में मापदण्ड के रूप में लिंग का उपयोग करता है। वह जनसंख्या से निम्नलिखित ब्यौरा प्राप्त करता है।

यदि शोधकर्ता इस जनसंख्या से 60 स्तरीकृत व्यानुपातिक यादृच्छिक प्रतिचयन करने की अभिरुचि रखता है तथा इसका स्तरीकरण लिंग द्वारा करता है। अब वह प्रत्येक उप–स्तर से 30 नमूने निकालता है। इसका तात्पर्य यह है कि नमूने में 30 पुरुष छात्र अन्तर्गत प्रतिनिधित्व करेंगे जबकि 30 महिला छात्र बहिर्गत प्रतिनिधित्व करेंगे। अन्य शब्दों में व्यानुपातिक प्रतिचयन प्रत्येक उप–स्तर को बराबर मान देता है।

तालिका 5.3

लिंग के आधार पर छात्रों का वितरण

लिंग	*छात्रों की संख्या*	*प्रतिशत*
पुरुष	160	80
महिला	40	20
कुल	200	100

जब प्रतिचयन जनसंख्या के स्तरण पर लिंग द्वारा आधारित हो तो सरल यादृच्छिक प्रतिचयन में स्पष्ट सुधार होता है। इस तरह के स्तरीकरण के साथ हमें प्रतिचयन के आकार में उल्लेखनीय वृद्धि मिलती है जो आंकड़ो का मापदण्ड बहुत पास–पास देते हैं। इसके विपरीत, प्रतिचयन के आकार में कमी, आंकड़ो के ऐसे मापदण्ड देते हैं कि जनसंख्या मापदण्डों से व्यापक रूप में विचलित हो जाते हैं।

संभाग प्रतिचयन (Cluster Sampling)

यदि अध्ययन का क्षेत्र स्पष्टतः विस्तृत हो और यदि सरल या स्तरीकृत यादृच्छिक नमूना लिया जाता है तो ऐसे मामलों में खर्च भी अधिक होता है। उदाहरण के लिये – जनसंख्या से नमूने का ढाँचा निर्मित करने की तैयारी में और साक्षात्कारकर्ताओं द्वारा आच्छादित विस्तृत क्षेत्र के लिये अधिक राशि की आवश्यकता पड़ती है। अध्ययन का क्षेत्र अधिक विस्तृत करने से यात्रा व्यय भी अधिक होता है और यात्रा में समय भी अधिक लगता है। इसीलिये यह अधिक खर्चीली है। अतः प्रशासनिक निगरानी और शोध परियोजना के पर्यवेक्षण का कार्य और विशेष रूप से क्षेत्र में कार्य करने वाले कर्मचारियों का पर्यवेक्षण और अधिक जटिल बन जाता है। इसी कारण से बड़े पैमाने वाले शोध अध्ययनों के लिये संभाग प्रतिचयन की विधि का उपयोग किया जाता है।

संभाग प्रतिचयन में, सबसे पहले सम्पूर्ण शोध क्षेत्र को उप–क्षेत्रों में विभाजित किया जाता है। सामान्यतः इसे सम्भाग के रूप में जाना जाता है। सरल यादृच्छिक या स्तरीकृत विधि का उपयोग संभाग का चयन करने के लिये किया जाता है। अन्त में शोधकर्ता को अन्तिम प्रतिचयन आकार जिसका अध्ययन किया जाना है, संभाग के अन्दर से नमूनों का चयन करता है जो साधारण या स्तरीकृत यादृच्छिक प्रतिचयन के आधार पर प्राप्त किया जाता है।

उदाहरण के लिये, मान लीजिये कि हम किसी एक राज्य के शहरी क्षेत्रों में भिखारियों का सर्वेक्षण करना चाहते हैं। इस कार्य को हम निम्नलिखित प्रकार से सम्पन्न करेंगे। पहले हम जिलों की एक सूची तैयार करते हैं। और फिर उन्हें समूहित करके सम्भागों में विभाजित करते हैं। तदुपरान्त प्रत्येक सम्भाग से सरल या स्तरीकृत यादृच्छिक नमूना को चयनित किया जाता है। जिलों से प्रत्येक को नमूने में शामिल किया जाता है। अब शहरों या कस्बों की सूची बनाते हैं और फिर उसमें से सरल या स्तरीकृत यादृच्छिक नमूना लेते हैं। यदि कुछ या सभी कस्बे/शहर नमूने के लिये इस प्रकार चयनित किये गये हैं कि भिखारियों की संख्या अधिक हो जिनका कि अध्ययन किया जा सकता है। प्रत्येक जिले से इन कस्बों/शहरों के नमूने लिये जा सकते हैं। इसके बाद ही इन कस्बों/शहरों में सभी भिखारियों को प्रश्नावली वितरित की जा सकती है। यदि वांछनीय और सम्भव हो तो भिखारियों का नमूना भी इसी प्रकार लेते हैं।

विशेषरूप से यह प्रक्रिया एक श्रेणी के कई चरणों से होकर गुजरती है। इसीलिये सामान्य पद 'बहु–स्तर' नमूना – अधिक समावेशी से कम समावेशी प्रतिचयन की इकाइयों को जब तक हम जनसंख्या के अवयवों से अन्तिम नमूने तक नहीं पहुँच जाते, वांछित नमूने का गठन करती है।

प्रायिकता प्रतिदर्श और गैर–प्रायिकता प्रतिदर्श का संयोजन (Combination of Probability and Non-Probability Samplings)

यदि नमूना श्रृंखला के चरणों में किया जाता है तो निश्चित ही संभाव्यता और गैर–संभाव्यता नमूनों के संयोजन को एक अभिकल्पन में किया जा सकता है। संभाव्यता नमूने के सिद्धान्तों के अनुसार एक या अधिक चरणों में किया जा सकता है और गैर–संभाव्यता सिद्धान्तों के द्वारा सन्तुलित किया जा सकता है।

अन्वेषक संभाग का चयन संभाव्यता संभाग प्रतिचयन तकनीक के द्वारा कर सकता है, लेकिन अन्तिम चरण में अवयवों का चयन कोटा नमूना से कर सकता है। इस प्रकार राज्य में जिलों का चयन संभाव्यता नमूने से संभव है। इनमें से प्रत्येक जिलों से कस्बों के संभाव्यता नमूने और प्रत्येक चयनित कस्बों से कोटा नमूने से नियन्त्रित कर आयु, और लिंग का चयन किया जा सकता है।

इस अभिकल्पन का लाभ यह है कि नमूने के लिये प्रकरण प्राप्त करने की लागत है। इनमें से ही क्षेत्रों का चयन करना अपेक्षाकृत सस्ता है। जो नमूने के अन्तिम चरण में संभाव्यता नमूने के द्वारा स्थान लेगा। तब हमें कम से कम क्षेत्रों के लिये संभाव्यता नमूने का लाभ हासिल होता है। उदाहरण के लिये कुछ साक्ष्य हैं चयनित क्षेत्रों में कोटा नमूने बनाये जाते हैं कोटा नमूने जिसमें साक्षात्कारकर्ता के निर्णयों पर इन चरों का नियन्त्रण निर्भर करता है, की तुलना में सामाजिक आर्थिक स्थिति के चर के रूप में नियन्त्रित करने में अधिक सफल है। (कीश, 1965)

संभाव्यता और गैर–संभाव्यता नमूनों के संयोजन का दूसरा उदाहरण विपरीत रणनीति को शामिल करता है। अन्वेषक गैर–संभाव्यता नमूने के क्षेत्र से संभाव्यता नमूने के अवयव लेता है। क्षेत्रों का चयन उद्देश्यपूर्ण नमूने के रूप में होता है। उदाहरण के लिये – जिलों की संख्या का चयन इस आधार पर किया जा सकता है कि उनकी साक्षरता दर अपेक्षाकृत कम है। इनमें से प्रत्येक विशिष्ट जिलों से अन्वेषक उत्तरदाताओं का चयन संभाव्य नमूने से करता है।

नमूने के आकार का निर्धारण (Determination of Sample Size)

सामाजिक शोधकर्ताओं में नमूने के आकार के निर्धारण के बारें में कई तरह की भ्रान्तियां हैं जिनमें से कुछ निम्नलिखित हैं।

1. नमूना जनसंख्या के अनुपात में होना चाहिये (अक्सर 5 या 10 प्रतिशत)। उनके अनुसार नमूने का आकार केवल जनसंख्या के आकार पर निर्भर करता है।
2. जनसंख्या के आकार की परवाह किये बगैर (irrespective of the size of population) कुछ शोधकर्ताओं की मान्यता है कि नमूना लगभग कुल 500 होना चाहिये।
3. यहां तक कि कुछ सामाजिक शोधकर्ताओं की राय यह भी है कि नमूने के आकार मे किसी भी तरह की अभिवृद्धि नमूने के परिणामों की परिशुद्धता में अभिवृद्धि करेगा। परिणामस्वरूप वे यह राय देते हैं कि नमूने का आकार जितना सम्भव हो, बड़ा होना चाहिये जिससे कि अनुसंधानकर्ता समंकों का संग्रहण कर सके।

नमूने का आकार निर्धारित करने के लिये सामाजिक अनुसंधान में कोई सामान्य नियम मौजूद नहीं हैं। नमूने का आकार इस तरह के सामान्य नियमों का पालन करके निर्धारित किया गया विशुद्ध रूप से मान्यताओं के आधार पर न तो प्रतिनिधि है और न ही पर्याप्त है।

एक शोध अध्ययन का नमूना क्या होना चाहिये? कारकों की संख्या पर विचार करने के उपरान्त नमूने के आकार का निर्धारण किया जाता है। तीन महत्वपूर्ण कारक नीचे सूचीबद्ध हैं।

1. सटीकता या यर्थाथता का अंश।
2. परिवर्तशीलता या जनसंख्या में विविधता का अंश, और
3. समंकों के विश्लेषण में विभिन्न चरों की संख्या का एक साथ परीक्षण करना।

यह भी ध्यान में रखा जाना चाहिये कि–

1. जनसंख्या में अधिक सजातीयता होने पर नमूने का आकार छोटे से छोटा होगा।
2. अधिक चरों की संख्या के अध्ययन किये जाने में नमूने का आकार बड़ा होगा।

उपर्युक्त जटिलताओं के कारण अधिकांश शोधकर्ता सांख्यिकीय विधि का उपयोग करके नमूने के आकार के निर्धारण में कठिनाई पाता है। अनुसंधान हेतु दी गई जनसंख्या के प्रतिनिधि होने के लिये नमूने के आकार के निर्धारण की बढ़ती मांग ने कारगर विधि की आवश्यकता का निर्माण किया है। नमूने के आकार के निर्धारण के लिये क्रैजेचियाई और मोर्गन (1970) ने निम्न सूत्र प्रकाशित किया है।

क्रैजेचियाई और मोर्गन (Krejcie and Morgan) के द्वारा उपयोग किया गया सूत्र–

$$S = \frac{\chi^2 NP(1-P)}{d^2(N-1) + \chi^2 P(1-P)}$$

S = नमूने का आकार (Sample Size)

χ^2 = काई वर्ग (Chi Square)

N = जनसंख्या (Population)

P = जनसंख्या के लक्षण या अनुपात (Population characteristics or Proportion)

d^2 = अनुमेय त्रुटि या मानक त्रुटि (Permissible Error or Standard Error)

उपरोक्त सूत्र का उपयोग करके क्रैजेचियाई और मोर्गन (1970) ने त्वरित सन्दर्भ के लिये एक सारणी का निर्माण किया जिसमें नमूने का आकार निर्धारित करने के लिये गणनाओं की आवश्यकता नहीं है। दी गई जनसंख्या से नमूने के आकार के निर्धारण के लिये सारणी नीचे प्रस्तुत की गई है।

तालिका 5.4

दी गई जनसंख्या से नमूने के आकार के निर्धारण हेतु सारणी

N	S	N	S	N	S
10	10	460	210	2600	335
20	19	500	217	2800	338
30	28	550	226	3000	341
40	36	600	234	3500	341
50	44	700	248	4000	351
60	52	800	260	4500	351
70	59	900	269	5000	357
80	66	1000	278	6000	361
90	73	1200	291	7000	361
100	80	1300	297	8000	367
120	92	1400	302	9000	368
140	103	1500	306	10000	370
160	113	1600	310	15000	375

लगातार...

...लगातार

180	123	1700	313	20000	377
200	123	1800	317	30000	379
250	152	1900	320	40000	380
300	169	2000	322	50000	381
360	186	2200	327	75000	382
400	196	2400	331	100000	384

N= Population S= Sample Size

नमूना आकार कैलकुलेटर (Sample Size Calculator)

वैकल्पिक रूप से, नमूने के आकार को निर्धारित करने के लिये नमूना आकार कैलकुलेटर्स का आनलाइन उपयोग कर सकते हैं। नमूना आकार कैलकुलेटर का उपयोग करने से पहले आपको दो पदों को जानने की आवश्यकता है वे विश्वास अन्तराल और विश्वास स्तर हैं। यदि आप इन पदों से परिचित नहीं हैं। कारकों के बारे में और अधिक जानने के लिये जो विश्वास अंतराल के आकार को प्रभावित करते हैं। आपके पास जो विश्वास अन्तराल है या आपकी जरूरत के नमूना आकार को प्राप्त करने हेतु नीचे दिये गये कैलकुलेटर में अपने विकल्पों की प्रविष्टि कीजिये। यदि जनसंख्या का आकार बहुत बड़ा या अज्ञात है तो जनसंख्या बाक्स खाली छोड़ दें।

विश्वास अन्तराल और विश्वास स्तर (Confidence Interval and Confidence Level)

विश्वास अन्तराल या सम्भाव्य त्रुटि (Margin of Error) धन या ऋण के आंकड़ें हैं जो आमतौर पर अखबार या टेलीविजन में जनमत सर्वेक्षण के परिणामों को प्रतिवेदित करता है। उदाहरण के लिये – आप 4 या 47 प्रतिशत विश्वास अन्तराल (Confidence Interval) का उपयोग करते हैं। उत्तरदाताओं के नमूने के जवाब के लिये आप सुनिश्चित (Sure) हो सकते हैं कि आप ने पूरे प्रासंगिक आबादी से जो प्रश्न पूछॉ था उनमें से 43 प्रतिशत (47–4) और 51 प्रतिशत (47+4) के मध्य उत्तर को चुन लिया होगा।

विश्वास स्तर (Confidence Level) हमें यह बताता है कि आप कैसे सुनिश्चित हो सकते हैं। इसे प्रतिशत के रूप में व्यक्त किया जा सकता है और कितनी बार जनसंख्या के सही प्रतिशत का प्रतिनिधित्व करता है जो विश्वास अन्तराल के अन्दर निहित उत्तर को चुनेगा। 95 प्रतिशत विश्वास स्तर का तात्पर्य यह है कि आप 95 प्रतिशत सुनिश्चित हो सकते हैं और 99 प्रतिशत विश्वास स्तर

का तात्पर्य यह है कि आप 99 प्रतिशत सुनिश्चित (Certain) हो सकते हैं। अधिकतर अनुसंधानकर्ताओं द्वारा 95 प्रतिशत विश्वास स्तर का उपयोग किया जाता है।

जब आप विश्वास अन्तराल और विश्वास स्तर को एक साथ रखते हैं तब आप 95 प्रतिशत तक यकीन मान सकते हैं कि जनसंख्या का सही प्रतिशत 43 प्रतिशत और 51 प्रतिशत के बीच है। व्यापक विश्वास अन्तराल आप स्वीकार करने को तैयार हैं तो आप अधिक सुनिश्चित हो सकते हैं कि सम्पूर्ण आबादी से उत्तर आपके परिसर के अन्दर होगें।

उदाहरण के लिये – एक शोधकर्ता एक शहर से 1000 लोगों के नमूने लेता है कि वे किस ब्राण्ड की कोला को वे प्राथमिकता देते हैं। 60 प्रतिशत ने कहा ब्राण्ड ए। शोधकर्ता यह सुनिश्चित कर सकता है कि शहर के सभी लोगों में 40 से 80 प्रतिशत के बीच वास्तव में उस ब्राण्ड को प्राथमिकता देते हैं लेकिन शोधकर्ता इतना भी सुनिश्चित नहीं हो सकता है कि शहर के सभी लोगों में 59 और 61 प्रतिशत के बीच में उस ब्राण्ड को प्राथमिकता देते हैं ।

विश्वास अन्तराल को प्रभावित करने वाले कारक (Factors that Affect Confidence Intervals)

विश्वास अन्तराल को प्रभावित करने वाले तीन कारक नमूना आकार, प्रतिशत और जनसंख्या आकार हैं जो दिये गये विश्वास स्तर के लिये विश्वास अन्तराल के आकार का निर्धारण करते हैं। नमूने के आकार बड़ा होने पर शोधकर्ता और अधिक सुनिश्चित हो सकता है और उनके उत्तरों को सही मायने में जनसंख्या को प्रतिबिम्बित करते हैं। यह इंगित करता है कि नमूने का बड़ा आकार विश्वास स्तर के लिये और नमूने का छोटा आकार विश्वास अंतराल के लिये होगा हालांकि दोनों में सम्बन्ध रैखिक नहीं है (अर्थात् नमूने का आकार दो गुना करने पर विश्वास अन्तराल आधा नहीं होता)।

प्रतिशत (Percentage)

सटीकता या यर्थाथता नमूने के प्रतिशत पर भी निर्भर करता है जो एक विशेष उत्तर का चयन करता है। यदि नमूने से 99 प्रतिशत लोगों ने हां तथा एक प्रतिशत ने न कहा तो नमूना के आकार की परवाह किये बगैर त्रुटि की संभावना बहुत कम होगी और यदि प्रतिशत 51 प्रतिशत और 49 प्रतिशत है तो त्रुटि की संभावना बहुत अधिक होती है। एक अधबीच की तुलना में चरम उत्तरों का सुनिश्चित होना आसान हो सकता है।

सटीकता के दिये गये स्तर के लिये आवश्यक नमूने के आकार का निर्धारण करने हेतु आप सबसे खराब स्थिति (50प्रतिशत) का उपयोग करना चाहिये। जो

नमूना आपके पास पहले से ही है उसकी सटीकता के सामान्य स्तर के निर्धारण में भी आपको इस प्रतिशत का उपयोग करना चाहिये। आपके नमूनों के विशिष्ट उत्तरों के लिये विश्वास अन्तराल का निर्धारण किया गया है। उन उत्तरों से आप प्रतिशत का उपयोग कर सकते है और एक छोटा अन्तराल प्राप्त कर सकते हैं।

जनसंख्या का आकार (Population Size)

समूह में कितने लोग हैं जो नमूने का प्रतिनिधित्व करते हैं वे एक शहर से कई लोग हो सकते हैं जिनका कि आप अध्ययन कर रहे हैं जैसे कि लोगों की संख्या जिन्होने नई कारें खरीदी हैं इत्यादि। जनसंख्या के सही आकार को अक्सर आप नहीं जान पाते हैं। यह कोई समस्या नहीं है। गणित की प्रायिकता सिद्ध करती है कि जनसंख्या का आकार अप्रासंगिक है जब तक कि नमूने का आकार सम्पूर्ण जनसंख्या से कुछ प्रतिशत अधिक हो जिसकी आप जांच कर रहे हैं। इसका मतलब यह है कि 500 लोगों का नमूना राज्य के 1,50,00,000 लोगों की राय के लिये उतना ही उपयोगी है जितना कि शहर के 1,00,000 लोगों की राय का परीक्षण करने में होगा। यही कारण है कि जनसंख्या आकार जब बड़ा या अज्ञात होता है तो सर्वेक्षण प्रणाली उसकी उपेक्षा करती है। अपेक्षाकृत छोटे और लोगों के ज्ञात समूह के साथ जब आप काम करते हैं तब जनसंख्या आकार एक कारक हो सकता है (उदाहरण के लिये – एक संघ के सदस्य)।

आप मान लीजिये कि विश्वास अन्तराल की गणनायें जनसंख्या से सम्बन्धित वास्तविक यादृच्छिक नमूना है। यदि आपका नमूना वास्तव में यादृच्छिक नहीं है तो आप अन्तराल पर विश्वास नहीं कर सकते। आमतौर पर गैर यादृच्छिक नमूने प्रतिचयन की कार्यपद्धति में कुछ दोषपूर्ण परिणाम देते हैं। इस तरह के दोष का एक उदाहरण है कि दिन के दौरान ऐसे लोगों को बुलाना जो काम करते हों, प्रायः सभी नहीं मिलेगें। सभी प्रायोजनों के लिये, गैर–कामकाजी जनसंख्या को पूरी जनसंख्या (कामकाजी एवं गैर–कामकाजी) का सही प्रतिनिधित्व करने के लिये उपयोगी नहीं माना जा सकता है।

क्रिएटिव रिसर्च सिस्टम सर्वे सॉफ्ट्वेयर (Creative Research Systems survey Software) की सार्वजनिक सेवा के रूप में नमूना आकार गणक (Sample Size Calculator) को प्रस्तुत किया जाता है। परिणामों को प्राप्त करने हेतु साक्षात्कार में कितने लोगों की आवश्यकता होगी, इसका निर्धारण करने के लिये आप इसे उपयोग कर सकते हैं जो यथासंभव आवश्यकतानुसार लक्षित जनसंख्या को प्रतिबिम्बित करते हों। आप के पास मौजूदा नमूने से परिशुद्धता का स्तर भी आप प्राप्त कर सकते हैं। इंटरनेट पर यह सॉफ्ट्वेयर उपलब्ध (http ://www. surveysystem.com/sscalc.htm) है।

उपसंहारात्मक टिप्पणी (Concluding Remarks)

सामाजिक कार्य शोधकर्ता सामान्यतः प्रतिचयन की प्रक्रिया में उस तरह से संलग्न नहीं रहते हैं, जिस तरह से पारम्परिक शोध प्रक्रिया में उपयोग किया जाता है। फिर भी सामाजिक कार्य व्यवहार में प्रतिचयन की प्रक्रिया इस अध्याय में चर्चित प्रतिचयन के सिद्धान्तों पर आधारित है। हालांकि, सामान्यतः सामाजिक कार्य के कार्यक्रमों के मूल्यांकन के मार्गदर्शन हेतु ग्राहक समूहों की जरूरतें और विशेषतायें होती हैं, जो ग्राहक की समस्याओं के बारे में निष्कर्ष अनुसंधान सिद्धान्तों के द्वारा निर्देशित किये जा रहे हैं।

सामाजिक कार्य व्यवहार में सर्वाधिक बार प्रायिकता प्रतिचयन की सम्भावना नहीं होती है। मानसिक रूप से ग्रस्त बच्चे, अपराध में लिप्त बच्चे, सड़क के बच्चे दुर्व्यवहार किये जाने वाले बच्चे या नशा करने वाले बच्चे किसी के ग्राहक हैं, इन सभी लोगों में इस प्रकार की विशेषताओं को जानने के लिये प्रतिचयन के सिवाय और कोई रास्ता नहीं है। अधिकतर हम गैर–प्रायिकता प्रतिचयन को इसकी सीमाओं के साथ व्यवहार में लाने की सम्भावना रखते हैं। इसमें अधिकतर लोग सम्बन्धित होते हैं जो हमारी एजेन्सी में हमारी सुविधाओं का उपयोग करने आते हैं। सामाजिक कार्य शोधकर्ता को निष्कर्षों का सामान्यीकरण करते समय सावधान रहना चाहिये। इस प्रकार फिर वहाँ निराशा का कारण नहीं रहता है। किसी को भी गैर–प्रायिकता प्रतिचयन की सीमाओं का ध्यान रखना चाहिये और आवश्यक प्रतिचयन के निर्माण में प्रयोगात्मक देखभाल करनी चाहिये (मोन्टे एट. आल., 1986)।

समीक्षा के लिए महत्वपूर्ण पद (Important Terms for Review)

- गैर–प्रायिकता प्रतिचयन (Non-Probability Sampling)
- सांयोगिक प्रतिचयन (Accidental Sampling)
- यथार्थता या सटीकता की सीमा (Limits of Accuracy)
- विश्वसनीयता का स्तर (Confidence Level)
- अभ्यंश प्रतिचयन (Quota Sampling)
- मार्जिन की त्रुटि (Margin of Error)
- उद्देश्यात्मक प्रतिचयन (Purposive Sampling)
- हिमगेंद प्रतिचयन (Snowball Sampling)
- प्रायिकता प्रतिदर्श (Probability Sampling)
- प्रतिचयन योजना की प्रतिनिधिकता (Representativeness of Sampling Plan)

- सरल दैव प्रतिचयन (Simple Random Sampling)
- स्तरित दैव प्रतिचयन (Stratified Random Sampling)
- व्यानुपातिक स्तरित दैव प्रतिचयन (Disproportionate Stratified Random Sampling)
- संभाग प्रतिचयन (Cluster Sampling)

समीक्षात्मक प्रश्न (Review Questions)

1. गैर–प्रायिकता (गैर–सम्भाव्य) और प्रायिकता प्रतिदर्श (प्रतिचयन) में अन्तर स्पष्ट कीजिये?
2. सांयोगिक प्रतिचयन से क्या लाभ हैं?
3. संभाग प्रतिचयन का उपयोग करना किन स्थितियों के तहत उपयुक्त होगा?
4. हिमगेंद (स्नोबॉल) प्रतिचयन के अनुप्रयोग क्या हैं?
5. प्रतिनिधि प्रतिचयन योजना का अर्थ क्या है? प्रतिनिधिकता की समस्या पर चर्चा कीजिये।
6. विभिन्न प्रकारों के गैर–सम्भाव्य प्रतिचयन अभिकल्पन के गुण–दोषों पर चर्चा कीजिये।

आगे पढ़ने हेतु (For Further Reading)

बैले, कीनिथ डी, *मैथड्स ऑफ सोशल रिसर्च,* लन्दन, दि फ्री प्रेस, 1978.

बेकर, एल. थेरेसे, *डुईंग सोशल रिसर्च,* न्यूयॉर्क, मैक्ग्रा हिल्स, 1998.

ब्लैक, जेम्स ए. एण्ड चैम्पियन, डीन जे., *मैथड्स एण्ड इश्यूज़ इन सोशल रिसर्च,* न्यूयॉर्क, जॉन विले, 1976.

फेस्टीन्जर, एल. एण्ड काट्ज़ डी. (सम्पा.), *रिसर्च मैथड्स इन बिहैवियरल साइन्सेस,* न्यूयॉर्क : दि ड्रायडेन प्रेस, 1953.

गॉलतुंग, जॉन, *थ्योरी एण्ड मैथड्स ऑफ सोशल रिसर्च,* लन्दन : जार्ज एलेन एण्ड अनविन, 1970.

गॉलतुंग, जॉन, "थ्योरी एण्ड मैथड्स ऑफ सोशल रिसर्च : ए प्ली फॉर प्लूरलिज़्म" इन ओइन एल्स (एड.), *कॉम्परेटिव मैथडोलॉजी : थ्योरी एण्ड प्रैक्टिस इन इन्टरनेशनल रिसर्च,* लन्दन, 1978.

गेलेज़, आर. जे., ''मैथड्स फॉर स्टडीइंग सेन्सिटिव फैमिली टॉपिक्स'', *अमेरिकन जर्नल ऑफ आर्थोसाइक्याट्री,* 48, 408–424, 1978.

गुडे, डब्लू. जे. एण्ड हॉट, पी. के., *मैथड्स ऑफ सोशल रिसर्च,* न्यूयॉर्क, मैक्ग्रा हिल्स, 1952.

कर्लिन्जर, फ्रेड आर., *फाउन्डेशन्स ऑफ बिहैवियरल रिसर्च,* दिल्ली, सुरजीत पब्लिकेशन्स, 1964.

किदर, ल्यूइस एच., *रिसर्च मैथड्स इन सोशल रिलेशन्स,* न्यूयॉर्क : होल्ट, 1981.

किस, लेसली, *सर्वे सेम्पलिंग,* न्यूयॉर्क, 1965.

क्रैजेचियाई, आर. एण्ड मोरगन, डब्ल्यू., डिटरमाइनिंग सेम्पल साइज फार रिसर्च एक्टिविटीज, एजूकेशनल एण्ड साइकोलॉजिकल मीजरमेंट, वाल्यूम 30, 1971.

लाकाटोस, इम्रे, *दि मैथडोलॉजी ऑफ साइन्टिफिक रिसर्च प्रोग्राम्स* (वॉल्यूम 1), कैम्ब्रिज़, कैम्ब्रिज़ यूनिवर्सिटी प्रेस, 1978.

मोन्टे, डयूआना आर. एट ऑल, *अप्लायड सोशल रिसर्च : टूल फॉर दि ह्यूमन सर्विसेज़,* शिकागो होल्ट, 1986.

मोज़र, सी. ए. एण्ड कॉलटन, जी., *सर्वे मैथड्स इन सोशल इनवेस्टिगेशन,* लन्दन, हीनेमॉन एजूकेशनल बुक्स, 1975.

नचमियास, डी. एण्ड नचमियास, सी., *रिसर्च मैथड्स इन सोशल साइन्सेस,* न्यूयॉर्क सेन्ट मार्टिन्स प्रेस, 1981.

रूबिन, ऐलेन एण्ड बेबी, ई, *रिसर्च मैथडोलॉजी फॉर सोशलवर्क,* बेलमोन्ट, कैलिफोर्निया : वेड्सवर्थ, 1989.

सेलीट्ज, जी. एट ऑल, *रिसर्च मैथड्स इन सोशल रिलेशन्स,* न्यूयॉर्क : होल्ट (थर्ड एडिशन), 1973.

स्टाउफर, एस. ए., *सोशल रिसर्च टू टेस्ट आडियाज़,* न्यूयॉर्क : फ्री प्रेस ऑफ ग्लेकोय, 1962.

विल्किनसन, टी. एस. एण्ड भण्डारकर, पी. एल., *मैथडोलॉजी एण्ड टेक्निक्स ऑफ सोशल रिसर्च,* बॉम्बे, हिमालया पब्लिशिंग, 1977.

यंग, पी. वी., *साइन्टिफिक सोशल सर्वेज़ एण्ड रिसर्च,* ईगलवूड क्लिफ, एन. जे. प्रैन्टिस हॉल (फोर्थ एडिशन), 1953.

6

समंक संग्रहण की विधियाँ

Methods of Data Collection

शोध प्रक्रिया में आंकड़ों का संग्रहण एक महत्वपूर्ण चरण है। एक शोध परियोजना में प्रारम्भिक स्तर पर आंकड़ों के संग्रहण की प्रक्रियाओं के तरीके तय किये जाते हैं। डेटा प्रोसेसिंग और विश्लेषण मुख्य रूप से बाद के चरणों में किया जाता है। अध्ययन के अन्तर्गत घटना के बारे में जानकारी हमें किस स्रोत से एकत्रित करनी होगी? आंकड़े एकत्रित करने का तात्पर्य क्या है? इस अध्याय में हम इन प्रश्नों के उत्तर जान सकेंगे।

आंकड़ों के स्रोत (Sources of Data)

समाज विज्ञान अनुसंधान में आंकड़ों के दो मुख्य स्रोत लोग और कागज़ हैं। समाज विज्ञान अनुसंधान में आंकड़ों के प्रमुख स्रोतों का गठन लोगों द्वारा सवालों के जवाब देने से होता है। यह स्रोत आंकड़ों के प्राथमिक स्रोत के रूप में जाने जाते हैं। आंकड़ों की एक बड़ी राशि पहले से ही कागज़ स्रोतों के रूप में उपलब्ध है। यह दस्तावेज़ ऐतिहासिक, अभिलेख, डायरी, जीवनी, सांख्यिकीय अभिलेख और इसी तरह से अन्य रूपों में भी शामिल हैं। सामान्यतः कागज़ पर उपलब्ध आंकड़ों के स्रोत को द्वितीयक स्रोत के रूप में या उपलब्ध आंकड़ों के स्रोत के रूप में जाना जाता है।

जब एक शोधकर्ता प्राथमिक स्रोत के माध्यम से आंकड़े एकत्रित करने का निर्णय लेता है, तब उसके पास तीन विकल्प होते हैं अर्थात् अवलोकन, साक्षात्कार और प्रश्नावली। और अन्य मामलों में वह आंकड़ों के द्वितीयक स्रोत के लिये विकल्प रखता है, वह विषय विश्लेषण की विधि का उपयोग करता है।

इस अध्याय में हम प्राथमिक स्रोतों से आंकड़े एकत्रित करने के तरीकों पर चर्चा करेंगे। प्राथमिक स्रोतों से आंकड़े एकत्रित करने में प्रमुख रूप से तीन

तरीकों का अनुसरण कर उपयोग किया जाता है अर्थात् (1) अवलोकन, (2) साक्षात्कार और (3) प्रश्नावली।

अवलोकन (Observation)

अवलोकन अन्वेषण के तहत सामाजिक घटना के बारे में जानकारी प्राप्त करने का बुनियादी तरीका है। हम सभी लगातार अवलोकन करते रहते हैं। हालांकि सभी अवलोकन वैज्ञानिक अवलोकन नहीं हो सकते हैं। अवलोकन आंकड़ों के संग्रहण की एक विधि हो जाती है जब यह शोध के उद्देश्य के अनुसार सुनियोजित और सुव्यवस्थित अभिलेख के रूप में संग्रहीत हों। यह ध्यान रखना होता है कि अवलोकित आंकड़े वैध और विश्वसनीय हों।

कई स्थितियों में अवलोकन की यह विधि सबसे उपयुक्त मानी जाती है। उदाहरण के लिये माना कि एक शोधकर्ता जिसकी बच्चों के व्यवहार को समझने में रुचि है। जो बच्चे बात नहीं कर सकते निश्चित ही यह अवलोकन की इस पद्धति पर निर्भर हैं। हमारे व्यवहार के कई पहलू अधिकांशतः जीवन का एक हिस्सा हैं और उनका शब्दों में अनुवाद मुश्किल हो जाता है। कई बार शोधकर्ता को अध्ययन किये जा रहे उत्तरदाताओं से प्रतिरोध का सामना करना पड़ता है। कभी कभी लोग अनुसंधानकर्ता के साथ सहयोग नहीं करते हैं और शोधकर्ता के सवालों के जवाब देने में अपनी अनिच्छा दर्शाते हैं। हालांकि अवलोकन में हमेशा इस तरह के प्रतिरोध नहीं हो सकते हैं। अतः ऐसी स्थितियों में आंकड़ों के संग्रह का अपेक्षाकृत यह सबसे उपयुक्त तरीका है।

विभिन्न प्रकार के अनुसंधान उद्देश्यों के लिये अवलोकन एक विधि की तरह कार्य करती है। यहाँ खोजपूर्ण उद्देश्य का उल्लेख महत्वपूर्ण है। एक शोधकर्ता अपने मुख्य शोध प्रश्नों के कुछ पहलुओं का पता लगाने के लिये या अनुसंधान समस्या में अन्तर्दृष्टि प्राप्त कर सकने में और उसके आधार पर परिकल्पना विकसित कर सकते हैं। इसका उपयोग पूरक जानकारी एकत्रित करने में तथा अन्य तरीकों से प्राप्त निष्कर्षों की व्याख्या करने में सहायता करता है।

अवलोकन के प्रकार (Types of Observation)

अवलोकन कई प्रकार के होते हैं जैसे – पूरी तरह से असंरचित से संरचित तक, पूर्व सांकेतिक, शोधकर्ताओं और शोध समस्याओं के समग्र उद्देश्य की आवश्यकताओं के अनुरूप औपचारिक प्रक्रियायें। विभिन्न प्रकार के अवलोकनों के बीच संरचनात्मकता की डिग्री के आधार पर फर्क करने का एक तरीका अन्तर या भेद जानने के लिये है। इसके अनुसार हमारे पास दो अवलोकनात्मक प्रक्रियायें हैं। (1) संरचनात्मक और (2) असंरचनात्मक। वर्गीकरण के अन्य तरीके से

शोधकर्ता द्वारा निभायी गयी भूमिका के सन्दर्भ में है। इस आधार पर अवलोकन प्रक्रियायें (1) भागीदार अवलोकन और (2) गैर–भागीदार अवलोकन के रूप में वर्गीकृत की जा सकती है।

संरचनात्मक अवलोकन (Structured Observation)

संरचनात्मक अवलोकन स्पष्ट और विशिष्ट परिभाषा की इकाइयों को अवलोकित करता है और इसमें आंकड़ों को अभिलिखित कर संज्ञान में लिया जाता है। यह संभव तभी हो सकता है, जब समस्या का सूत्रपात अच्छी तरह से किया गया हो। हालांकि खोजपूर्ण अध्ययन में शोधकर्ता को पहले से नहीं मालूम होता है कि समस्या का कौन सा आयाम सम्बन्धित होगा। संरचनात्मक अवलोकन में अधिकतर एक समस्या के वर्णन के लिये या कारण परिकल्पना का परीक्षण करने के लिये अध्ययन अभिकल्पन में उपयोग किया जाता है। संरचनात्मक अवलोकन प्रक्रिया का उपयोग पूर्वानुमान या पूर्व कल्पना है, जिसे शोधकर्ता जानता है कि अध्ययन के तहत समस्या के कौन से पहलू उसके शोध उद्देश्यों के लिये प्रासंगिक। और इस स्थिति में वह आंकड़ों के संग्रहण से पूर्व अवलोकनों के अभिलेखन की योजना बनाता है।

असंरचनात्मक अवलोकन (Unstructured Observation)

व्यावहारिक स्थिति में अक्सर यह संभव नहीं होता है कि अवलोकन की प्रक्रिया की योजना पहले से ही बना ली जाये। विशेष रूप से खोजपूर्ण अध्ययन के मामलें में, शोधकर्ता के पास पर्याप्त संकेत उनके अवलोकनों हेतु नहीं होते हैं। वह जो देखता है, उसमें परिवर्तन हेतु मांग कर सकता है। इस तरह के बदलाव असंरचनात्मक अवलोकन के लक्षण हैं। असंरचनात्मक अवलोकन लचीला है और समय–समय पर केन्द्र में परिवर्तन करने के लिये अनुमति देता है और जब उचित सुराग मिलते हैं तो इस तरह के बदलाव होते हैं।

सहभागी अवलोकन (Participant Observation)

सहभागी या प्रतिभागी अवलोकन शोधकर्ता द्वारा समूह के अध्ययन के तहत जीवन की साझेदारी शामिल है। दूसरे शब्दों में, यह प्रेक्षक और प्रेक्षित दोनों को एक ही तरफ रखने का प्रयास, प्रेक्षक को समूह का सदस्य बनाकर करता है। इसीलिये कि वह उन्हीं के सन्दर्भित ढाँचे में रहकर उनके अनुभवों का अनुभव प्राप्त कर कार्य कर सके। विशेष रूप से शोधकर्ता उस समुदाय का एक सदस्य बन जाता है जिसके लिये वह अवलोकित किया जा रहा है।

गैर–सहभागी अवलोकन (Non-Participant Observation)

इसके विपरीत, गैर–सहभागी अवलोकन प्रतिभागियों की कमी को प्रेक्षक द्वारा समूह के जीवन में चिह्नित या लक्षित होता है जबकि शोधकर्ता अवलोकित करता

रहता है। दूसरे शब्दों में, गैर–सहभागी अवलोकन में प्रेक्षक की भूमिका पृथक होती है और बिना किसी अभिलिखित प्रयास के वह अवलोकित समूह में बातचीत की प्रक्रिया में सहभागिता रखता है।

साक्षात्कार (Interview)

साक्षात्कार शोधकर्ता और उत्तरदाता के बीच मौखिक बातचीत है। इसमें प्रश्नों का प्रस्तुतीकरण और उनसे प्राप्त उत्तरों का संग्रहण शामिल है, दोनों ही प्रक्रियायें मौखिक हैं। कई लोगों का मानना है कि लोग जैसा करते हैं वैसा ही उनके व्यवहार में आ जाता है। यह जानने के लिये सबसे अच्छा तरीका है कि साक्षात्कार द्वारा उनके व्यवहार के बारे में उनसे सीधे ही प्रश्न किये जाने चाहिये। इस विधि में साक्षात्कारकर्ता साक्षात्कार देने वाले व्यक्ति के सामने होकर प्रश्न पूछता है। साक्षात्कार देने वाला (interviewee) वह व्यक्ति जिसका साक्षात्कार किया जा रहा है या जो प्रश्नों के उत्तर दे रहा है।

साक्षात्कार आंकड़ों के संग्रहण में व्यापक रूप में उपयोग की जाने वाली विधि है, इससे सामाजिक पृष्ठभूमि के बारे में जानकारी, अभिमत, अभिरुचि, सम्बन्धों में बदलाव आदि सम्बन्धित हैं।

साक्षात्कार के प्रकार (Types of Interview)

साक्षात्कार को भिन्न–भिन्न प्रकार से वर्गीकृत किया जा सकता है। एक प्रकार का वर्गीकरण कार्यों पर आधारित है। उदाहरण के लिये – नैदानिक साक्षात्कार अक्सर रोगविषयक उद्देश्यों के लिये उपयोग किया जाता है। दूसरा तरीका साक्षात्कार प्रक्रिया में भाग लेने वाले व्यक्तियों की संख्या से है। उदाहरण के लिये – व्यक्तिगत साक्षात्कार और सामूहिक साक्षात्कार। फिर भी अन्य आधार पर वर्गीकृत करने के लिये साक्षात्कार का प्रारूप के आधार पर उपयोग किया जाता है। उदाहरण के लिये – संरचनात्मक तथा गैर–संरचनात्मक। इनमें से किसी भी आधार पर भरोसा किया जा सकता है। और उपरोक्त साक्षात्कार को विभिन्न प्रकार से वर्गीकृत किया जा सकता है। शायद सबसे आसान और सुविधाजनक तरीका वर्गीकृत करने हेतु डिग्री है जिससे वह संरचनात्मक है।

संरचनात्मक साक्षात्कार (Structured Interviews)

जैसा कि नाम से पता चलता है कि संरचनात्मक साक्षात्कार उत्तरदाताओं पर कुछ नियन्त्रण बनाये रखता है। फिर भी लचीलापन जो साक्षात्कार संरचित किये जाने की सीमा तक तय करने की अनुमति देता है। पहला और सबसे महत्वपूर्ण क्षेत्र प्रश्न और इसकी प्रतिक्रिया है। जिसके माध्यम से साक्षात्कार संरचित है। एक साक्षात्कार में प्रश्नों के उचित ढंग से उत्तर प्राप्त करने के लिये बनाया जाता है।

जहाँ तक कि उत्तरों का सम्बन्ध है साक्षात्कार देने वाले को बहु विकल्प देकर नियन्त्रित और विनियमित किया जाता है। इस उपलब्धता को हासिल करने के लिये पहले प्रश्नों को क्रम में रखा जाता है जिससे विश्वसनीय और उचित उत्तरों को प्राप्त करने में सहायता मिलती है। एक साक्षात्कार से दूसरे साक्षात्कार तक इसी क्रम में प्रश्न पूछना हितकर होता है।

असंरचनात्मक साक्षात्कार (Unstructured Interviews)

असंरचनात्मक साक्षात्कारों में प्रश्नों का क्रम किसी विशिष्ट क्रम में नहीं होता है। प्रश्नों का क्रम निश्चित नहीं होता है। दूसरे शब्दों में प्रश्नों का क्रम एक साक्षात्कार में अनुसरित किया जाता है तथा दूसरे साक्षात्कार में अनुसरित नहीं किया जाता है। यहाँ तक कि जो प्रश्न पूछे जाते हैं, उसी तरह के शब्द फिर से नहीं दुहराये जाते हैं। समग्रता में हम यह कह सकते हैं कि साक्षात्कार विनियमन और नियन्त्रण से मुक्त है।

प्रश्नावली (Questionnaire)

प्रश्नावली आंकड़ों के संग्रहण की एक विधि है, जिसका लगभग सभी शोध कार्य में उपयोग किया जाता है। यहाँ पहले हम प्रश्नों के विषय और प्रकार तथा बाद में प्रश्नों के अनुक्रम और प्रारूप पर चर्चा करेंगे। और आगे हम द्विनाल और भयसूचक प्रश्नों पर चर्चा करेंगे। अन्त में अन्वेषक के लिये निर्देशों का वर्णन किया जायेगा।

प्रश्नावली की विषयसूची (Contents of Questions)

प्रश्नावली प्रश्नों की एक सूची है जो शोध के उद्देश्यों को विशिष्ट प्रश्नों में अनूदित करती है। प्रश्न उत्तरदाता को उत्साहित करते हैं जिससे आवश्यक आंकड़ों को प्राप्त किया जाता है। प्रश्नावली का निर्माण करते समय आरम्भ से अन्त तक प्रश्नों पर ही ध्यान केन्द्रित किया जाता है। प्रश्नावली का सूत्रपात करते समय सर्वाधिक महत्वपूर्ण मुद्दा इसकी विषयसूची ही है। प्रमुख मुद्दे तथ्य, अभिमत, अभिरुचि, शोध समस्या के साथ उत्तरदाताओं को प्रेरित करना और उनकी संप्राप्ति का स्तर, जिनसे प्रश्न सम्बन्धित हैं। समग्रता में प्रश्नों को दो सामान्य श्रेणियों में वर्गीकृत किया जा सकता है अर्थात् (1) तथ्यपरक प्रश्न और (2) मतमूलक या दृष्टिपरक प्रश्न।

तथ्यपरक प्रश्न (Factual Questions)

तथ्यपरक प्रश्न उत्तरदाताओं से उनकी पृष्ठभूमि के सम्बन्ध में जानकारी जैसे लिंग, आयु, वैवाहिक स्थिति, शिक्षा और आय आदि पर प्रकाश डालने हेतु पूछे जाते हैं। इस प्रकार के प्रश्नों के उदाहरण नीचे दिये जा रहे हैं।

1. आपकी शिक्षा का स्तर क्या है? (किसी एक पर चिह्न लगायें)

स्नातक	( )
इन्टरमीडिएट	( )
हाई स्कूल	( )
मिडिल स्कूल	( )
प्राइमरी	( )
अनपढ़	( )
अन्य	( )

अन्य प्रकार के तथ्यात्मक प्रश्नों के लिये उत्तरदाताओं के प्रोफाइल की जानकारी पर प्रकाश डाला जाता है (जैसे लिंग, वैवाहिक स्थिति, आय, कार्य स्थल, निवास स्थान और जन्म स्थान आदि)। उदाहरण नीचे दिया जा रहा है।

1.	नाम	:	....	
2.	आयु (वर्ष में)	:	....	
			(1 जुलाई 1999 के अनुसार)	
3.	पद	:	....	
4.	स्थापना	:	....	
5.	वैवाहिक स्थिति	:	विवाहित	( )
			अविवाहित	( )
			विधवा	( )
		.	तलाकशुदा	( )
6.	पति का व्यवसाय	:	....	
7.	पति का कार्य स्थल	:	....	
8.	पति का वेतन/आय	:	....	
9.	धर्म	:	हिन्दू	( )
			मुस्लिम	( )
			ईसाई	( )
			अन्य कोई	( )

तथ्यपरक प्रश्नों का अभिकल्पन देखने में सरल लगता है। हालांकि कई बार तथ्यपरक प्रश्न शोधकर्ता को समस्या में डाल देते हैं। एक सर्वेक्षण में, कई

उत्तरदाता धर्म को गलत समझ कर आस्था/विश्वास के रूप में लेते हैं और उत्तर में कह देते हैं कि वे धर्म में विश्वास नहीं करते हैं। इसी प्रकार अन्य सामाजिक विज्ञान अनुसंधान अध्ययन में, आर्थिक स्थिति ज्ञात करने सम्बन्धी जानकारी में कई दुधारू पशुओं से आय, रसोई, उद्यान और पोल्ट्री का उल्लेख करने में असफल हो जाते हैं क्योंकि वे इन्हें आय के स्रोत के रूप में विचार ही नहीं करते हैं, और सबसे अधिक माने जाने वाले आय के स्रोत मजदूरी या फसलों के नकद मूल्य हैं।

ये दोनों उदाहरण, शोधकर्ता और उत्तरदाताओं के बीच संचार प्रणाली की विफलता को इंगित करते हैं। एक शोधकर्ता के लिये अवधारणा की स्पष्ट परिभाषा और संवाद के लिये उचित संचार की आवश्यकता रहती है ताकि इस तरह की समस्याओं से बचा जा सके।

मतमूलक और मनोवृत्तिमूलक प्रश्न (Opinion and Attitude Questions)

मनोवृत्ति की अवधारणा किसी भी विशिष्ट विषय के बारे में व्यक्ति की समग्रता का प्रतिनिधित्व करती है जैसे – व्यक्ति का झुकाव, पूर्वाग्रह, विचार, भय और किसी विशिष्ट विषय के बारे में प्रतिबद्धता। और दूसरा मतमूलक जो मनोवृत्ति की मौखिक अभिवृत्ति है (थर्सटोन, 1928: 33)। एक कथन या बयान इस प्रकार है कि 'बालश्रम पर प्रतिबन्ध लगा दिया जाना चाहिये' यह कथन बालश्रम के विरुद्ध मत प्रकट करता है, लेकिन बालश्रम के प्रति मनोवृत्ति या दृष्टिकोण का तात्पर्य बालश्रम के बारे में व्यक्ति जो विशिष्ट अभिसंस्करण अनुभव और विचार करता है।

मनोवृत्ति को उसकी विषय वस्तुओं के द्वारा विवर्णित किया जा सकता है जैसे (मनोवृत्ति के बारे में दृष्टिकोण क्या है?), उसके दिशा–निर्देश द्वारा (प्रश्न में वस्तु या मुद्दे के बारे में सकारात्मक, उदासीन या नकारात्मक अनुभव) और उसकी तीव्रता के द्वारा (मनोवृत्ति को अधिक से अधिक या कम से कम उत्साह के साथ आयोजित किया जा सकता है)। किसी एक व्यक्ति के लिये बालश्रम दिलचस्प घटना हो सकती है, किसी और के लिये अधिक महत्वपूर्ण हो सकती है और वह व्यक्ति बालश्रम उन्मूलन हेतु चलाये जा रहे आन्दोलनों में शामिल हो सकता है। तथ्यों के बारे में प्रश्नों की तुलना मतों और दृष्टिकोणों के बारे में प्रश्नों के निर्माण में अधिक समस्यायें आती हैं। तुलनात्मक रूप में यथार्थ तथ्यों को प्राप्त करना आसान है। उदाहरण के लिये – व्यक्ति चाहे विवाहित या एकल है या नहीं, यह माना जा सकता है कि उत्तरदाता जानता है कि वह विवाहित है या नहीं। हालांकि मतों और दृष्टिकोणों का प्रश्न है तो यह पहले से ही मान लेना कि यह तथ्य उत्तरदाता जानता है, हमेशा ही ऐसा नहीं हो सकता है। उदाहरण के लिये – उत्तरदाताओं का बालश्रम की ओर सकारात्मक या नकारात्मक दृष्टिकोण

हो नहीं सकता है या यदि हो सकता है तो काफी हद तक गुप्त या अव्यक्त हो सकता है (मोज़र और काल्टन, 1975: 317)। इसके अलावा, दृष्टिकोणों के विभिन्न पहलुओं या आयामों में से उत्तरदाता किसी एक पहलू पर सहमत और दूसरे पर असहमत हो सकता है। यही कारण है कि दृष्टिकोण को एकल प्रश्न द्वारा मापा नहीं जा सकता है। उदाहरण के लिये – 'बालश्रम प्रतिबन्धित होना चाहिये' एक उत्तरदाता इस कथन पर दृढ़ता से सहमत है। यह बालश्रम के विपरीत दृष्टिकोण पर व्यापक रूप से लागू नहीं होता है। अर्थात् व्यक्ति की सहमति व्यक्तिगत परिस्थितियों के कारण हो सकती है। उदाहरण के लिये – एक बेरोज़गार व्यक्ति सोच सकता है कि बालश्रम उसके रोज़गार की सम्भावनाओं को नुकसान पहुँचा सकता है। इस तरह के कथनों का उपयोग करके कोई भी एकल पहलू के प्रभाव को कम कर सकता है।

अन्त में, दृष्टिकोणों और मतमूलक प्रश्नों के उत्तर तथ्यात्मक प्रश्नों की तुलना में शब्दों के परिवर्तन में अधिक संवेदनशील, प्रभावशील और अनुक्रम में होते हैं। यह अनेक दृष्टिकोणों से बहु–आयामी भाग को दर्शाता है। प्रश्नों को अलग–अलग तरीके से प्रस्तुत करने पर कभी–कभी दृष्टिकोण अलग–अलग पहलू दर्शाता है और परिणाम में जवाब अलग आते हैं।

प्रश्नों के प्रारूप (Formats of Questions)

प्रश्न के प्रारूप और प्रश्न सहित प्रत्युत्तर श्रेणियों के दूसरे पहलुओं पर शोधकर्ता को ध्यान देने की आवश्यकता रहती है। तीन प्रकार के प्रश्न प्रारूपों की चर्चा अगले भाग में की जा रही है। (1) मुक्त प्रश्न, (2) प्रतिबन्धित प्रश्न और (3) आनुषंगिक या प्रासंगिक प्रश्न।

मुक्त और प्रतिबन्धित प्रश्न (OpenEnded and ClosedEnded Questions)

प्रश्नावली में प्रश्न, मुक्त और प्रतिबन्धित हो सकते हैं। प्रतिबन्धित प्रश्नों में, उत्तरदाताओं को जवाबों के समूह दिये जाते हैं, जिससे उनसे उनके एक या अधिक विचारों का प्रतिनिधित्व चयनित किया जा सकता है। उदाहरण के लिये – असंगठित क्षेत्र में महिलाओं के विरुद्ध लिंग भेद की माप। नीचे दिये गये प्रतिबन्धित प्रश्नों का उपयोग लेखक कर सकता है।

क्या आप समान पारिश्रमिक अधिनियम के बारे में जानते हैं?

1. हाँ ( )
2. नहीं ( )

महिला और पुरुष श्रमिकों के लिये समान कार्य या कार्य की प्रकृति समान होने से समान पारिश्रमिक दिया जाना चाहिये।

– दृढ़ता के साथ सहमत
– सहमत
– उदासीन या तटस्थ
– असहमत
– दृढ़ता के साथ असहमत

मुक्त प्रश्न किसी विशिष्ट प्रकार के प्रत्युत्तरों द्वारा अनुसरित नहीं किये जाते हैं और उत्तरदाताओं के जवाब पूर्णतया अभिलिखित किये जाते हैं। उदाहरण के लिये – प्रश्न, बालश्रम से सम्बन्धित अतिमहत्वपूर्ण मुद्दे पर व्यक्तिगत रूप में आप क्या महसूस करते हैं, जिसे सरकार को देखभाल की कोशिश करनी चाहिये? एक मुक्त प्रश्न है जिसका उपयोग अक्सर प्रश्नावली में, लोगों के विचारों का अध्ययन करने के लिये अभिकल्पित किया जाता है। मुक्त प्रश्न से लाभ यह है कि यह उत्तरदाताओं पर जवाब देने में पूर्वाग्रहयुक्त होने का दबाव नहीं डालता है जबकि वह प्रश्न समझ लेता है। कोई भी अपने विचार स्वतन्त्रतापूर्वक और अपनी भाषा में व्यक्त कर सकता है। यदि मुक्त प्रश्नों के जवाब स्पष्ट नहीं हैं तो शोधकर्ता के साथ समस्या हो सकती है, उसे उत्तरदाता से अगली व्याख्या के लिये पूछना पड़ सकता है या पूर्व में दिये गये कथनों के कारण जान सकता है।

प्रश्नों के औचित्य कारकों की संख्या पर निर्भर करते हैं। पॉल लाजार्सफेल्ड (1944: 38–60) ने निम्नलिखित बातों का उपयोग करने के लिये औचित्य के निर्धारण का सुझाव दिया है।

1. प्रश्नावली के उद्देश्य : प्रतिबन्धित प्रश्न उस समय उपयुक्त होता है, जब शोधकर्ता का उद्देश्य विचारों के बिन्दुओं का नेतृत्व करने के लिये उत्तरदाता से सहमति या असहमति व्यक्त करने के लिये किया जाता है। जब शोधकर्ता प्रक्रिया के बारे में जानने की इच्छा रखता है, जिसके द्वारा उत्तरदाता किसी एक विशिष्ट विचार बिन्दु पर आता है, उक्त प्रश्न अधिक उपयुक्त होते हैं।
2. प्रश्न में विषय के बारे में उत्तरदाता की जानकारी का स्तर : मुक्त प्रश्न प्रतिवादी की जानकारी के अभाव में साक्षात्कारकर्ता के लिये पता लगाने हेतु अवसर प्रदान करते हैं। जबकि प्रतिबन्धित प्रश्नों में नहीं होता है। जाहिर है उत्तरदाताओं के अनुभव से परे प्रश्नों को उठाना व्यर्थ होता है।
3. उत्तरदाता द्वारा विषय किस सीमा तक समझा गया है : मुक्त प्रश्न उन स्थितियों में बेहतर है जहाँ उत्तरदाताओं ने अभी तक अपने मत को सघन नहीं किया है। ऐसी स्थितियों में प्रतिबन्धित प्रश्नों के उपयोग में यह जोखिम

शामिल रहता है कि प्रस्तावित विकल्पों में से प्रतिवादी एक विकल्प को स्वीकार कर चयन कर सकता है जो पूर्व के अनुभवों के मूल्यांकन और स्मरण की प्रक्रिया द्वारा जो उसने व्यक्त किया था उससे बिल्कुल भिन्न होगा।

4. प्रतिवादी द्वारा कितनी आसानी से उत्तरों की सूची प्रकट की जा सकती है या प्रतिवादी को किस सीमा तक विषय पर बातचीत करने के लिये प्रेरित किया गया है। प्रतिवादी वाले भाग में प्रतिबन्धित प्रश्न में संवाद करने हेतु प्रेरणा की आवश्यकता कम होती है। मुक्त प्रश्न के मामले की तुलना में प्रतिवादी से प्रत्युत्तरों के खुलासे कम होते हैं (अतः कम भययुक्त)। शोधकर्ता जो प्रतिबन्धित प्रश्नों का उपयोग करता है, उत्तरदाताओं से उत्तर प्राप्त करने हेतु 'मना करने की आदत' की आवृत्ति कम हो जाती है।

आनुषंगिक या प्रासंगिक प्रश्न ***(Contingency Questions)***

आवृत्ति प्रश्न जो कुछ उत्तरदाताओं के लिये प्रासंगिक तथा अन्य के लिये अप्रासंगिक हो सकते हैं। उदाहरण के लिये – प्रश्न 'आप महाविद्यालय क्यों नहीं जा रहे हो?' में सबसे महत्वपूर्ण कारणों की जांच करें। जाहिर है यह केवल उन इन्टरमीडिएट छात्रों पर लागू है जो महाविद्यालय जाने की योजना नहीं बना रहे हैं। अक्सर प्रश्नों को शामिल करना आवश्यक होता है, जो केवल कुछ उत्तरदाताओं पर लागू होते हैं और दूसरों पर नहीं। कुछ प्रश्न केवल महिलाओं से सम्बन्धित और पुरुषों से सम्बन्धित नहीं हो सकते हैं। और दूसरे केवल उन उत्तरदाताओं पर लागू होंगे जो स्वरोजगार वाले हैं।

जब प्रश्न केवल नमूने के उप–समूह के लिये लागू होता है। तो उसे आनुषंगिक या प्रासंगिक प्रश्न के रूप में जाना जाता है। एक प्रासंगिक प्रश्न प्रतिबन्धित प्रश्न का विशेष मामला है और यह उत्तरदाताओं के एक उप–समूह के लिये लागू होता है। इस उप–समूह के लिये प्रश्न की प्रासंगिकता उत्तरदाताओं के जवाब से पूर्ववर्ती प्रश्नों द्वारा निर्धारित की जाती है। उदाहरण के लिये एक शोध अध्ययन में पूर्ववर्ती प्रश्न यह था 'क्या आप इस अधिनियम के बारे में जानते हैं?' प्रासंगिक प्रश्न हो सकता है यदि हाँ तो आपको इस बारे में क्या पता है? प्रतिवादी के लिये दूसरे प्रश्न की प्रासंगिकता उसके पूर्ववर्ती प्रश्नों के जवाब पर प्रासंगिक है। उत्तरदाताओं में जो केवल पिछले सवालों के जवाब सकारात्मक देते हैं, प्रासंगिक प्रश्नों से सम्बन्धित होंगे। इसलिये पहले प्रश्नों के उत्तर की श्रेणियां होंगी 1. हाँ (निम्नलिखित प्रश्नों के उत्तर दीजिये) 2. नहीं (प्रश्न 3 को छोड़ दीजिये)।

प्रश्न प्रारूप (Question Format)

इस अध्याय में प्रतिबन्धित प्रश्नों की श्रेणियों की प्रतिक्रियाओं/उत्तरों के स्वरूपों की चर्चा करेंगे। सभी संभव उत्तरों की प्रस्तुति सामान्य प्रारूप है और

इसमें प्रतिवादी जांचकर उचित उत्तर देता है। निम्न उदाहरण में प्रतिवादी अपने उत्तरों का या तो घेरा बनाता है या चेकबॉक्स में चिह्न लगाता है या फिर रिक्त छोड़ देता है।

आपकी वैवाहिक स्थिति क्या है?

विवाहित	• विवाहित	1. विवाहित
एकल	• एकल	2. एकल
तलाकशुदा	• तलाकशुदा	3. तलाकशुदा
विधवा	• विधवा	4. विधवा

पैमाना या स्केल दर निर्धारण ***(Rating Scale)***

सामाजिक शोध में पूछे गये प्रश्नों के प्रारूपों में से सबसे सामान्य पैमाना या स्केल दर निर्धारण है। स्केल दर निर्धारण का उपयोग तब किया जाता है, जब उत्तरदाताओं को श्रेणियों के समूह में दिये गये पदों से निर्णय लेने हेतु कहा जाता है उदाहरण के लिये – सहमत हैं, अनुकूल है या बहुत अक्सर या बहुधा आदि।

नियोक्ता के दृष्टिकोण ***(Attitude of the Employer)***

नियोक्ता पुरुष कर्मचारियों को पसंद करते हैं, क्योंकि हम बीमारी की छुट्टियाँ अधिक लेते हैं और अधिक आसानी से छोड़ देते हैं।

1. सहमत ( ) 2. दुविधापूर्ण ( ) 3. असहमत ( )

नियोक्ता यह अनुभव करते हैं कि हम पुरुषों जैसी तनावपूर्ण स्थितियों का सामना नहीं कर सकते हैं और पुरुषों जैसा कार्य उन्हें नहीं दे सकते हैं।

1. सहमत ( ) 2. दुविधापूर्ण ( ) 3. असहमत ( )

हमें जिम्मेदारी वाले पद नहीं दिये जाते हैं क्योंकि नियोक्ताओं की मान्यता रहती है कि अधिकतर महिलायें इतनी भावुक होती हैं कि वे बड़ी जिम्मेदारी वाले पदों के संचालन में सक्षम नहीं हो सकती हैं।

1. सहमत ( ) 2. दुविधापूर्ण ( ) 3. असहमत ( )

नियोक्ता हमारे महिला होने का लाभ लेता है और यौन शोषण करता है।

1. बहुत बार ( ) 2. अक्सर ( ) 3. शायद ही कभी ( )

आव्यूह प्रश्न ***(Matrix Questions)***

प्रश्नों के समूह को व्यवस्थित करने की विधि आव्यूह प्रश्न है, जिसमें उत्तरों के देने का तरीका एक जैसा ही होता है। आव्यूह प्रश्न के प्रारूप का उदहारण नीचे दिया जा रहा है।

मेरे कार्यस्थल पर निम्नलिखित कल्याणकारी सेवायें प्रदान की जा रही हैं।

	हाँ	नहीं	यदि हाँ तब आप इसके बारें में क्या सोचते हैं?		
			संतोषजनक	*काफी संतोषजनक*	*असंतोषजनक*
1. शिशुगृह और दिन की नर्सरीज़	( )	( )	–	–	–
2. मातृत्व लाभ	( )	( )	–	–	–
3. कैन्टीन (सामान्य)	( )	( )	–	–	–
4. कैन्टीन (अलग)	( )	( )	–	–	–
5. विश्राम स्थान (सामान्य)	( )	( )	–	–	–
6. विश्राम स्थान (अलग)	( )	( )	–	–	–
7. शौचालय (अलग)	( )	( )	–	–	–
8. अन्य कोई (स्पष्ट करें)	( )	( )	–	–	–

प्रश्नों का अनुक्रम (Sequence of Questions)

एक बार प्रश्नों का प्रारूप निश्चित हो जाता है तो शोधकर्ता प्रश्नावली में प्रश्नों को अनुक्रम से रखने पर विचार करता है। प्रश्नों के अनुक्रम के दो सामान्य स्वरूप उत्तरदाताओं को सहयोग के लिये प्रेरित करने हेतु सर्वाधिक उचित पाये जाते हैं 1. कीप अनुक्रम (Funnel Sequence) और 2. उल्टी कीप अनुक्रम (Inverted Funnel Sequence)।

यह ध्यान रखना चाहिये कि जिन प्रश्नों को प्रश्नावली में पहली बार प्रस्तुत किया जा रहा है, उन्हें उत्तरदाताओं की सुविधा के साथ रखा जाना चाहिये और यदि साक्षात्कारकर्ता उपस्थित है तो उसे शोधकर्ता और उत्तरदाता के बीच सामन्जस्य बनाने में सहायता करनी चाहिये। अतः प्रारम्भ में प्रश्न इस प्रकार होना चाहिये कि जवाब देने में सरल एवं रुचिकर हों और संवेदनशील मुद्दों पर नहीं होने चाहिये। उदाहरण के लिये – उत्तरदाताओं के जीवन में लिंग के बारे में या पीने की आदत के बारे में प्रश्न। यदि ऐसे प्रश्नों को आरम्भ में रखा जाता है तो यह संभावना हो सकती है कि उत्तरदाता बाद के प्रश्नों का जवाब देने में हतोत्साहित हो जाये। अतः यह सुझाव दिया जाता है कि ऐसे प्रश्नों को बाद में रखा जाये, जिससे उत्तरदाता को प्रारम्भ से, उत्साहपूर्वक सहयोग करने में, कमी न आने पाये।

प्रश्नों को जिन्हें टाला जाना चाहिये (Questions to be Avoided)

निर्देशक प्रश्न (Leading Questions)

प्रश्न प्रतिवादी के लिये शब्दों में इस प्रकार प्रकट किया जाता है कि शोधकर्ता उसमें एक निश्चित उत्तर की उम्मीद रखता है। सामान्यतया इसे निर्देशक प्रश्न

के रूप में जाना जाता है। प्रश्न कार्य सन्तुष्टि के बारे में सामान्य मत को उज़ागर करने के लिये अभिकल्पित किया जाता है जैसे – 'आप अपने कार्यक्षेत्र के बारे में कैसा अनुभव करते हैं', इस प्रश्न को इस प्रकार कहा जाता है। जबकि इसी प्रश्न को निर्देशक प्रश्न के रूप में इस प्रकार कहा जाता है कि क्या आप अपने कार्य से सन्तुष्ट हैं। यह प्रश्न उत्तरदाता के लिये यह आसान कर देता है कि उत्तर हाँ या न में दें। यदि वह उत्तर हाँ में देता है, इसका मतलब है कि वह प्रश्न के शब्दों पर सहमत है और यदि नहीं तो शोधकर्ता का विरोध करता है।

जहाँ तक संभव हो निर्देशक प्रश्नों के पूछने से बचा जाता है यदि कोई शोध के उद्देश्यों पर प्रत्युत्तर देखना चाहता है। कुछ स्थितियों में विशेष रूप से जहाँ निर्देशक प्रश्नों को शोध उद्देश्य के लिये उपयोग किया जा सकता है, निर्देशक प्रश्नों को उपयुक्त शब्दों के साथ प्रश्नों की अतिरिक्त देखभाल के साथ उपयोग किया जाता है।

भययुक्त प्रश्न (Threatening Questions)

भययुक्त प्रश्न व्यवहारों का प्रतिनिधित्व करता है जो अवैध या विपरीत मानक या ऐसे व्यवहारों को जो सामाजिक रूप से विकृत हैं जिनकी सार्वजनिक रूप से चर्चा नहीं कर सकते हैं। उदाहरण कि लिये – ऐसे प्रश्न जो उत्तरदाताओं से जुआ या पीने की आदतों, बाल उत्पीड़न या यौन व्यवहार के बारे में पूछताछ इत्यादि को भययुक्त प्रश्नों के रूप में जाना जाता है। कई बार यह आवश्यक हो जाता है कि ऐसे प्रश्नों को अध्ययन में शामिल किया जाये। लेकिन ऐसे प्रश्नों के उत्तर में उत्तरदाता शर्म के कारण उत्तर देने में कठिनाई अनुभव करता है।

यद्यपि यह सुझाव दिया जाता है कि भययुक्त प्रश्नों को जहाँ तक संभव हो टाल देना चाहिये। और जहाँ पर ऐसे प्रश्नों का शामिल करना आवश्यक हो वहाँ पर लघु प्रश्नों (प्रत्यक्ष या सीधे) को पूछने के बजाय लम्बे परिचय के साथ (अप्रत्यक्ष) प्रश्न पूछने की सलाह दी जाती है। मुक्त प्रश्नों की बजाय प्रतिबन्धित प्रश्नों के प्रारूप में, और उत्तरदाता को संवेदनशील मुद्दों पर अपने ही शब्दों में बात करने की सलाह दी जाती है। उदाहरण के लिये – उत्तरदाता के पीने की आदत के बारे में जानकारी हेतु निम्नलिखित प्रश्न पूछे जा सकते हैं। पिछले एक साल से पीने के समय आपने अपने आप को नियन्त्रित करने के लिये नशा नहीं किया।

उत्तरदाता से उसके प्रत्युत्तरों के बारे में निम्नलिखित श्रेणियों में वर्गीकृत करके जाना जा सकता है।

– तीन महीने में एक बार

– महीने में एक बार

– हफ्ते में एक बार
– हफ्ते में कई बार
– रोज या दैनिक

द्विनाली प्रश्न (DoubleBarreled Questions)

जब एक ही प्रश्न में दो या अधिक प्रश्नों को शामिल किया जाता है तो ऐसे प्रश्नों को द्विनाली प्रश्न कहा जाता है। उदाहरण – सर्वेक्षण में निम्नलिखित प्रश्नों को शामिल किया जाता है। महिलाओं को घर पर रहना चाहिये और अपने बच्चों और परिवार का ध्यान रखना चाहिये, बाहर रोजगार करने पर रोक लगानी चाहिये।

– सहमत
– निर्भर
– असहमत

ऐसे प्रश्न उत्तरदाताओं को भ्रमित कर सकते हैं जो प्रश्न के एक पहलू से सहमत हैं कि घर पर रहना चाहिये और अपने बच्चों और परिवार का ध्यान रखना चाहिये लेकिन दूसरे पहलू से सहमत नहीं हैं कि बाहर रोजगार करने के लिये उन पर रोक लगानी चाहिये। बहुत से प्रश्नों में और संयोजक शब्द को जोड़ दिया जाता है और द्विनाली प्रश्न होने की संभावना हो जाती है। अतः यह सलाह दी जाती है कि ऐसे प्रश्नों को शामिल न किया जाये।

निर्देश (Instructions)

जब प्रश्नावली का निर्माण किया जाता है तो यह अत्यन्त आवश्यक होता है कि प्रश्नों के समूह के साथ या प्रत्येक प्रश्न के साथ निर्देश दिये गये हों। जो स्वतः स्पष्ट नहीं होते, ऐसे प्रश्नों के लिये निर्देश आवश्यक हैं। यह सामान्य निर्देश हो सकते हैं जैसे – उचित श्रेणी में वृत्त बनायें या अति विशिष्ट निर्देश जैसे – प्राथमिकताओं के समूह को क्रम से विवरणित करें। निर्देश सामान्यतः साक्षात्कारकर्ता के लिये लिखे जाते हैं जो अक्सर छोटे और संक्षिप्त होते हैं।

प्रश्नावली निर्माण : एक मामले का अध्ययन (Constructing a Questionnaire. A Case Study)

प्रश्नावली के निर्माण में कई चरण शामिल होते हैं। अनुसंधान की समस्या से आरम्भ करके और प्रश्नों को सूत्रपात करने की प्रक्रिया से माध्यम से और प्रारूप पर विचार और प्रश्नों के प्रकार का उपयोग किया जाता है। उदाहरण देकर स्पष्ट करने के लिये इस खण्ड में पूरी एक वास्तविक प्रश्नावली दी जा रही है जिसे वर्तमान लेखक द्वारा 1985 में भारत सरकार, समाज कल्याण मन्त्रालय के लिये अध्ययन में उपयोग किया गया था।

आन्ध्रप्रदेश राज्य में कार्य पर महिलाओं के खिलाफ लिंगभेद से संबन्धित धारणा का पता लगाने के उद्देश्य के नजरिये से एक अध्ययन क़िया गया था। पुरुष और महिला कार्यकर्ताओं के बीच एक जैसा या समान कार्य हेतु लिंग भेदभाव या मजदूरी अन्तर को निर्धारित करने के उद्देश्य से अध्ययन किया गया। राज्य के तीन क्षेत्रों से प्रत्येक में से महिला और पुरुष नमूने अध्ययन में चयनित किये गये थे।

अध्ययन में दो प्रकार की प्रश्नावलियों का उपयोग महिला श्रमिक और पुरुष श्रमिकों के लिये किया गया था। दोनों प्रारूपों में पृष्ठभूमि गुणों वाले प्रश्न लगभग समान थे। उत्तरदाताओं के व्यवहार वाले प्रश्न भी दोनों प्रश्नावलियों में समान थे। लेकिन बड़ी संख्या में प्रश्न एक या दूसरे समूह से भिन्न विशेषरूप से संबोधित थे। प्रश्नावलियों में व्यवहार सम्बन्धी प्रश्न, उत्तरदाताओं की समस्या से संबन्धित प्रश्न, कार्य से सन्तुष्टि से सम्बन्धित प्रश्न, लिंग भेद के बारे में उनकी धारणा, उनके पारस्परिक सम्बन्धों, मजदूरी भिन्नता के प्रति उनके दृष्टिकोण और लिंगों के मध्य समानता के प्रति उनके दृष्टिकोण सम्बन्धी प्रश्न होते हैं। महिला उत्तरदाताओं से संबंधित मूल प्रश्नावली का छोटा संस्करण अगले पृष्ठों में दिया जा रहा है।

प्रश्नावली वेतन/मजदूरी भिन्नता पर मतमूलक प्रश्नों द्वारा उसकी व्यक्तिगत पृष्ठभूमि जैसे पहलुओं पर साक्षात्कार लिये जाने वाले व्यक्तियों के लिये उत्तरदाताओं की संख्या के साथ आरम्भ होती है। प्रश्नावली का दूसरा भाग आव्यूह प्रारूप में, कार्य सन्तुष्टि पर मतमूलक प्रश्नों के द्वारा मजदूरी भिन्नता के दृष्टिकोण वाले प्रश्न होते हैं। साक्षात्कारकर्ता के लिये निर्देशों की टिप्पणी भी दी जाती है और प्रश्नावली के अन्तिम भाग में लिंगभेद पर दृष्टिकोण रखने वाले प्रश्नों के समूह होते हैं।

प्रश्नावली : एक उदाहरण

उत्तरदाता क्रमांक

____

____

प्रश्नावली
(महिला कर्मचारियों के लिये)

समान पारिश्रमिक अधिनियम के क्रियान्वयन का अध्ययन
(आन्ध्रप्रदेश, 1976 में)

द्वारा प्रायोजित
समाज कल्याण मन्त्रालय
भारत सरकार

परियोजना निदेशक
डॉ. डी. के. लाल दास
प्राचार्य
समाजकार्य महाविद्यालय
रेड हिल्स
हैदराबाद – 500004

व्यक्तिगत जानकारी

1. नाम : ....

2. आयु वर्षों में : ....

(1 जुलाई 1999 के अनुसार)

3. पद : ....

4. स्थापना : ....

5. शिक्षा का स्तर :
   1. स्नातक ( )
   2. इन्टरमीडिएट ( )
   3. हाई स्कूल ( )
   4. मिडिल स्कूल ( )
   5. प्राइमरी ( )
   6. अनपढ़ ( )
   7. अन्य ( )

6. वैवाहिक स्तर : ....
   1. अविवाहित ( )
   2. विवाहित ( )
   3. तलाकशुदा ( )
   4. विधवा ( )

7. पति का व्यवसाय : ....

8. पति का कार्य स्थल : ....

9. पति का वेतन/आय : ....

10. धर्म :
    1. हिन्दू ( )
    2. मुस्लिम ( )
    3. ईसाई ( )
    4. अन्य कोई ( )

11. कितने समय से आप यहाँ काम कर रही हैं? ....

(पूर्ण वर्षों में)

12. क्या आप 1976 से पूर्व कार्य कर रही थीं? ....

13. यदि कुछ अन्य जो क्या काम था? ....

(पद)

14. आप ने वर्तमान काम कब से शुरू किया था? ....

15. आप ने इसे बदला क्यों? ....

16. यदि आप ने 1976 से पूर्व काम शुरू किया था, तब आपकी मासिक वेतन/आय क्या थी? रुपए ....

17. अब आपकी मासिक वेतन/आय क्या है? रुपए ....

18. क्या आपके मासिक वेतन/आय में पुरुष श्रमिक की तुलना में कोई अन्तर है जबकि वो आप जैसा ही कार्य करते हैं?

    1. हाँ ( ) 2. नहीं ( ) 3. पक्का नहीं या कह नहीं सकते ( )

    (यदि प्रश्न क्रमांक 18 का उत्तर नहीं या पक्का नहीं तो प्रश्न क्रमांक 21 पूछे)

19. आप इस बारे में क्या अनुभव करते हैं?

    1. महिला और पुरुष श्रमिकों के लिये समान कार्य या कार्य की प्रकृति समान होने से समान पारिश्रमिक दिया जाना चाहिये। ( )
    2. कोई फर्क नहीं पड़ता यदि पुरुषों के समान पारिश्रमिक नहीं मिलता है। ( )
    3. समान कार्य या कार्य की प्रकृति समान होने से महिला और पुरुष श्रमिकों के लिये समान पारिश्रमिक नहीं दिया जाना चाहिये। ( )

20. अन्तर कितना है?

    1. बहुत अधिक ( )
    2. बहुत कम ( )

21. वर्ष 1976 के बाद क्या आपकी मासिक वेतन/आय में कोई परिवर्तन हुआ था?

    1. हाँ ( ) 2. नहीं ( ) 3. नहीं जानते ( )

22. यदि हाँ, तो परिवर्तन क्या था?

    1. वृद्धि ( ) 2. वृद्धि नहीं या कमी ( ) 3. पता नहीं ( )

रोजगार की दिशा में महिलाओं की अभिरुचि

23. श्रमकार्य में महिलाओं की सहभागिता को

    1. प्रोत्साहित किया जाना चाहिये। ( )
    2. एक सीमित हद तक प्रोत्साहित किया जाना चाहिये। ( )
    3. प्रोत्साहित नहीं किया जाना चाहिये। ( )

24. आपके द्वारा ऊपर दिये गये प्रश्न के उत्तर का समर्थन करने का कारण दीजिये। ....

अधिनियम की जागरूकता

25. क्या आप इस अधिनियम के बारे में जानते हैं?
   1. हाँ ( ) 2. नहीं ( )
26. यदि हाँ तो आप इस अधिनियम के बारे में क्या जानते हैं?
27. यह अधिनियम महिला और पुरुष दोनों के लिये समान कार्य के लिये समान वेतन प्रदान करता है। इस बारे में आपकी राय क्या है?
   1. मैं इसके पक्ष में हूँ। ( )
   2. मैं इस बारे में परवाह नहीं करती हूँ। ( )
   3. मैं इसके पक्ष में नहीं हूँ या खिलाफ हूँ। ( )
28. ऊपर दिये गये सवाल के जवाब का समर्थन करने का कारण दीजिये।
29. क्या यह अधिनियम आपके कार्यस्थल पर लागू किया जा रहा है?
   1. पूर्णतया ( )
   2. आंशिक रूप में ( )
   3. कुछ कह नहीं सकते ( )
30. मेरे कार्यस्थल पर निम्नलिखित कल्याणकारी सेवायें प्रदान की जा रही हैं।

		हाँ	*नहीं*	*यदि हाँ तब आप इसके बारे में क्या सोचते हैं?*		
				संतोषजनक	*काफी संतोषजनक*	*असंतोषजनक*
1.	शिशुगृह और दिन की नर्सरीज़	( )	( )	–	–	–
2.	मातृत्व लाभ	( )	( )	–	–	–
3.	कैन्टीन (सामान्य)	( )	( )	–	–	–
4.	कैन्टीन (अलग)	( )	( )	–	–	–
5.	विश्राम स्थान (सामान्य)	( )	( )	–	–	–
6.	विश्राम स्थान (अलग)	( )	( )	–	–	–
7.	शौचालय (अलग)	( )	( )	–	–	–
8.	अन्य कोई (स्पष्ट करें)	( )	( )	–	–	–

31. यदि नहीं तब इस मामले के सम्बन्ध में आप क्या सोचते हैं? अब इसके बारे में आप क्या जानते हैं?

रोजगार

32. इस नौकरी के बारे में आपको कैसे पता चला?

1. रिश्तेदारों से ( )   2. दोस्तों से ( )
3. विज्ञापन से ( )   4. रोज़गार केन्द्र से ( )
5. अन्य कोई (स्पष्ट करें) ( )

33. क्या कोई अन्य उम्मीदवार इस काम के लिये थे?

1. हाँ ( )   2. नहीं ( )

34. यदि हाँ, तो वे थे

1. सभी महिला उम्मीदवार ( )
2. महिला और पुरुष उम्मीदवार ( )

35. यदि वहाँ पुरुष उम्मीदवार थे तो क्या नियोक्ता ने भर्ती करते समय उन्हें प्राथमिकता देने में रुचि दिखायी थी?

1. हाँ ( ) 2. नहीं ( ) 3. कुछ नहीं कह सकते ( )

36. भर्ती करते समय क्या नियोक्ता के साथ आपका साक्षात्कार औपचारिक था?

1. हाँ ( ) 2. नहीं ( )

टिप्पणी : औपचारिक साक्षात्कार का तात्पर्य सभी उम्मीदवारों का साक्षात्कार लिया जाना जो किसी विशिष्ट रोजगार के लिये एक चयन समिति के द्वारा आये हैं। अब हमें समूह से सर्वोत्तम उम्मीदवार का अन्तिम रूप से चयन करना है।

37. क्या आपका नियोक्ता पुरुष कर्मचारियों के सापेक्ष आपके साथ कोई भेद–भाव रखता है इन तथ्यों के आधार पर

		हाँ	नहीं
1.	कार्य की प्रकृति	( )	( )
2.	कार्य के कार्यकाल या दौरान	( )	( )
3.	वेतन / मजदूरी	( )	( )
4.	उन्नति	( )	( )
5.	अन्य कोई (स्पष्ट करें)	( )	( )

38. आपका रोजगार यहाँ है।
   1. अस्थायी ( )   2. स्थायी ( )   3. आकस्मिक ( )

टिप्पणी : प्रश्न क्रमांक 39–43 तक पूछने से पूर्व, प्रश्न क्रमांक 6 के उत्तरों की जांच कर लें।

39. क्या आपने कभी भी प्रसूति अवकाश की सुविधा का लाभ लिया है?
   1. हाँ ( )   2. नहीं ( )

40. यदि हाँ, तो कितनी बार?
   1. एक ( )   2. दो ( )
   3. तीन ( )   4. तीन से अधिक ( )
   5. लागू नहीं ( )

41. कितने दिनों के लिये?

42. प्रसूति अवकाश के सन्दर्भ में, आपके मामले में या किसी अन्य के मामले में, अधिकारियों का दृष्टिकोण कैसा था?
   1. उन्होंने प्रसूति अवकाश आसानी से दे दिया ( )
   2. प्रसूति अवकाश देने में वह संकोच कर रहे थे ( )
   3. प्रसूति अवकाश देने में वे बुरी तरह से नाराज थे ( )
   4. उन्होंने प्रसूति अवकाश दिया लेकिन चेतावनी दी कि भविष्य में यदि इस तरह के अवकाश की माँग की तो रोजगार छोड़ना पड़ेगा ( )
   5. अन्य कोई (स्पष्ट करें) ( )
   6. लागू नहीं ( )

43. प्रसूति अवकाश से लौटने के बाद आपके नियोक्ता का दृष्टिकोण कैसा था?
   1. वह मुझे आसानी से भुगतान नहीं करता था ( )
   2. उसने मुझे काफी समय तक कोई काम नहीं दिया ( )
   3. वह बिल्कुल अलग था ( )
   4. वह बिल्कुल पहले जैसा ही था ( )
   5. अन्य कोई (स्पष्ट करें) ( )
   6. लागू नहीं ( )

रोजगार के प्रति दृष्टिकोण

44. आप कार्य क्यों करती हैं?
   1. परिवार की आय में पूरक होना ( )
   2. अपनी स्वयं की स्वतन्त्र आय के लिये ( )

3. अपनी स्वयं की स्थिति या दर्जा प्राप्त करने के लिये ( )
4. समय का भरपूर उपयोग करने के लिये ( )
5. घर के उदास वातावरण से दूर रहने के लिये ( )
6. घरेलू कार्यों से बचने और लोगों से मिलने हेतु स्वतन्त्र होने ( )
7. अन्य कोई (स्पष्ट करें) ( )

45. रोजगार से सन्तुष्टि
1. मुझे रोजगार पसन्द है और मैं इसे सतत् बनाये रखना चाहती हूँ ( )
2. मुझे रोजगार पसन्द है लेकिन दूसरा और रोजगार मिलने पर इसे बदल दूंगी ( )
3. मुझे कार्य करने से नफरत है लेकिन परिस्थितियों के कारण ऐसा करना पड़ता है। ( )

नौकरी की सुरक्षा

46. आप कितने समय तक यहाँ कार्य करना चाहती हैं?
47. क्या आप ऐसा सोचती हैं कि आप जब तक चाहें यहाँ कार्य कर सकती हैं?
1. हाँ ( ) 2. नहीं ( ) 3. कुछ नहीं कह सकते ( )
48. यदि नहीं तो क्यों?
49. यदि आप वर्तमान नौकरी छोड़ देती हैं तो दूसरी नौकरी मिलने के लिये आप कितनी सुनिश्चित हैं?
1. बहुत सुनिश्चित ( ) 2. सुनिश्चित नहीं ( )
3. कुछ नहीं कह सकते ( )

नियोक्ता के दृष्टिकोण

50. नियोक्ता पुरुष कर्मचारियों को पसंद करते हैं। क्योंकि हम बीमारी की छुट्टियाँ अधिक लेते हैं और अधिक आसानी से छोड़ देते हैं।
1. सहमत ( ) 2. दुविधापूर्ण ( ) 3. असहमत ( )
51. नियोक्ता यह अनुभव करते हैं कि हम पुरुषों जैसी तनावपूर्ण स्थितियों का सामना नहीं कर सकते हैं और पुरुषों जैसा कार्य उन्हें नहीं दे सकते हैं।
1. सहमत ( ) 2. दुविधापूर्ण ( ) 3. असहमत ( )
52. हमें जिम्मेदारी वाले पद नहीं दिये जाते हैं क्योंकि नियोक्ताओं की मान्यता रहती है कि अधिकतर महिलायें इतनी भावुक होती हैं कि वे बड़ी जिम्मेदारी वाले पदों के संचालन में सक्षम नहीं हो सकती हैं।

1. सहमत ( ) 2. दुविधापूर्ण ( ) 3. असहमत ( )

53. नियोक्ता हमारे महिला होने का लाभ लेता है और यौन शोषण करता है।

1. सहमत ( ) 2. दुविधापूर्ण ( ) 3. असहमत ( )

पुरुष सहकर्मियों का रवैया

54. हमारे पुरुष साथी उनके साथ बराबरी से काम करने पर बुरा मानते हैं।

1. सहमत ( ) 2. दुविधापूर्ण ( ) 3. असहमत ( )

55. अधीनस्थ पुरुष कर्मचारी हमारे मौखिक आदेश से नफरत करते हैं।

1. सहमत ( ) 2. दुविधापूर्ण ( ) 3. असहमत ( )

56. पुरुष अनुभव करते हैं कि हम अच्छी तरह से कार्य नहीं करते हैं, इसीलिये उनकी तुलना में कम भुगतान करना चाहते हैं।

1. सहमत ( ) 2. दुविधापूर्ण ( ) 3. असहमत ( )

57. पुरुष उनकी मान्यता की वजह से हमें कमतर आंकते हैं कि महिलाओं की भूमिका कर्मचारी के बजाय गृहिणी और माँ के रूप में है।

1. सहमत ( ) 2. दुविधापूर्ण ( ) 3. असहमत ( )

58. पुरुष सहकर्मी हमारा यौन शोषण करता है।

1. सहमत ( ) 2. दुविधापूर्ण ( ) 3. असहमत ( )

समस्याओं का सामना

59. इस संगठन के कर्मचारी होने के नाते कार्यस्थल पर आपने किन समस्याओं का सामना किया है?

60. महिला कर्मचारी के रूप में कार्यस्थल पर आपने किन्हीं विशेष समस्याओं का सामना किया है?

1. हाँ ( ) 2. नहीं ( )

61. यदि हाँ, तो वे क्या हैं?

62. क्या आपने घर पर किसी समस्या का सामना कर्मचारी या रोजगार में होने के कारण से किया है?

1. हमेशा ( ) 2. कभी–कभी ( ) 3. कभी नहीं ( )

63. यदि हाँ, तो वे क्या हैं?

1.
2.
3.
4.
5.

64. क्या आपको लगता है कि इन समस्याओं का समाधान किया जा सकता है?

कर्मचारी संगठन

65. क्या आपके कार्य स्थल में कर्मचारियों का संगठन है?
 1. हाँ ( ) 2. नहीं ( )
66. क्या महिला श्रमिक इस संगठन में सदस्य है?
 1. हाँ ( ) 2. नहीं ( ) 3. लागू नहीं ( )
67. क्या इस संगठन में उन्हें कोई पद प्राप्त है?
 1. हाँ ( ) 2. नहीं ( ) 3. लागू नहीं ( )
68. यदि नहीं तो क्यों?
69. क्या यह संगठन आपकी समस्याओं का समाधान करता हैं?
 1. हमेशा ( )
 2. कभी–कभी ( )
 3. कभी नहीं ( )
 4. लागू नहीं ( )
70. यदि हाँ, तो अभी तक इस संगठन द्वारा कौन सी समस्या या समस्याओं का समाधान किया गया था?

अभिगम्यता के द्वारा अन्तर या भेद

71. आप और आपके पुरुष सहकर्मियों के साथ आपके नियोक्ता के सम्बन्ध के बारे में आपके विचार क्या हैं?
 1. मैं मेरे नियोक्ता के साथ बहुत स्वतन्त्र हूँ क्योंकि वह मेरी समस्याओं को ध्यान से सुनता है और उनका समाधान करने की कोशिश करता है।
 1. हमेशा ( ) 2. कभी–कभी ( ) 3. कभी नहीं ( )

2. मुझे मेरे नियोक्ता से डर लगता है क्योंकि वह मेरी समस्याओं की तरफ ध्यान नहीं देता है और उनका समाधान करने की कभी भी कोशिश नहीं करता है।
   1. हमेशा ( ) 2. कभी–कभी ( ) 3. कभी नहीं ( )
3. मेरे पुरुष सहकर्मियों के साथ नियोक्ता के सम्बन्ध मित्रवत हैं और उनकी समस्याओं का समाधान हो जाता है।
   1. हमेशा ( ) 2. कभी–कभी ( ) 3. कभी नहीं ( )

समीक्षा के लिए महत्वपूर्ण पद (Important Terms for Review)

- प्रश्नों की विषयसूची (Content of Question)
- प्रश्नों का प्रारूप (Format of Question)
- मुक्त प्रश्न (Open Ended Question)
- प्रतिबन्धित प्रश्न (Closed Ended Question)
- आव्यूह प्रश्न (Matrix Question)
- तथ्यात्मक प्रश्न (Factual Question)
- मतमूलक प्रश्न (Opinion Question)
- मनोवृत्ति प्रश्न (Attitude Question)
- आनुषंगिक या प्रासंगिक प्रश्न (Contingency Question)
- भारित प्रश्न (Loaded Question)
- कीप अनुक्रम (Funnel Sequence)
- व्युत्क्रम अनुक्रम (Inverted Sequence)
- भयसूचक प्रश्न (Threatening Question)
- द्विनाली प्रश्न (Double Barreled Question)

समीक्षात्मक प्रश्न (Review Questions)

1. सामाजिक शोध में प्रश्नावली के कुछ महत्वपूर्ण कार्यों की चर्चा कीजिये।
2. मुक्त प्रश्नों की शक्तियाँ और कमजोरियाँ क्या हैं? चर्चा कीजिये।
3. प्रतिबन्धित प्रश्नों की कुछ कमजोरियों की चर्चा कीजिये।
4. प्रश्नों के प्रारूप क्या हैं? आव्यूह प्रश्नों के प्रारूप की चर्चा कीजिये।
5. पूर्व सांकेतिक (प्रि–कोडेड) प्रश्न क्या हैं? उनके गुणों और अवगुणों की चर्चा कीजिये।

आगे पढ़ने हेतु (For Further Reading)

बैले, कीनिथ डी, *मैथड्स ऑफ सोशल रिसर्च*, लन्दन, दि फ्री प्रेस, 1978.

बेकर, एल. थेरेसे, *डुईंग सोशल रिसर्च*, न्यूयॉर्क, मैक्ग्रा हिल्स, 1998.

ब्लैक, जेम्स ए. एण्ड चैम्पियन, डीन जे., *मैथड्स एण्ड इश्यूज़ इन सोशल रिसर्च*, न्यूयॉर्क, जॉन विले, 1976.

फेस्टीन्जर, एल. एण्ड काट्ज़ डी. (सम्पा.), *रिसर्च मैथड्स इन बिहैवियरल साइन्सेस*, न्यूयॉर्क : दि ड्रायडेन प्रेस, 1953.

गुडे, डब्लू. जे. एण्ड हॉट, पी. के., *मैथड्स ऑफ सोशल रिसर्च*, न्यूयॉर्क, मैक्ग्रा हिल्स, 1952.

कर्लिन्जर, फ्रेड आर. *फाउन्डेशन्स ऑफ बिहैवियरल रिसर्च*, दिल्ली, सुरजीत पब्लिकेशन्स, 1964.

कोठारी, एल. आर., *रिसर्च मैथडोलॉजी*, न्यू डेलही : विश्वा प्रकाशन, 1985.

किदर, ल्यूइस एच., *रिसर्च मैथड्स इन सोशल रिलेशन्स*, न्यूयॉर्क : होल्ट, 1981.

मोन्टे, ड्यूआना आर. एट ऑल, *अप्लायड सोशल रिसर्च* : टूल फार दि ह्यूमन सर्विसेज़, शिकागो होल्ट, 1986.

मोज़र, सी. ए. एण्ड कॉलटन, *सर्वे मैथड्स इन सोशल इनवेस्टिगेशन*, लन्दन, हीनेमॉन एजूकेशनल बुक्स, 1975.

नचमियास, डी. एण्ड नचमियास, सी., *रिसर्च मैथड्स इन सोशल साइन्सेस*, न्यूयॉर्क सेन्ट मार्टिन्स प्रेस, 1981.

रूबिन, ऐलेन एण्ड बेबी, ई, *रिसर्च मैथडोलॉजी फॉर सोशलवर्क*, बेलमोन्ट, कैलिफोर्निया : वेड्सवर्थ, 1989.

ऑपेनहीम, एन.ए., *क्वैश्चनायर डिज़ायन एण्ड एटीट्यूड मीज़रमेन्ट*, न्यूयॉर्क, बेसिक बुक्स, 1966.

सेलीट्ज, जी. एट ऑल, *रिसर्च मैथड्स इन सोशल रिलेशन्स*, न्यूयॉर्क : होल्ट (थर्ड एडिशन), 1973.

स्टाउफर, एस. ए. *सोशल रिसर्च टू टेस्ट आडियाज़*, न्यूयॉर्क : फ्री प्रेस ऑफ ग्लेकोय, 1962.

थर्सटोन, एल.एल., ''एटीट्यूड्स कैन बी मीज़र्ड'', *अमेरिकन जर्नल ऑफ सोशियोलॉजी*, 33, जनवरी 1928.

विल्किनसन, टी. एस. एण्ड भण्डारकर, पी. एल., *मैथडोलॉजी एण्ड टेक्निक्स ऑफ सोशल रिसर्च*, बॉम्बे, हिमालया पब्लिशिंग, 1977.

यंग, पी. वी., *साइन्टिफिक सोशल सर्वेज़ एण्ड रिसर्च*, ईगलवूड क्लिफ, एन. जे. प्रैन्टिस हॉल (फोर्थ एडिशन), 1953.

7

समंकों का संसाधन और विश्लेषण

Data Processing and Analysis

पिछले अध्याय में हमने प्रश्नावली के बारे में आंकड़ों के संग्रहण की एक विधि के रूप में चर्चा की है। प्रश्नावली की सहायता से एक बार आंकड़ों का संग्रहण हो जाने के बाद शोधकर्ता उसका ध्यान प्रक्रिया पर देता है। इस अध्याय में हम अनुसंधान की प्रक्रिया के सबसे महत्वपूर्ण चरणों के बारे में चर्चा करेंगे। अर्थात् आंकड़ों का प्रक्रियाकरण और विश्लेषण।

एक शोधकर्ता शोध प्रक्रिया के प्रत्येक चरण के लिये उसकी योजना का निर्माण करता है। एक अच्छा शोधकर्ता आंकड़ों के प्रक्रियाकरण और विश्लेषण के लिये एक आदर्श योजना का निर्माण करता है। कुछ शोधकर्ताओं के लिये आंकड़ों का प्रक्रियाकरण और विश्लेषण कोई बहुत गंभीर गतिविधि नहीं है। कई बार वे यह समझते हैं कि आंकड़ों का प्रक्रियाकरण कम्प्यूटर सहायक का कार्य है। परिणामस्वरूप वे कम्प्यूटर सहायकों द्वारा दिये गये परिणामों पर दलील देते हैं जो उन्हें अपने उद्देश्यों को प्राप्त करने के लिये सहायता नहीं कर सकते हैं। ऐसी स्थितियों से बचने के लिये आवश्यक है कि आंकड़ों के प्रक्रियाकरण हेतु अग्रिम योजना का निर्माण किया जाना चाहिये और तदनुसार सहायकों को निर्देश देना चाहिये।

समंकों का संसाधन या प्रक्रियाकरण (Data Processing)

समंकों का संसाधन या प्रक्रियाकरण कुछ निश्चित संक्रियाओं जैसे सम्पादन, संकेतन, स्कोर का आकलन, मास्टर चार्ट तैयार करना इत्यादि से सन्दर्भित है। भरी हुयी प्रश्नावलियों के संग्रहण के बाद उनमें प्रविष्टियों का केवल सम्पादन ही आवश्यक नहीं है बल्कि आगामी चरणों में सरल बनाने हेतु उपयोगी भी है। कई

बार शोधकर्ता या सहायक या तो प्रश्नावली में प्रविष्टियां चूक जाते हैं या प्रत्युत्तर प्रवेशित कर देते हैं जो सुपाठ्य नहीं होते हैं। इस प्रकार की विसंगतियों से सावधानीपूर्वक अनुसूची के सम्पादन द्वारा बचा जा सकता है। आंकड़ों के सारणीयन के समय एक और समस्या आती है कि लगातार प्रश्नों से प्रत्युत्तरों के सारणीयन के लिये शोधकर्ता पूछता रहता है। ऐसे मामलों में आंकड़े साफ नहीं होते हैं। सारणीयन में असंगतता होती है। शोधकर्ता लगातार प्रश्नों के बारे में विशिष्ट होता है जहाँ श्रेणी 'लागू नहीं' विद्यमान होती है।

समंकों का संकेतन (Coding of Data)

समंकों के संकेतन में प्रश्न के प्रत्येक प्रत्युत्तर को प्रतीकों (संख्या में) द्वारा निर्धारित करना शामिल है। संख्यात्मक प्रतीक देने का उद्देश्य कच्चे आंकड़ों का संख्यात्मक आंकड़ों में अनुवाद है। जिन्हें गिना जा सकता है और सारणीबद्ध किया जा सकता है। शोधकर्ता का कार्य है कि सावधानीपूर्वक प्रत्युत्तरों को संख्यात्मक मान लेना है। पिछले अध्याय में हम विभिन्न प्रकार के प्रश्नों की चर्चा पहले ही कर चुके हैं (जैसे – मुक्त प्रश्न, प्रतिबन्धित प्रश्न, आव्यूह प्रश्न, तथ्यात्मक और मतमूलक प्रश्न इत्यादि) तदनुसार कोडिंग स्कीम भिन्न होगी। उदाहरण के लिये – प्रतिबन्धित प्रश्न पहले से ही सांकेतित हो सकता है। इसलिये इसे केवल सांकेतिक पुस्तिका में शामिल किया जाता है जबकि मुक्त प्रश्नों के संकेतन में इस प्रकार की संक्रियायें शामिल होती हैं जैसे – मुख्य प्रत्युत्तरों का वर्गीकरण और प्रत्युत्तर श्रेणी विकसित करने में प्रत्युत्तरों के लिये 'अन्य' का उपयोग किया जाता है जो बार–बार नहीं दिये जाते हैं। प्रत्युत्तरों का वर्गीकरण मुख्य रूप से समानताओं या प्रत्युत्तरों के बीच मतभेद या भिन्नता पर आधारित होता है। सामान्यतः मुख्य प्रश्नों के मामले में प्रत्युत्तरों का वर्गीकरण करने के लिये शोधकर्ता प्रत्युत्तरों की मुख्य विशेषताओं को देखता है और तदनुसार उन्हें रखता है। दृष्टिकोण के मापन के मामले में शोधकर्ता को प्रत्युत्तरों के भार और निर्देश का ध्यान रखना होता है। उदाहरण के लिये – जब एक प्रत्युत्तर 'दृढ़ता से सहमत' को 5 द्वारा संकेतित किया जाता है तो अगले अनुक्रम वाले प्रत्युत्तर के संकेत क्रम में होंगे। अतः प्रत्युत्तरों जैसे सहमत, अनिश्चित, असहमत, दृढ़ता से असहमत हेतु संकेत 4, 3, 2 और 1 होंगे। वैकल्पिक रूप से, यदि 'दृढ़ता से सहमत' हेतु संकेत –2 हो तो बाद के प्रत्युत्तरों हेतु संकेत –1, 0, +1, +2 के रूप में संकेतित किया जायेगा। अब हम आव्यूह प्रत्युत्तरों पर विचार करते हैं इसमें प्रत्येक कोशिका को एक चर के रूप में संकेतित किया जाता है। उदाहरण के लिये – यदि आव्यूह के स्तम्भ में रोजगार की स्थिति अर्थात् 'स्थायी और अस्थायी' प्रतिनिधित्व करता है और पंक्ति में नियोक्ता या नियोक्ता के प्रकार

अर्थात् 'सरकारी और निजी' का प्रतिनिधित्व करती है। पहली कोशिका चर 'सरकारी और स्थायी' का प्रतिनिधित्व करेगी और दूसरी कोशिका चर 'सरकारी और अस्थायी' का प्रतिनिधित्व करेगी। ऊपर चर्चा किये गये बिन्दुओं को प्रदर्शित करने के लिये शोध अध्ययन से सम्बन्धित संकेत पुस्तिका का एक भाग तालिका 7.1 में दिया गया है।

तालिका 7.1

संकेत पुस्तिका

क्रमांक	*चर क्रमांक*	*अन्वेषित सूचना*	*प्रत्युत्तर*	*संकेत*	*सतम्भ संख्या*	*टिप्पणी*
		उत्तरदाता क्रमांक			1–3	
2	1	आयु	वास्तविक	–	4–5	
3	2	पद	मजदूर	1		
			निरीक्षक	2	6	
			प्रबन्धक	3		
4	3	स्थापना	सरकारी	1	7	
			निजी	2		
5	4	शिक्षा का स्तर	स्नातक	1	8	
			इन्टरमीडिएट	2		
			हाई स्कूल	3		
			मिडिल	4		
			स्कूल			
			प्राइमरी	5		
			अनपढ़	6		
			अन्य	7		
6	5	वैवाहिक स्तर	अविवाहित	1	9	
			विवाहित	2		
			तलाकशुदा	3		
			विधवा	4		
	35	कार्य की प्रकृति	हाँ	1	10	
			नहीं	2		
	36	कार्य का समय	हाँ	1	11	
			नहीं	2		
36	37	मजदूरी	हाँ	1	12	
			नहीं	2		
	38	उन्नति	हाँ	1	13	
			नहीं	2		
43	42	नियोक्ता का दृष्टिकोण	सहमत	1	14	
		पुरुष कर्मचारियों की	दुविधापूर्ण	2		
		प्राथमिकता हेतु	असहमत	3		

मास्टर चार्ट तैयार करना (Preparing a Master Chart)

संकेत पुस्तिका तैयार हो जाने के बाद, आंकड़ों को एक मास्टर चार्ट या सांख्यिकीय पैकेज के माध्यम से सीधे कम्प्यूटर में स्थानान्तरित कर सकते हैं। मास्टर चार्ट के माध्यम से कम्प्यूटर बहुत ही उपयोगी है। कम्प्यूटर में सीधे आंकड़ों को प्रवेशित किया जा सकता है। कम्प्यूटर उत्पाद और मास्टर चार्ट से आंकड़ों के सूचीकरण की तुलना द्वारा कम्प्यूटर में गलत प्रविष्टियों की जांच कर सकते हैं। सीधे ही कम्प्यूटर में आंकड़ों को प्रवेशित करना उचित नहीं होगा अर्थात् शोध के लिये गलत परिणाम दे सकता है जैसे – गलत प्रविष्टियों की जांच के लिये ऐसा कोई रास्ता नहीं है जो सारणीयन के बाद के चरणों में सारणीबद्ध आंकड़ों में असंगतता को प्रदर्शित कर सके। तालिका 7.2 में संकेत पुस्तिका के अनुसार मास्टर चार्ट का नमूना तैयार किया गया है।

समंकों का विश्लेषण (Data Analysis)

समंकों के विश्लेषण का उद्देश्य आंकड़ों को एक प्रतिमान के रूप में तैयार करना जहाँ चरों के बीच सम्बन्धों का अध्ययन किया जा सकता है। आंकड़ों के विश्लेषण का निर्माण, अध्ययन के उद्देश्यों के सन्दर्भ से और शोध प्रश्नों (यदि कोई है) से किया जाता है। यह परिकल्पना का परीक्षण करने के लिये भी अभिकल्पित किया जाता है। आंकड़ों के विश्लेषण में चरों का पुनर्संवर्गीकरण (Recategorization of Variables), सारणीयन, विवरण, और आकस्मिक अनुमान शामिल हैं।

आवृत्ति वितरण के रूप में संसाधित समंकों का महत्वपूर्ण परीक्षण आंकड़ों के विश्लेषण में पहला कदम है। यह विश्लेषण करने के लिये एक सार्थक अनुमान और सामान्यीकरण करने की दृष्टि से किया जाता है।

पुनर्संवर्गीकरण (Recategorization)

आंकड़ों के प्रक्रियाकरण (Processing) में, हमने प्रत्युत्तरों के वर्गीकरण के बारे में चर्चा की है जो वर्गीकरण की प्रक्रिया में, संवर्ग–निर्माण और पुनः संवर्ग–निर्माण (Categorization and Recategorization) करने के समान ही है। अध्ययन के उद्देश्यों और परिकल्पना के अनुसार संवर्ग निर्माण की प्रक्रिया आवृत्ति वितरण की सहायता के साथ की जाती है। पुनर्संवर्गीकरण सांख्यिकीय तकनीकों की सहायता से श्रेणियों की व्यवस्था हेतु एक प्रक्रिया है। यह शोधकर्ता को सारणीयन का औचित्य सिद्ध करने हेतु सहायता करता है। हमने पहले भी देखा है कि कथनों के प्रत्युत्तरों को स्कोर या भार द्वारा निर्धारित किया गया है। इन स्कोरों या भारों जो उच्च, मध्यम और निम्न के आधार पर पुनः वर्गीकृत करके सारांशीकृत किया जाता है। संवर्ग–निर्माण और पुनः संवर्ग–निर्माण करने की प्रक्रिया का बुनियादी सिद्धान्त यह है कि इस तरह से प्राप्त श्रेणियां सम्पूर्ण और परस्पर अनन्य होनी चाहिये। दूसरे शब्दों में, श्रेणियां स्वतन्त्र हों और अतिव्यापी नहीं होनी चाहिये।

सारणीयन (Tabulation)

सारणीयन आंकड़ों को सघन प्रारूप में इस प्रकार प्रस्तुत करने की एक प्रक्रिया है जो सम्मिलित सम्बन्धों को दर्शाती है और तुलना करने की सुविधा प्रदान करती है। दूसरे शब्दों में यह पंक्तियों और स्तम्भों में आंकड़ों का व्यवस्थापन है। यह शोधकर्ता को आंकड़ों से सांख्यिकीय संक्रियाओं के द्वारा निष्कर्ष निकालने में भी सहायता करती है। सारणीयन सामान्यतः एकल चर, द्विचर, त्रिचर या बहुचर के रूप में हो सकती है। तदनुसार विश्लेषण का कार्य एकल चर विश्लेषण, द्विचर विश्लेषण, त्रिचर विश्लेषण या बहुचर विश्लेषण के रूप में किया जा सकता है।

तालिका 7.2

मास्टर चार्ट या विशिष्ट सारणी

उत्तरदाता क्रमांक				*चर के नाम–पत्र*									
				आयु	*पद*	*स्थापना*	*शिक्षा का स्तर*	*वैवाहिक स्तर*	*कार्य की प्रकृति*	*कार्य का समय*	*मजदूरी*	*उन्नति*	*नियोक्ता का दृष्टिकोण*
				प्रश्न? चर/स्तम्भ संख्या									
1	2	3	4	5	6	7	8	9	10	11	12	13	14
0	0	1	1	4	1	2	1	2	3	2	3	4	3
0	0	2	2	1	2	3	4	5	6	7	8	9	5
0	0	3	3	3	3	3	4	2	6	7	2	6	
0	0	4	4	5	7	8	9	1	3	5	6	1	1
0	0	5	5	4	5	1	4	2	1	1	4	3	
0	0	6	6	3	1	2	3	4	5	6	3	1	5
0	0	7	7	5	4	5	6	9	7	8	5	2	4
0	0	8	8	1	4	2	5	3	6	3	7	8	9
0	0	9	9	2	2	4	2	6	7	8	2	1	5
0	0	0	0	9	5	6	8	7	9	2	4	4	3
0	0	1	1	2	2	8	4	9	3	4	7	3	8
0	0	2	2	2	5	7	9	5	1	4	2	4	3
0	0	3	3	2	9	4	5	6	7	2	6	9	6
0	0	4	4	2	8	7	9	5	2	4	6	2	3
0	0	5	5	3	5	4	8	7	9	2	4	2	3
0	0	6	6	2	4	8	7	9	5	8	4	5	6
0	0	7	7	8	7	4	9	4	3	4	6	3	4

एसपीएसएस के माध्यम से डाटा प्रोसेसिंग और विश्लेषण (Data Processing and Analysis through SPSS)

समाजविज्ञान के लिये सांख्यिकीय पैकेज (एसपीएसएस) एक शक्तिशाली डाटा प्रोसेसिंग और विश्लेषण करने का सॉफ्ट्वेयर है। विशेषरूप से समाजविज्ञान शोधकर्ताओं की आवश्यकता के अनुरूप है और व्यापक रूप से इसका उपयोग कर सकते हैं। एसपीएसएस में वर्णनात्मक मेनू और सरल संवाद बाक्सों (Descriptive Menus and Simple Dialogue Boxes) का उपयोग आपके सभी कार्य सम्पादन के लिये किया गया है। यह कई मायनों में आनलाइन सहायता प्रदान करता है।

1. हेल्प मेनू (Help Menu): प्रत्येक एसपीएसएस विण्डो में मेनू बार पर एक हेल्प मेनू होता है।
2. डायलाग बाक्स–सन्दर्भ मेनू हेल्प (Dialogue Box-Context Menu Help) : डायलाग बाक्स में माउस के दाहिने बटन को क्लिक करें और यह क्या है का चयन करें।
3. डायलाग बाक्स–हेल्प बटन (Dialogue Box -Help Buttons) : अधिकांश डायलाग बाक्स में हेल्प बटन होता है जो उस डायलाग बाक्स के लिये विषय की सहायता हेतु सीधे ले जाता है।
4. एसपीएसएस ट्यूटोरियल (SPSS Tutorial) : परिचयात्मक ट्यूटोरियल के लिये आनलाइन प्रवेश से किसी भी एसपीएसएस विण्डो में हेल्प मेनू पर ट्यूटोरियल का चयन करें।

यदि आप सांख्यिकीय प्रक्रियाओं से अपरिचित हैं तो सरल प्रश्नों, गैर तकनीकी भाषा और दृश्य उदाहरणों से सांख्यिकी कोच की सहायता से आप उत्साह से आरम्भ कर सकते हैं जो आपके आंकड़ों के अनुकूल हों ऐसी बुनियादी सांख्यिकीय विशेषताओं का चयन करने में सहायता करता है । पूर्व में किये गये अध्ययनों हेतु डेटा प्रोसेसिंग और विश्लेषण का प्रदर्शन करने के लिये हम आईबीएम एसपीएसएस स्टेटिसटिक्स 20 (IBM SPSS Statistics 20) का उपयोग किया जायेगा।

डेटा विश्लेषण में बुनियादी चरण (Basic Steps in Data Analysis)

चरण 1 – अपने समंकों को परिभाषित कीजिये।

चरण 2 – एसपीएसएस डेटा सम्पादक में अपने समंकों की प्रविष्टि कीजिये।

चरण 3 – विश्लेषण के लिये चर का चयन करें।

चरण 4 – मेनू से सांख्यिकीय गणना करने के लिये प्रक्रिया का चयन कीजिये।

चरण 5 – प्रक्रिया का संचालन करें और परिणामों को देखें।

एसपीएसएस सत्र का आरम्भ करके आप एसपीएसएस के दो तरीकों में से एक से आरम्भ कर सकते है।

1. यदि डेस्कटॉप पर एसपीएसएस का शार्टकट  इस तरह का है तो इस पर आप कर्सर रखकर माउस के बायें बटन पर डबल क्लिक करें।
2. अपने स्क्रीन के स्टार्ट बटन पर माउस के बायें बटन को क्लिक करें इसके बाद आल प्रोग्राम पर कर्सर रखें और माउस के बायें बटन को क्लिक करें। आईबीएम एसपीएसएस स्टेटिसटिक्स 20 (IBM SPSS Statistics 20) का चयन माउस के बायें बटन पर क्लिक करके करें।
3. जब आप एसपीएसएस सेशन का आरम्भ करेंगे तो शीर्षकहीन एसपीएसएस डेटा सम्पादक (Untitled-SPSS Data Editor) दिखाई देगा जो स्वतः ही खुलता है।

एसपीएसएस डेटा सम्पादक (SPSS Data Editor)

शीर्षकहीन एसपीएसएस डेटा सम्पादक एक स्प्रेडशीट प्रदान करता है जो समंकों के सम्पादन एवं प्रविष्टयों के लिये होता है और डेटा फाइल का निर्माण करता है।

डेटा सम्पादक की महत्वपूर्ण विशेषतायें (Important features of the Data Editor)

- प्रथम स्तम्भ प्रतिवादी संख्या का प्रतिनिधित्व करता है (1, 2, 3, ..., डिफाल्ट रूप से)।

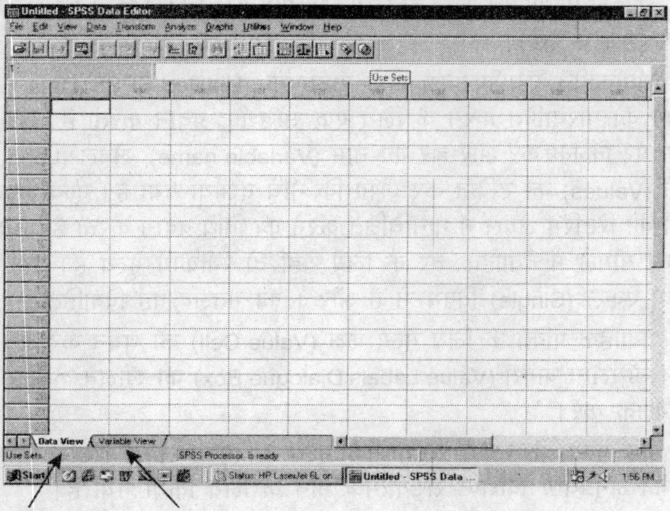

Data View Variable View

- पहली पंक्ति चरों की संख्या का प्रतिनिधित्व करती है (चर, डिफाल्ट रूप से)।
- नीचे की तरफ बायें कोने में दो बटन हैं एक समंक दृश्य (Data view) और दूसरा चर दृश्य (Variable view)।
- समंक दृश्य समंकों की फाइल दर्शाता है और चर दृश्य चरों के बारे में विवरण दर्शाता है।
- शीर्षकहीन एसपीएसएस डेटा सम्पादक (Untitled-SPSS Data Editor) प्रोम्प्ट के साथ एक विण्डो दर्शाता है।

  आप क्या करना पसन्द करेगें?

  ट्यूटोरियल का संचालन (Run the Tutorial)

  टाइप इन डेटा (Type in Data)

  मौजूदा फाइल खोलें (Open an existing file)।

यदि आप समंको की प्रविष्ट (Data Entry) करना चाहते हैं तो टाइप इन डेटा का चयन करें और ओके बटन पर क्लिक करें।

चर को परिभाषित करना (Define Variable)

कोड बुक (Code Book) तैयार हो जाने के उपरान्त उसे कार्यक्रम के आगे की कार्यवाही के लिये शामिल करने की आवश्यकता होती है। कोड बुक को शामिल करने की प्रक्रिया को चर परिभाषित करने (Define Variable) के नाम से जाना जाता है।

चर का परिभाषित करने के लिये चर दृश्य (Variable View) पर क्लिक करें (ऊपर चित्र में देखें)।

शीर्षकहीन एसपीएसएस डेटा सम्पादक (Untitled-SPSS Data Editor) समंको को परिभाषित करने के लिये एक स्प्रेडशीट प्रदान करता है। अब प्रथम स्तम्भ पर क्लिक करें और चर का नाम (Variable name), लेबल (Label) और मूल्यों (Values) को टंकित करें जैसा कि नीचे दर्शाया गया है। मूल्य लेबल चर मूल्यों को स्टिरिंग लेबल में मानचित्रित करने की विधि प्रदान करता है। उदाहरण के इस मामले में वैवाहिक चर के लिये यहाँ दो स्वीकार्य मूल्य हैं। यहाँ 0 का तात्पर्य एकल (Single) विषय से है और 1 का मतलब वह विवाहित है।

वैवाहिक पंक्ति के लिये मूल्य कक्ष (Value Cell) का चयन करें और मूल्य लेबल डॉयलाग बाक्स (Value Labels Dialogue Box) को खोलने के लिये बटन पर क्लिक करें।

यह मूल्य वास्तव में संख्यात्मक मूल्य है। मूल्य लेबल स्टिरिंग लेबल है जिसका अनुप्रयोग विशिष्ट संख्यात्मक मान के लिये किया गया है।

Value Labels
Value Labels
Value:
Value Label:
Add
Change
Remove
OK
Cancel
Help

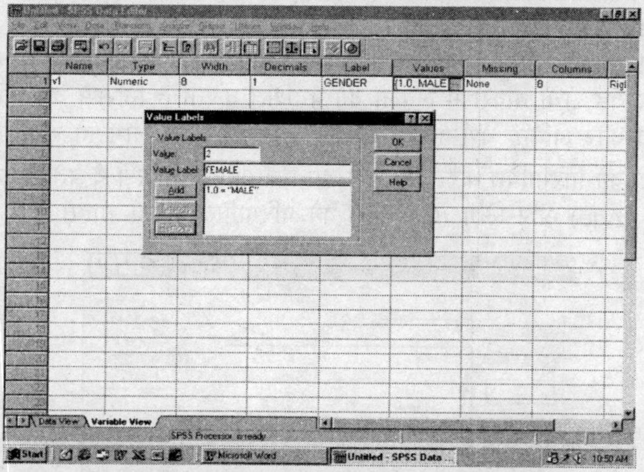
Name
Type
Width
Decimals
Label
Values
Missing
Columns
v1
Numeric
8
1
GENDER
{1.0, MALE
None
8
Value Labels
Value Labels
Value:
2
Value Label:
FEMALE
1.0 = "MALE"
Add
OK
Cancel
Help
Data View
Variable View
SPSS Processor is ready
Start
Microsoft Word
Untitled - SPSS Data ...
10:50 AM

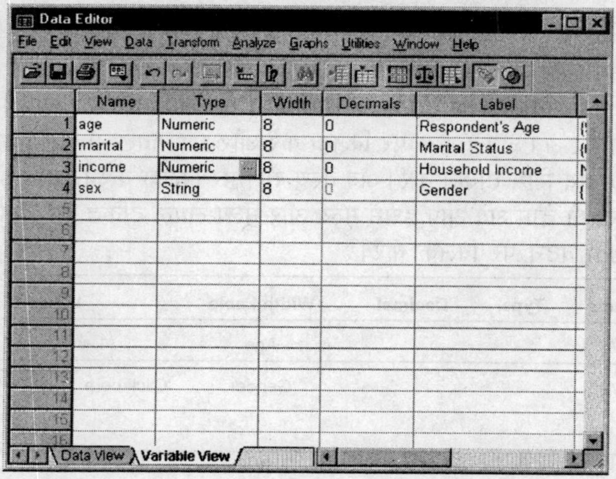
Data Editor
File
Edit
View
Data
Transform
Analyze
Graphs
Utilities
Window
Help
Name
Type
Width
Decimals
Label
1 age Numeric 8 0 Respondent's Age
2 marital Numeric 8 0 Marital Status
3 income Numeric 8 0 Household Income
4 sex String 8 0 Gender
Data View
Variable View

- मूल्य क्षेत्र (Value field) में 0 टंकित करें।
- मूल्य लेबल (Value Label) के लिये एकल ";पदहसमद्ध टंकित करें।
- इस लेबल को सूची में जोड़ने के लिये जोड़ें (Add) पर क्लिक करें।
- इस प्रक्रिया को दोहरायें। अब मूल्य हेतु 1 और मूल्य लेबल के लिये विवाहित प्रविष्टि करें।
- बदलने के लिये ओके पर क्लिक करें और डेटा सम्पादक पर पुनः लौटें।

इन लेबलों को डेटा व्यू (Data View) में भी देखा जा सकता है। जो आपके समंको को और अधिक पढ़ने योग्य करने में सहायता करता है।

- डेटा सम्पादक विण्डो (Data Editor Window) के नीचे डेटा व्यू टैब (Data View Tab) पर क्लिक करें।
- अब मेनू से दृश्य मूल्य लेबलों (View Value Labels) का चयन करें।

अब यह सूची बाक्स में लेबलों को प्रदर्शित करता है जिससे वैध प्रतिक्रिया के सुझाव और अधिक वर्णनात्मक उत्तर प्रदान होने का लाभ हो सकता है।

चरों को परिभाषित करने के लिये हम एक और उदाहरण देखते हैं माना कि हम आयु (Age) और लिंग (Gender) को परिभाषित करना चाहते हैं।

कक्ष (Cell) के लिये आप जो नाम रखने की इच्छा रखते हैं उसकी प्रविष्टि कीजिये। इस उदाहरण में हमने ट1 नाम आयु के लिये तथा ट2 नाम लिंग के लिये चुना है। अब लेबल सेल पर क्लिक करें और चर लेबल सेल में पहले आयु एवं उसके बाद लिंग टंकित करें। अब वेल्यू सेल पर क्लिक करें जिससे डॉयलाग बाक्स दिखायी देगा अब आप इसमें मूल्य और मूल्य लेबल टंकित करें उसके बाद जोड़े (Add) बटन पर क्लिक करें।

	Name	Type	Decimal	Width Lable	Value
1.	V1			Age	
2.	V2			Gender	Click here

उदाहरण के लिये – मूल्य बाक्स में 1 टंकित करें फिर मूल्य लेबल बाक्स पर क्लिक करें और पुरूष (Male) टंकित करें। अब अन्त में जोड़े (Add) बटन पर क्लिक करें । चर के अन्य मूल्यों के लिये पुनरावृत्ति करें। जब आपके मूल्य लेबलों के निर्धारण का कार्य पूरा हो जाये तो निरन्तर (Continue) बटन पर क्लिक करें। (नीचे चित्र देखें)।

संवाद बाक्स : मूल्य लेबल

मूल्य (Value)	1
मूल्य लेबल (Value Lable)	पुरूष (Male)
जोड़े (Add)	1.00 = पुरूष

- यदि आप लेबलों को बदलना चाहते हैं तो आपको पुनः डॉयलाग बाक्स पर जाना होगा।
- मूल्य लेबल बदलने के लिये बदलें बटन (Change Button) का उपयोग किया जा सकता है।
- मूल्य लेबल हटाने के लिये हटावें बटन (Remove Button) का उपयोग किया जा सकता है।
- रद्द बटन (Cancel Button) का उपयोग लेबल कार्य को निरस्त करने के लिये किया जा सकता है। और हेल्प बटन का उपयोग एसपीएसएस में प्रवेश की आनलाइन सहायता के लिये किया जा सकता है।
  अब इसी तरह आगे बढ़ें और शेष चरों को परिभाषित करें।

समंको की प्रविष्टि करना (Entering Data)

समंको की प्रविष्टि के लिये डेटा व्यू (Data View) पर क्लिक करें। शीर्षकहीन एसपीएसएस डेटा सम्पादक (Untitled-SPSS Data Editor) समंको की प्रविष्टि और डेटा फाइल निर्माण हेतु एक स्प्रेडशीट प्रदान करता है।

डेटा सम्पादक (Data Editor) सेल को खोलें।

समंक मूल्य (Data value) की प्रविष्टि करें। डेटा सम्पादक (Data Editor) की सेल में मूल्य प्रदर्शित होता है।

→ दबायें और समंक मूल्य की प्रविष्टि के लिये दूसरी सेल का चयन करें। उदाहरण के लिये – ऊपर से बायें कोने की तरफ कर्सर रखें और सामान्य रूप से प्रविष्टि करें। प्रथम उत्तरदाता के लिंग पुरूष के लिये 1 प्रविष्टि करें और फिर → दबायें और समंक मूल्य प्रविष्टि के लिये कर्सर को सेल के दायें ले जायें। माना के

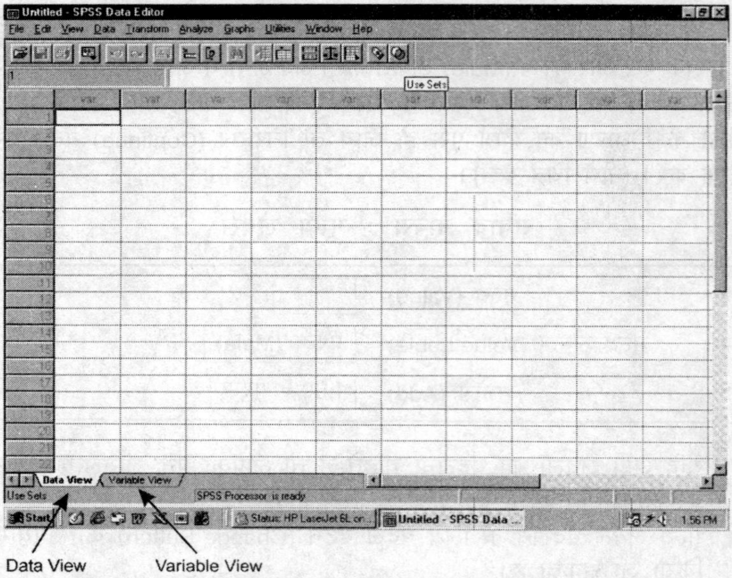

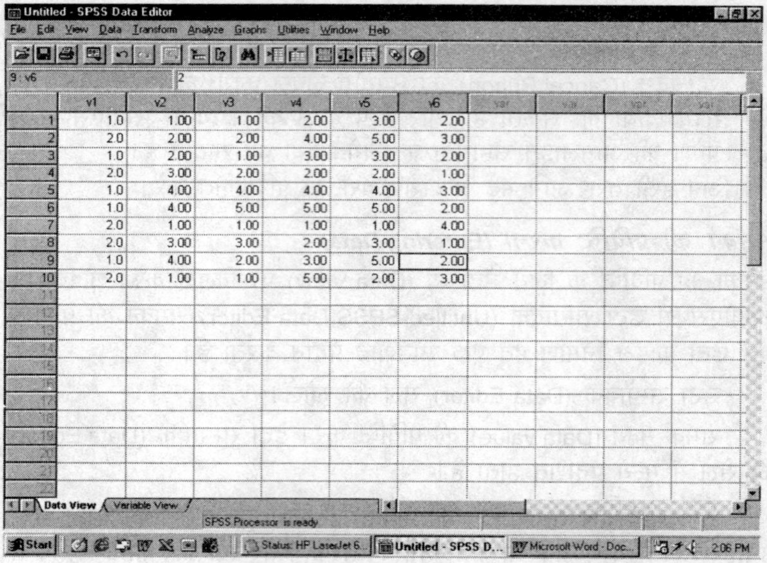

	v1	v2	v3	v4	v5	v6
1	1.0	1.00	1.00	2.00	3.00	2.00
2	2.0	2.00	2.00	4.00	5.00	3.00
3	1.0	2.00	1.00	3.00	3.00	2.00
4	2.0	3.00	2.00	2.00	2.00	1.00
5	1.0	4.00	4.00	4.00	4.00	3.00
6	1.0	4.00	5.00	5.00	5.00	2.00
7	2.0	1.00	1.00	1.00	1.00	4.00
8	2.0	3.00	3.00	2.00	3.00	1.00
9	1.0	4.00	2.00	3.00	5.00	2.00
10	2.0	1.00	1.00	5.00	2.00	3.00

शिक्षा के स्तर हेतु अनपढ़ के लिये 1 की प्रविष्टि करते हैं। और इसी तरह आगे प्रविष्टि करते जायेगें। स्क्रीन पर आप चित्र जैसा देख सकेगें।

समंक सम्पादन करना (Data Editing)

उत्तरदाता संख्या और चरों की प्रतिनिधित्व करने हेतु सेल पर जायें। उदाहरण के लिये माना कि चौथा उत्तरदाता पुरूष (1) है और आप ने महिला से प्रविष्टि (2) कर दी है। आप सेल में जाकर 1 को प्रवेशित कीजिये, समंक मूल्य (Data value) सही हो जायेगा। इसी तरह दूसरे सुधार कीजिये। सुधारों (Corrections) को सुरक्षित (Save) करें।

समंक संरक्षण और एसपीएसएस फाइल का निर्माण करना (Saving Data and Creating a SPSS File)

समंक संरक्षित करने के लिये –

मेनू से चयन करें :

फाइल (File)

संरक्षित (Save)

क्योंकि इन आंकड़ों को पहले से संरक्षित नहीं किया गया है अतः आपको एक डायलाग बाक्स दिखायी देगा जिसमें आपको फाइल का नाम लिखना है। नाम के लिये प्रवृत्ति (Attitude) टंकित करें और ओके बटन क्लिक करें। अब एसपीएसएस समंको को इस फाइल में संरक्षित करेगा। एसपीएसएस स्वतः ही .sav फाइल के नाम के साथ जोड़ देता है, इसे आपको टंकित नहीं करना पड़ता है।

समंक विश्लेषण (Data Analysis)

आवृत्ति सारणी प्राप्त करना (To get Frequency tables):

मेनू से चयन करें : (From menu, choose)

विश्लेषण करें (Analyse)

वर्णनात्मक आंकड़ें (Descriptive Statistics)

आवृत्तियां (Frequencies)

आवृत्तियों पर क्लिक करें (Click on Frequencies)

बायें बाक्स से दायें बाक्स में चरों को परिवर्तित (Transfer) करें और ओके पर क्लिक करें।

- आवृत्ति डायलाग बाक्स (Frequency Dialogue Box) से एक या अधिक चरों का चयन करें।
- ऐसा करने के लिये चर लिंग (Sex) V1 पर क्लिक करें।
- दाहिने तीर (Right Arrow) के चित्र वाले बटन पर क्लिक करें।
- दाहिने बाक्स में चयनित चरों की सूची दिखायी देगी।
- ओके पर क्लिक करें।

- आपको आउटपुट व्यूवर (Output Viewer) से एसपीएसएस में आवृत्ति सारणी प्राप्त हो जायेगी, जैसा कि नीचे दर्शाया गया है।

लिंग

		आवृत्ति (Frequency)	*प्रतिशत (Per cent)*	*मान्य प्रतिशत (Valid Per cent)*	*संचयी प्रशित (Cumulative Per cent)*
	Male	211	48.0	48.0	48.0
Valid	Female	229	52.0	52.0	100.0
	Total	440	100.0	100.0	

- क्रासटैब / द्विचर सारणी प्राप्त करना (To get a Crosstab/Bivariate Table)

  मेनू से चयन करें : (From menu, choose)

  विश्लेषण करें (Analyse)

  वर्णनात्मक आंकड़ें (Descriptive Statistics)

  क्रासटैब (Crosstab)

  क्रासटैब पर क्लिक करें (Click Crosstab)
- आपको क्रासटैब डॉयलाग बाक्स (Crosstab Dialog Box) मिल जायेगा। स्वतन्त्र चर (लिंग) को हाइलाइट करें और इसे पंक्ति बाक्स में हस्तांतरित करें। आश्रित चर (जीवन संतुष्टि) को हाइलाइट करें और इसे स्तम्भ बाक्स में हस्तांतरित करें। प्रतिशत प्राप्त करने के लिये सेल्स बटन पर क्लिक करें आपको क्रासटैब : कक्ष प्रदर्शित संवाद बाक्स (Crosstabs: Cell Display Dialogue Box) प्राप्त हो जायेगा। प्रतिशत बाक्स में पंक्ति पर क्लिक करें। निरन्तर (Continue) पर क्लिक करें। ओके पर क्लिक करें। आपको लिंग * जीवन संतुष्टि (Sex *Life Satisfaction) पंक्ति प्रतिशतों के साथ क्रास सारणी (Cross table) प्राप्त हो जायेगी।

*लिंग * जीवन संतुष्टि क्रासटेबुलेशन*

			Life Satisfaction			***Total***
			Low	***Moderate***	***High***	
Sex	Male	Count	21	108	82	211
		% within Sex	10.0%	51.2%	38.9%	100.0%
	Female	Count	95	111	23	229
		% within Sex	41.5%	48.5%	10.0%	100.0%
	Total	Count	116	219	105	440
		% within Sex	26.4%	49.8%	23.9%	100.0%

सांख्यिकीय प्रक्रियाओं को प्राप्त करने के लिये आवृत्तियों के डॉयलाग बाक्स में सांख्यिकी (Statistics) पर क्लिक करें। काई वर्ग का चयन करें। प्रक्रिया संचालन हेतु मुख्य डॉयलाग बाक्स में ओके पर क्लिक करें। एसपीएसएस में सांख्यिकीय मूल्य आउटपुट व्यूवर (Output Viewer) से आपको प्राप्त हो जायेगें जैसा कि नीचे दिखाया गया है।

काई वर्ग परीक्षण

	मूल्य (Value)	*df*	*Asymp. Sig.(2-sided)*
पीर्यसन काई वर्ग (Pearson Chi-Square)	22.678[a]	4	.000
संभावित अनुपात (Likelihood Ratio)	23.837	4	.000
रैखिक–बाय–रैखिक संघ (Linear-by-Linear Association)	.884	1	.347
वैध मामलों की संख्या (N of Valid Cases)	400		

a. 0 कक्षों (Cells) (.0%) की प्रत्याशित गणना 5 से कम है। कम से कम प्रत्याशित गणना 10.33 है।

विश्लेषणात्मक मॉडल की स्थापना (Setting up the Analytic Model)

आंकड़ों का विश्लेषण आरम्भ करने से पहले हमें हमारे शोध अध्ययन के उद्देश्यों और विश्लेषणात्मक मॉडल की स्थापना को पुनः देखना होगा। ये मॉडल या प्रतिमान चर और उनके अतर्सम्बन्धों का ढांचे के रूप में प्रस्तुतीकरण है।

हम यह परिकल्पना मानते हैं कि समान पारिश्रमिक अधिनियम के बारे में जागरूकता मजदूरी अन्तर को प्रभावित करती है।

$H_1 \rightarrow$ अधिनियम के बारे में जागरूकता मजदूरी अन्तर को प्रभावित करती है।

परिकल्पना में दो चर, अधिनियम के बारे में जागरूकता और मजदूरी अन्तर हैं। दो चरों के बीच सम्बन्ध रेखाचित्र 7.1 में चित्र के रूप में प्रस्तुत कर दर्शाया गया है।

चित्र 7.1

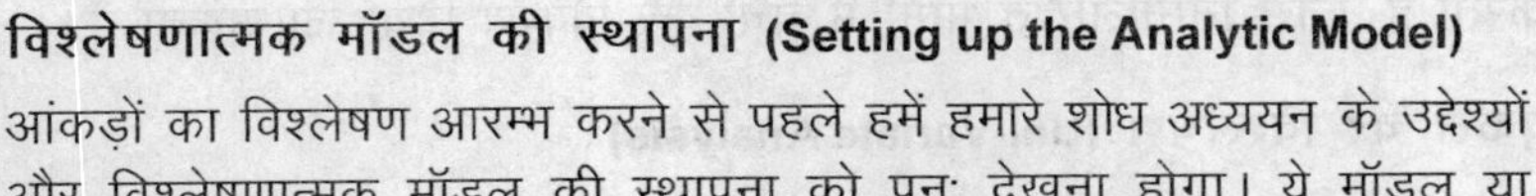

इसके अलावा, यह परिकल्पना की जाती है कि चरों के बीच द्विचर सम्बन्धों को एक अन्य चर अर्थात् क्षेत्रीय विकास द्वारा प्रभावित किया जा रहा है। माना कि क्षेत्रीय विकास उच्च, मध्यम और निम्न में वर्गीकृत किया गया है। चित्र 7.2 में इसे निम्न प्रकार वर्णित किया जा सकता है।

चित्र 7.2

क्षेत्रीय विकास : उच्च
अधिनियम के बारे में जागरूकता ——→ वेतन भिन्नता
क्षेत्रीय विकास : मध्यम
अधिनियम के बारे में जागरूकता ——→ वेतन भिन्नता
क्षेत्रीय विकास : निम्न
अधिनियम के बारे में जागरूकता ——→ वेतन भिन्नता

शोधकर्ता ऊपर वर्णित विश्लेषणात्मक मॉडल के साथ आंकड़ों का विश्लेषण करता है, जिसे निम्नलिखित भागों में चर्चा कर विवरण दिया जा सकता है।

एकल चर विश्लेषण (Uni-Variate Analysis)

एकल चर विश्लेषण तालिका को सन्दर्भित करता है जो एक चर से सम्बन्धित आंकड़े देता है। एकल चर तालिका जो सामान्यतया सर्वाधिक आवृत्ति वितरण तालिका के रूप में जानी जाती है। इसमें एक पद कितनी बार दोहराया जाता है वह दर्शाता है। वितरण सममित या विषम हो सकता है। आगे वितरण के गुणों को केन्द्रीय प्रवृत्तियों की विभिन्न मापों द्वारा प्राप्त कर सकते हैं। हालांकि शोधकर्ता को यह तय कर लेना आवश्यक होता है कि विश्लेषण के लिये सबसे उपयुक्त क्या है? यह जानने के लिये कि भिन्नता कितनी है शोधकर्ता विक्षेपण की मापों की गणना करता है। (अध्याय 12 और अध्याय 13 में इन सभी उपायों के बारे में जानकारी दी गई है)।

सामान्यतः बारम्बारता वितरण तालिका स्वतन्त्र और आश्रित चर की प्रत्येक की जांच करने के लिये तैयार की जाती है। तालिका 7.3, 7.4 और 7.5 में दो स्वतन्त्र चर और एक आश्रित चर को प्रस्तुत करती है।

एकल चर का आवृत्ति वितरण एक चर की प्रत्येक श्रेणी में अवलोकन की आवृत्ति है। उदाहरण के लिये – तालिका 7.3 में चर 'उत्तरदाताओं की जागरूकता' के प्रत्युत्तर के पैटर्न का परीक्षण, उत्तरदाताओं की संख्या का विवरण देता है जो जागरूकता के लिये उच्च, मध्यम और निम्न स्तर है। नामिनल चरों की श्रेणियों के मामले में स्वेच्छ क्रम में सूचीबद्ध किया जा सकता है। इस प्रकार

चर 'धर्म' को 'हिन्दू' श्रेणी में या 'ईसाई' श्रेणी में पहले सूचीबद्ध कर विवर्णित किया जा सकता है। हालांकि क्रमसूचक, अन्तराल और अनुपात चरों की श्रेणियों को क्रम में व्यवस्थित किया जा सकता है। तालिका 7.3, 7.4 और 7.5 में बारम्बारता वितरण पर विचार करते हैं जो उत्तरदाताओं में जागरूकता, मजदूरी भिन्नता और क्षेत्रीय विकास का वर्णन करती है। तालिका में चार पंक्तियां हैं, पहली तीन चरों की श्रेणियां हैं जो स्तम्भ के बायें हाथ में होती हैं और दायें हाथ वाले स्तम्भों में प्रत्येक श्रेणी में अवलोकन की संख्या दर्शायी गयी है। तालिका में अन्तिम पंक्तियों में आवृत्तियों का कुल योग दर्शाया गया है। आंकड़ों का विश्लेषण करने के लिये यह आवश्यक है कि आवृत्तियों को संख्या में बदला जाये जिससे सार्थक व्याख्या की जा सके। तुलनीय संख्याओं में व्यक्त आवृत्तियों को प्रतिशतों या अनुपातों में जाना जाता है। वितरण में श्रेणी की आवृत्ति को प्रत्युत्तरों की कुल संख्या के द्वारा विभाजित करके अनुपात प्राप्त किया जाता है। जब अनुपात को 100 से गुणा किया जाता है तो वह प्रतिशत बन जाता है।

उदाहरण के लिये – तालिका 7.3 में 'उच्च' श्रेणी के सापेक्ष वजन का अनुपात $\frac{110}{280} = 0.393$ या प्रतिशत $\frac{110}{280} \times 100 = 39.3$ प्रतिशत से व्यक्त किया गया है।

ये अंक यह संकेत देते हैं कि 100 उत्तरदाताओं के समूह में से लगभग केवल 40 में 'उच्च' स्तर की अधिनियम के बारे में जागरूकता है। प्रतिशत और अनुपात दो या अधिक आवृत्ति वितरणों की तुलना को अनुमति प्रदान करता है। उदाहरण के लिये – क्षेत्रीय विकास के द्वारा उत्तरदाताओं का वितरण करते समय उच्च विकास क्षेत्र से उत्तरदाताओं की प्रबलता का पता स्पष्ट चलता है। तालिका 7.5 में उत्तरदाताओं का वितरण 'वेतन भिन्नता' से इंगित किया गया है। यहाँ पर 'उच्च' और 'निम्न' स्तर के साथ उत्तरदाताओं का अनुपात 'वेतन भिन्नता या मजदूरी अन्तर' के लिये लगभग बराबर है।

तालिका 7.3

उत्तरदाताओं की जागरूकता दर्शाती तालिका (स्वतन्त्र चर)

जागरूकता स्तर	*उत्तरदाताओं का वितरण*	
	आवृत्ति	*प्रतिशत*
उच्च	110	39.3
मध्यम	106	37.9
निम्न	64	21.8
कुल	280	100.00

तालिका 7.4

उत्तरदाताओं से क्षेत्रीय विकास दर्शाती तालिका (स्वतन्त्र चर)

क्षेत्रीय विकास	*उत्तरदाताओं का वितरण*	
	आवृत्ति	*प्रतिशत*
उच्च	142	57.7
मध्यम	86	30.7
निम्न	52	14.6
कुल	280	100.00

तालिका 7.5

उत्तरदाताओं की वेतन भिन्नता दर्शाती तालिका (आश्रित चर)

वेतन भिन्नता	*उत्तरदाताओं का वितरण*	
	आवृत्ति	*प्रतिशत*
उच्च	78	27.9
मध्यम	134	47.9
निम्न	68	24.2
कुल	280	100.00

द्वि–चर विश्लेषण (Bi-Variate Analysis)

एक शोधकर्ता को चरों के बीच सम्बन्धों को जानने में दिलचस्पी बनी रहती है। इसीलिये चर से सम्बन्धित आंकड़ों को क्रास सारणीबद्ध किया जाता है। अतः एक द्वि–चर तालिका को क्रास सारणी के रूप में भी जाना जाता है। एक द्वि–चर तालिका में दो चरों के आंकड़ों को स्तम्भ और पंक्ति में एक साथ प्रतिशत में प्रस्तुत करती है। द्वि–चर तालिका का उदाहरण नीचे दिया जा रहा है।

तालिका 7.6

उत्तरदाताओं की अधिनियम के बारे में जागरूकता और वेतन भिन्नता दर्शाती तालिका

अधिनियम के बारे में जागरूकता	*वेतन भिन्नता*			
	उच्च	*मध्यम*	*निम्न*	*कुल*
उच्च	94 (66.2)	9 (10.5)	7 (13.5)	110 (39.3)
मध्यम	37 (26.1)	58 (67.4)	11 (21.2)	106 (37.9)
निम्न	11 (7.7)	19 (22.1)	34 (65.3)	64 (22.8)
कुल	142 (57.70)	86 (30.7)	52 (14.6)	280 (100.00)

ऊपर की तालिका दो चर 'समान पारिश्रमिक अधिनियम के बारे में जागरूकता' और 'वेतन भिन्नता' के स्तर के सम्बन्ध में आंकड़े प्रस्तुत करती है। पहली पंक्ति उत्तरदाताओं के बारे में जिनकी 'जागरूकता का स्तर' उच्च था के आंकड़े प्रस्तुत करती है। जबकि दूसरी पंक्ति उन उत्तरदाताओं के बारे में जिनकी जागरूकता का स्तर मध्यम था, के आंकड़े प्रस्तुत करती है। तीसरी पंक्ति उन उत्तरदाताओं के बारे में जिनकी जागरूकता का स्तर निम्न था, के बारे में आकड़े प्रस्तुत करती है। इसी तरह प्रथम स्तम्भ उत्तरदाताओं के बारे में आंकड़े प्रस्तुत करता है जो 'निम्न वेतन भिन्नता' को दर्शाता है और दूसरा स्तम्भ उन उत्तरदाताओं के बारे में आंकड़े प्रस्तुत करता है जो 'मध्यम वेतन भिन्नता' को दर्शाता है तथा अन्तिम स्तम्भ ऐसे उत्तरदाताओं के बारे में आंकड़े प्रस्तुत करता है जो 'उच्च वेतन भिन्नता' को दर्शाता है। उदाहरण के लिये – प्रथम कोशिका (बायें हाथ के कोने में) 94 उत्तरदाताओं को दर्शाती है जिनके जागरूकता का स्तर उच्च था और 'उच्च वेतन भिन्नता' के स्तर का प्रतिनिधित्व करते हैं।

दो चरों के बीच साहचर्य को उत्तरदाताओं की प्रतिशत में तुलना करके या तो स्तम्भ में या पंक्ति में विवर्णित किया जा सकता है। चर के बीच सम्बन्ध को विभिन्न सांख्यिकीय तकनीक की जांच द्वारा आंकड़ों की माप के स्तर पर निर्भर किया जा सकता है। चूंकि आंकड़ों की माप सांकेतिक स्तर पर है अतः काई वर्ग परीक्षण इस मामले में अधिक उपयुक्त होगा। जाहिर है कि दो चर साहचर्य हैं। अधिकतर लोग जिनके जागरूकता का स्तर उच्च था और जिनके जागरूकता का स्तर निम्न था की तुलना में 'निम्न वेतन भिन्नता' के स्तर पर जाने जाते हैं।

शोधकर्ता द्विचर विश्लेषण में साहचर्य की डिग्री और प्रकृति की भी व्याख्या करता है, कि क्या सम्बन्ध सकारात्मक या नकारात्मक है और यह उच्च, मध्यम और निम्न स्तर के मामले में सम्बन्धों की डिग्री को इंगित करता है।

त्रि–चर विश्लेषण (Tri Variate Analysis)

कभी–कभी शोधकर्ता यह जानने में दिलचस्पी रखता है कि क्या कोई तीसरा चर, दो चरों के मध्य सम्बन्ध को प्रभावित कर रहा है। इस मामले में, वह तीसरे चर के प्रभाव को नियन्त्रित करके द्विचर सम्बन्धों का परीक्षण करेगा। यह कार्य दो तरीके से किया जा सकता है। पहला यह है कि आंशिक तालिका का निर्माण कर द्विचर सम्बन्धों का परीक्षण किया जाये और दूसरा आंशिक सह–सम्बन्ध गुणांक की तुलना की जाये। इसे हम एक उदाहरण में देखते हैं। ऊपर दिये गये मामले में यदि शोधकर्ता यह परीक्षण करना चाहता है कि क्षेत्रीय विकास का प्रभाव द्विचर सम्बन्धों पर है। इसके लिये वह तीन आंशिक तालिकायें दिये गये आंकड़ों से

सम्बन्धित अधिनियम की जागरूकता और वेतन भिन्नता के लिये उच्च, मध्यम और निम्न स्तर पर क्षेत्रीय विकास द्वारा तैयार कर सकता है।

तालिका 7.7

उत्तरदाताओं की अधिनियम के बारे में जागरूकता और वेतन भिन्नता दर्शाती तालिका

अधिनियम के बारे में जागरूकता	*वेतन भिन्नता*			
	उच्च	*मध्यम*	*निम्न*	*कुल*
उच्च	7 (21.9)	10 (21.8)	3 (9.3)	20
मध्यम	13 (40.6)	26 (33.3)	13 (28.1)	48
निम्न	12 (37.5)	42 (53.8)	20 (62.5)	74
कुल	32	78	32	142

तालिका 7.8

उत्तरदाताओं की अधिनियम के बारे में जागरूकता और वेतन भिन्नता दर्शाती तालिका

अधिनियम के बारे में जागरूकता	*वेतन भिन्नता*			
	उच्च	*मध्यम*	*निम्न*	*कुल*
उच्च	8 (36.4)	11 (25.6)	4 (19.0)	23
मध्यम	9 (40.9)	17 (39.5)	8 (38.1)	34
निम्न	5 (34.9)	15 (34.9)	9 (42.9)	29
कुल	22	43	21	86

तालिका 7.9

उत्तरदाताओं की अधिनियम के बारे में जागरूकता और वेतन भिन्नता दर्शाती तालिका

अधिनियम के बारे में जागरूकता	*वेतन भिन्नता*			
	उच्च	*मध्यम*	*निम्न*	*कुल*
उच्च	14 (58.3)	7 (53.8)	7 (46.7)	28
मध्यम	8 (33.3)	4 (30.8)	6 (40.0)	18
निम्न	2 (8.3)	2 (15.4)	2 (13.3)	6
कुल	24	13	15	52

तीन आंशिक तालिकाओं का परीक्षण करने पर शोधकर्ता को पता चलता है कि द्विचर सम्बन्ध अच्छा नहीं है। वह निष्कर्ष निकाल सकता है कि तीसरा चर क्षेत्रीय विकास है जो द्विचर सम्बन्ध को प्रभावित कर रहा है। उच्च क्षेत्रीय विकास के लिये आंशिक तालिकाओं में उच्च वेतन भिन्नता या मजदूरी अन्तर वाले लोगों का अनुपात जिनमें अधिनियम के बारे में जागरूकता का स्तर अधिक है, उच्च माना है। इसी तरह की प्रवृत्ति शेष दो आंशिक तालिकाओं में देखी जा सकती है। इसका मतलब यह है कि क्षेत्रीय विकास अधिनियम के बारे में जागरूकता और वेतन भिन्नता के बीच द्विचर को प्रभावित नहीं करता है।

अन्य विधि में अनुसंधानकर्ता आंशिक सह–सम्बन्ध की सहायता से द्विचर सम्बन्ध पर तीसरे चर के प्रभाव को खोजने की कोशिश करता है। इस बात को समझने के लिये हम इस अध्याय के अन्त में दिये गये उदाहरण पर विचार करेंगे। यह पता करते हैं कि तीसरा चर उत्तरदाताओं का कार्य अनुभव, द्विचर सम्बन्ध 'जागरूकता (X) और वेतन भिन्नता (Y) को प्रभावित करता है।

यह जानने के लिये वह जागरूकता और मजदूरी अन्तर के बीच सह सम्बन्ध की गणना करता है। यहाँ पर चर 'अनुभव' को स्थिर रखता है। इसके परिणाम नीचे प्रस्तुत किये जा रहे हैं।

X1 = जागरूकता (स्वतन्त्र चर)

X2 = वेतन भिन्नता (स्वतन्त्र चर)

X3 = अनुभव (नियन्त्रण चर)

उदाहरण के लिये माना कि परीक्षण के परिणाम निम्न हैं–

$B_{1.2}$ (X1 और X2 के बीच सह–सम्बन्ध गुणांक = 0.70

$B_{1.3}$ (X1 और X3 के बीच सह–सम्बन्ध गुणांक = 0.40

$B_{2.3}$ (X2 और X3 के बीच सह–सम्बन्ध गुणांक = 0.50

शोधकर्ता आंशिक सह–सम्बन्ध के परिणामों का परीक्षण कर पाता है कि तीसरे चर को नियन्त्रित करने के बाद भी पहले दो चर जागरूकता और वेतन भिन्नता के बीच सम्बन्ध सांख्यिकीय सार्थक हैं। इसी प्रकार वह निष्कर्ष निकालता है कि जागरूकता और वेतन भिन्नता के बीच सम्बन्ध नकली नहीं है।

बहुचर विश्लेषण (Multi-Variate Analysis)

जब शोधकर्ता तीन या अधिक चर के संयुक्त प्रभाव का आकलन करने में अभिरुचि रखता है तो वह बहुचर विश्लेषण की तकनीकों का उपयोग करता है। बहुचर विश्लेषण के लिये सबसे सामान्य सांख्यिकीय तकनीक समाश्रयण

(प्रतीपगमन) का उपयोग किया जाता है। बहुचर विश्लेषण के पहले चरण में शोधकर्ता चरों के बीच सह–सम्बन्ध प्राप्त करता है जिनके सम्बन्ध सांख्यिकीय सार्थक होते हैं। इन चरों को प्रतीपगमन विश्लेषण में रखा जाता है (तालिका 5 और तालिका 6 में पुनरुत्पादित निम्न लेख देखें)। सह–सम्बन्ध और प्रतीपगमन विश्लेषण को लागू करने के लिये महत्वपूर्ण बिन्दु यह है कि आंकड़े अनुपात या अन्तवर्ती स्तर पर मापे गये हों। दूसरा बिन्दु शोधकर्ता को यह ध्यान रखना होगा कि ये दोनो ही सांख्यिकीय तकनीकें निश्चित मान्यताओं पर आधारित हैं। अतः इन तकनीकों का प्रयोग करने से पूर्व शोधकर्ता को यह देखना होगा कि उसके द्वारा जो प्रतिदर्श चयनित किये गये हैं वे उन शर्तों को पूरा करते हैं या नहीं।

सामान्य रूप में आंकड़ों का विश्लेषण और विशेष रूप से बहुचर विश्लेषण को प्रदर्शित करने के लिये लेखक द्वारा शोध जर्नल में प्रकाशित लेख प्रस्तुत किया गया है। यह लेख सम्पूर्ण शोध प्रक्रिया पर भी चर्चा करता है।

महिला–पुरुषों की वेतन भिन्नता में कुछ सामाजिक–आर्थिक संबद्ध

(Some Socio-Economic Correlates of Male -Female Wage Differential) D.K. Lal Das

सम्पूर्ण विश्व में 'समान कार्य के लिये समान वेतन' का सिद्धान्त स्वीकार कर लिया गया है। भारतीय संविधान विशेष रूप से 'समान कार्य के लिये समान वेतन' स्वीकार करता है, और भारतीय सरकार ने महिला और पुरुष कार्यकर्ताओं में समान पारिश्रमिक भुगतान के लिये विधायी उपायों को सुदृढ़ बनाकर प्रतिबद्धता के साथ लागू किया गया है। बहरहाल एक अध्ययन से पता चलता है कि लिंग के आधार पर वेतन भिन्नता रोजगार के कुछ क्षेत्रों में मौजूद है। वेतन भिन्नता कर्मचारियों की शिक्षा और कार्य अनुभव, जागरूकता के स्तर से सम्बन्धित तथा सार्थकतापूर्ण पायी गयी है।

परिचय (Introduction)

यह सम्पूर्ण विश्व में स्वीकार किया गया है कि महिला कर्मचारियों को कुछ विशेष सुरक्षा और सुविधायें प्रदान की जानी चाहिये। यह विचार विश्व स्तर पर अन्तर्राष्ट्रीय श्रम संगठन के सम्मेलनों के रूप में और संयुक्त राष्ट्र के घोषणा के रूप में महिलाओं के खिलाफ भेदभाव उन्मूलन हेतु सघन किया गया है।

भारत में, संविधान सभी नागरिकों को समानता के अधिकार का वादा करता है और महिलाओं के लिये समानता प्राप्ति हेतु विशेष सुरक्षा प्रदान करता है। अनुच्छेद 39(द) में विशेष रूप में कहा गया है कि राज्य 'महिला और पुरुषों दोनों के लिये समान कार्य हेतु समान वेतन' देखेगा। 'समान कार्य हेतु समान वेतन' के सिद्धान्त को समान पारिश्रमिक अधिनियम 1976 का अधिनियमन के रूप में अनूदित कर व्यवहार में लाया गया (यहाँ के बाद इसे केवल 'अधिनियम' लिखा जायेगा)। इस अधिनियम का उद्देश्य यह है कि महिलाओं और पुरुषों को एक जैसे कार्य या उसी प्रकृति के कार्य के लिये समान पारिश्रमिक भुगतान प्रदान किया जाना है और रोजगार के मामले में महिलाओं के खिलाफ लिंग के आधार पर भेदभाव को रोकना है।

ये सभी कानूनी अधिनियमितियाँ होने के बावजूद भी एक जैसे कार्य या उसी प्रकृति के कार्य के लिये महिला और पुरुष कर्मचारियों के वेतन के मध्य असमानतायें जारी हैं और रोजगार के मामले में लिंग के आधार पर भेदभाव भी विद्यमान है। यह अत्यन्त निराशाजनक है कि इस नेकनीयत कानून की प्रभावशीलता अत्यन्त सीमित हो गयी है।

लिंग के आधार पर, वेतन भिन्नता के जो कारण अवलोकित किये गये हैं, वे विवादास्पद हैं। हालांकि कार्यस्थल पर महिलाओं के खिलाफ भेदभाव के

जो कारण शोधकर्ताओं द्वारा अक्सर दिये जाते हैं, उनमें से कुछ प्रस्ताव निम्नलिखित हैं।

(अ) युवा महिलायें शादी और बच्चा जनने के लिये श्रम बल से निकलने की संभावना अधिक रहती है।

(ब) परिवार को सहायता करने में महिलाओं की तुलना में पुरुषों की जवाबदारी अधिक रहती है और इसीलिये कार्य करने का अधिकार ज्यादा होता है।

(स) महिलायें जो बाद में श्रम बल में पुनः प्रवेश करती हैं, उनमें कार्य अनुभव की कमी होती है जो अधिकतर पुरुषों में होता है।

(द) महिलायें हमेशा परिवार को सहायता देने के लिये नहीं कमाती हैं लेकिन पारिवारिक आय में पूरक बनने हेतु और इसीलिये शायद महिलायें कम कीमत पर कार्य करने हेतु उपलब्ध हो सकती हैं।

(य) महिलायें अपना रोजगार खो जाने के भय से मुकाबला होने से बचती हैं और चुपचाप सहन करती रहती हैं।

अतः क्षेत्र जो अन्वेषण हेतु माने जाते हैं वे हैं–

(अ) श्रम प्रशासन की भूमिका (कानून प्रवर्तन मशीनरी) अधिनियम के लागू करने के सम्बन्ध में एक महत्वपूर्ण अध्ययन का क्षेत्र हो सकता है। इस अर्थ में प्राधिकरण अधिनियम के प्रावधानों को व्यवहार में बदल सकती है।

(ब) नियोक्ता द्वारा सांविधिक अधिनियमों का पालन न करने के मामले हो सकते हैं जहां अधिनियम के प्रावधानों को उनके सही अर्थो में अवलोकित न किया गया हो। (जो वेतन भिन्नता के कारण हो सकते हैं उनके उचित अन्वेषण की आवश्यकता होती है)

(स) अक्सर, अनुचित सामाजिक परिस्थितियां, आर्थिक विकास की स्थिति, उनका अज्ञानता और रोजगार छिन जाने का भय, महिलायें रोजगार के सभी नियमों और शर्तों जो उन्हें दिये जाते हैं मान्य करते हैं। जैसा कि विद्यमान वेतन विसंगतियां और भिन्नता महिला कर्मचारियों के सामाजिक–आर्थिक रूप से सम्बद्ध हो सकते हैं। (यहां SECE के रूप में प्रदर्शित किया गया है)।

यह पत्र केवल तीसरे इन्टरफेस से सम्बन्धित है।

वर्तमान अध्ययन का मुख्य उद्देश्य एक जैसे कार्य की प्रकृति में महिला और पुरुष कर्मचारियों में वेतन भिन्नता का अन्वेषण करना है और SECE के

महत्वपूर्ण सम्बद्धों को चिह्नित करना है। विशिष्ट रूप से, आंकड़ों के बहु विश्लेषण द्वारा निम्नलिखित उद्देश्यों को प्राप्त किया जाता है–

(अ) अवलोकित वेतन भिन्नता और SECE चरों के बीच सम्बन्ध क्या हैं?

(ब) किस SECE सम्बद्ध और SECE समुच्चय के सम्बद्ध अवलोकित वेतन भिन्नता में विचरण की व्याख्या करता है।

(स) प्रत्येक सम्बद्ध का व्यक्तिगत योगदान अवलोकित वेतन भिन्नता को प्रभावित करने में क्या है?

कुछ शोध तथ्य (Some Research Findings)

बहुत ही कम सूक्ष्म अध्ययन किये गये हैं जो यह दर्शाते हैं कि एक जैसे कार्य की प्रकृति के लिये महिला और पुरुष कर्मचारियों के मजदूरी/वेतन के मध्य असमानतायें, कार्यस्थल पर महिलाओं के खिलाफ भेदभाव का ही सामान्य भाग है। (गम्भीर, 1979; खन्ना और मैथ्यू, 1979; पटेल, 1982)। विशेषकर असंगठित क्षेत्र में महिलाओं को पुरुषों की तुलना में कम मजदूरी अपरिवर्तनीय रूप में दी जाती है।

पायस (1980), श्रम ब्यूरो (1979), व्यावसायिक मजदूरी सर्वेक्षण (1963) के द्वारा किये गये अध्ययनों के अनुसार, रोजगार और उद्योगों के चयन के सम्बन्ध में 'समान कार्य हेतु समान वेतन' के सिद्धान्त को लागू किया गया। इसमें नियोक्ताओं ने महिला श्रमिकों के रोजगार से लाभ हेतु सिद्धान्त को हतोत्साहित किया, महिला श्रमिकों को रोज़गार देने का एक मात्र कारण यह था कि यह सस्ता था।

वेतन भिन्नता और क्षेत्रीय विकास के बीच सम्बन्ध क्या हैं? योजना आयोग (1961) द्वारा कार्यक्रम के मूल्यांकन हेतु एक संगठन द्वारा इस पहलू पर अध्ययन किया गया। निष्कर्ष यह पाया गया कि अन्तर्राज्यीय विविधतायें काफी सार्थक हैं।

शोध प्रविधि (Research Methodology)

वेतन भिन्नता का आकलन : आश्रित चर (Estimation of Wage Differential: Dependent Variable)

एक जैसे कार्य में या उसी प्रकृति के कार्य में कार्यरत एक पुरुष और एक महिला कर्मचारी की कुल मासिक आय के बीच में अन्तर (कटौती से पूर्व) सक्रिय रूप से परिभाषित अवलोकित भिन्नता है।

अध्ययन का क्षेत्र और नमूनाकरण (Study Area and Sampling)

अध्ययन आन्ध्रप्रदेश राज्य के तीन क्षेत्रों तक सीमित है। तटीय आन्ध्र (विकसित), तेलंगाना (विकासशील) और रायलसीमा (अविकसित), अधिनियम के तहत रोजगार की सूची में विनिर्दिष्ट सभी 52 रोजगारों को प्रतिदर्शज़ प्रारूप में शामिल किया गया है।

अधिनियम के तहत विनिर्दिष्ट, 52 रोजगारों के एक बड़े भाग को औद्योगिक प्रतिष्ठानों में शामिल किया गया है। अतः प्रतिदर्शज़ का एक बड़ा भाग औद्योगिक श्रमिकों को समाहित करता है। प्रतिदर्शज़ में उद्योगों के अलावा अन्य प्रतिष्ठानों में अस्पतालों, शैक्षणिक संस्थानों, कल्याणकारी सेवायें, हवाई परिवहन और स्वच्छता सेवायें, बैंकों, होटलों, कृषि और निर्माण कार्यों को भी शामिल किया गया है।

प्रतिदर्शज़ में शामिल होने के लिये एक कर्मचारी को निम्नलिखित शर्तें सन्तुष्ट करनी होंगी।

1. पुरुष और महिला कर्मचारियों को एक जैसे कार्य में या उसी प्रकृति के कार्य में कार्यरत होना चाहिये।
2. पुरुष और महिला कर्मचारियों के पद एक जैसे होना चाहिये।
3. दोनों एक ही संगठन में कार्यरत् होनी चाहिये।

उत्तरदाताओं के जोड़े (पुरुष और महिला) जो ये शर्तें पूरी करते हैं रोजगार के विभिन्न क्षेत्रों से चयनित किये गये हैं।

कर्मचारियों के 139 जोड़े योग्य पाये गये हैं जिसमें से 17 उत्तरदाताओं (दोनों पुरुष और महिला) से सम्पर्क स्थापित नहीं किया जा सका है। अतः 122 उत्तरदाताओं के जोड़े साक्षात्कार हेतु अध्ययन में शामिल किये गये हैं। अध्ययन के लिये चयनित कुल नमूने का आकार 244 है।

उपकरण और आंकड़ों के संग्रहण की विधि (Tools and Method of Data Collection)

मजदूरी/वेतन पर आंकड़े और व्यक्तिगत विशेषताएं पेरोल रिकॉर्ड और रोजगार आवेदन फार्म से एकत्रित किये गये हैं। और अन्य SECE चरों के लिये पूर्व परीक्षण की हुयी साक्षात्कार अनुसूची का उपयोग करके आंकड़ों को एकत्रित किया गया है।

परिणाम और चर्चा (Results and Discussion)

पुरुष और महिला कर्मचारियों के बीच आय में असमानता प्रस्तुत करता है।

सारणी 1

पुरुष और महिला कर्मचारियों के मध्य आय में असमानता (अवलोकित)

कर्मचारी	औसत मासिक आय	SD	CV	t	औसत पुरुष महिला वेतन भिन्नता	SD
पुरुष	706.16	379.67	33.765	93.321*	118.54	455.79
महिला	496.87	234.19	47.133			

* df = 242, p = .001

महिला कर्मचारियों के लिये कुल मासिक आय का माध्य रुपए 496.87, (SD = 234.19, n =122) और पुरुष कर्मचारियों के लिये कुल मासिक आय का माध्य रुपए 706.16, (SD = 379.67, n =122)। इन आंकड़ों से महिला और पुरुष कर्मचारियों के बीच वेतन भिन्नता की सीमा से अन्तर का संकेत मिलता है। वेतन भिन्नता का अन्तर सार्थक पाया गया है (t = 93.32, p =.001)।

आर्थिक पदों में यह अन्तर काफी बड़ा है। उदाहरण के लिये – महिला और पुरुष कर्मचारियों की मासिक मजदूरी/वेतन के बीच अन्तर रुपए 118.54 है जो महिला और पुरुष के वेतन में वार्षिक अन्तर रुपए 1,422.48 होगा।

सारणी 2

पुरुष कर्मचारियों के प्रतिदर्श से प्राप्त चयनित चरों के बीटा भार

S.No.	(Variables)	बीटा भार (Beta Weights)
1.	COLL	336.224
2.	DEVING	203.700
3.	TOEXP	17.651
4.	ILL	–121.574
5.	UNDEV	59.772
6.	AGE	1.494

Multiple R_2 = 0.3647

Multiple R = 0.60398

Percentage Variation Explained = 36.47914

Constant = 136.14583

एक जैसे कार्य में कार्यरत एक पुरुष और एक महिला कर्मचारी की कुल मासिक आय के बीच में अन्तर सक्रिय रूप से परिभाषित अवलोकित भिन्नता है। महिला कर्मचारियों के नमूने का मिलान पुरुष कर्मचारियों के साथ उनके

कार्य अनुभव, शिक्षा के स्तर, कौशल के स्तर, उम्र, नियुक्ति वर्ष के लिये (और कई अन्य चरों के लिये) सही मायने में वेतन अन्तर निर्धारित करने के लिये करना चाहिये। नमूने में दी गयी व्यावसायिक विजातीयता, स्पष्ट रूप में असंभव है। इस अभिधारणा के तहत लिंग भेद पुरुषों के लिये लागू नहीं है, वेतन की भविष्यवाणी करने में चयनित चरों के इष्टतम वजन को निर्धारित करने के लिये पुरुष नमूनों से बहु समाश्रयण प्राप्त किये गये। सारणी 2 में इन बहु समाश्रयणों के परिणाम प्रस्तुत किये गये हैं।

दिये गये भार के आधार पर पुरुष कर्मचारियों के प्रतिदर्श से बहु समाश्रयण की गणना, महिला कर्मचारियों के प्रतिदर्श के लिये प्रत्याशित मजदूरी/वेतन की गणना। प्रत्याशित और अवलोकित मूल्यों से मजदूरी भिन्नता के अनुपात की गणना। परिणाम सारणी – 3 में प्रस्तुत किये जा रहे हैं।

सारणी 3

प्रत्याशित और अवलोकित मूल्यों से मजदूरी भिन्नता का अनुपात

	माध्य	*मानक विचलन*	*t-मान*	*मजदूरी भिन्नता अवलोकित प्रत्याशित मूल्य*	*विसंगति अनुपात से प्रत्याशित मूल्य**	*विसंगति अनुपात से अवलोकित मूल्य**
अवलोकित मूल्य	496.8653	234.1930	40.784	–89.7658	–15.30191***	–18.06642***
प्रत्याशित मूल्य	586.6311	353.6689		(SD = 503-5495)		

$$* \quad \frac{\text{अवलोकित मूल्य} - \text{प्रत्याशित मूल्य}}{\text{प्रत्याशित मूल्य}} \times 100$$

$$** \quad \frac{\text{अवलोकित मूल्य} - \text{प्रत्याशित मूल्य}}{\text{प्रत्याशित मूल्य}} \times 100$$

*** मूल्यों से पूर्व नकारात्मक चिह्न यह इंगित करता है कि महिला कार्यकर्ता को अवलोकित/प्रत्याशित से कम मजदूरी मिलती है।

वेतन भिन्नता का माध्य (वेतन भिन्नता = अवलोकित प्रत्याशित वेतन) महिला कर्मचारियों के लिये रुपए 89.77 (SD = Rs 503.55, n = 122) पुरुष कर्मचारियों के लिये यह माध्य रुपए 285.00 (SD = 303.85, n = 122)। वेतन

भिन्नताओं में लिंग भेद, महिला और पुरुष कर्मचारियों के लिये संकेत करता है कि वेतन निर्धारण का सिद्धान्त किस सीमा तक भिन्नता के साथ महिला और पुरुष कर्मचारियों पर लागू होता है। महिला कर्मचारियों के मजदूरी/वेतन के बीच भिन्नता बहु समाश्रयण रेखा पर आधारित होकर प्राप्त की जानी चाहिये और मजदूरी/वेतन जो वास्तव में उन्होंने प्राप्त किया है पुरुष कर्मचारियों हेतु तुलनात्मक भिन्नताओं से सार्थक अन्तर रखता है (t = 75.890, p)।

प्रत्याशित मजदूरी/वेतन द्वारा उनके माध्य को वेतन भिन्नता (महिला) माध्य के द्वारा भाग देकर पुरुष कर्मचारियों की आकलित मजदूरी/वेतन की गणना सम्भव थी कि समान योग्यता की महिला कर्मचारी प्राप्त करेगी। इस आकलन के अनुसार समान योग्यता वाली महिला कर्मचारी 15.30 प्रतिशत पुरुष कर्मचारियों की आय की तुलना में कम प्राप्त करेगी।

इसी प्रकार, (महिला) वेतन भिन्नता माध्य द्वारा विभाजित अवलोकित मजदूरी वेतन माध्य के द्वारा यह आकलन करना संभव होता है कि उसकी वर्तमान मजदूरी/वेतन का प्रतिशत जो प्रत्येक महिला कर्मचारी को महिला होने के कारण खोना पड़ता है। औसत अंक जिसका परिणाम 18.07 प्रतिशत था। अन्य शब्दों में, औसत महिला कर्मचारियों को 18.07 प्रतिशत वर्तमान मजदूरी/वेतन से अधिक होना चाहिये था। मजदूरी/वेतन को पुरुषों के समान करने के लिये चयनित चरों पर उसी स्कोर के साथ हों।

वेतन भिन्नता के सम्बद्धों का अध्ययन करने के लिये 10 चरों के समूह पर विचार किया जाता है। तालिका 4 चरों के लिये आव्यूह के अन्तर सह सम्बन्ध को प्रस्तुत करती है।

तालिका 4 से यह निष्कर्ष निकाला जा सकता है कि 3 स्वतन्त्र चर एक दूसरे से सार्थक सह–सम्बन्ध नहीं रखते हैं। जिसका तात्पर्य यह है कि इन स्वतन्त्र चरों के प्रभाव पर वेतन भिन्नता (आश्रित चर) इसका व्यक्तिगत प्रभाव हो सकता है और दूसरे स्वतन्त्र चर से प्रभावित नहीं है। हालांकि 7 स्वतन्त्र चरों (* से चिह्नित) आश्रित चर के साथ सार्थक रूप में सह सम्बन्धित हो सकती है। असाक्षर मामले के अलावा सह–सम्बन्ध प्रकृति से नकारात्मक है। चूंकि यहां केवल शून्य क्रम सह–सम्बन्ध है अतः यह निर्धारण करना कठिन होगा कि प्रत्येक सम्बद्धों का योगदान वेतन भिन्नता में चरों की व्याख्या में है। स्वतन्त्र चरों के भारात्मक योगदान के लिये समाश्रयण विश्लेषण की तकनीक का उपयोग किया गया।

सारणी 4

चयनित चरों के लिये अन्तर–सह–सम्बन्ध आव्यूह

Variable No.	XI	X2	X3	X4	X5	X6	XI	X8	X9	XIO	XII
XI	1.000	0.523	0.26	–0.27	–0.033	–0.298	–0.059	–0.034	–0.317	0.024	0.025
X2	0.523	1.000	–0.031	–0.133	0.070	0.092	–0.195	0.227	–0.012	0.262	–0.283**
X3	0.26	0.031	1.000	–0.666	0.196	–0.318	–0.07	0.105	–0.357	–0.04	0.320**
X4	–0.27	–0.133	–0.666	1.000	–0.162	0.212	0.027	–0.f38	0.319	0.036	–0.336**
X5	–0.033	0.07	0.196	–0.162	1.000	–0.121	0.06	–0.147	–0.232	–0.036	–0.046
X6	–0.298	0.092	–0.318	0.212	–0.121	1.000	–0.134	0.324	0.848	0.148	–0.260**
X7	–0.059	–0.195	–0.07	0.027	0.06	–0.134	1.000	–0.455	–0.153	–0.473	0.187*
X8	–0.034	0.227	0.105	–0.138	–0.147	0.324	–0.455	1.000	0.198	0.53	–0.142
X9	–0.317	–0.012	–0.357	0.819	–0.232	0.848	–0.153	0.198	1.000	0.21	–0.337**
X10	0.051	0.262	–0.040	0.036	–0.036	0.148	–0.473	0.530	0.210	1.000	–0.258**
XII	0.025	–0.283	0.320	–0.330	–0.046	–0.260	0.186	–0.142	–0.337	–0.258	1.000

'R' Significant at 0.05 = 0.17613

R Significant at 0.01 – 0.22892

* Significant at 0.05 level

** significant at 0.01 level

समाश्रयण विश्लेषण में कुल 10 चरों को शामिल किया गया। आश्रित चर पर एक चर का कोई इससे अधिक अतिरिक्त प्रभाव नहीं था जो कि 9 चरों में था। अन्य शब्दों में, एक चर असार्थक होना चाहिये, जहां तक वेतन भिन्नता का सम्बन्ध है। समाश्रयण गुणांक तालिका 5 में दिये गये हैं। प्रत्येक चर के महत्वपूर्ण सम्बन्ध की व्याख्या कीजिये। 6 चरों के ऋणात्मक गुणांक यह सूचित करते हैं कि इन चरों के मूल्य में वृद्धि आश्रित चरों की स्कोर माप कम करने की संभावना रहती है। उदाहरण – माना कि एक इकाई द्वारा अधिनियम की जागरूकता का स्तर बढ़ने से मजदूरी भिन्नता स्कोर निर्धारण में 0.44 इकाइयां घटाने की संभावना होती है।

सारणी 5

स्वतन्त्र चरों का समाश्रयण विश्लेषण

आश्रित चर : मजदूरी भिन्नता (अवलोकित)

माध्य : 188.54

मानक विचलन : 455.79

Variable No.	*Explanatory Variables*	*Standardised Beta Coefficient (b)*	*Regression Coefficient (b)*	*Standard Error*	*t-values*
X9	AWAR	–0.43969	–485.12908	184.85340	2.62440*
X2	TOEXP	–0.29998	–30.89918	10.53238	2.93373*
X4	COLL	–0.22218	–240.82327	117.08562	2.05681*
X5	MARR	–0.17932	–185.80535	89.29196	2.08087*
X10	OBS	–0.4076	–20.22793	51.18891	2.39516
X6	ATUNEQ	0.26494	357.73318	228.88216	2.56296
X3	ILL	0.15119	140.57127	103.37046	2.35988
X8	UNDEV	–0.16709	–154.85873	124.48085	2.24404
X1	AGE	0.01892	1.14754	6.36663	2.18024

Multiple R^2 = 0.33033

Multiple R = 0.57474

Percentage Variation

Explained = 33.03299

स्थिरांक (Constant) = 2143.81995

*Significant at 0.05 Level

अधिनियम के बारे में जागरूकता का स्तर, वेतन भिन्नता को प्रभावित करने वाला सर्वाधिक महत्वपूर्ण संबद्ध (Correlates) पाया गया है। इसके

अलावा कार्य अनुभव और शिक्षा के स्तर में भी महत्वपूर्ण संबद्ध पाये गये हैं। इन तीनों संबद्धों के संयोजन से निम्नलिखित मापदण्डों के आधार पर सर्वाधिक अच्छे समीकरण के रूप में पहचान की गई है।

(अ) वेतन भिन्नता के अधिकतम बदलाव में संयोजन की व्याख्या होनी चाहिये।

(ब) समीकरण में प्रत्येक संबद्ध का योगदान ऋणात्मक होना चाहिये।

(स) प्रत्येक संबद्ध का योगदान 5 प्रतिशत स्तर पर सांख्यिकीय सार्थक होना चाहिये।

सर्वोत्तम समीकरण निम्न समाश्रयण प्रारूप (Regression Form) में व्यक्त किया जा सकता है।

$$Y = \text{Constant} + b_1X_1 + b_2X_2 + b_3X_3$$

जहाँ Y वेतन भिन्नता है। b_1, b_2 और b_3 समाश्रयण गुणांक हैं और X_1, X_2 और X_3 संबद्ध हैं।

समाश्रयण गुणांकों के संबद्धों का उपयोग करके समीकरण का मूल्यांकन किया जा सकता है।

वेतन भिन्नता = 2143.820 – 485.129 (AWAR) – 30.899 TOEXP – 2440.823 COLL

सारणी 6

प्रत्येक संबद्ध का व्यक्तिगत योगदान

Variable No.	*Name of the Correlate*	*Zero-Order Correlation with Wage differential Yxy*	*1st Order Partial Correlation with Wage Differential*	*Regression Coefficient (b)*	*Standardised Beta Coefficient (B)*	*Individual Contribution B.Yxy*
X13	AWAR	–0.337**	–0.242**	–485.129**	–0.440**	0.148
X2	TOEXP	–0.283**	–0.268**	–30.899**	–0.300*	0.085
X5	COLL	–0.330**	–0.192**	–240.823	–0.222**	0.073
					Total	0.306

*p. 05 **p. 01

जागरूकता, कुल अनुभव और महाविद्यालय की शिक्षा तीनों ही संबद्ध सर्वोत्तम समीकरण में सम्मिलित हैं और वेतन भिन्नता के साथ संबद्ध

सारणी 7
वेतन भिन्नता के संबद्ध

SECE	वेतन भिन्नता			कुल	काई वर्ग	स्वातन्त्र्य अंश	प्रायिकता
	निम्न	मध्यम	उच्च				
1. अधिनियम की जागरूकता							
हाँ	4 (50)	3 (37.5)	1 (12.5)	8 (100)	4.463	2	P 0.02
नहीं	33 (20.2)	47 (41.2)	44 (38.6)	114 (100)			
कुल	27	50	45	122			
2. कुल कार्य अनुभव वर्षों में							
1–4	11 (25.6)	17 (39.5)	15 (34.9)	43 (100)			
5–6	10 (19.6)	18 (35.3)	23 (45.1)	51 (100)	3.943	4	P 0.05
10–22	6 (21.4)	15 (53.6)	7 (25.0)	28 (100)			
कुल	27	50	45	122			
3. शिक्षा का स्तर							
असाक्षर	8 (9.4)	39	38 (44.7)	85 (100)			
मैट्रिक तक	5 (50.0)	3 (30.0)	2 (20.0)	10 (100)	26.793 4	4	P 0.001
मैट्रिक से ऊपर	14(51.8)	8 (29.6)	5 (18.5)	27 (100)			
कुल	27	50	45	122			

सर्वाधिक महत्वपूर्ण पाये गये हैं। इसके साथ–साथ तीनों संबद्धों के कारण वेतन भिन्नता में 31 प्रतिशत बदलाव आया है। प्रत्येक संबद्ध का व्यक्तिगत योगदान अलग–अलग उसके विवरण के साथ सारणी 6 में दर्शाया गया है।

सारणी 7 में दर्शाया गया है कि लगभग 93 प्रतिशत उत्तरदाता अधिनियम के अस्तित्व के बारे में ही नहीं जानते। यह इंगित करता है कि कानून की बुनियादी अनिवार्यता यह है कि योजना के कार्यान्वयन में एक मजबूत संचार नेटवर्क की चूक है। और इसीलिये सावधानीपूर्वक व्यक्त करने की आवश्यकता है। हैरानी की बात यह है कि आज तक भी कोई उपयुक्त विधि का विकास नहीं हुआ है जो अधिनियमित कानून को लो·गों में संवादित किया जा सके जिनसे यह सम्बन्धित है। शायद अनेक कारणों में से एक कारण यह भी है कि क्यों लिंग के आधार पर असमानताएं अभी भी जारी हैं और रोजगार के मामले में लिंग के आधार पर भेदभाव विद्यमान है।

सारणी 8

अन्तर्विराम के संकेतक हेतु माध्य मूल्य

लिंग	*चर का माध्य मूल्य*	
	Previous Jobs Held	*Gap Between Jobs in Years*
पुरुष	1.35	2.45
महिला	2.15	3.00

जैसा कि सारणी 7 और 8 से देखा जा सकता है कि कार्य अनुभव के सापेक्ष महिलाओं का प्रतिदर्श पुरुषों तथा रोजगार के अवसरों के बीच रिक्तता और वर्तमान कार्य से पहले किये गये कार्यों की संख्या में अलग है। पहला यह कि वे औसत हैं और पुरुषों की तुलना में कम अनुभव रखती हैं। महिलाओं के रोजगार के अवसर उनके महत्तम अन्तर्विराम के बाद पुरुषों की तुलना में कम रहे हैं। यह महिला कर्मचारी का श्रम बल से बाहर होना विवाह के कारण या बच्चे के कारण हो सकता है। यह विश्लेषण वेतन भिन्नता के सम्बद्धों के रूप में कार्य अनुभव की सार्थकता पर बल देता है। यद्यपि साक्षरता, महिलाओं की शिक्षा भारतीय योजनाकारों और सामाजिक सुधारकर्ताओं के लिये विशेष रूप में सम्बन्धित है। महिलाओं में साक्षरता (1981 की जनगणना के अनुसार 24.88 प्रतिशत) पुरुषों की साक्षरता (46.74) से पीछे है। अध्ययन के अन्तर्गत महिलाओं और पुरुषों (उत्तरदाताओं) के ये आंकड़े क्रमशः 45.6 प्रतिशत और 71.9 प्रतिशत हैं (तालिका 7)। इस प्रकार यह प्रतीत होता है कि साक्षरता के सापेक्ष महिला पुरुष से समानता करने में बहुत आगे जाना होगा। यह दूसरा

कारण हो सकता है कि महिलाओं के साथ उनके कार्य स्थल पर सतत रूप से अत्याचार और शोषण किया जा रहा है। संविधान से उन्हें लाभ कैसे मिल पायेगा, यदि उन्हें यह जानकारी नहीं है कि इसका उपयोग कैसे किया जाये? तालिका 7 का एक परीक्षण यह स्पष्ट करता है कि उन उत्तरदाताओं के लिये जिनकी शिक्षा का स्तर उच्च है उनकी वेतन भिन्नता की सार्थकता निम्न है (X**2 = 26.793, d.f. = 4, p)।

उपसंहार (Conclusion)

तीन SECE संबद्धों पर एक साथ विचार करके निष्कर्षतः यह कहा जा सकता है कि वेतन भिन्नताओं को कम करने हेतु रणनीतियों पर केवल कानून अमलदर करने से कार्य बिल्कुल ठीक नहीं होगा। ऐसी रणनीतियां कभी–कभी प्रत्यक्ष रूप से कर्मचारी को उनके अधिकारों और उत्तरदायित्व के प्रति जागरूक बनाने में शामिल होती हैं। अतः वेतन भिन्नता को कम करने के लिये प्रत्यक्ष प्रयास हेतु कर्मचारियों को अधिनियम के प्रावधानों की शिक्षा पर प्रकाश डालना होगा। क्योंकि शिक्षा उनके अधिकार और उत्तरदायित्वों हेतु उनकी जागरूकता बढ़ाने के लिये आवश्यक है।

टिप्पणी

1. अन्तर्राष्ट्रीय श्रम संगठन (आई.एल.ओ.) ने इस प्रकार के विषय पर दो सम्मेलनों को विकसित किया है (अ) समान पारिश्रमिक, 1951 (सम्मेलन–100) जो महिलाओं और पुरुषों को समान कार्य के लिये समान पारिश्रमिक निर्धारित करता है। (ब) भेदभाव सम्मेलन (रोजगार और व्यवसाय), 1958 (सम्मेलन–111) जो कोई भेद, अपवर्जन, वंश के आधार पर प्राथमिकता देने, रंग, लिंग, धर्म या सामाजिक मूल को सन्दर्भित करता है जो रोजगार या व्यवसाय में उपचार या अवसर की समानता को प्रभावित कर अमान्य करता है या व्यर्थ मानता है।
2. 1967 में, संयुक्त राष्ट्र संघ की महासभा में सर्वसम्मति से महिलाओं के खिलाफ भेदभाव के उन्मूलन की घोषणा को अपनाया गया जो शिक्षा, कार्य और शादी में समानता के अधिकार को व्यापक रूप में गारंटी देता है।
3. रैखिक सम्भावना के उपयोग के लिये लॉड : 1966 और माड्डाला : 1988 में उपयुक्त प्रतिमान पाया जा सकता है।

सन्दर्भ

गम्भीर, जी.डी., 1979 : लेबर इन स्मॉल स्केल इन्डस्ट्रीज़, नागपुर यूनीवर्सिटी : डिज़रटेशन।

खन्ना, के. एम. एण्ड मैथ्यू एम., 1979 : वूमेन वर्कर इन अनऑर्गेनाइज्ड सेक्टर ऑफ कोयर इन्डस्ट्रीज इन इन्डिया, आय.सी.एस.एस.आर. रिसर्च आब्सट्रैक्ट।

लेबर ब्यूरो, 1979 : ए स्टडी ऑफ वर्किंग एण्ड लिविंग कंडीशन इन इन्डस्ट्री, नई दिल्ली, मिनिस्ट्री ऑफ लेबर।

लॉड, जी. 1966 : लीनियर प्रोबेबिलिटी फंक्शन्स एण्ड डिस्क्रिमिनैन्ट फंक्शन्स, इकोनोमेट्रिक्स, वॉल्यूम 34, 873–85।

माड्डाका, जी.एस., 1983 : लिमिटेड डिपेन्डेन्ट एण्ड क्वालिटेटिव वैरेबल इन इकोनोमेट्रिक्स, कैम्ब्रिज़, कैम्ब्रिज यूनिवर्सिटी प्रेस।

पायस, एच., 1980 : एम्प्लॉयमेन्ट ऑफ वूमेन इन इन्डिया, इन्डियन लेबर जर्नल, अप्रैल।

पटेल, विभूति, 1982 : वूमेन एण्ड वर्क (मिमियोग्राफ), एसएनडीटी वूमेन्स यूनिवर्सिटी।

प्लानिंग कमीशन, 1961 : रिपोर्ट ऑफ दि प्लानिंग कमीशन, नई दिल्ली।

समीक्षा के लिए महत्वपूर्ण पद (Important Terms for Review)

- आंकड़ों का प्रक्रियाकरण या संसाधन (Data Processing)
- आंकड़ों का संकेतन (Coding Data)
- मास्टर चार्ट तैयार करना (Preparing Master Chart)
- आंकड़ों का विश्लेषण (Data Analysis)
- पुनर्वर्गीकरण (Recategorization)
- सारणीयन (Tabulation)
- एकल चर विश्लेषण (Uni Variate Analysis)
- द्विचर विश्लेषण (Bi Variate Analysis)
- त्रिचर विश्लेषण (Tri Variate Analysis)
- बहुचर विश्लेषण (Multi Variate Analysis)

समीक्षात्मक प्रश्न (Review Questions)

1. समंकों के संसाधन और समंकों के विश्लेषण में अन्तर स्पष्ट कीजिये। मास्टर चार्ट तैयार करने के महत्व पर प्रकाश डालिये।

2. समंकों के संसाधन और समंकों के विश्लेषण के सन्दर्भ में वर्गीकरण और पुनर्वर्गीकरण की प्रक्रिया पर चर्चा कीजिये।
3. एक वैश्लेषिक प्रतिमान क्या है? आंकड़ों की व्याख्या करने में विश्लेषणात्मक प्रतिमान के महत्व पर चर्चा कीजिये।
4. चरों के बीच कारण–सम्बन्ध परीक्षण करने की प्रक्रिया का विवरण दीजिये।
5. त्रि–चर विश्लेषण क्या है? द्वि–चर सम्बन्ध पर तीसरे चर के प्रभाव के परीक्षण की प्रक्रिया पर चर्चा कीजिये।
6. समाजकार्य शोध में बहुचर विश्लेषण की आवश्यकता पर चर्चा कीजिये।

आगे पढ़ने हेतु (For Further Reading)

बैले, कीनिथ डी, *मैथड्स ऑफ सोशल रिसर्च,* लन्दन, दि फ्री प्रेस, 1978.

बेकर, एल. थेरेसे, *डुईग सोशल रिसर्च,* न्यूयॉर्क, मैक्ग्रा हिल्स, 1998.

ब्लैलॉक, एच.एम., *सोशल स्टेटिसटिक्स,* ऑकलैण्ड, मैक्ग्रा हिल्स, 1998.

डोबाय, जे. टी. एट.आल., *एन इन्ट्रोडक्शन टु सोशल रिसर्च,* लन्दन, हैरिसबर्ग स्टैकपोल कं., 1953.

कर्लिन्जर, फ्रेड आर., *फाउन्डेशन्स ऑफ बिहैविरल रिसर्च,* दिल्ली, सुरजीत पब्लिकेशन्स, 1964.

मोन्टे, ड्यूआना आर. एट ऑल, *अप्लायड सोशल रिसर्च : टूल फॉर दि ह्यूमन सर्विसेज़,* शिकागो होल्ट, 1986.

नचमियास, डी. एण्ड नचमियास, सी., *रिसर्च मैथड्स इन सोशल साइन्सेस,* न्यूयॉर्क सेन्ट मार्टिन्स प्रेस, 1981.

सेलीट्ज, जी. एट ऑल, *रिसर्च मैथड्स इन सोशल रिलेशन्स,* न्यूयॉर्क : होल्ट (थर्ड एडिशन), 1973.

स्जोबर्ग, जी. एण्ड नेट बी., *ए मैथडोलॉज़ी ऑफ सोशल रिसर्च,* न्यूयॉर्क, हार्पर एण्ड रॉ, 1968.

विल्किनसन, टी. एस. एण्ड भण्डारकर, पी. एल., *मैथडोलॉजी एण्ड टेक्निक्स ऑफ सोशल रिसर्च,* बॉम्बे, हिमालया पब्लिशिंग, 1977.

8

द्वितीयक समंकों का विश्लेषण

Analysis of Secondary Data

शोधकर्ता के अलावा अन्य किसी के द्वारा एकत्रित आंकड़ों को जो शोधकर्ता के उद्देश्य से अलग हैं, उन्हें उपलब्ध आंकड़े या द्वितीयक आंकड़ें की संज्ञा प्रदान की जाती है। इस तरह के आंकड़े बहुल रूप में विश्लेषण के लिये उपलब्ध हैं। उदाहरण के लिये – सरकारी और गैर–सरकारी संगठनों द्वारा बड़ी संख्या में सांख्यिकीय आंकड़े अपराध, स्वास्थ्य, जन्म दर, मृत्यु दर के बारे में आदि इसी तरह के आंकड़ों को एकत्रित किया जाता है। सामाजिक शोध कार्य के लिये द्वितीयक समंकों में शामिल संचार या संप्रेषण के विभिन्न रूपों में गुणात्मक प्रारूप के प्रलेखों के अन्य रूप जैसे – जर्नल्स में लेख, पुस्तकें, पत्रिकायें, पत्र, ज्ञापन, डायरियाँ इत्यादि सामाजिक कार्य मामलों के अभिलेख, फील्ड वर्क के अभिलेख द्वितीयक आंकड़ों के समृद्ध स्रोत हैं। ये आंकड़ें और अन्य स्रोतों से एकत्रित आंकड़ों के संयोजन से समाज कार्य के ज्ञान का आधार बनाने में महत्वपूर्ण योगदान हो सकता है।

द्वितीयक समंकों के स्रोत (Sources of Secondary Data)

आंकड़ें अनेक कारणों से एकत्रित किये जाते हैं। और इनमें से बहुत से आंकड़ें सामाजिक कार्य शोधकर्ताओं के लिये उपलब्ध होते हैं। सर्वप्रथम सांख्यिकीय आंकड़ों के प्रमुख स्रोत केन्द्र, राज्य और स्थानीय सरकारें हैं जो या तो प्रशासनिक उद्देश्यों के लिये या उनके कार्यक्रमों या सेवाओं के मूल्यांकन के उद्देश्य से आंकड़ों को एकत्रित करती हैं। विभिन्न मन्त्रालय जैसे – मानव संसाधन विकास, श्रम और रोजगार, और ग्रामीण विकास आदि इसी तरह से नगर निगम द्वितीयक स्रोतों के बहुत बड़े भण्डार हैं। विश्वविद्यालय और शैक्षणिक संस्थायें जहाँ पर विभिन्न स्तरों

पर शोधकार्य उनके पाठ्यक्रम का नियमित हिस्सा है। वह भी द्वितीयक आंकड़ों का महत्वपूर्ण स्रोत है।

गैर–सरकारी संगठनों द्वारा जो आंकड़े फन्डिंग एजेन्सियों की आवश्यकता के अनुरूप अर्थात् उनके कार्यक्रमों की योजनाओं और कार्यक्रमों/सेवाओं के मूल्यांकन हेतु, ग्राहक सेवा हेतु आवश्यकता निर्धारण के रूप में एकत्रित किये जाते हैं वे भी दूसरे द्वितीयक आंकड़ों का महत्वपूर्ण स्रोत हैं।

पूर्व के अध्याय में हम प्राथमिक स्रोतों से एकत्रित किये गये समंकों के विश्लेषण पर चर्चा कर चुके हैं। इस अनुभाग में हम प्रलेखों में उपलब्ध द्वितीयक स्रोतों के विश्लेषण को एक विधि के रूप में विश्लेषण अर्थात् विषयवस्तु विश्लेषण पर चर्चा करेंगे।

विषयवस्तु विश्लेषण (Content Analysis)

विषयवस्तु विश्लेषण विभिन्न उद्देश्यों के लिये शोधकर्ता के अलावा किसी अन्य द्वारा एकत्रित आंकड़ों के विश्लेषण की एक विधि है। कोई भी पत्रों, डायरियों, समाचार पत्रों के लेख, बैठकों के मिनिट्स और इसी तरह की अन्य की विषय वस्तुओं का विश्लेषण कर सकता है इसीलिये इसे विषयवस्तु विश्लेषण के नाम से जाना जाता है।

व्यवस्थित रूप से निष्कर्षों का निर्माण और संदेशों के विशिष्ट गुणों को वस्तुपरकता के साथ पहचानने की एक तकनीक को मोटे तौर पर विषयवस्तु विश्लेषण के रूप में परिभाषित किया जाता है (होल्स्टी, 1968: 601)। वस्तुपरकता यहाँ विश्लेषण का प्रतिनिधित्व करती है। जो स्पष्ट नियमों के आधार पर विभिन्न शोधकर्ताओं को एक जैसे संदेशों या प्रलेखों से एक जैसे परिणाम प्राप्त करने में सक्षम बनाती है। एक व्यवस्थित विषयवस्तु विश्लेषण में विषयवस्तु का समावेश या बहिर्वेश चयन हेतु लागू मानदण्डों की संगतता के अनुसार किया जाता है। इसमें केवल वही सामग्री आवश्यक होती है जो शोधकर्ता के शोध की परिकल्पना के परीक्षण में सहायक होती है (होल्स्टी, 1968: 598)।

विषयवस्तु विश्लेषण, द्वितीयक समंकों जैसे फील्ड के अभिलेखों, समाचार पत्रों या जर्नल्स में प्रकाशित लेखों, पत्रों, डायरियों आदि के विश्लेषण की एक विधि है। यह द्वितीयक स्रोतों से प्राप्त समंकों की विषयवस्तु के विश्लेषण, सारणीयन, संकेतन आदि को मुख्य रूप से समाहित करता है। उदाहरण के लिये – हम छात्रों के फील्डवर्क के प्रतिवेदनों का विश्लेषण कर देखना चाहते हैं कि कुछ निश्चित प्रकार के छात्रों में समाजकार्य में दूसरे छात्रों की तुलना में ज्ञान अधिक है। इसके लिये हमें समाजकार्य के छात्रों द्वारा प्रस्तुत लघुशोध प्रबन्ध में आंकड़ों की प्रकृति तथा स्रोत और शोध अभिकल्पन के पदों में पद्धतियों के गुणों

का परीक्षण करके समीक्षा करनी होगी। संप्रेषण शोध के बुनियादी प्रश्न जैसे कौन कहता है, किससे क्या, क्यों, कैसे, किस प्रभाव से, आदि प्रश्नों के उत्तर जानने और संप्रेषण का अध्ययन करने के लिये विशेष रूप से उपयुक्त विधि, विषयवस्तु विश्लेषण हैं। (रूबिन एण्ड बॉबी, 1989)?।

विषयवस्तु विश्लेषण के उद्देश्य (Purposes of Content Analysis)

प्रलेखों और अन्य सामग्री की विषयवस्तु का विश्लेषण भिन्न–भिन्न उद्देश्यों के लिये किया जाता है। उन्हें उनके गुणों, कारणों और प्रभावों के आधार पर विश्लेषित किया जा सकता है। तद्नुसार विषयवस्तु विश्लेषण विशिष्ट उद्देश्यों के लिये निम्न प्रकार वर्गीकृत किया जा सकता है (सेल्टिज़, एट.आल, 1973: 334–5)।

(अ) विषयवस्तु गुणों के निर्धारण के उद्देश्य से–

- विषयवस्तु संप्रेषण की प्रवृत्ति की व्याख्या करने में।
- छात्रवृत्ति के विकास का पता लगाने में।
- विषयवस्तु संप्रेषण में अन्तर्राष्ट्रीय मतभेदों का खुलासा करने में।
- संप्रेषण के स्तर या मीडिया की तुलना करने में।
- उद्देश्यों के विरुद्ध विषयवस्तु संप्रेषण का लेखा परीक्षण करने में।
- संप्रेषण मानकों को लागू और निर्माण करने में।
- अनुसंधान कार्यों या शोध संक्रियाओं को तकनीकी सहायता देने में।
- प्रचार तकनीक का पर्दाफाश करने में।
- संप्रेषण सामग्री की पठनीयता मापने में और,
- शैलीगत सुविधाओं को खोजने में।

(ब) विषयवस्तु के कारणों के निर्धारण के उद्देश्य से–

- संप्रेषणकर्ता के अन्य गुणों और इरादों की पहचान करना।
- प्रचार के अस्तित्व का पता लगाने के लिये।
- समूहों और लोगों की मनोवैज्ञानिक अवस्था का निर्धारण करने में और,
- राजनीतिक और खुफिया सैन्य सुरक्षा में।

(स) विषयवस्तु के प्रभावों के निर्धारण के उद्देश्य से–

- जनसंख्या या समष्टि के मूल्यों, व्यवहारों और हितों को प्रतिबिम्बित करना।
- ध्यान केन्द्रित करने वाले तथ्यों का खुलासा करना।
- संप्रेषण के व्यावहारिक प्रत्युत्तरों और अभिरुचि हेतु विवरण देना।

यह ध्यान रखा जाना चाहिये कि कोई भी एकल अध्ययन के एक या एक से अधिक उद्देश्य हो सकते हैं।

विषयवस्तु विश्लेषण में प्रतिदर्शज़ (Sampling in Content Analysis)

विषयवस्तु विश्लेषण के लिये चयनित विषय के सम्बन्ध में सभी प्रलेखों या संप्रेषणों का विश्लेषण अक्सर असंभव होता है। उदाहरण के लिये, एक शोधकर्ता समाजकार्य पाठ्यक्रम का विश्लेषण कर देखना चाहता है कि कुछ विद्यालयों में दूसरों की तुलना में महिलाओं के मुद्दों पर सामग्री अधिक है लेकिन सभी विद्यालयों के पाठ्यक्रमों का विश्लेषण करना संभव नहीं होगा। सामान्यतः इसके लिये यह उपयुक्त होगा कि कुछ विद्यालयों का चयन करके उनके पाठ्यक्रमों का विश्लेषण किया जाये।

माना कि एक शोधकर्ता महिलाओं के मुद्दों पर टीवी कार्यक्रमों के विषयवस्तु विश्लेषण करने में दिलचस्पी रखता है। शोध का प्रमुख कार्य यूनिवर्स को परिभाषित करना होगा। स्पष्ट है कि टीवी के सभी चैनलों को कवर करना संभव नहीं होगा। अतः उचित यह होगा कि केवल कुछ चैनलों का ही चयन करें। और तब चयनित चैनलों में से यादृच्छिक नमूने के द्वारा प्रत्येक चैनल से महिलाओं के मुद्दों पर प्रसारित कार्यक्रमों को विश्लेषण करने के लिए लिया जाता है।

विषयवस्तु विश्लेषण की सीमायें गम्भीर हैं जहाँ तक विश्वसनीयता और वैधता का सम्बन्ध है। सैद्धान्तिक रूप से विश्लेषण के तरीके और मात्रात्मकता को स्पष्ट रूप में परिभाषित करना चाहिये ताकि भिन्न–भिन्न शोधकर्ता एक ही प्रकार के प्रलेख का विश्लेषण करने पर परिणाम एक जैसे ही प्राप्त हो सकें। लेकिन इसे विश्वसनीयता दस्तावेजों के विश्लेषण की गुणवत्ता की कीमत पर महसूस किया जा सके। केवल प्रलेखों में विशिष्ट समय की अवधि में शब्दों की संख्या का कई बार आने से विश्वसनीयता सुनिश्चित नहीं हो सकती है बल्कि यह एक प्रकार से सतही या दिखावटी विश्लेषण माना जायेगा क्योंकि एक शब्द के अलग–अलग सन्दर्भों में अलग–अलग अर्थ होते हैं। वर्गीकरण की विश्वसनीयता को बढ़ाने की प्रमुख विधि शब्दों के बजाय, कथनों या बयानों के गुणों को स्पष्ट रूप में विशिष्टीकरण दें, जिन्हें दी गई श्रेणियों में रखा जाता है। और प्रलेखों से कई उदाहरणों के उपयोग को प्रदर्शित करके विश्लेषण को दी गई श्रेणी के प्रतिनिधित्व के रूप में किस प्रकार के बयानों पर विचार किया जायेगा।

विषयवस्तु विश्लेषण के चरण (Steps of Content Analysis)

विषयवस्तु विश्लेषण के चरण निम्नलिखित हैं–

1. विषय का चयन विश्लेषित किया जाना चाहिये।
2. मीडिया का चयन करना जिसमें से आंकड़ों का विश्लेषण किया जाना है।
3. सांकेतिक पद्धति का निर्माण करना।

4. मेदर्श योजना को सुनिश्चित करना।
5. संकेतक की विश्वसनीयता सुनिश्चित करना।
6. आंकड़ो का विश्लेषण करना।

विषयवस्तु विश्लेषण में पहला चरण एक घटना का चयन करना है, जिसका विश्लेषण किया जाना है। उदाहरण के लिये – महिलाओं की स्थिति का विश्लेषण करने के लिये निर्णय लेना ही होगा या 'बुजुर्ग लोगों के चित्रण पर निरन्तर प्रयत्न करना' विषय का चयन करना ही होगा। अगले चरण में माध्यम का चयन करना होता है जिससे कि अवलोकन या अभिलेख निर्मित किये जाते हैं। यहाँ पर महत्वपूर्ण मुद्दा है कि माध्यम का चयन करना है जो कठिन हैं या जो उपलब्ध है उसके प्रतिनिधि हैं। तीसरे चरण में श्रेणियों का संकेतन किया जाता है। श्रेणियों की सीमा सरल व दुविधाजनक पद्धति से हो सकती है जिसमें उपस्थित या अनुपस्थित कई मानसिक अपवर्जी श्रेणियों में नामित कर ली जाती हैं जिनमें घटना की सीमा पर अन्तर निर्मित किये जाते हैं जैसे – वैवाहिक स्थिति के रूप में चित्रित चरित्र और भौतिक पृष्ठभूमि।

विश्लेषण की निदर्शन इकाइयाँ अगला चरण है। यहाँ पर कार्य यह है कि या तो प्रश्न में, कथ्य के प्रत्येक सन्दर्भ के संकेत का चयन या नमूना लेने की विधि के माध्यम से असंतत घटनाओं का चयन करना। उदाहरण के लिये – बीस सालों की अवधि तक पत्रिका में प्रकाशित सभी लेखों का विषय को कवर करते हुये चयन करना है या बीस सालों की अवधि तक अध्ययन के तहत आने वाले मुद्दों पर एक–चौथाई लेख का चयन करना है। अगले चरण में शोधकर्ता अपने संकेतक को 'विषयवस्तु विश्लेषण की विश्वसनीयता का उच्चतम स्तर प्राप्त करने हेतु' प्रशिक्षित करता है। विषयवस्तु विश्लेषण की विश्वसनीयता और अधिक महत्वपूर्ण हो जाती है जब निष्कर्षों को सामान्यीकरण हेतु निर्मित किया जाता है। अन्त में हम आंकड़ों का विश्लेषण करते हैं। ज्यादातर मामलों में आंकड़े सारांश के प्रारूप में प्रस्तुत किये जाते हैं। जबकि विषयवस्तु विश्लेषण के निष्कर्ष, अंकों और प्रतिशतों की सहायता से बहुत ही विशिष्ट और स्पष्ट हो जाते हैं।

विश्लेषण की इकाइयाँ (Units of Analysis)

विश्लेषण की इकाइयाँ सामान्यतः विषयवस्तु विश्लेषण में शब्द, एक कथ्य, एक प्रमुख अक्षर, या एक वाक्य या पैराग्राफ के रूप में हो सकती हैं। इनमें से 'एकल शब्द' को सर्वाधिक सुविधाजनक विश्लेषण की इकाई माना जाता है क्योंकि प्रलेखों में कुछ निश्चित शब्दों की उपस्थिति या अनुपस्थिति का संकेतन आसानी से और उच्च डिग्री की विश्वसनीयता के साथ पूरा किया जा सकता है। विश्लेषण

की इकाई के रूप में 'एकल शब्द' के उपयोग हेतु पूर्व–शर्त यह है कि 'एकल शब्द' घटना की माप के मान्य सूचक के रूप में योग्य हो।

विश्लेषण की इकाई के रूप में 'कथ्य (Theme)' एक प्रलेख या एक लेख की मुख्य विषय सामग्री का प्रतिनिधित्व करता है। एक लेख प्राथमिक प्रसंग के रूप में विशिष्टीकृत हो सकता है। उदाहरण के लिये – पत्रिकाओं के लेख, महिलाओं की स्थिति के आधार पर या सामुदायिक विकास प्रमुख प्रसंगों के रूप में लक्षणों का वर्णन किया जा सकता है। विश्लेषण की इकाई के रूप में प्रमुख लक्षण को प्रलेखों में पात्रों के रूप में देखा जा सकता है जैसे कि मूती और दूरदर्शन के कार्यक्रम।

विश्लेषण की चौथी इकाई पैराग्राफ में 'वाक्य (Sentence)' है। सामाजिक कार्य छात्रों के प्रत्युत्तरों को सामाजिक कार्य शिक्षकों की टिप्पणी के पहले और बाद में संगत या असंगत रूप में संकेतन किया जा सकता है। इस प्रकार की टिप्पणियों या प्रत्युत्तरों के एक से अधिक विचार होते हैं और यह टिप्पणियों या प्रत्युत्तरों के वर्गीकरण को और अधिक कठिन बना देता है, जब श्रेणियों को परस्पर अपवर्जी और अन्तर–सांकेतक विश्वसनीयता बनाये रखनी हो।

संकेतक पद्धतियां (Coding Schemes)

विषयवस्तु विश्लेषण में सबसे महत्वपूर्ण चरण संकेतक पद्धतियों का विकास करना है जिनका उपयोग प्रलेखों के विश्लेषण में किया जा सकता है। संकेतक पद्धतियां अध्ययन किये जाने वाले प्रलेखों और अध्ययन के शोध प्रश्नों के अनुसार अलग–अलग होती हैं।

संकेतक श्रेणियां व्यापक और परस्पर अपवर्जी होनी चाहिये। जब किसी प्रलेख से सम्बन्धित प्रत्येक अवयव को किसी विशेष श्रेणी में रखने की संभावना हो तो इसे व्यापक कहा जाता है और दूसरी तरफ, यदि प्रलेख का विशिष्ट अवयव एक और केवल एक ही श्रेणी में आता है तो हम इसे परस्पर अपवर्जी कहते हैं।

विषयवस्तु विश्लेषण के अनुप्रयोग (Application of Content Analysis)

विषयवस्तु विश्लेषण पद्धति का उपयोग करके बी. विजयलक्ष्मी और अन्य ने दि इन्डियन जर्नल ऑफ सोशल वर्क में 1971 और 1990 के मध्य प्रकाशित 194 लेखों की समीक्षा की और विषयवस्तु की प्रवृत्ति, विषय क्षेत्र, और शोध लेखों की पद्धति को चिह्नित किया। विषयवस्तु विश्लेषण में प्रयुक्त प्रक्रियाओं को प्रदर्शित करने के लिये लेख को संक्षिप्त रूप में नीचे पुनरुत्पादित किया गया है।

दि इन्डियन जर्नल ऑफ सोशल वर्क में प्रकाशित लेखों की प्रवृत्ति, 1971–1990

बी. विजयलक्ष्मी, बी. देवीप्रसाद और के. विश्वेश्वरा राव

विषयवस्तु विश्लेषण से शोध की प्रमुख उम्मीद अनुसंधान की प्रवृत्ति को प्रलेखित करना है और विशेष रूप से, 20 वर्षों के समय अन्तराल में दि इन्डियन जर्नल ऑफ सोशल वर्क में प्रकाशित शोध लेखों की पद्धतियाँ, विषयवस्तु की प्रवृत्तियों को जानना है

पद्धतियाँ (Methods)

दि इन्डियन जर्नल ऑफ सोशल वर्क में 1971 और 1990 के मध्य प्रकाशित सभी शोध लेख अध्ययन हेतु समग्र (Universe for Study) है। समीक्षा के लिये विश्लेषण की इकाई एक लेख है। चक्रीय प्रवृत्तियों के नियन्त्रण करने के क्रम में, शोध प्राथमिकताओं में उतार–चढ़ाव या प्रकाशनों के विशिष्ट मुद्दों के कारण, सभी लेखों को पहले लेखक के नाम से क्रमांकित कर सूचीबद्ध किया जाता है। जनवरी 1971 से दिसम्बर 1990 तक कुल 813 लेख प्रकाशित किये गये हैं। समग्र को समय के दो ढांचों (फ्रेम) में विभक्त किया गया है अर्थात् 1971–80 (430 लेख) और 1981–90 (383 लेख) और एक आनुपातिक स्तरीकृत यादृच्छिक नमूना पद्धति का उपयोग प्रत्येक समय फ्रेम से नमूने के रूप में अलग से चयनित किये गये हैं। समय और मानवशक्ति की कमी को ध्यान में रखते हुये 194 लेख (23.86 प्रतिशत) अध्ययन के लिये चयनित किये गये हैं।

श्रेणियों का वर्गीकरण (Classification of Categories)

विश्लेषण में निम्न श्रेणियों का उपयोग किया गया है।

1. लेखकों की पृष्ठभूमि से सम्बन्धित विशेषतायें जो शामिल हैं–
- लिंग
- रैंक
- संस्थागत संबद्धता
- भौगोलिक स्थिति
- लेखों में लेखकों का लेखन सहयोग

2. शोध लेखों को निम्न श्रेणियों में वर्गीकृत किया गया है।
- स्रोत (प्राथमिक, द्वितीयक और अन्य) और आंकड़ों की प्रकृति (भारात्मक, गुणात्मक और अन्य)।

- लेख की प्रकृति (अनुभवजन्य या गैर–अनुभवजन्य)

इस विषय श्रेणी के अन्तर्गत निम्न उप–श्रेणियां संकेतन के उद्देश्य से ली गयी हैं।

अनुभवजन्य (Empirical)

(क) *प्रायोगिकता* : अध्ययन प्राथमिक रूप में, प्रायोगिक अभिकल्पनों का उपयोग करके कारण–प्रभाव सम्बन्धों के द्वारा सम्बन्धित है।

(ख) *मात्रात्मक–वर्णनात्मक* : अध्ययनों के आंकड़ों का व्यवस्थित संग्रहण, घटना का सरल चित्रण या निर्धारण, मूल्यांकन या मुख्य चरों का अलगाव उनके उद्देश्य होते हैं।

(ग) *व्याख्यात्मक* : शोध को आगे बढ़ाने के लिये प्रश्नों को तैयार करना और परिकल्पना को विकसित करना, अवधारणाओं का स्पष्टीकरण, घटना के सम्बन्ध में अन्वेषक की जानकारी बढ़ाना, या भविष्य में शोधकर्ताओं के लिये और अधिक संक्षिप्त रूप में व्यक्त करने के उद्देश्य से इस प्रकार के अध्ययन होते हैं।

(घ) *प्रकरण (मामले) का अध्ययन* : यह अध्ययन किसी व्यक्ति, समूह, परियोजना, संस्था, एजेन्सी और प्रकरणों की विशेषताओं के लिये योगदान की गहन जांच के साथ अन्य सत्वों के विचारों को शामिल करता है।

गैर–अनुभवजन्य (Non-Empirical)

इस श्रेणी में वे लेख शामिल होते हैं जो सामान्यतः या तो शोध पर चर्चा करते हैं या एक या अधिक अध्ययनों से निहितार्थ निकालते हैं या विकास से सम्बन्धित लेखों या शोध तकनीकों के माध्यम से अनुभवजन्य परीक्षण या मापन की योजना पर बात करते हैं।

संकेतक की विश्वसनीयता (Coder Reliabilities)

लेख–पठनीय अनुसूची तैयार करके उपरोक्त श्रेणियों के उपयोग द्वारा लेखों के माध्यम से विश्लेषण किया जाता है। सर्वप्रथम, स्वतन्त्र रूप से (दूसरे और तीसरे लेखकों) दो संकेतकों द्वारा 30 लेखों के नमूने पर लेख–पठनीय अनुसूची को लागू किया गया। अध्ययन में उपयोग की गयी विभिन्न श्रेणियों के लिये संकेतकों के बीच विश्वसनीयता परीक्षण ज्ञात करने के लिये अन्तर संकेतक विश्वसनीयता परीक्षण का उपयोग किया गया है। परिणामों में शोध लेखों की विशेषताओं, लेखकों की पृष्ठभूमि और शोध के क्षेत्र पर दो संकेतकों के बीच समझौते की उच्च दर दर्शाते हैं। हालांकि, अनुसंधान अभिकल्पन और

आंकड़ों के शोध के सम्बन्ध में लेखों का संकेतन कुछ बदलाव दर्शाता है। श्रेणियों की परिभाषा में संशोधन किया गया है और बाद में उच्च स्तर पर समझौते की प्राप्ति होती है।

स्रोत और आंकड़ों की प्रकृति (Source and Nature of Data)

यह पाया गया है कि अधिकांश लेख प्राथमिक आंकड़ों पर आधारित हैं और एक मात्रात्मक प्रकृति में कुछ गुणात्मक लेख भी। जबकि अध्ययन द्वितीयक आंकड़ों के आधार पर किया गया है। हालांकि यह देखा जा सकता है कि लेखों का प्रतिशत द्वितीयक आंकड़ों पर आधारित और मात्रात्मक अध्ययन 1981–90 के दौरान गिरावट का रुझान दर्शाते हैं।

अनुभवजन्य अभिविन्यास (Empirical Orientation)

यह देखा जा सकता है कि दि इन्डियन जर्नल ऑफ सोशल वर्क में प्रकाशित आधे से अधिक शोध लेखों के नमूने अध्ययन के दौरान विषयवस्तु में अनुभवजन्य हैं। अनुभवजन्य श्रेणी में लेख चार उप श्रेणियों के अन्तर्गत आते हैं अर्थात् इसमें प्रायोगिक, मात्रात्मक, वर्णनात्मक, व्याख्यात्मक और प्रकरण के अध्ययन शामिल हैं। अनुभवजन्य और गैर–अनुभवजन्य लेखों के अनुपात की प्रवृत्ति विश्लेषण दोनों श्रेणियों में झुकाव ऊपर की ओर दर्शाते हैं। हालांकि, इस अवधि के दौरान गैर–अनुभवजन्य लेखों की उपस्थिति, प्रकाशित अनुभवजन्य लेखों की तुलना में एक उल्लेखनीय प्रतिशत में वृद्धि दर्शाती है।

शोध अभिकल्पन (Research Design)

लेखों के नमूने में सर्वाधिक बार प्रतिवेदित अभिकल्पन शोध सर्वेक्षण पाया गया है और बहुत से लेखों से प्रश्नावलियों और साक्षात्कारों का उपयोग आंकड़ों के संग्रहण की विधि के रूप में होता है। दूसरे दशक में शोध सर्वेक्षण अभिकल्पन का उपयोग घटने की या अवरोही क्रम की प्रवृत्ति का संकेत देता है। जबकि अवलोकन, और बेरोक तकनीकों में शामिल पुरालेख संबन्धी आंकड़ों को जैसे – सरकारी दस्तावेज़, जनगणना प्रतिवेदनों और नैदानिक अभिलेख को लेखों में उपयोग करते हैं तथा पिछले दो दशकों में वृद्धि प्रतिशत में दर्शाती हैं। जबकि प्रयोगात्मक और अर्द्ध प्रयोगात्मक अभिकल्पनों वाले लेख 1971–80 में दिखायी देते थे और यही 1981–90 के दौरान सुस्पष्टता से अनुपस्थित या नदारद पाये गये।

मूल्यांकन शोध अभिकल्पनों पर आधारित अध्ययनों को दोनों दशकों में प्रतिवेदित किया गया और मूल्यांकित अध्ययनों का अनुपात दोनों समयगत ढांचों में वृद्धि दर्शाता है, जबकि एकल विषय शोध अभिकल्पन जो समाजकार्य

के व्यावहारिक शोध में अधिक लोकप्रिय होते जा रहे हैं, अध्ययन के नमूनों के लेखों में प्रतिवेदित नहीं हो रहे हैं।

परिमाणन (Quantification)

सामाजिक विज्ञान शोध में परिमाणन की प्रवृत्ति एक सर्वमान्य तथ्य है। अध्ययन के नमूने में लेखों का परीक्षण कर आंकड़ों की प्रकृति और नियोजित सांख्यिकीय विश्लेषण के प्रकार के बारे में कुछ विचार प्राप्त करना है। परिमाणन के सम्बन्ध में प्रवृत्ति के बारे में तस्वीर प्राप्त करने हेतु चौगुना वर्गीकरण तैयार किया गया। मोटेतौर पर, नमूने के कुल लेखों में से 48 प्रतिशत पर कुछ प्रकार के सांख्यिकीय विश्लेषण किए गये जो 'आंकड़ों को प्रतिशत में व्यवस्थित करने से लेकर वर्णनात्मक और आनुमानिक सांख्यिकीय विश्लेषण का उपयोग तक' सीमित थे। शेष 52 प्रतिशत लेखों में चर्चा या अध्ययन था, जिनके आंकड़े किसी भी प्रकार के सांख्यिकीय विश्लेषण को प्रतिबिम्बित नहीं करते थे।

इस परिप्रेक्ष्य में, वर्तमान अध्ययन में नमूने के लेखों के परीक्षण से पता चलता है कि परिवार, बच्चे और समाजकार्य से जुड़े मुद्दों वाले लेखों की संख्या बहुत बड़ी (19.6 प्रतिशत पहले दशक में, 20.6 प्रतिशत दूसरे दशक में) थी, जबकि सामुदायिक विकास, अगले क्रम में दूसरे स्थान पर पहले दशक में, कर्मचारी प्रबन्धन और श्रम कल्याण के क्षेत्र में लेखों का दूसरे दशक में दूसरा स्थान था, जबकि इन विशिष्ट क्षेत्रों में प्रकाशित लेखों का प्रतिशत पिछले दो दशकों में गिरावट दर्शाता है। अपराध और सुधार, चिकित्सा/मानसिक स्वास्थ्य में लेखों की संख्या पहले दशक में विचारणीय प्रतिशत में थी। यद्यपि प्रकाशित लेखों का अनुपात पहले के क्षेत्रों में बाद के क्षेत्रों की तुलना में गिरावट की प्रवृत्ति दर्शाते हैं।

महिलाओं के मुद्दों पर समर्पित लेखों की उपस्थिति के बारे में नमूने के अध्ययन के लिये विश्लेषण का प्रयास किया गया। इस अध्ययन के उद्देश्य के लिये महिलाओं के मुद्दों के विषयों को महिलाओं की अद्वितीय स्थिति और उनकी समस्यायें जैसे – जीवनसाथी, माँ, ग्राहकों और कर्मचारियों के रूप में परिभाषित किया गया। और उदाहरण के लिये – बलात्कार, गर्भपात, और पत्नी उत्पीड़न के रूप में कुछ मुद्दों को इस श्रेणी में शामिल किया गया।

विश्लेषण से पता चलता है कि नमूना अवधि के दौरान, दि इन्डियन जर्नल ऑफ सोशल वर्क में प्रकाशित सभी शोध लेखों में 15 प्रतिशत से कम लेख महिलाओं के मुद्दों पर समर्पित थे। लेखों का प्रतिशत जो महिलाओं के मुद्दों पर केन्द्रित था बहुत कम वृद्धि दर्ज की गई जो कि 13.7 प्रतिशत पहले दशक में से 16.3 प्रतिशत दूसरे दशक में पाई गयी।

निष्कर्ष या उपसंहार (Conclusions)

लेखों की समीक्षा में यह स्पष्ट हो जाता है कि शोध की गुणवत्ता को बेहतर बनाने के लिये पद्धति में सुधार का समावेश आवश्यक है। अतः सामाजिक विज्ञान अनुसंधान की पद्धति और वैचारिक नींव दोनों को ही निखारने की जरूरत रहती है। यह देखकर प्रोत्साहन मिलता है कि समाजकार्य के शिक्षकों ने काफी संख्या में जर्नल्स में लेखों का योगदान और अधिकतर दूसरी बार की अवधि में (1981–90) दिया है। अभ्यासकर्ताओं और शिक्षकों को इस शोध का उपयोग एक उपकरण के रूप में अभ्यास की प्रभावशीलता मापने, उनके द्वारा उपयोग की गयी हस्तक्षेप कौशल सुधार, और परिष्कृत पद्धति के परिणामों को मापने के लिये सक्षम होना चाहिये। जैसा कि अध्ययन से स्पष्ट पता चलता है कि यह आवश्यक है कि सामान्यतः इन कार्यों में लेखों की विषयवस्तु मैनीफेस्टो में नहीं होती हैं। समीक्षा आगे यह भी संकेत देती है कि पिछले दो दशकों में गुणात्मक आंकड़ों पर आधारित लेखों में कम बृद्धि हुयी है। सामाजिक जीवन के अध्ययन में लचीलेपन के साथ, गुणात्मक अभिकल्पन विस्तृत आंकड़े और विषय की समझ की दृष्टि से सुविधा देता है (चाण्डविक एट.आल., 1984)। इस दिशा में अनुसंधान के दृष्टिकोण को मजबूत बनाने की आवश्यकता है।

समीक्षा के लिए महत्वपूर्ण पद (Important Terms for Review)

- उपलब्ध आंकड़ों के स्रोत (Source of Available Data)
- विषयवस्तु विश्लेषण (Content Analysis)
- विश्लेषण की इकाइयाँ (Units of Analysis)
- संकेतन की योजनायें (Coding Schemes)
- श्रेणियों या वर्गों की इकाइयां (Units of Categories)
- संकेतक की विश्वसनीयता (Coder Reliabilities)

समीक्षात्मक प्रश्न (Review Questions)

1. एम.ए. समाजकार्य के छात्रों के अभिलेखों के मामले में विषयवस्तु विश्लेषण किस प्रकार करोगे? फील्डवर्क को अधिक प्रभावी बनाने के लिये परिणामों को किस प्रकार उपयोग में लाया जा सकता है? चर्चा कीजिये।

2. विषयवस्तु विश्लेषण पद को परिभाषित कीजिये और विषयवस्तु विश्लेषण के विभिन्न चरणों की चर्चा कीजिये।
3. विश्लेषण की इकाइयाँ क्या हैं? विश्लेषण की इकाई के रूप में एक विषय (Theme) पर चर्चा कीजिये।

आगे पढ़ने हेतु (For Further Reading)

बैले, कीनिथ डी, *मैथड्स ऑफ सोशल रिसर्च,* लन्दन, दि फ्री प्रेस, 1978.

बेकर, एल. थेरेसे, *डुईग सोशल रिसर्च,* न्यूयॉर्क, मैक्ग्रा हिल्स, 1998.

डोबाय, जे. टी. एट.आल. : *एन इन्ट्रोडक्शन टू सोशल रिसर्च,* लन्दन, हैरिसबर्ग, स्टैकपोले कं., 1953.

फेस्टीन्जर, एल. एण्ड काट्ज़ डी. (सम्पा.), *रिसर्च मैथड्स इन बिहैवियरल साइन्सेस,* न्यूयॉर्क : दि ड्रायडेन प्रेस, 1953.

गॉलतुंग, जॉन, *थ्योरी एण्ड मैथड्स ऑफ सोशल रिसर्च,* लन्दन : जार्ज एलेन एंड अनविन, 1970.

गॉलतुंग, जॉन, थ्योरी एण्ड मैथड्स ऑफ सोशल रिसर्च : ए प्ली फॉर प्लूरलिज़्म इन ओइन एल्स (एड.), *कॉम्परेटिव मैथडोलॉजी : थ्योरी एण्ड प्रैक्टिस इन इन्टरनेशनल रिसर्च, लन्दन,* 1978.

गूडे, डब्लू. जे. एण्ड हॉट, पी. के., *मैथड्स ऑफ सोशल रिसर्च,* न्यूयॉर्क, मैक्ग्रा हिल्स, 1952.

होस्ती, ओले आर., कन्टेन्ट एनालिसिस इन दि *हैन्ड बुक ऑफ साइकोलॉजी,* एडिटेड बाय गार्डनर लिन्डेजी एण्ड इलियट एन्डरसन, मास एडिसन, वेज़ली, 1968

कर्लिन्जर, फ्रेड आर. *फाउन्डेशन्स ऑफ बिहैवियरल रिसर्च,* दिल्ली, सुरजीत पब्लिकेशन्स, 1964.

किदर, ल्यूइस एच., *रिसर्च मैथड्स इन सोशल रिलेशन्स,* न्यूयॉर्क : होल्ट, 1981.

मोन्टे, ड्यूआना आर. एट ऑल, *अप्लायड सोशल रिसर्च : टूल फार दि ह्यूमन सर्विसेज़,* शिकागो होल्ट, 1986.

मोज़र, सी. ए. एण्ड कॉलटन, *सर्वे मैथड्स इन सोशल इनवेस्टिगेशन,* लन्दन, हीनेमॉन एजूकेशनल बुक्स, 1975.

नचमियास, डी. एण्ड नचमियास, सी., *रिसर्च मैथड्स इन सोशल साइन्सेस,* न्यूयॉर्क सेन्ट मार्टिन्स प्रेस, 1981.

रूबिन, ऐलेन एण्ड बेबी, ई, *रिसर्च मैथडोलॉजी फॉर सोशल वर्क,* बेलमोन्ट, कैलिफोर्निया : वेड्सवर्थ, 1989.

सेलीट्ज, जी. एट ऑल, *रिसर्च मैथड्स इन सोशल रिलेशन्स,* न्यूयॉर्क : होल्ट (थर्ड एडिशन), 1973.

स्टाउफर, एस. ए., *सोशल रिसर्च टू टेस्ट आडियाज़,* न्यूयॉर्क : फ्री प्रेस ऑफ ग्लेकोय, 1962.

स्ट्राउस, एन्सीलन : *क्वालिटेटिव एनालिसिस फार सोशल साइन्टिस्ट,* कैम्ब्रिज़, कैम्ब्रिज यूनिवर्सिटी प्रेस (फोटोकापीज़ ऑफ मेजर पोर्शन ऑफ चैप्टर 1 इन दि लाईब्रेरी), 1982.

यंग, पी. वी., *साइन्टिफिक सोशल सर्वेज़ एण्ड रिसर्च,* ईगलवूड क्लिफ, एन. जे. प्रैन्टिस हॉल (फोर्थ एडिशन), 1953.

विल्किनसन, टी. एस. एण्ड भण्डारकर, पी. एल., *मैथडोलॉजी एण्ड टेक्निक्स ऑफ सोशल रिसर्च,* बॉम्बे, हिमालया पब्लिशिंग, 1977.

भाग—2

समाज कार्य का शोध

Social Work Research

9

सामाजिक कार्य शोध

Social Work Research

सामाजिक कार्य अनुसंधान ज्ञान के उत्पादन में शोध पद्धतियों का अनुप्रयोग है जिसे सामाजिक कार्यकर्ता को समाज कार्य के व्यवहार में समस्याओं का सामना करने हेतु समाधान की आवश्यकता होती है। ज्ञान समाज कार्य की तकनीकों और पद्धतियों की प्रभावशीलता का मूल्यांकन करने में उपयोगी है। यह सूचना प्रदान करती है जिससे सामाजिक कार्यकर्ता निर्णय लेने से पूर्व विचार कर सकता है। यह उनके ग्राहकों, कार्यक्रमों या एजेन्सियों को इस प्रकार प्रभावित कर सकता है जैसे कि वैकल्पिक हस्तक्षेप, तकनीक के उपयोग या परिवर्तन या कार्यक्रमों का संशोधन/ग्राहक के उद्देश्यों और इत्यादि।

सामाजिक कार्य अनुसंधान पद्धतियों के उपयोग के उदाहरण निम्नलिखित हैं–

सामाजिक मामलों के कार्यकर्ता व्यक्तियों, जोड़ों या परिवारों के वास्तविक या संभावित प्रभाव के बारे में जानकारी प्राप्त करने में रुचि रखता है। एक समूह कार्यकर्ता यह निर्धारण करना चाहता है कि खेलने की भूमिका की तकनीक, स्कूल जाने वाले बच्चों के बीच मादक पदार्थों के सेवन से सम्बन्धित ज्ञान को बढ़ाने में किस सीमा तक समूह चर्चा से अधिक या कम प्रभावी है। एक समुदाय आयोजक समुदाय के लिये विचारों को जानना चाहता है कि वह कार्यक्रम के उद्देश्यों में परिवर्तन करने का निर्णय लेता है। विशेष स्कूल के निदेशक मानसिक रूप से मंद बच्चों के लिये जानना चाहता है कि समूह उपचार उतना प्रभावी है जितना कि व्यक्तिगत उपचार (चिकित्सा) मानसिक रूप से मंद बच्चों की अनुकूल क्षमता बढ़ाने में और एक प्रशासक शुरू किये गये नये कार्यक्रम के क्रियान्वयन की प्रभावशीलता के बारे में सम्बन्धित है। ये कुछ ऐसी स्थितियां हैं जो सामाजिक कार्य अनुसंधान पद्धतियों और तकनीकों के अनुप्रयोग हेतु जानी जाती हैं।

सामाजिक कार्य अनुसंधान सभी सामाजिक कार्यकर्ताओं के लिये उनके व्यवहार में अन्तर करने के लिये अवसर प्रदान करता है। इस तथ्य के बारे में कोई संदेह नहीं है कि सामाजिक कार्यकर्ता और अधिक प्रभावी व्यवसायी सामाजिक कार्य अनुसंधान के निष्कर्षों द्वारा निर्देशित किया जायेगा। इस प्रकार सामाजिक कार्य अनुसंधान एक ही प्रकार के मानवतावादी उद्देश्यों को पूरा करने के लिये खोज करना चाहता है जैसा कि सामाजिक कार्य पद्धतियों में किया जाता है। सामाजिक कार्य अनुसंधान उन पद्धतियों और मुद्दों के साथ सम्बन्धित है। जो सामाजिक कार्यक्रमों और प्रथाओं का मूल्यांकन करने में उपयोगी होते हैं। ये सामाजिक अनुसंधान की कार्यप्रणाली बताते हैं और सामाजिक कार्य सेटिंग्स में उनके अनुप्रयोग दर्शाते हैं।

सामाजिक कार्य अनुसंधान प्रक्रिया, अनुसंधान की अवधारणाओं, विधियों, तकनीकों और रणनीतियों का व्यवस्थित उपयोग करने के लिये सामाजिक कार्य के कार्यक्रमों और व्यवहारों के उद्देश्य से सम्बन्धित जानकारी प्रदान करने के रूप में जानी जाती है। इस प्रकार सामाजिक कार्य अनुसंधान के विश्लेषण की इकाइयां व्यक्तियों, समूहों, परिवारों या एजेन्सी के कार्यक्रमों में हो सकती हैं। सामाजिक कार्य अनुसंधान सामान्यतः व्यवसायिकों के कार्य, व्यक्तियों, समूहों, परिवारों, समुदायों, एजेन्सियों के मूल्यांकन या कार्यक्रमों जो व्यवसायिकों के कई ग्राहकों के साथ निरन्तर प्रयासरत् रहकर मूल्यांकन पर केन्द्रित करता है जैसे – शोध अभिकल्पन, आंकड़ों का संग्रहण, सामाजिक कार्य अनुसंधान की विश्लेषण नीतियां, विश्लेषण की इकाई, सामाजिक कार्य व्यवसायिकों की एजेन्सियों के कार्यक्रम के रूप में कार्य करती हैं।

सामाजिक कार्य अनुसंधान ज्ञान की खोज में वैज्ञानिक पद्धति का उपयोग है जिससे ज्ञान के वैकल्पिक अभ्यास और हस्तक्षेप तकनीकों सहित सामाजिक कार्य के पेशों के प्रत्यक्ष उपयोग होंगे। इस प्रकार सामाजिक कार्यविधियों के व्यवहार में वृद्धि, सामाजिक कार्य अनुसंधान के व्यवहार संशोधनों के वैकल्पिक साधनों और व्यवहारों के पहलुओं का चयन कर स्वयं को सीमित या ध्यान केन्द्रित करता है। सामाजिक कार्य अनुसंधान सामाजिक क्रियाकलापों को बढ़ाने में व्यक्तियों, समूहों, परिवारों, समुदायों और सामाजिक स्तरों पर सहायता कर समस्याओं के समाधान की खोज करता है।

सामाजिक कार्य अनुसंधान, सामाजिक कार्य के क्षेत्र में समस्याओं के व्यवस्थित अन्वेषण के रूप में परिभाषित किया जा सकता है। अवधारणाओं, सामाजिक कार्य विधियों में अन्तर्निहित सिद्धान्तों का अध्ययन और कौशल सामाजिक कार्य अनुसंधान के प्रमुख सम्बन्धों के विषय हैं। यह सामाजिक कार्यकर्ताओं को उनके ग्राहकों के साथ सम्बन्धों का अध्ययन करने हेतु शामिल

करता है जैसे – समूहों या समुदायों के विभिन्न स्तरों पर बातचीत या उपचार, सामाजिक एजेन्सियों की संगठनात्मक संरचना के भीतर उनके प्राकृतिक सम्बन्धों और क्रियाकलापों के रूप में।

व्यापक अर्थ में, सामाजिक कार्य अनुसंधान, सामाजिक कार्यकर्ता द्वारा समस्याओं का सामना करने हेतु समाधान से सम्बन्धित है। ऐसे सवाल जो सामाजिक कार्य व्यवहार में या योजना में या सामाजिक कार्य सेवाओं के प्रशासन में जो अनुसंधान के माध्यम से हल किये जा सकते हैं, और जो सामाजिक तत्वावधान में अन्वेषण के लिये उपयुक्त हैं, यह उनसे सम्बन्धित है।

सामाजिक कार्य अनुसंधान उन्हीं वैज्ञानिक पद्धतियों और तकनीकों का उपयोग करता है जिनका कि सामाजिक शोध। इसमें कोई संदेह नहीं है कि जब कभी सामाजिक शोध की कुछ प्रक्रियाओं (शोध अभिकल्पनों) का उपयोग सामाजिक कार्य अनुसंधान के लिये उपयुक्त नहीं होता है तो यह आवश्यक हो जाता है कि उपकरणों को विकसित किया जाये जो सामाजिक कार्य अनुसंधान के लिये उपयुक्त होंगे।

सामाजिक कार्य अनुसंधान के क्षेत्रों को मोटे तौर पर इस प्रकार से वर्गीकृत किया जा सकता है।

1. अध्ययन की स्थापना – सेवा के लिये आवश्यकता की पहचान और उपाय।
2. अध्ययनों के लिये दी गयी सेवाओं की मापें जो आवश्यकता से सम्बन्धित हों।
3. सामाजिक कार्य हस्तक्षेप के परिणामों को मूल्यांकित और माप, अध्ययनों का परीक्षण।
4. दी गयी सेवाओं के लिये विशिष्ट तकनीकों की प्रभावकारिता की सूची का अध्ययन।
5. समाज कार्य की पद्धतियों में अध्ययन।

समाज कार्य एक विविध व्यवसाय है जिसमें संभावित विस्तृत क्षेत्र हो सकते हैं।

1. सामुदायिक स्वास्थ्य
2. सामुदायिक मानसिक स्वास्थ्य
3. बाल कल्याण
4. महिला कल्याण
5. युवा कल्याण
6. वृद्ध कल्याण

7. मादक द्रव्यों का सेवन
8. गरीबी उन्मूलन
9. मानसिक मंदता
10. किशोर अपराध
11. अपराध और सुधार इत्यादि।

यह सूची सम्पूर्ण नहीं है, यह केवल अनुकरणीय सूची है जो व्यापक क्षेत्रों को सूचीबद्ध करती है जिनका सामाजिक कार्यकर्ताओं द्वारा बार–बार अध्ययन किया जाता है। एक या अधिक समस्या वाले क्षेत्रों के साथ अनुसंधान व्यक्तियों, परिवारों, समूहों, सामुदायिक संगठनों या व्यापक सामाजिक व्यवस्थाओं पर ध्यान केन्द्रित करता है। यह बड़ी आबादी की विशेषताओं और उन्हें उपलब्ध सेवाओं के साथ सम्बन्धित कर सकती है।

सामाजिक कार्य अनुसंधान के उद्देश्य (Objectives of Social Work Research)

सामाजिक कार्य एक व्यावहारिक पेशा है जैसे सामाजिक कार्य अनुसंधान का मुख्य उद्देश्य सामाजिक कार्य व्यवहार में हस्तक्षेप या प्रभावशीलता के उपचार के बारे में उठाये गये प्रश्नों के जवाब के लिये खोज करना है। दूसरे शब्दों में, सामाजिक कार्य अनुसंधान का प्रयास 'हस्तक्षेप या उपचारों जो कि वास्तव में सहायता करते हैं या सामाजिक कार्य उद्देश्यों की प्राप्ति में बाधा डालते हैं' के बारे में जानकारी देना है। इसके अतिरिक्त यह समस्याओं के समाधानों के लिये खोज में या सामाजिक कार्य पेशेवरों को अपने पेशे के व्यवहार में आने वाली कठिनाइयों का सामना करने में, भी सहायता करता है। अंततः सामाजिक कार्य सिद्धान्त और व्यवहार के लिये ज्ञान के आधार का निर्माण करने के लिये सहायता करता है।

सामाजिक कार्य अनुसंधान की प्रकृति (Nature of Social Work Research)

सामाजिक कार्य अनुसंधान, मुख्य रूप से पेशेवर सामाजिक कार्यकर्ताओं द्वारा, सामाजिक कार्य एजेन्सियों द्वारा, और समुदाय, इनसे सम्बन्धित सामाजिक कार्य के क्रियाकलापों के साथ, की समस्याओं से सम्बन्धित है। दूसरे शब्दों में, सामाजिक कार्य अनुसंधान में, सामाजिक कार्य करने के दौरान समस्याओं का हमेशा अन्वेषण किया जाना है या इसके लिये योजना निर्माण करना है (दासगुप्ता, 1968)।

यह बहुत स्पष्ट है कि सामाजिक कार्य अनुसंधान में समस्या का अध्ययन सामाजिक कार्य के दृष्टिकोण से किया गया है और वह भी पेशेवर सामाजिक

कार्य से। शोध समस्याओं का अभिकल्पन, आंकड़ों का संग्रहण, और उनकी व्याख्या का प्रयास इस क्रम में किया जायेगा कि पेशेवर सामाजिक कार्यकर्ताओं के लिये उपयोगी होगा जो सामाजिक कार्य सिद्धान्त और व्यवहार में नये ज्ञान को जोड़ेगा और पेशेवर सामाजिक कार्यकर्ताओं की दक्षता में सुधार करेगा।

सामाजिक कार्य अनुसंधान में, अधिकांश निष्कर्ष आगमनात्मक तर्क के द्वारा निकाले जाते हैं। उस समूह/वर्ग के कुछ सदस्यों या एक के ज्ञान या तथ्यों से वस्तुओं के एक वर्ग या पूरे समूह के बारे में निष्कर्ष का कारण यही है। अतः सामाजिक कार्य अनुसंधान में, आगमनात्मक तर्क हमें हस्तक्षेप/निर्धारण के द्वारा अवलोकन से सिद्धान्त तक ले जाता है। उदाहरण के लिये – पेशेवर यह अवलोकन कर सकता है कि अपराधी निम्न सामाजिक–आर्थिक स्थिति वाले परिवारों से आते हैं। इस अवधारणा के आधार पर निम्न सामाजिक–आर्थिक स्थिति वाले परिवारों में माता–पिता और बच्चे के बीच अनुबन्ध (मेलभाव) कमजोर है और इसीलिये ऐसे माता–पिता का अपने बच्चों पर नियन्त्रण कम होता है। पेशेवर आगमनात्मकता से निष्कर्ष निकाला जा सकता है कि माता–पिता और बच्चे के बीच कमजोर अनुबन्ध अपराध की ओर ले जाता है।

सामाजिक कार्य व्यवहार का मुख्य भाग सूक्ष्म स्तर व्यवहार जैसे – एक समुदाय या समूहों या व्यक्तियों की कार्यकारी से सम्बन्धित है। सामाजिक कार्य अनुसंधान, अध्ययन के सूक्ष्म स्तर अभिकल्पन और तकनीकों की सीमाओं पर विचार करता है।

सामाजिक कार्य अनुसंधान में मूल्यांकन पर विशेष जोर दिया जाता है। इसका एक कारण यह है कि सामाजिक कार्य अनुसंधान को एक मूल्यांकित अनुसंधान के रूप में भी जाना जाता है। सामाजिक कार्य अनुसंधान के तहत कई प्रकार के मूल्यांकित शोध किये जाते हैं। कुछ शोध प्रभावों या प्रभावकारिता और प्रभावशीलता पर होते हैं। एजेन्सियों का मूल्यांकन और उनकी परियोजनायें और कार्यक्रम सामाजिक कार्य अनुसंधान के कुछ विशिष्ट क्षेत्र हैं।

सामाजिक कार्य अनुसंधान का क्षेत्र (Scope of Social Work Research)

सामाजिक कार्य व्यवसाय का वैज्ञानिक आधार है जो ज्ञान के विशिष्ट निकाय को समाहित करता है जैसे – परीक्षण किया हुआ (Tested) ज्ञान, काल्पनिक ज्ञान (Hypothetical), कल्पित या माना गया (Assumptive) ज्ञान। कल्पित ज्ञान को काल्पनिक ज्ञान में बदलने की आवश्यकता होती है जिसे परीक्षण किये हुये ज्ञान में बदलने की जरूरत होती है। सामाजिक कार्य अनुसंधान की काल्पनिक ज्ञान और कल्पित ज्ञान को परीक्षणयुक्त ज्ञान में बदलने में महत्वपूर्ण भूमिका है।

पेशेवर सामाजिक कार्यकर्ताओं द्वारा उपयोग की गयी सभी अवधारणाओं और सिद्धान्तों का परीक्षण और पुष्टि नहीं की जा सकती है। सामाजिक कार्य अनुसंधान से सम्बन्धित प्रयासों द्वारा अवधारणाओं और सिद्धान्तों को पुष्ट और स्पष्ट रूप में अवधारणाओं की आवश्यकता होती है जो पेशेवर सामाजिक कार्य को वैज्ञानिक आधार के लिये मजबूती प्रदान करेगा।

सैद्धान्तिक पक्ष पर, सैद्धान्तिक वैधता का आश्वासन दिया जाता है। सामाजिक कार्य अनुसंधान में ज्ञान के विशिष्ट निकाय का पुनः परीक्षण, अवधारणाओं और सिद्धान्तों तथा एक व्यवस्थित सिद्धान्त को प्रकट करने के प्रयास, और सामाजिक कार्य व्यवहार से सम्बन्धित अवधारणाओं को मान्य किया जाता है। सामाजिक कार्य अनुसंधान के लिये सामाजिक कार्य की विभिन्न पद्धतियों की दक्षता के रूप में वैकल्पिक हस्तक्षेप और उपचार की खोज जानने के लिये परीक्षण किया जा सकता है।

सामाजिक कार्य की आवश्यकता की पहचान और संसाधनों, कार्यक्रमों के मूल्यांकन व सामाजिक कार्य एजेन्सियों की सेवायें कुछ ऐसे क्षेत्र हैं जिनमें सामाजिक कार्य अनुसंधान किया जाता है। पेशेवर सामाजिक कार्यकर्ताओं द्वारा सामाजिक कार्य एजेन्सियों में और समुदायों के उनसे सम्बन्धित सामाजिक कार्य के क्रियाकलापों से जुड़ी समस्याओं का सामना करने हेतु यह कार्य किया जा सकता है। अतः सामाजिक कार्य अनुसंधान, सामाजिक कार्य पेशा के सम्पूर्ण विस्तार (सरगम) को शामिल करता है। जैसे – अवधारणाओं, सिद्धान्तों, पद्धतियों, कार्यक्रमों, सेवाओं और सामाजिक कार्यकर्ता द्वारा उनके व्यवहार से जुड़ी समस्याओं का सामना करने में।

सामाजिक कार्य अनुसंधान की प्रक्रिया (Social Work Research Process)

यह ध्यान में रखना आवश्यक है कि सामाजिक कार्य अनुसंधान की प्रक्रिया सामाजिक शोध जैसी नहीं है। वास्तव में, इस प्रक्रिया और परम्परागत शोध प्रक्रिया में कई समानतायें हैं। सामाजिक कार्य अनुसंधान के उद्देश्यों को उपयुक्त करने के लिये कुछ अतिरिक्त चरणों को अभिकल्पित इस प्रक्रिया में किया जाता है। सामाजिक कार्य अनुसंधानकर्ता इस प्रक्रिया के अनुसरण से यह जानने की स्थिति में आ जाता है कि किस तरह के हस्तक्षेप किये जायें और कितना प्रभाव बनता है। यह प्रक्रिया शोध और व्यवहार को भी जोड़ती है।

सामाजिक कार्य अनुसंधान का आरम्भ समस्या की पहचान से होकर और उद्देश्यों तक आगे बढ़ता है। इसका अनुसरण ग्राहकों की समस्याओं के निर्धारण की प्रक्रिया (या आवश्यकता निर्धारण) द्वारा किया जाता है। इन प्रारम्भिक चरणों

में शोधकर्ता समस्या की एक स्पष्ट और विशिष्ट समझ साक्षात्कार जैसे निर्धारित उपकरणों के उपयोग से प्राप्त करता है (मोनेटे एट. आल., 1986)।

आवश्यकताओं का निर्धारण और समस्या की पहचान हो जाने के बाद अगला चरण उद्देश्यों को प्राप्त करने के लिये स्थापित करना है। उद्देश्य विशिष्ट होने की जरूरत होती है और उन्हें ठीक तरह से परिभाषित किया जा सके और मापा जा सके। इस प्रक्रिया में तीसरा चरण है कि ग्राहकों की शर्त के रूप में हस्तक्षेप पूर्व मापन की तुलना हस्तक्षेप के बाद की जाती है।

चित्र 9.1

सामाजिक कार्य अनुसंधान प्रक्रिया

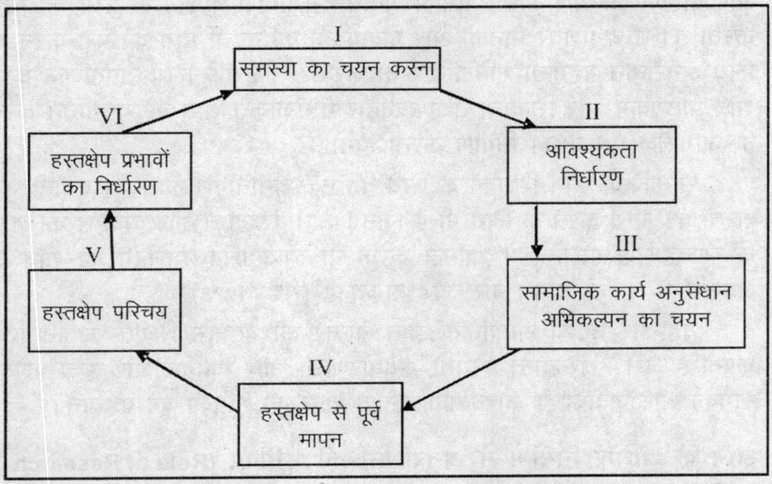

इस शोध प्रक्रिया में अगला चरण हस्तक्षेप आरम्भ करना है। यहाँ पर यह ध्यान देने योग्य बात है कि किसी हस्तक्षेप चरण में एकल, सुसंगत हस्तक्षेप का अनुप्रयोग किया जायेगा। अन्तिम चरण में हम दो मापनों की तुलना अर्थात् हस्तक्षेप–पूर्व मापन और हस्तक्षेप के दौरान के मापन के द्वारा हस्तक्षेप के प्रभाव का निर्धारण करते हैं।

सामाजिक कार्य में अनुसंधान की भूमिका (Role of Research in Social Work)

सामाजिक कार्य उच्च पेशेवर मानकों और जवाबदेही की बढ़ती मांग को पूरा करने के लिये एक चुनौतीपूर्ण कार्य है। सामाजिक कार्य पेशे के लिये जवाबदेही की

मांग एक हिस्से पर – ग्राहकों के उद्देश्यों की प्राप्ति में वृद्धि किस तरह के सम्बन्धों को अनुभवजन्य दर्शाकर – व्यापक और दायरे में होते जा रहे हैं। एक मायने में पेशे स्वयं को तैयार करने के लिये अधिकारों की मांग स्वीकार करते हैं कि सामाजिक कार्यकर्ता विशिष्ट और प्रत्यक्ष आधार पर अपने कार्यों और सिफारिशों के औचित्य को साबित करता है।

पेशे में एक और विकास उच्च पेशेवर मानकों के लिये मांग को रखा गया है। इसने कई पेशेवरों को प्रेरित किया है जिससे सामाजिक कार्य को वैज्ञानिक विषयों के रूप में और समाजकार्य व्यवहार को वैज्ञानिक व्यवहार या समंक निर्देशित व्यवहार के रूप में परिभाषित करना आरम्भ हुआ है (थामस, 1971; ब्लूम, 1978)। सामाजिक कार्य शिक्षा के लिये अनुभवजनित आधारित ज्ञान के सुधार और ग्राहकों को और अधिक प्रभावी सेवायें देने (हॉप्स, 1989) के लिये यह मांग करता है। उच्च पेशेवर मानकों और जवाबदेही की बढ़ती मांग को पूरा करने के लिये अनुसंधान बहुमुखी भूमिकायें अदा करता है। इसके लिये सामाजिक कार्य शोध पाठ्यक्रम और सिद्धान्त तथा व्यवहार में एकीकृत शोध को पुनर्गठित करने के जागरूक प्रयास का निर्माण करना होगा।

सामाजिक कार्य शिक्षकों के लिये यह एक चुनौतीपूर्ण कार्य है। चुनौती उन रास्तों को मान्य करने के लिये भी है जिनमें शोध, सिद्धान्त और व्यवहार को शोध के व्यावहारिक हालातों में शामिल करके या व्यावहारिक हालातों को शोध के अवसरों में आकार प्रदान कर जोड़ सकते हैं (रीड, 1978)।

यहाँ पर उद्देश्य सामाजिक ज्ञान आधार की वर्तमान स्थिति का निर्धारण करना है जैसे – सिद्धान्त, नियमों, अवधारणाओं, और व्यवहार और उच्च पेशेवर मानकों और जवाबदेही को बढ़ावा देने में शोध की भूमिका की पहचान।

ज्ञान के आधार निर्माण में अनुसंधान की भूमिका (Role of Research in Building Knowledge Base)

सामाजिक कार्य के लिये ज्ञान के आधार निर्माण में अनुसंधान की भूमिका बहुत गतिशील है। सामाजिक कार्य गतिशील घटना के रूप में लिया जाता है। ज्ञान के आधार को सतत अद्यतन और वर्तमान से प्रासंगिक होना चाहिये। ज्ञान के आधार में यह परिवर्तन और नये आयाम, काल्पनिक ज्ञान को परीक्षणयुक्त ज्ञान और कल्पित ज्ञान को काल्पनिक ज्ञान में बदलने और इसके बाद परीक्षणयुक्त ज्ञान में बदलना शामिल करता है (वर्नर, 1959)।

सामाजिक और जैविक विज्ञान से सामाजिक कार्य को लिया गया है अतः सामाजिक कार्य सिद्धान्त के लिये एक मजबूत तार्किक आधार के रूप में उचित समन्वय और आत्मसात करने की आवश्यकता है। वर्तमान में इसकी कमी है।

हालांकि एक तरफ शिक्षाविद् सिद्धान्त की सार्वभौमिकता, पेशेवरों के बारे में असाधारण (खास) हैं। दूसरी तरफ सिद्धान्तों का उपयुक्त टुकड़ा लेकर अनुप्रयोग के लिये प्रासंगिक बनाने हेतु इंगित करते हैं। इस प्रकार इन्हें सार्वभौमिक माना जाता है कि वे इनका प्रसंगों में उपयोग करते हैं जो वास्तव में पार–सांस्कृतिक अनुप्रयोग (cross-cultural application) के लिये परीक्षणयुक्त नहीं होते हैं।

सामाजिक कार्य सिद्धान्तों को बिना प्रमाण के सत्य मान लिया जाता है और उन्हें परीक्षण करने की जरूरत महसूस नहीं की जाती है और न ही वर्तमान सामाजिक कार्य सिद्धान्तों की तार्किक और महत्वपूर्ण जांच के विषय पर प्रस्तावित किये जाते हैं। यद्यपि अब सामाजिक कार्य आधारभूत अवधारणाओं का प्रमुख काम है जो सार्वभौमिक है। इन अवधारणाओं और सिद्धान्तों के अनुप्रयोग जिन कार्यों के लिये हैं वे ग्राहक समूह की परम्परागत और आर्थिक शर्तों, आवश्यकताओं के अनुसार अलग अलग होती हैं (खिन्दुका, 1965)। विशिष्ट तकनीकों की प्रभावकारिता का परीक्षण करने के लिये या सामाजिक कार्य सिद्धान्तों के सम्बन्ध में जरूरी अवधारणाओं की वैधता के परीक्षण करने के लिये शायद ही कोई अध्ययन किया गया हो। शोध ऐसे कई मुद्दों के उत्तर दे सकते हैं और सामाजिक कार्य के पेशेवर मानकों को ऊपर उठाने में महत्वपमर्ण भूमिका निभा सकते हैं।

सामाजिक कार्य व्यवहार में अनुसंधान की भूमिका (Role of Research in Social Work Practice)

हालांकि अनुसंधान व्यवहार से कई मायनों में अलग हैं। दोनों के बीच में सार्थक समानतायें हैं जिन्हें यदि समेकित किया जाये तो समस्या को बेहतर समझने के लिये पेशेवरों को सहायता कर सकती है और उसी के अनुसार कार्य कर सकते हैं। अनुसंधान समस्या के सूत्रीकरण से आरम्भ होता है। एक शोध करने योग्य समस्या का सूत्रपात हो जाने के बाद शोधकर्ता शोध अभिकल्पन विकसित करता है। अगला चरण आंकड़ों का संग्रहण है और अन्तिम चरण आंकड़ों के विश्लेषण द्वारा निष्कर्ष निकालना है। ठीक इसी प्रकार, पेशेवर पहले समस्याओं का निर्धारण करके तय करता है कि कौन सी व्यवहार पद्धतियां संभव हैं। इसके बाद वह हस्तक्षेप के लिये रणनीति विकसित करता है जो निर्धारित चरण में निर्दिष्ट समस्या का समापन करने हेतु प्रभावी हो जायेगा। इसका अनुसरण हस्तक्षेप रणनीतियों के क्रियान्वयन द्वारा किया जाता है। अन्ततः पेशेवर हस्तक्षेप रणनीतियों की प्रभावशीलता को मूल्यांकित करता है जिसका कि क्रियान्वयन किया गया है।

सामाजिक कार्य शिक्षा की सबसे बड़ी कमी अनुसंधान और अभ्यास के बीच आसंजन की कमी है। सामाजिक कार्य शिक्षा में व्यावहारिक पाठ्यक्रम शोध से

अधिक व्यावहारिक ज्ञान प्राप्त करता है। जबकि यह आवश्यक नहीं है कि शोध पाठ्यक्रम व्यवहारोन्मुखी हो। परिणामतः व्यवहार और शोध प्रशिक्षण स्तर पर स्वतन्त्र रूप से माने जाते हैं। और यह दृष्टिकोण सामाजिक कार्यकर्ताओं के कैरियर प्रशिक्षण के बाद भी सतत जारी रहता है। शोधकर्ताओं और पेशेवरों के बीच खाई पिछले कुछ वर्षों से चौड़ी होती जा रही है। शोधकर्ता बार–बार शिकायत करते हैं कि पेशेवरों द्वारा उनके प्रासंगिक और महत्वपूर्ण निष्कर्षों को अनदेखा किया जा रहा है। पेशेवर विश्वविद्यालय प्रेरित अनुसंधान को अप्रासंगिक मानते हैं और उसे उपयोग करने में अपनी असमर्थता व्यक्त करते हैं। यह मानना है कि एक ही प्रकार का व्यक्ति दोनों अर्थात् अच्छा शोधकर्ता और अच्छा पेशेवर नहीं हो सकता है। इस विश्वास के साथ अन्तराल और बढ़ा है (फैनसेल, 1980)। तथ्यों द्वारा इस प्रकार विश्वास को बनाये रखा जा सकता है कि समाज कार्य शोधकर्ता व्यवहार के लिये समय मुश्किल से ही निकाल पाता है।

इसके विपरीत, पेशेवर सेवा वितरण प्रणालियों में उनकी तल्लीनता के कारण शोध के बारे में कम से कम सम्बन्धित रह पाते हैं। दोनों ही उम्मीदवार, शोध और व्यवहार को समेकित करके विद्यालयों और एजेन्सियों के बीच सम्बन्धों को मजबूत करने की जरूरत को रेखांकित करता है (रीड, 1978)।

अतः शोध और व्यवहार का अस्तित्व एक–दूसरे के समानान्तर है। अधिकांशतः हर समय शोध व्यवहारोन्मुखी नहीं होता है और इसी प्रकार निष्कर्ष सामाजिक कार्य के ज्ञान और व्यवहार को प्रभावित नहीं कर सकता है।

आवश्यकता पर आधारित अनुसंधान पद्धति (Need Based Research Methodology)

सामाजिक कार्य अनुसंधान, सामाजिक शोध में परिकल्पनात्मक–आगमनात्मक प्रतिमान का अनुसरण करता है। यह प्रभावी प्रतिमान मुख्यतः मात्रात्मक मापन, प्रयोगात्मक अभिकल्पन, प्रायिकता निदर्शन और बहुचर प्राचल सांख्यिकीय विश्लेषण पर केन्द्रित है। इस प्रतिमान पर आधारित शोध की व्यावहारिक प्रासंगिकता शायद ही हो। सामाजिक कार्य को शोध प्रतिमान के रूप में विकसित करने की आवश्यकता है जो मात्रात्मक और गुणात्मक मापन का संचयन, अर्द्ध प्रायोगिक अभिकल्पन, गैर–प्रायिकता निदर्शन और बहुचर गैर–प्राचल सांख्यिकीय विश्लेषण को प्रभावशील बना सके।

सामाजिक कार्य अनुसंधान, मोटेतौर पर गैर–प्रायिकता निदर्शन के उपयोग हेतु कहता है क्योंकि अक्सर विस्तृत निदर्शन ढांचा को विकसित करना असंभव होता है। अतः यह सामाजिक कार्य अनुसंधानकर्ता की इच्छा पर निर्भर करता है कि विषयों में नमूने की प्रतिनिधित्वता, परिणामों का सामान्यीकरण, नमूना त्रुटि

और अन्त में आन्तरिक/बाह्य वैधता हेतु प्रायिकता नमूने के मामले में अधिक विवरण के साथ उचित व्यवहार करे।

व्यवहार आधारित सामाजिक कार्य शोध सामाजिक कार्यकर्ताओं को उनके पेशेवर मानकों और उनके हस्तक्षेपों की जवाबदेही में सार्थक अन्तर बनाने के अवसर प्रदान करता है। शोध पाठ्यक्रम का पुनः–अभिकल्पन, शोध और व्यवहार का आपसी आन्तरिक जोड़, समाजकार्य में अध्यापन, शोध में आवश्यकता पर आधारित शोध पद्धति सामाजिक कार्य पेशे के लिये एक मजबूत वैज्ञानिक आधार प्रदान करेगा। यद्यपि समाज विज्ञान शोध की तकनीक और कौशल की सभी पद्धतियां सामाजिक कार्य के लिये उपयोगी हैं। इसमें थोड़े संशोधन की आवश्यकता है जिससे उनका सामाजिक कार्य व्यवहार में उपयोग किया जाये तो मूल्यांकन प्रासंगिक, विश्वसनीय और वैध हो।

एकल प्रणाली अनुसंधान अभिकल्पन, उदाहरण के लिये – सामाजिक कार्य अनुसंधान का व्यक्ति, समूह, या समुदाय के साथ हस्तक्षेप के प्रभाव के आकलन में उपयोग किया जाता है। एकल प्रणाली के अभिकल्पन का सार है कि विषयों द्वारा हस्तक्षेप की प्रभावशीलता की माप स्वयं के नियन्त्रण के रूप में और बहुल आंकड़ों के समूह से पहले और साक्षात्कार के बाद प्रभावशीलता को मापना है।

मोटेतौर पर, सामाजिक कार्य अनुसंधान गैर–प्रायिकता निदर्शन को लेने के लिये कहता है। उदाहरण के लिये – सामाजिक कार्य अनुसंधान में सुविधा और आकस्मिक नमूने, दोनों ही शायद सर्वाधिक सामान्य नमूनों के प्रारूपों में से एक हैं क्योंकि ये अन्य पद्धतियों की तुलना में कम खर्चीले हैं। और अक्सर एक विस्तृत नमूना प्रारूप को विकसित करना असंभव होता है।

यद्यपि, गैर–प्रायिकता निदर्शन बहुत उपयोगी है लेकिन उनकी कुछ महत्वपूर्ण सीमायें भी हैं। पहली कि वास्तविक प्रतिनिधित्वता के लिये दावा नहीं किया जा सकता है। यह परिणामों के सामान्यीकरण को नमूना त्रुटि के स्तर से परे जो कि अज्ञात बनी रहती है को सीमित करता है। एकल प्रणाली अभिकल्पन और गैर–प्रायिकता निदर्शन की मुख्य सीमायें संदिग्ध बाहरी वैध है। परिणामतः शोधकर्ता को निष्कर्ष और सामान्यीकरण में अत्यन्त सावधानी रखनी होती है।

हालांकि, नमूना आकार या चयन प्रक्रिया के कारण सीमाओं की परवाह किये बिना, शोध की आन्तरिक वैधता की उच्च डिग्री के साथ पहचान की जा सकती है और आगामी अध्ययनों के सामान्यीकरण हेतु परीक्षण किया जा सकता है। इन अध्ययनों के सामान्यीकरण में तथ्यों के संचयन के आधार पर प्रयोगात्मक और सामान्यीकरण की प्रतिकृति से सुधार किया जा सकता है। शोध और व्यवहार को समेकित करने के लिये पद्धतियों/तकनीकों पर जोर देकर होने वाले

सामाजिक कार्य अनुसंधान की मात्रा को बढ़ाया जा सकता है, जो अन्तिम रूप में सामाजिक कार्य व्यवहार के अनुभवजन्य आधार को आगे बढ़ायेगा।

अनुसंधान और व्यवहार के समेकित चरण (Integrated Steps of Research and Practice)

शोध और व्यवहार को समेकित करने के लिये कार्यक्षेत्र प्रशिक्षण के प्रथम चरण से आरम्भ किया जा सकता है। छात्रों को शोध अभिकल्पन विकसित करने में और उनके कार्यक्षेत्र में प्रशिक्षण के दौरान व्यक्तिगत/समूहों/समुदायों की समस्याओं का अध्ययन करने में सहायता मिल सकती है। अध्ययन के परिणामों से आधारभूत आंकड़ों को लिया जा सकता है। इसका अनुसरण हस्तक्षेपों के विभिन्न स्तरों पर उनके कार्य क्षेत्र व्यवहार के भाग के रूप में किया जा सकता है। हस्तक्षेप की प्रभावशीलता को मूल्यांकित करने के लिये शोध तकनीकों के उपयोग हेतु छात्रों को प्रोत्साहित किया जा सकता है। मूल्यांकन के परिणामों पर कार्यक्षेत्रों, सेमिनारों में चर्चा की जा सकती है। और अन्त में शोध प्रतिवेदन, छात्रों के कार्यक्षेत्र के प्रतिवेदन के साथ प्रस्तुत कर सकते हैं। शोध और व्यवहार के एकीकरण पर चर्चा को निम्नलिखित तरीके से संक्षेप में दिया जा रहा है–

1. समस्याओं का निर्धारण
2. समस्याओं का सूत्रपात करना
3. हस्तक्षेप रणनीतियों का सूत्रपात करना
4. शोध अभिकल्पन का विकास करना
5. क्रियान्वयन करना
6. आंकड़ों का संग्रहण
7. आंकड़ों का विश्लेषण
8. निष्कर्षों को निकालना
9. मूल्यांकन
10. समापन

सामाजिक कार्य अनुसंधान सामाजिक कार्यकर्ताओं को उनके पेशेवर मानकों और हस्तक्षेपों की जवाबदेही में एक सार्थक अन्तर बनाने के लिये अवसर प्रदान करता है। इस दिशा में अनुसंधान बहुमुखी भूमिका अदा करता है। समाज कार्य के लिये शोध पाठ्यक्रम का पुनः अभिकल्पन, अनुसंधान का समाकलन, सिद्धान्त और व्यवहार, समाज कार्य में शोध उत्तेजन और आवश्यकता पर आधारित शोध पद्धति पर जोर जैसे चरणों को समाज कार्य शिक्षा में शोध की भूमिका का प्रदर्शन करने के लिये किया जाता है।

समीक्षा के लिए महत्वपूर्ण पद (Important Terms for Review)

- सामाजिक कार्य अनुसंधान (Social Work Research)
- सामाजिक कार्य अनुसंधान प्रक्रिया (The Social Work Research Process)
- सामाजिक कार्य में अनुसंधान की भूमिका (Role of Research in Social Work)
- ज्ञान के आधार निर्माण में अनुसंधान की भूमिका (Role of Research in Building Knowledge Base)
- आधारभूत अनुसंधान (Basic Research)
- परम्परागत अनुसंधान (Conventional Research)
- हस्तक्षेप (Intervention)
- व्यावहारिक प्रभावशीलता (Practice Effectiveness)
- व्यवहार आधारित अनुसंधान (Practice based Research)
- हस्तक्षेप प्रभावशीलता (Intervention Effectiveness)
- सामाजिक कार्य व्यवहार में अनुसंधान की भूमिका (Role of Research in Social Work Practice)
- अनुसंधान का व्यवहार के साथ अन्तर–संयोजन (Inter Linking Practice with Research)
- आवश्यकता पर आधारित अनुसंधान पद्धति (Need Based Research Methodology)
- अनुसंधान और व्यवहार का एकीकरण (Integrating Research and Practice)
- अनुसंधान और व्यवहार के समेकित चरण (Integrated Steps of Research and Practice)

समीक्षात्मक प्रश्न (Review Questions)

1. सामाजिक शोध व सामाजिक कार्य अनुसंधान में अन्तर स्पष्ट कीजिये।
2. सामाजिक कार्य में अनुसंधान की भूमिका पर चर्चा कीजिये।
3. सामाजिक कार्य अनुसंधान अभ्यास पर आधारित शोध के रूप में जाना जाता है। क्या आप इस विचार से सहमत हैं? अपने कार्यक्षेत्र से उदाहरण के साथ अपने उत्तर की पुष्टि करें।
4. सामाजिक कार्य अनुसंधान की प्रकृति और क्षेत्र पर चर्चा कीजिये।
5. सामाजिक कार्य में व्यवहार और शोध को जोड़ने की आवश्यकता पर चर्चा कीजिये।

6. मानसिक बीमारी के रोगियों के लिये समूह उपचार की प्रभावशीलता पर अध्ययन हेतु एक शोध प्रस्ताव तैयार कीजिये।
7. सामाजिक कार्य अनुसंधान मुख्य रूप से हस्तक्षेप शोध है, उदाहरण के साथ अपनी टिप्पणी कीजिये।

आगे पढ़ने हेतु (For Further Reading)

ब्लूम, एम., चैलेन्ज़ेज टू हेल्पिंग प्रोफेसन एण्ड दि रेस्पान्सेस ऑफ साइन्टिफिक प्रैक्टिस, *सोशल साइन्स रिव्यू,* 52, 584—595, 1978.

दासगुप्ता, सुगाता, सोशल वर्क रिसर्च इन *एनसाइक्लोपीडिया ऑफ सोशल वर्क,* नई दिल्ली, गवर्नमेंट ऑफ इन्डिया, 1977.

एप्सटीन, आई एण्ड त्रिपोडी, टी., *रिसर्च टेक्निक्स फॉर प्रोग्राम प्लानिंग, मॉनिटरिंग एण्ड इवेल्यूएशन,* न्यूयॉर्क : कोलम्बिया यूनिवर्सिटी प्रोग्राम, 1974.

फैनसेल, डेविड, सर्विसेस टू एण्ड बाय दि रियल पीपुल, *सोशल वर्क,* 34 : 195—196, 1980

हर्लेकर, ए. : रिसर्च इन सोशल वर्क, *आय.जे.एस.डब्लू.,* बाम्बे, 1964.

हाउस, इ. आर., *इवेल्यूएटिंग विथ वैलीडिटी,* बिवेरली हिल्स, कैलिफोर्निया : सेज़, 1980.

जैकब, के.के. : *मैथड्स एण्ड फील्ड्स आफ सोशल वर्क इन इन्डिया,* बॉम्बे, एशिया पब्लिशिंग, 1965.

खिन्दुका, एस. के. : *सोशल वर्क इन इन्डिया,* इलाहाबाद, किताब महल, 1965.

लेविन, एम. एच. : *कास्ट इफेक्टिवनेस : ए प्रीमीयर,* नई दिल्ली, सेज़, 1985.

लिन, ल्वोन्स एण्ड वी. मारिस (एडिटर्स) : *प्रोग्राम इवेल्यूएशन,* लन्दन, सेज़, 1978.

मायकल, जे. एण्ड एसोसिएट्स : *इवेल्यूएटिंग योर एजेन्सीज़ प्रोग्राम्स,* लन्दन, सेज़, 1982.

मिशान, इ. जे. : *कास्ट बेनीफिट एनालिसिस : एन इनफार्मल इन्ट्रोडक्शन,* लन्दन, जार्ज एलेन एण्ड अनविन लिमिटेड, 1971.

मोन्टे, ड्यूआना आर. एट ऑल, *अप्लायड सोशल रिसर्च : टूल फार दि ह्यूमन सर्विसेज़,* शिकागो होल्ट, 1986.

मोन्टे, डी. आर. एट ऑल, अप्लायड *सोशल रिसर्च : टूल फार दि ह्यूमन सर्विसेज़,* शिकागो होल्ट, 1986.

पोलानस्काय, एन. ए. (एडिटर) : *सोशल वर्क रिसर्च,* शिकागो, दि यूनिवर्सिटी ऑफ शिकागो प्रेस, 1975.

पोसोवा, इ., जे. एण्ड कैरे, आर. जी., *प्रोग्राम इवेल्यूएशन मैथड्स एण्ड केस स्टडीज़* एनजे, इगलवूड क्लिफ : प्रैन्टिस हॉल, 1975.

रामचन्द्रन, पी., सोशल वर्क रिसर्च एण्ड स्टेटिसटिक्स इन *हिस्ट्री एण्ड फिलॉसफी ऑफ सोशल वर्क इन इन्डिया,* बाम्बे : एलायड पब्लिशर्स, 1968.

रामचन्द्रन, पी. : रिसर्च इन सोशल वर्क, इन ए.बी. बोस (एडिटर्स) : इन *एनसाइक्लोपीडिया ऑफ सोशल वर्क इन्डिया,* न्यू डेलही : गवर्नमेन्ट ऑफ इन्डिया, 1987, 386.

रीड, डब्लू : दि सोशल एजेन्सी एज़ ए रिसर्च मशीन, *जर्नल ऑफ सर्विस रिसर्च,* 2, 11–23, 1978.

रीड, विलियम जे. : रिसर्च इन सोशल वर्क, इन *एनसाइक्लोपीडिया ऑफ सोशल वर्क,* सिल्वर स्प्रिंग, मेरीलैण्ड, 1987.

रोज़ी, एच.पी. एण्ड विलियम, डब्लू (एडिटर्स) : *इवेल्यूएटिंग ऑफ सोशल प्रोग्राम्स,* थ्योरी, प्रैक्टिस एण्ड पॉलिटिक्स, न्यूयॉर्क, सेमिनार प्रेस, 1972.

रोज़ी, पी., एण्ड एच., फ्रीमैन, *इवेल्यूएशन : ए सिस्टेमेटिक एप्रोच,* बेवेरले हिल्स : सेज़, 1982.

रूबिन, ऐलेन एण्ड बेबी, ई, *रिसर्च मैथडोलॉजी फॉर सोशलवर्क,* बेलमोन्ट, कैलिफोर्निया : वेड्सवर्थ, 1989.

स्केनीरेर, एम.ए., *प्रोग्राम इवेल्यूएशन : दि आर्गेनाइजेशनल कान्टेक्सट,* बेवेरले हिल्स, कैलिफोर्निया : सेज़, 1979.

थॉमस, इ. जे., दि बीबीइयसडीएयस मॉडल फार इफेक्टिव प्रैक्टिस, *सोशल वर्क रिसर्च एण्ड ऑब्सट्रेक्ट,* 13,12–16, 1977.

थॉमस, पी. टी., सोशल रिसर्च (एम. एस. गोरे – सम्पपदक), इन *एनसाइक्लोपीडिया ऑफ सोशल वर्क इन्डिया,* न्यू डेलही : गवर्नमेन्ट ऑफ इन्डिया, 1968, 204.

वैन मानेन, जॉन : *वैरायटीज़ ऑफ क्वालिटेटिव रिसर्च,* नई दिल्ली, सेज़, 1982.

वीनबैक, आर. डब्लू. एण्ड रूबिन, ए. (एडिटर्स) : *टीचिंग ऑफ सोशल वर्क रिसर्च : अल्टरनेटिव प्रोग्राम्स एण्ड स्ट्रेटजीज,* न्यूयॉर्क, काउन्सिल ऑफ सोशल वर्क एजूकेशन, 1980.

वीस्स, कैरोल, *इवेल्यूएशन रिसर्च,* ईगलवूड क्लिफ एन.जे., प्रैन्टिस हॉल, 1972.

वर्नर, डब्लू. बी., *ऑब्जेक्टिस ऑफ सोशल करीकुलम ऑफ दि फ्यूचर,* न्यूयॉर्क. : काउन्सिल ऑफ सोशल वर्क एजूकेशन, 1959.

10

एकल विषय शोध अभिकल्पन

Single Subject Research Designs

सामाजिक कार्य का अन्तिम उद्देश्य व्यक्तियों, समूहों और समुदायों के सामाजिक कार्यों में सुधार लाना है। संक्षेप में, व्यक्तियों, समूहों और समुदायों के सामाजिक कार्यों में सुधार लाने की प्रक्रिया में अध्ययन, निर्धारण, हस्तक्षेप और मूल्यांकन शामिल हैं। अधिकांश मामलों में, इन चरणों में अनुसंधान तकनीकों का उपयोग सामान्य रूप में और रैंकिंग, स्केल (माप), स्कोर विश्लेषण और सांख्यिकीय सार्थकता इत्यादि विशिष्ट रूप में करते हैं। कुछ विशेष शोध अभिकल्पनों जिन्हें सामान्यतः एकल विषय अभिकल्पन के रूप में जाना जाता है, उनका विवरण देने का प्रयाास किया जाता है। इसमें सामाजिक कार्य पेशेवरों द्वारा व्यक्तियों, समूहों, परिवारों और समुदायों के सामाजिक क्रियाकलापों को सुधारने की कोशिश की जाती है।

एकल विषय अभिकल्पन (Single Subject Designs)

एकल विषय अभिकल्पन मूल रूप से अर्द्ध प्रायोगिक अनुसंधान अभिकल्पन है। जो व्यक्तियों के मामलों में, समूहों, परिवारों और समुदायों पर हस्तक्षेप के प्रभाव का मूल्यांकन करने के लिये सामाजिक अनुसंधान के काल श्रेणी विश्लेषण तकनीक का उपयोग करती है। इस तरह के अभिकल्पन आश्रित चर की दोहरायी गयी मापों को शामिल करते हैं। यदि आश्रित चर के परिवर्तन का प्रतिमान बना रहता है तो हस्तक्षेप की शुरुआत होने से पहले और बाद में एक विशेष हस्तक्षेप को देखना होगा। (रूबिन और बॉबी, 1989)।

अनुसंधान के इस अभिकल्पन में, विश्लेषण की इकाई में एक व्यक्ति, एक परिवार, एक समुदाय या एक संगठन होने के बावजूद विश्लेषण की एक इकाई हैं। जैसे अभिकल्पनों की प्रमुख सीमाओं में से एक उनकी संदिग्ध बाहरी वैधता

है। लेकिन हमें यह नहीं भूलना चाहिये कि एकल विषय प्रयोग उन हस्तक्षेप में एक आंतरिक वैधता के साथ उच्च स्तर की पहचान कर सकते हैं। काम करने में एक से दिखाई प्रतीत होते हैं। शायद विशेष स्वभाव प्रासंगिक, और बाद के अध्ययनों में सामान्यीकरण के लिये परीक्षण किया जा सकता है। इन बाद के अध्ययनों में बड़े पैमाने पर प्रयोगों का उपयोग समूहों के नियन्त्रण पर शामिल हो सकता है। वे अतिरिक्त एकल विषय प्रयोगों मूल एक विषय प्रयोग अन्य सन्दर्भों में के लगभग अनुकरण करने का प्रयास है (रूबिन और बॉबी, 1979)।

इस तरह के अनुसंधान अभिकल्पन एकल मामले अभिकल्पन या एकल प्रणाली अभिकल्पन के रूप में जाने जाते हैं। बाद में दो पदों के उपयोग का संकेत मिलता है जिसमें विषय की जरूरत नहीं होती केवल व्यक्ति होता है। लेकिन एक परिवार की इकाई, एक समुदाय, और इतने पर शामिल कर सकते हैं। शब्द एक विषय अभिकल्पन और अधिक सामान्य रूप में प्रयोग किया जाता है। मामलों या निकाय या समूह परिवार के लोगों और एक समुदाय को शामिल कर सकते हैं। और इसलिये इस पाठ में समझ के साथ उपयोग किया जायेगा।

पृष्ठभूमि (The Background)

एकल विषय अभिकल्पनों के पूर्व सामाजिक कार्य अनुसंधानकर्ता परम्परागत प्रयोगात्मक अनुसंधान अभिकल्पनों के उपयोग के अलावा कोई विकल्प नहीं होता है जैसे – प्रयोगात्मक समूह की नियन्त्रण समूह के साथ तुलना। इस प्रकार के प्रयोगात्मक शोध हालांकि अक्सर अनुचित या सामाजिक कार्य व्यवहार की सेटिंग्स में आचरण करने हेतु असम्भव हैं। एक जैसी समस्याओं के लिये ग्राहकों को पहचानना यादृच्छया कुछ उपचार का निर्धारण और अन्य नियन्त्रण समूहों हेतु यह अक्सर बहुत समय लेने वाली और महंगी है।

इस प्रकार के प्रयोगों में, परिणाम पूरे समूह के प्रत्युत्तरों का औसत होते हैं। अस्पष्ट व्यक्तिगत प्रक्रियायें जो सामाजिक कार्य पेशेवरों के लिये सार्थक हैं। उदाहरण के लिये – यह जानने में दिलचस्प हो सकता है कि एक प्रयोगात्मक समूह में, किसी दिये गये हस्तक्षेप बहुमत पर प्रभावी हैं। लेकिन विशेष ग्राहक के बारे में निष्कर्ष निकालने में कोई सहायता नहीं करता है (मोन्टी एट. आल., 1986)।

पारम्परिक प्रयोगात्मक अनुसंधान अनिवार्य रूप से नमूने के साथ प्रायिकता सिद्धान्त के पालन की आवश्यकता होती है और सांख्यिकीय प्रक्रियाओं की मान्यतायें, जो निश्चित रूप से व्यक्तिगत (N = 1) या एक छोटे समूह (N = 5) पर अनुसंधान करने की सम्भावना से इनकार करती हैं।

अन्त में, नियन्त्रण समूहों का उपयोग जिससे हस्तक्षेप पर रोक लगाई गयी है। सामाजिक कार्य पेशेवरों के लिये नीतिपरक सम्बन्ध रखने का एक स्रोत है। हालांकि पारम्परिक प्रयोगात्मक अनुसंधान कुछ उद्देश्यों के लिये उपयुक्त हैं।

सामाजिक कार्य शोधकर्ताओं का नेतृत्व करने के लिये, सामाजिक कार्य हस्तक्षेप के प्रभाव का मूल्यांकन करने के लिये एक वैकल्पिक दृष्टिकोण ज्ञात करने और संशोधित करने के लिये और हस्तक्षेप तकनीकों को अद्यतन करने के लिये विधि के साथ जुड़ी कमियां हैं।

सामाजिक अनुसंधान के अन्य क्षेत्रों में प्रगति के साथ, काल श्रेणी शोध अभिकल्पन पर आधारित एकल विषय अभिकल्पनों में, सामाजिक अनुसंधान की मौजूदा तकनीक के साथ सामाजिक कार्य शोधकर्ताओं द्वारा पेश आ रही समस्याओं को बाहर कर दिया है।

धीरे–धीरे एकल विषय अभिकल्पन अनुसंधान और व्यवहार का एक साधन के रूप में विलय हो गया है। और आज इसमें एकल विषय अभिकल्पन से और अधिक शामिल हैं। यह व्यवहार की तरफ रुख करता है और निम्नलिखित मुख्य बिन्दुओं को शामिल करता है (ब्लूम और फिशर, 1982)।

1. मानव सेवा पेशेवर दृष्टिकोण, सेवा वितरण के रूप में समस्या को सुलझाने का प्रयोग है। जो पेशेवर की प्रमुख जिम्मेदारी की परिकल्पना और ग्राहक की समस्या को और हस्तक्षेप के प्रभाव के बीच सम्बन्धों का परीक्षण है।
2. पेशेवर सभी ग्राहकों की निगरानी और मूल्यांकन हेतु एक नियमित रणनीति एकल विषय अभिकल्पन के रूप में शामिल करता है।
3. व्यावहारिक रणनीतियों के चयन में, अनुभवजन्य परीक्षण की पुष्टि मुख्य रूप से ज्ञान के विपरीत में जो पारम्परिक, सहज ज्ञानयुक्त, या प्रयोगात्मक प्रकृति में चिकित्सीय अनुसंधानकर्ता ज्ञान को प्राथमिकता देते हैं।
4. पेशेवर व्यावसायिक जिम्मेदारी हेतु सतत सीखने और व्यावहारिक तकनीकों का मूल्यांकन करने के द्वारा हस्तक्षेप सुधार के क्रम में उच्च मूल्य बनाये रखता है।

संक्षेप में, एकल विषय अभिकल्पन का उद्देश्य सामाजिक कार्य व्यवहार का व्यवस्थित मूल्यांकन वैज्ञानिक अनुसंधान तकनीकों के उपयोग के माध्यम से करना है। यह ध्यान में रखा जाना चाहिये कि अनुसंधान अभिकल्पन परम्परागत बड़े पूरे कार्यक्रमों के मूल्यांकन के लिये और कार्यक्रम की प्रभावशीलता के सामान्यीकरण की पुष्टि के लिये आवश्यक है। निम्नलिखित अनुभागों में हम एकल विषय अभिकल्पन अनुसंधान के चरणों पर चर्चा करेंगे।

सामाजिक कार्य व्यवहार में एकल विषय अभिकल्पनों के उपयोग (Use of Single Subject Designs in Social Work Practice)

एकल विषय अभिकल्पनों का सामाजिक कार्य व्यवहार में भिन्न–भिन्न स्थितियों में उपयोग भिन्न–भिन्न प्रकार से हो सकता है। कुछ सामाजिक कार्य स्थितियां जो इस अनुसंधान तकनीक के लिये उचित हैं, आगे आने वाले भाग में दर्शायी जा रही

हैं। सामाजिक कार्य पेशेवरों के उनके अपने व्यवहार का एक हिस्सा है जिसका उपयोग लक्ष्य–युक्त समस्या का निदान और उचित उपचार का चयन करने में उनके ग्राहकों के अध्ययन में एकल विषय अभिकल्पनों के रूप में किया जा सकता है। उन्हें ग्राहकों की प्रगति पर नजर रखने की जरूरत होती है। एकल विषय अभिकल्पनों के अनुसंधान से वे उद्देश्ययुक्त समस्याओं में परिवर्तन की माप कर सकते हैं। और ग्राहकों की प्रगति या कमियों पर नजर रख सकते हैं और घटनाओं की व्यवस्थित समझ प्राप्त करना या ऐसी परिस्थितियां जो लक्ष्ययुक्त समस्या को उन्नति या बदतर कर सकती हैं।

उदाहरण के लिये – मान लीजिये एक विशेष स्कूल में, एक बच्चे के आक्रामक व्यवहार हेतु उपचार किया जा रहा है। बच्चे के कक्षा में प्रवेश करने से तुरन्त पहले समस्याग्रस्त व्यवहार होने लगता है। कालानुक्रम से लक्ष्ययुक्त समस्या का सामाजिक कार्यकर्ता का बार–बार माप करना सहायक हो सकता है। प्रारम्भिक अवस्था में सेवा वितरण के दौरान इस संयोग को चिह्नित करते हैं जिससे कि लक्ष्ययुक्त समस्या के कारणों को समझने में बेहतर सहायता प्राप्त हो सकती है और इससे उचित रणनीति को विकसित करने में सुविधा होगी। सामाजिक कार्यकर्ता जो अव्यवस्थित रूप से अभिलेखों के प्रयास और अपने व्यवहार का मूल्यांकन करने में व्यवस्थित और वैध प्रयत्न बनाने का एक मार्ग हो सकता है। इस प्रकार की शोध तकनीकों का अधिक उपयोग सामाजिक कार्यकर्ता को वैज्ञानिक पेशेवर होने में सहायता करता है। एक अन्य उदाहरण – माना कि एक विद्यालय का सामाजिक कार्यकर्ता स्कूल के छात्रों के समूह के सामाजिक क्रियाकलापों और आत्मसम्मान में वृद्धि की खोज कर रहा है। छात्र जो विद्यालय छोड़ने के उच्च जोखिम में हैं और छात्रों के अनुशासनात्मक विषय और मानकीकृत आत्मसम्मान पैमाने पर साप्ताहिक आधार पर निगरानी रखी जाती है। आगे माना कि सामाजिक कार्यकर्ता स्कूल के अधिकारियों से कुछ अवधि तक प्रशासनिक कार्यवाही के निलम्बन हेतु आग्रह कर देखना चाहता है कि उनके आत्मसम्मान में सुधार हुआ है। यदि छात्रों के आत्म सम्मान स्कोर में सुधार हुआ है तो सामाजिक कार्यकर्ता के पास तर्कपूर्ण आधार पर निष्कर्ष होंगे कि हस्तक्षेप संभाव्य था इतिहास नहीं जो छात्रों के सुधरे हुये क्रियाकलापों के लिये कारण हैं।

यहाँ समाज कार्य व्यवहार में, एकल विषय अभिकल्पन अनुसंधान के उपयोग में कुछ व्यावहारिक समस्यायें हैं। कई बार स्थितियों को तुरन्त हस्तक्षेप की आवश्यकता होती है। हस्तक्षेप के अनुप्रयोग से पहले आधार रेखा प्रवृत्ति को पहचानने के लिये उपायों को दोहराने के लिये सामाजिक कार्यकर्ताओं को पर्याप्त समय की अनुमति नहीं देता है। कुछ स्थितियों में सामाजिक कार्यकर्ता के पास कई मामले होते हैं जिससे एकल विषय अभिकल्पन के अध्ययनों का संचालन करने या योजना बनाने में समय की मात्रा की कमी हो जाती है। इन समस्याओं

के बावजूद, सामाजिक कार्य पेशेवरों को एकल विषय अभिकल्पनों के उपयोग हेतु प्रयास करना चाहिये जो भी वे कर सकते हैं। सामाजिक कार्य व्यवहार या सेवाओं से सम्बन्धित वैज्ञानिक परीक्षण पर उनके ग्राहकों के प्रभाव पर्याप्तता से प्राप्त नहीं होते हैं। अतः अब इससे यह स्पष्ट होता है कि प्रश्न यह नहीं हो सकता है कि मामलों में हस्तक्षेप की तत्काल जरूरत है या हम एकल विषय अभिकल्पन अनुसंधान को हमारे व्यवहार के एक हिस्से के रूप में उपयोग करने में समय खर्च कर सकते हैं, या फिर बिना परीक्षण किये हस्तक्षेपों का उपयोग यह देखने के लिये कर सकते हैं कि वे ग्राहकों की सहायता कर रहे हैं या नुकसान पहुंचा रहे हैं।

हमारे व्यवहार के एक भाग के रूप में, एकल विषय अभिकल्पनों का उपयोग करके हमें तत्काल प्रतिक्रिया मिल सकती है। सेवाओं में संशोधन करने के लिये या अपने ग्राहकों के लिये अन्य वैकल्पिक हस्तक्षेपों का चयन करने में सहायता मिल सकती है।

जाहिर है कि एकल विषय अनुसंधान अभिकल्पनों को लागू करना सरल और आसान लगता है। यह भी एक छाप देता है कि एकल विषय अनुसंधान अभिकल्पन सामाजिक कार्य हस्तक्षेपों के प्रभाव के बारे में सभी संदेह स्पष्ट होंगे। व्यवहार में, उद्देश्ययुक्त समस्याओं को दोहराने वाले उपायों को करने के लिये विश्वसनीय और मान्य आंकड़े प्रदान करना हमेशा आसान कार्य नहीं होता है। हस्तक्षेप का आरम्भ आसान है केवल जब आधार रेखा स्थापित हो। स्थिति और भी कठिन हो जाती है जब मामलों में उपचार की सख्त आवश्यकता होती है। फिर भी कुछ स्थितियों को छोड़कर एकल विषय अभिकल्पनों की तकनीकें सामाजिक कार्यकर्ताओं के लिये बहुत अधिक उपयोगी हैं।

आधारभूत चरण (The Baseline Phase)

एकल विषय अभिकल्पन अनुसंधान काल श्रेणी समंक अनुसंधान के सिद्धान्त पर आधारित है। समय के उत्तरोतर अन्तरालों पर आश्रित चरों की मापनों की आवश्यकता होती है। हस्तक्षेप से पहले के मापन बिन्दुओं को आधार रेखा चरण कहा जाता है। यह माप नियन्त्रण के रूप में सेवा करते हैं। परम्परागत समूह के प्रयोगों में नियन्त्रण समूह वैसे ही कार्य करते हैं। आधार रेखा चरण के दौरान संग्रहीत आंकड़ों की तुलना हस्तक्षेप (प्रयोगात्मक) चरण के दौरान संग्रहीत आंकड़ों से की जाती है। यह निष्कर्ष निकालने के लिये कि हस्तक्षेप प्रभावी है अर्थात् आश्रित चर में परिवर्तन हस्तक्षेप के लिये जिम्मेदार ठहराया जा सकता है इतिहास या परिपक्वता के लिये नहीं। प्रवृत्तियों में बदलाव के लिये या आंकड़ों के प्रतिमान जो आधार रेखा और हस्तक्षेप के मध्य बदलाव के साथ मेल खाती हैं।

आंकड़ों के प्रतिमान में बदलाव के निर्धारण के लिये यह आवश्यक है कि आधार रेखा चरण में आंकड़ों की प्रवृत्ति स्पष्ट और स्थायी है। एक स्थायी प्रवृत्ति वह है जो उद्देश्ययुक्त समस्या उम्मीद के मुताबिक और व्यवस्थित फैशन के अनुसार घटित होती है।

अवलोकित प्रवृत्ति का स्थायित्व आंकड़ों से ग्राफ चित्रण करने के लिये चिह्नित किया जाता है और इसके बाद अवलोकित किया जाता है कि प्रवृत्ति स्पष्ट रूप में बढ़ रही (चित्र 10.1) या घट रही (चित्र 10.2) अथवा चक्रीय (चित्र 10.3) या स्थायित्व (चित्र 10.4) रूप में है।

यद्यपि आधार रेखा चरण में अवलोकन बिन्दुओं की संख्या व्यक्तिगत मामलों की भिन्नता पर निर्भर करती है। यह उचित होगा कि आधार रेखा चरण में पांच या दस अवलोकनों के मध्य योजना करें। लेकिन काल श्रेणी विश्लेषण के सामान्य सिद्धान्त को यह ध्यान में रखना चाहिये कि समंक बिन्दु अधिक होने पर विश्वास अधिक होगा। हमें अवलोकित प्रवृत्तियों की स्थायित्वता मिल सकती है। हस्तक्षेप की शुरुआत के साथ ही बाहरी कारकों के मेल खाने की संभावना नहीं हो सकती है।

लक्ष्य समस्या के निर्धारण की पद्धति पर बढ़ने या घटने की प्रवृत्ति पर निर्भर है। उदाहरण के लिये – यदि हम एक अवांछनीय घटना निर्धारण करना चाहते हैं जैसे कि चिन्ता की अवस्था, तब एक बढ़ती हुयी आधार रेखा की प्रवृत्ति का तात्पर्य समस्या का बदतर होना है और आधार रेखा में घटने की प्रवृत्ति सुधार का संकेत करेगी। इसी प्रकार, यदि निर्धारण में वांछित संकेतों जैसे – आत्मसम्मान, तब एक बढ़ती हुयी आधार रेखा सुधार को सार्थक करेगी और घटती हुयी आधार रेखा बदतर होने की सार्थकता दर्शायेगी।

चित्र 10.1

आधार रेखा बढ़ते क्रम में

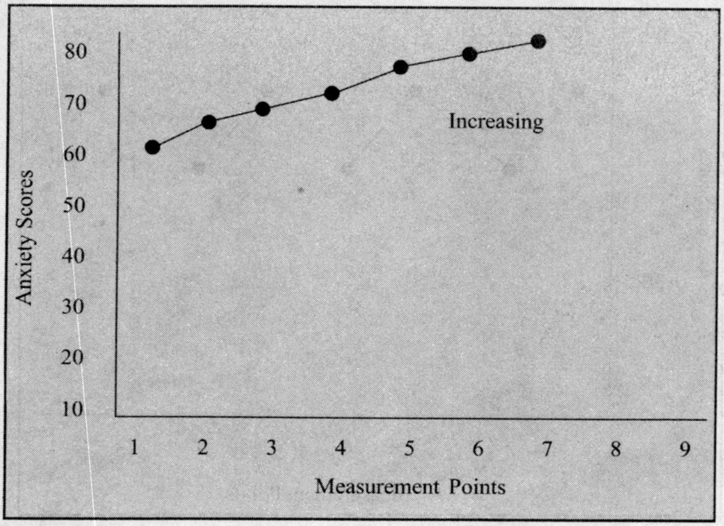

चित्र 10.2

आधार रेखा घटते क्रम में

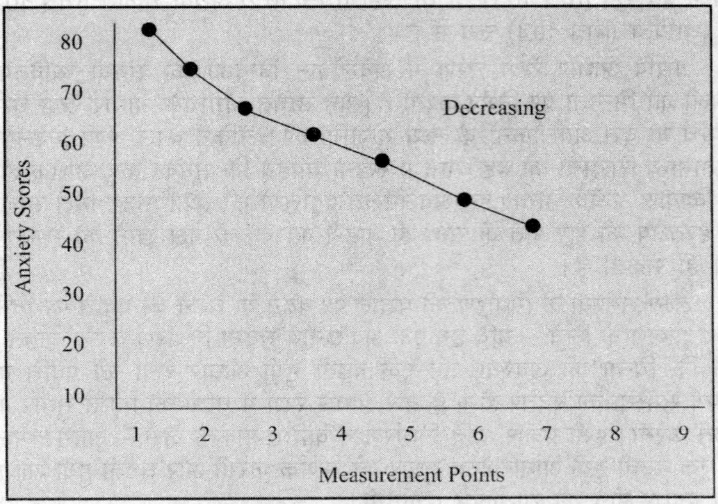

चित्र 10.3

आधार रेखा चक्रीय क्रम में

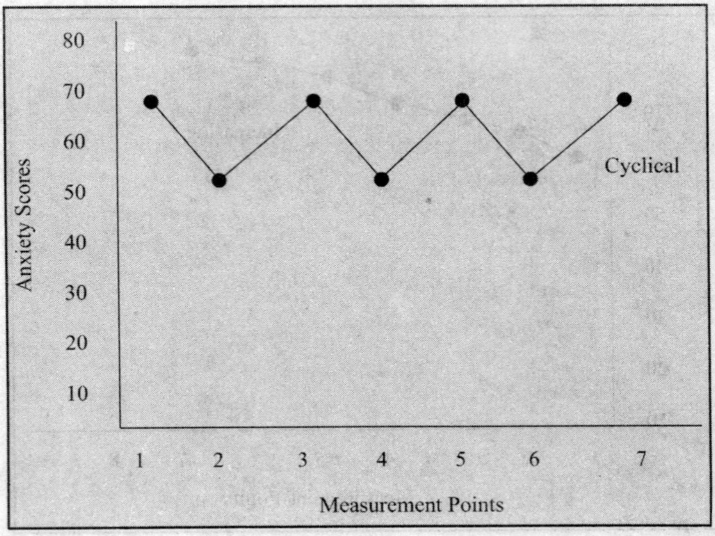

चित्र 10.4

आधार रेखा – स्थिर

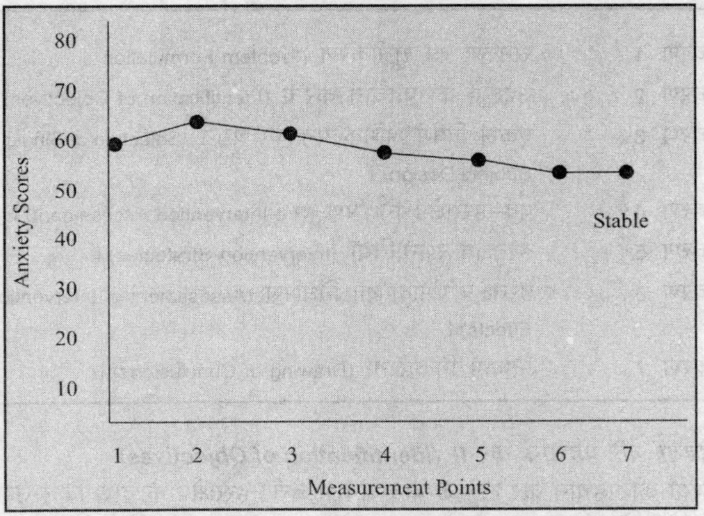

एकल विषय अभिकल्पन में अनुसंधान प्रक्रिया (The Single Subject Design Research Process)

एकल विषय अभिकल्पनों में सामाजिक कार्य व्यवहार हस्तक्षेप के साथ कई समानतायें होती हैं। एकल विषय अभिकल्पनों से सामाजिक कार्य व्यवहार में निष्पक्षता और अनुभववाद लाया जाता है। इस अनुसंधान अभिकल्पनों का अनुसरण करके सामाजिक कार्य शोधकर्ता यह जानने की स्थिति में होते हैं कि हस्तक्षेप किस तरह लागू किया गया और प्रभाव कितना हुआ है और यह सिद्ध करने के लिये सहायक आंकड़े होते हैं। इन अभिकल्पनों में शोध और व्यवहार को जोड़ा जाता है। पेशेवरों की परिवर्तन के बारे में स्पृहणीय स्थिति को लाना ही नहीं बल्कि वैध प्रमाण भी कि परिवर्तन क्यों हुआ है (मोन्टे एट. आल., 1986: 255)। एकल विषय अभिकल्पन अनुसंधान की प्रक्रिया चित्र 10.5 में प्रस्तुत की जा रही है।

समस्या का सूत्रीकरण (Problem Formulation)

पहले चरण में, शोधकर्ता विभिन्न निर्धारण पद्धतियों और तकनीकों का उपयोग करके स्पष्ट और विशिष्ट समस्या की समझ को प्राप्त करता है जैसे कि व्यक्तियों का साक्षात्कार, अपने साथियों का समूह और परिवार के सदस्यों, ऐतिहासिक मामले इत्यादि।

चित्र 10.5

एकल विषय अभिकल्पन में अनुसंधान प्रक्रिया के चरण

चरण 1	:	समस्या का सूत्रीकरण (Problem Formulation)।
चरण 2	:	उद्देश्यों की पहचान करना (Identification of Objectives)।
चरण 3	:	एकल विषय अभिकल्पन का चयन (Selection of Single Subject Design)।
चरण 4	:	पूर्व–हस्तक्षेप निर्धारण (Pre-Intervention Assessment)।
चरण 5	:	हस्तक्षेप रणनीतियाँ (Intervention Strategies)।
चरण 6	:	हस्तक्षेप प्रभावों का निर्धारण (Assessment of Intervention Effects)।
चरण 7	:	निष्कर्ष निकालना (Drawing of Conclusions)।

उद्देश्यों की पहचान करना (Identification of Objectives)

उद्देश्यों की पहचान कर लेने के बाद अगला चरण हस्तक्षेप के द्वारा किन उद्देश्यों को निर्धारित किया जाना है। इस बिन्दु पर शोध आधारित व्यवहार और परम्परागत व्यवहार के बीच वास्तविक अन्तर का सामना होता है। शोध आधारित व्यवहार में, यह सुनिश्चित होना चाहिये कि पहले कुछ तरीकों से उद्देश्य मापने लायक हों और दूसरा कि वे बहुत स्पष्ट और ठीक से परिभाषित हों जो कि परम्परागत व्यवहार में अक्सर किया जाता है।

एकल विषय अभिकल्पन का चयन (Selection of Single Subject Design)

हस्तक्षेप के लिये, एक बार समस्या और उनके संगत उद्देश्यों को चिह्नित कर लेने के बाद शोध प्रक्रिया का अगला चरण उचित एकल विषय अभिकल्पन का चयन करना है जो विशिष्ट विषय की बाधाओं और उद्देश्यों के अनुरूप होगा।

पूर्व–हस्तक्षेप निर्धारण या आधार रेखा चरण (Pre-Intervention Assessment or Baseline Phase)

पूर्व–हस्तक्षेप निर्धारण या आवश्यकताओं का निर्धारण ग्राहकों की समस्याओं, आवश्यकताओं और सम्भावित समाधानों के मूल्यांकन में एक व्यवस्थित मूल्यांकन है। इसके लिये शोधकर्ता आमतौर पर एक मानकीकृत क्रम निर्धारण मान समस्याओं या उद्देश्ययुक्त व्यवहारों के स्तर या डिग्री मापन का अभिकल्पन कर उपयोग करता है।

एकल विषय अभिकल्पनों को विषय के व्यवहार या हालात की मापों को दोहराने के लिये किया जाता है जिससे कि प्रवृत्तियों और परिवर्तनों की व्याख्या की जा सके। अतः अनुसंधान प्रक्रिया में चौथा चरण एक आधार रेखा को स्थापित करना या विषय के व्यवहार के मापन की श्रेणी या हस्तक्षेप से पहले की स्थिति को जानना है। इस आधार रेखा मापों का उपयोग विषय के व्यवहार या स्थिति हस्तक्षेप के आरम्भ से तुलना करने के आधार पर किया जाता है। हस्तक्षेप के बाद उनकी आधार रेखा अवधि के साथ माप की तुलना द्वारा शोधकर्ता हस्तक्षेप के प्रभाव का पता लगा सकता है। विशेष रूप से तीन मापों की आवश्यकता होती है जैसे कि कम से कम निरपेक्ष, आधार रेखा की स्थापना (बारलों एण्ड हर्सेन, 1973)।

आकृति 10.6 दर्शाती है कि पूर्व हस्तक्षेप माप हस्तक्षेप प्रभावों के निर्धारण के लिये आधार के रूप में सेवा कर सकती है। परिकल्पनात्मक आंकड़े कि ग्राहकों के उच्च स्तर के अवांछनीय व्यवहार उपचार से पूर्व दर्शाते हैं। उपचार आरम्भ होने के बाद यह तेजी से नीचे आता है। परिणाम इतने नाटकीय नहीं होते जैसे कि प्रतीत होते हैं। अतः व्याख्या करना अधिक कठिन है। हम बाद में और अधिक विस्तार से उपचार के प्रभाव का मूल्यांकन करने के मुद्दों के साथ चर्चा करेंगे।

चित्र 10.6

परिकल्पनात्मक आधार रेखा सफल हस्तक्षेप द्वारा अनुसरित

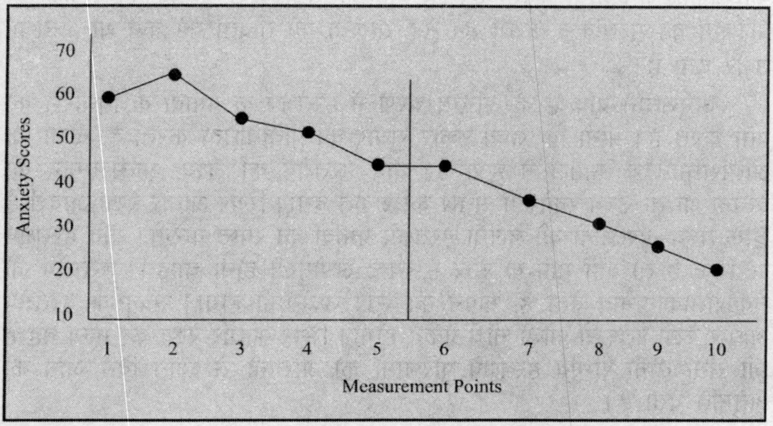

हस्तक्षेप रणनीतियाँ (Intervention Strategies)

अनुसंधान के इस चरण में, शोधकर्ता हस्तक्षेप रणनीति जिसका उद्देश्य व्यवहार में संशोधन करना या विषय की शर्तों को विकसित करना है। रणनीतियों में एकल

हस्तक्षेप या एक समय पर हस्तक्षेपों का समूह या विषय की स्थिति की गम्भीरता की डिग्री के आधार पर उत्तरोत्तर निर्भरता शामिल है। उदाहरण के लिये – एक शोधकर्ता एक किशोर छात्र के व्यवहार में संशोधन करने के लिये परामर्श तकनीक का उपयोग करता है। छात्र सहायक अन्य हस्तक्षेप का साथ छोड़ने के उच्च जोखिम पर है जैसे कि – सुविधा, भावनाओं की सुनवाई और सार्वभौमीकरण।

एक बार हस्तक्षेप रणनीति सुनिश्चित हो जाने के बाद अगला चरण हस्तक्षेप का परिचय है। जब हस्तक्षेप का आरम्भ किया जाता है, तब यह महत्वपूर्ण होता है कि केवल एकल सुसंगत हस्तक्षेप किसी हस्तक्षेप चरण के दौरान पेश किया जायेगा (बारलो एण्ड हर्सेन, 1973)।

हस्तक्षेप चरण के दौरान, विषय की स्थितियों का मापन आधार रेखा चरण के दौरान आरम्भ होकर सतत चलता है। जो परिवर्तन (यदि कोई है तो) पता किये गये हैं वे निश्चित ही हस्तक्षेप विषय की स्थितियाँ उत्पन्न करते हैं। यह महत्वपूर्ण है कि स्थितियाँ जिस माप के तहत हस्तक्षेप चरण के दौरान संगत बनी रहती हैं, जिसके तहत आधारभूत माप को प्राप्त किया गया है (जयारत्ने और लेवी, 1979)।

हस्तक्षेप प्रभावों का निर्धारण (Assessment of Intervention Effects)

हस्तक्षेप प्रभावों का निर्धारण सुनिश्चित करता है कि हरतक्षेप रणनीति विषयों में वांछित परिणाम प्राप्त करता है। यह प्रक्रिया सभी अन्य घटकों की समीक्षा के परिणाम का मूल्यांकन करती है। यह समस्या की तीव्रता को कम या अन्यथा, उत्तर देता है।

अनुसंधान प्रक्रिया के अन्तिम चरण में हस्तक्षेप के प्रभावों के निर्धारण का पता करते हैं। माना कि उच्च स्कोर सुधार का प्रतिनिधित्व करता है, जैसा कि आत्मसम्मान के मामले में हुआ है। यदि हस्तक्षेप का लक्ष्य, आत्मसम्मान को बढ़ाना था तो उच्च स्कोर में सुधार का संकेत देगा। स्थिर आधार रेखा आदर्श है चूँकि पश्च–हस्तक्षेपों की तुलना हस्तक्षेप प्रभावों को स्पष्ट करेगी। यदि हस्तक्षेप सहायक है तो वहाँ माप के स्तर में स्पष्ट अधोमुखी होना चाहिये। हस्तक्षेप जो नकारात्मक प्रभाव देता है, मापन का स्तर उर्ध्वगामी होगा। संक्रामक हस्तक्षेप आधार रेखा स्तर से थोड़ी नीचे प्रकट होगी। स्थिर आधार रेखा का मूल्य वह है जो सभी तीनों सम्भव हस्तक्षेप परिणामों को आसानी से ध्यान दिये जाने की अनुमति देता है।

एकल विषय अभिकल्पन के प्रकार (Types of Single Subject Design)

यद्यपि एकल विषय अभिकल्पनों के विभिन्न प्रकार हैं। आधार रेखा और हस्तक्षेप चरणों के दौरान दोहरायी गयी मापें और हस्तक्षेप प्रभावों के प्रमाण के रूप में

चरणों की तुलना शामिल है। चरणों की संख्या में शामिल लागू हस्तक्षेपों की संख्या और कार्यरत आधार रेखाओं की संख्या के अभिकल्पन भिन्न होते हैं। शायद सर्वाधिक महत्वपूर्ण अन्तर अभिकल्पनों की आन्तरिक वैधता है। हस्तक्षेप के प्रभाव के लिये कुछ और अधिक सक्षम प्रमाण देता है वास्तव में जब, इस प्रकार का प्रभाव होता है। आदर्शात्मक रूप से निश्चित ही सामाजिक कार्य अनुसंधानकर्ता को सर्वाधिक वैध अभिकल्पन का चयन करना चाहिये जो उनके विशेष मामले में आसंजित हो।

एकल विषय अभिकल्पनों के तीन विकल्प हैं।

1. एबी : मूल एकल विषय अभिकल्पन
2. एबीएबी : निकासी और व्युत्क्रम अभिकल्पन
3. एबीसीडी : बहु घटक अभिकल्पन

एबी : मूल एकल विषय अभिकल्पन (AB: The Basic Single-Subject Design)

जैसा कि नाम से ही पता चलता है कि बुनियादी एकल विषय अभिकल्पन शोधकर्ताओं के बीच आसान और लोकप्रिय अभिकल्पन है क्योंकि यह मुख्य रूप से केवल एक आधार रेखा चरण (ए) और एक हस्तक्षेप चरण (बी) जैसा कि चित्र 10.7 में चित्रित किया गया है।

चित्र 10.7

परिकल्पनात्मक आधार रेखा सफल हस्तक्षेप द्वारा अनुसरित

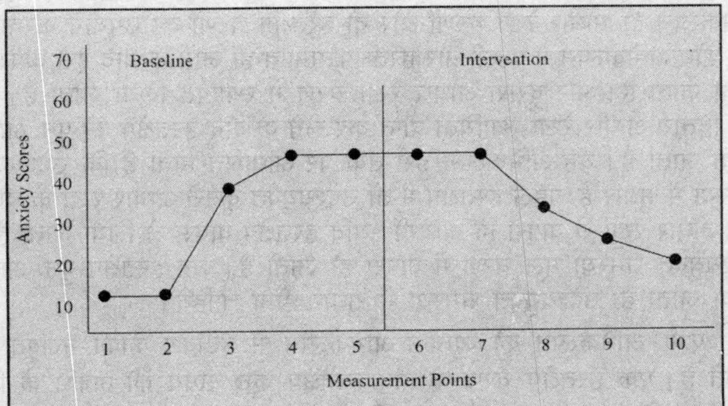

यह अभिकल्पन सामान्यतः एबी अभिकल्पन के रूप में जाना जाता है। अक्षर ए आधार रेखा चरण और एक अवधि को दर्शाता है जब हस्तक्षेप को कुछ अधिक

जटिल अभिकल्पनों में से निकाला जाता है। अक्षर बी यह संकेत देता है कि हस्तक्षेप चरण के दौरान जो कुछ विशिष्ट हस्तक्षेप आरम्भ किये गये हैं।

इस शोध अभिकल्पन में, हस्तक्षेप के प्रभाव निर्धारित किये जाते हैं। हस्तक्षेप चरण के दौरान ग्राहक की स्थिति की तुलना आधार रेखा चरण के साथ की जाती है।

चूँकि यह अभिकल्पन एक आधार रेखा निर्धारण और एक हस्तक्षेप चरण शामिल करता है। इसकी वैधता इतिहास द्वारा धमकायी गयी है। हस्तक्षेप के अलावा घटना ग्राहक के व्यवहार में परिवर्तन हेतु उत्तरदायी हो सकती है।

एबी अभिकल्पन की सीमाओं के बावजूद, गैर–प्रायोगिक ऐतिहासिक मामलों की तुलना में हस्तक्षेप प्रभावों के बेहतर प्रमाण प्रदान करता है।

यह नैदानिक स्थितियों के लिये सर्वाधिक उपयोगी हो सकता है, विशेष रूप से अधिक कठिन अभिकल्पनों को रोका जा सकता है।

अपनी सीमाओं और सम्बन्धित कमजोरियों के बावजूद, एबी अभिकल्पन गैर–प्रायोगिक मामलों के उपचार की तुलना में प्रभाव के बेहतर प्रमाण देता है। इस अभिकल्पन के दोहराये गये पर्याप्त अवलोकनों के साथ वैध और विश्वसनीय प्रमाण हस्तक्षेप की प्रभावशीलता से सम्बन्धित हालात प्रदान करता है।

ए.बी.ए.बी. : निकासी / व्युत्क्रम अभिकल्पन (ABAB: Withdrawal/Reversal Design)

बाहरी कारकों को बेहतर ढंग से नियन्त्रित करने के लिये निकासी / व्युत्क्रम अभिकल्पन दो आधार रेखा चरणों और दो हस्तक्षेप चरणों का उपयोग करता है। इस शोध अभिकल्पन में पहली बार हस्तक्षेप समाप्त हो जाने के बाद इसे वापस ले लिया जाता है। और दूसरा आधार रेखा चरण में स्थापित किया जाता है। एक बार द्वितीय आधार रेखा स्थायित्व प्राप्त कर लेने के बाद हस्तक्षेप को पुनः आरम्भ किया जाता है। यह अभिकल्पन इस तर्क पर आधारित होता है कि उद्देश्ययुक्त समस्या में सुधार है, पहले हस्तक्षेप में तो उद्देश्ययुक्त दूसरी आधार रेखा के दौरान मूल आधार रेखा से वापस हो जायेगी। यदि हस्तक्षेप वापस ले लिया जाता है तो उद्देश्ययुक्त समस्या मूल चरण में वापस हो जाती है। जब हस्तक्षेप पुनः आरम्भ किया जाता है, उद्देश्ययुक्त समस्या में सुधार होना चाहिये।

ए.बी. अभिकल्पन को व्युत्क्रम अभिकल्पन से हटाकर काफी मजबूत कर सकते हैं। एक हस्तक्षेप चरण के बाद हस्तक्षेप कुछ समय की अवधि के लिये वापस ले लिया जाता है। व्युत्क्रम अभिकल्पन मूलतः दो संस्करणों एबीए और एबीएबी है। दो संस्करणों में भिन्नता केवल एबीए अभिकल्पन की समाप्ति बिना हस्तक्षेप चरण में होती है, जबकि एबीएबी अभिकल्पन में, हस्तक्षेप को पुनः आरम्भ किया जाता है (चित्र 10.8 देखें)।

व्युत्क्रम अभिकल्पन का मूल्य अधिक निर्णायक बनाने हेतु इसकी योग्यता से उत्पन्न होता है कि यह हस्तक्षेप है और कोई बाहरी कारक नहीं है जो ग्राहक की स्थिति में परिवर्तन उत्पन्न करता है। यदि ग्राहक की स्थिति बदतर होती है तथा हस्तक्षेप की निकासी होती है, यह प्रमाणित है कि हस्तक्षेप नियन्त्रण कारक है। कभी–कभी और अधिक प्रमाण एबीएबी अभिकल्पन से दिये जाते हैं। यद्यपि हस्तक्षेप का पुनः परिचय ग्राहक के सुधरे हुये नये रूप में होता है जो एक बाहरी कारकों के समूह के लिये सम्भव है कि पहले ग्राहक का सुधार उत्पादित किया जाये। यह कम होने की सम्भावना है कि कारकों में से एक जैसे ही सेट सही समय पर फिर से हस्तक्षेप के सुधार के लिये पुनः आरम्भ हों। जैसा कि चित्र 10.8 चित्रित करता है कि विशेष रूप से एबीएबी अभिकल्पन, हस्तक्षेप की प्रभावकारिता में वास्तविक जीवन परिणामों के उत्पादन में महान विश्वास है।

यह शोध अभिकल्पन, आन्तरिक वैधता पर उच्च ताकत रखता है जब इसकी तुलना एबी अभिकल्पन से की जाती है। यहाँ व्यावहारिक समस्या है कि एबीएबी अभिकल्पन का उपयोग प्रतिबन्धित है। पहला, प्रथम हस्तक्षेप के कारण ग्राहकों में परिवर्तन जो कि प्रकृति में कम या अधिक स्थायित्व प्राप्त है जिसे व्युत्क्रम क्रम में रखा नहीं जा सकता है। दूसरा ग्राहक को उनकी आधार रेखा पर रखना न केवल अबुद्धिमत्तापूर्ण होगा बल्कि अनैतिक भी होगा।

चित्र 10.8

एबीएबी अभिकल्पन के परिकल्पनात्मक उदाहरण

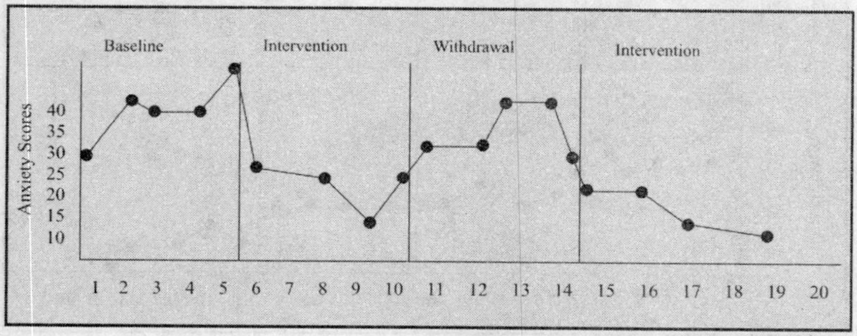

ए.बी.सी.डी. : बहु आधार रेखा अभिकल्पन
(ABCD: Multiple -Baseline Design)

बहु आधार रेखा अभिकल्पन बाहरी चरों के नियन्त्रण हेतु प्रयास हस्तक्षेप चरण और एक से अधिक आधार रेखा रखी जाती हैं। लेकिन हस्तक्षेप के क्रम में निकासी के बजाय, एक से अधिक क्रम में आधार रेखा की स्थापना, बहु आधार रेखा अभिकल्पन का प्रारम्भ दो या और अधिक आधार रेखाओं में एक साथ होता

है। प्रत्येक आधार रेखा में भिन्न–भिन्न लक्ष्य व्यवहारों की माप के द्वारा किया गया है या दो भिन्न–भिन्न व्यक्तियों से। यद्यपि प्रत्येक आधार रेखा एक साथ आरम्भ होती है। हस्तक्षेप का आरम्भ प्रत्येक के लिये भिन्न–भिन्न बिन्दुओं पर होता है। इस प्रकार जब हस्तक्षेप पहले व्यवहार के लिये हालत, व्यक्तिगत या अन्य के लिये आधार रेखा चरण में आरम्भ होता है। इसी तरह जब हस्तक्षेप का परिचय दूसरे व्यवहार हालत, व्यक्ति या तीसरा (यदि दो से अधिक) भी इसके आधार रेखा चरण में ही है।

चित्र 10.9

बहु आधार रेखा अभिकल्पन के परिकल्पनात्मक उदाहरण

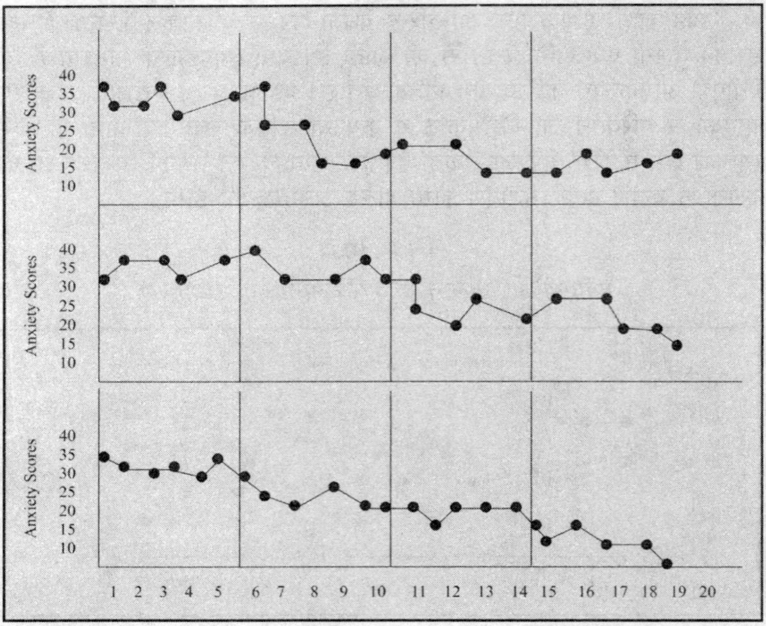

बहु आधार रेखा अभिकल्पन भिन्न–भिन्न ग्राहकों के लिये एक से अधिक आधार रेखा की स्थापना शामिल करता है जो एक ऐसी समस्या से पीड़ित है। उदाहरण के लिये यदि एक सामाजिक कार्यकर्ता, जो तीन शराबियों के एक समूह के साथ काम कर रहा है। सभी तीनों शराबियों के लिये प्रारम्भिक आधार रेखा स्थापित करता है और केवल एक शराबी में हस्तक्षेप परिचय करता है। वह शेष दो शराबियों के लिये दूसरी आधार रेखा स्थापित करता है और वही हस्तक्षेप फिर

से दूसरे शराबी पर आरम्भ करता है। और अन्त में सामाजिक कार्यकर्ता, आधार रेखा की स्थापना के लिये तीसरा शराबी जिसे उसी हस्तक्षेप के लिये उजागर किया जाता है। इस प्रकार हस्तक्षेप पहले शराबी के लिये स्थापित किया जाता है और अन्य दो शराबी अभी भी आधार रेखा चरण में हैं। जब हस्तक्षेप दूसरे और तीसरे शराबी के लिये परिचय कराया जाता है, तब भी वह आधार रेखा में ही रहता है। तीन व्यक्तियों में हस्तक्षेप की प्रभावशीलता का मूल्यांकन किया जाता है इसके अलावा प्रथम, द्वितीय और तृतीय आधार रेखाओं के तीन अनुक्रमिक परिचय जो शोधकर्ता को सहायता करते हैं और सम्भावना से इनकार करते हैं। तीन व्यक्तियों में हस्तक्षेप के प्रभावों में बाहरी चर कारण थे। आन्तरिक वैधता पर काफी मजबूत अभिकल्पन के रूप में आन्तरिक वैधता का सम्बन्ध है और एबी अभिकल्पन से बेहतर है। यह आन्तरिक वैधता के रूप में मजबूत नहीं है जितना कि एबीएबी अभिकल्पन है।

यहाँ मुख्य तर्क यह है कि अगर हस्तक्षेप सुधार को प्रभावित करता है तो यह सुधार व्यक्तियों के रेखांकन के अलग बिन्दु पर जो बाहरी चर के हस्तक्षेप की शुरुआत से मेल खाकर घटित होती है और ग्राहक के क्रियाकलापों में सुधार का कारण बनता है। तब यह सुधार प्रत्येक व्यक्ति के ग्राफ में एक ही समय में दिखायी देगा हालांकि कुछ अभी भी आधार रेखा में हो सकते हैं।

एबीसीडी बहु घटक अभिकल्पन **(ABCD: Multiple Component Design)**

बहु घटक अलग–अलग स्थितियों में विशेष समस्याओं को संभालने के लिये अभिकल्पित किए जाते हैं। इन अभिकल्पनों में सामान्यतः यह एक विशेष अभिकल्पन के रूप में जाना जाता है और एबीसीडी अभिकल्पन के रूप में संकेत दिया जाता है। जहां बी, सी और डी वैकल्पिक हस्तक्षेप जो कि प्रभावी रूप से प्रकट नहीं होते हैं। इसके विपरीत, अनुसंधानकर्ता निर्धारित करने की खोज करता है कि हस्तक्षेप पैकेज का लक्ष्य समस्या में सुधार के लिये वास्तव में जिम्मेदार है। एक ग्राहक की समस्या पर विचार करते हैं जो कि शराबी है। उदाहरण के लिये – पहले हम एक उपचार (B) के रूप में पीने के व्यवहार के सम्बन्ध के रूप में समस्या का सामना करते हैं और पाते हैं कि व्यवहार के लाभों का तकनीक (C) के रूप में प्रयास करते हैं। मान लीजिये वहाँ अभी कोई सुधार नहीं है तो परामर्श की विधि का उपयोग किया जाता है। जो एक विशिष्ट प्रक्रिया एबीसीडी अभिकल्पन का वर्णन करती है।

चित्र 10.10

बहु घटक अभिकल्पन के परिकल्पनात्मक उदाहरण

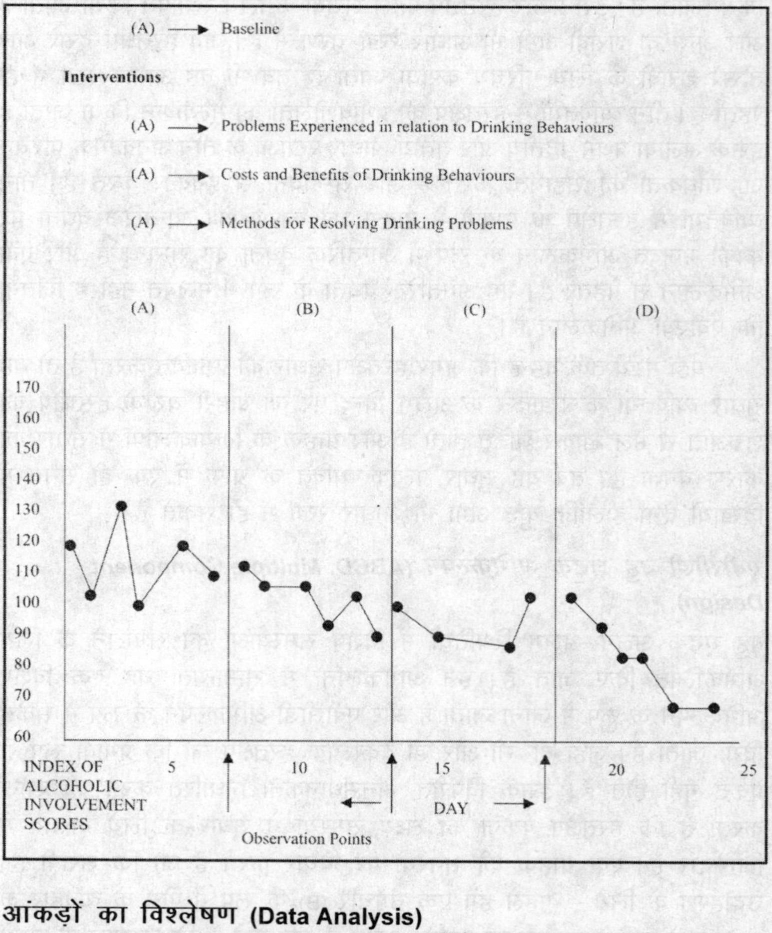

आंकड़ों का विश्लेषण (Data Analysis)

एकल विषय प्रयोगों के परिणामों को ग्राफ के रूप में प्रस्तुत किया जाता है। सामान्यतः ग्राफ से आंकड़ों के विश्लेषण में हम आंकड़ों की प्रवृत्ति या प्रतिमान और ग्राफ रेखा की प्रवणता देखते हैं। जब हम ग्राफ के अर्थ का विश्लेषण करते हैं तो हम आंकड़ों के प्रतिमान और प्रवृत्ति को देखते हैं जिससे कि लक्ष्ययुक्त समस्या में आने वाले परिवर्तन को देख सकें, जब हस्तक्षेप का आरम्भ या घटित हो।

इसके लिये हम प्रमाण प्राप्त करने की कोशिश में सहायता करते हैं कि हस्तक्षेप लक्ष्ययुक्त समस्या को प्रभावित कर रहा है।

एकल विषय अभिकल्पन प्रयोग के आंकड़े ग्राफ के माध्यम से चित्रित किये जाते हैं, जिसका उद्देश्य आंकड़ों को तथ्यों के बारे में एक दृष्टि में दिखाना है। सूचनाओं को तालिका के रूप में प्रदर्शित करने की बजाय आंकड़ों को सूचना की समझ को आसान बनाने के लिये ग्राफ में परिवर्तित किया जाता है। अतः एकल विषय अभिकल्पन में आंकड़े से ग्राफ दर्शाने हेतु केवल कुछ शब्दों का उपयोग करके सूचनाओं को पाठकों तक पहुंचाया जाता है।

अब हम चित्र 10.11, 10.12 और 10.13 पर विचार करते हैं। जो आंकड़ों के तीन अलग–अलग प्रतिमान दर्शाती हैं। पहला प्रतिमान यह सलाह देता है कि हस्तक्षेप से पूर्व समस्या में वृद्धि हो रही है। और हस्तक्षेप के बाद भी यह लगातार अप्रभावित रहती है। आंकड़े यह भी दर्शाते प्रतीत होते हैं कि हस्तक्षेप के बिना भी कुछ प्रवृत्तियां हो रही होंगी।

चित्र 10.11

कालानुक्रमिक ग्राफों के प्रतिमान

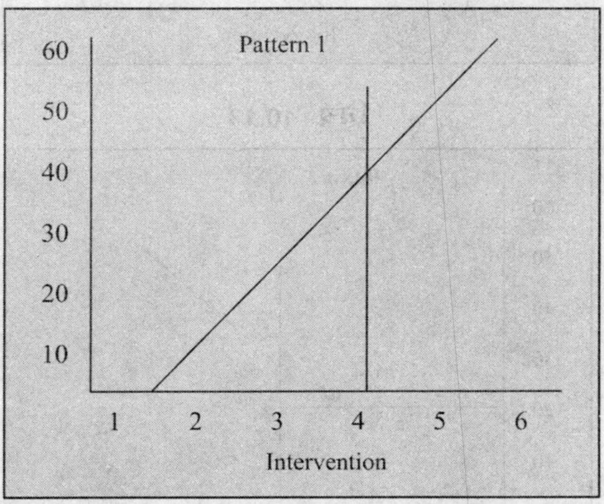

दूसरा प्रतिमान अनुसंधानकर्ता के निर्धारण का विरोध करता है। यह संकेत देता है कि पूरी प्रक्रिया में समस्या चक्रीय है। कभी–कभी यह अवलोकन के एक बिन्दु से बढ़ती हुयी अवलोकन के दूसरे बिन्दु तक जाती है। और कभी–कभी घटती है। हस्तक्षेप उस समय आरम्भ किया गया, जब आंकड़ों की प्रवृत्ति घटते क्रम में थी क्योंकि हम देखते हैं कि आंकड़े बढ़ती प्रवृत्ति दर्शाते रहे हैं।

केवल प्रतिमान 3 निर्धारण में यह सहायता करता है कि हस्तक्षेप समस्या को प्रभावित करता है जैसा कि हम अवलोकनों से देख सकते हैं कि हस्तक्षेप से पूर्व समस्या का अध्ययन किया गया और हस्तक्षेप के बाद वक्र केवल बढ़ती हुयी प्रवृत्ति दर्शाता है, लेकिन यही प्रवृत्ति यह सतत रूप से दर्शाता है।

चित्र 10.12

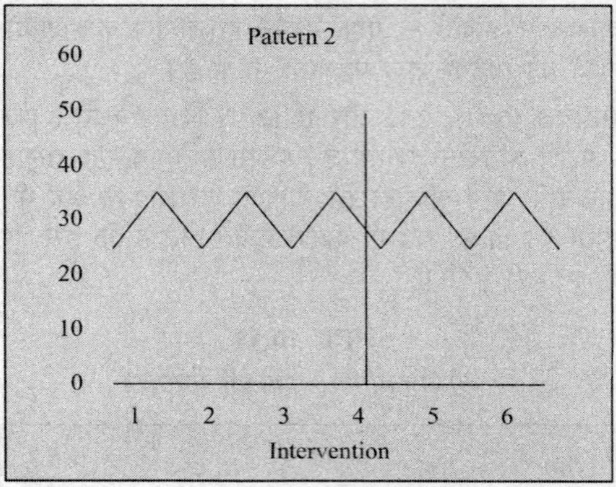

चित्र 10.13

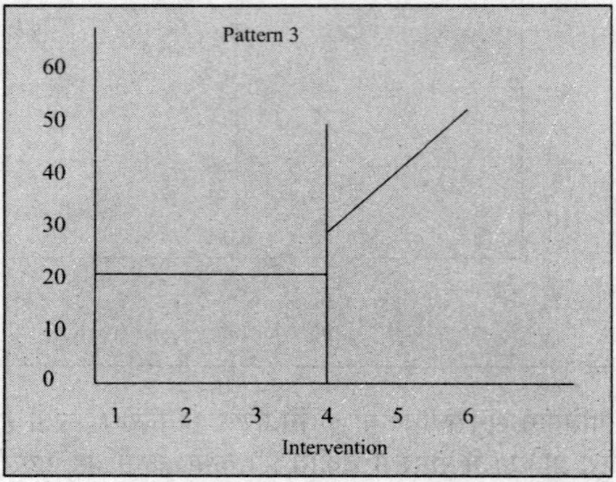

ग्राफ के द्वारा समंकों के विश्लेषण में दूसरा बिन्दु ग्राफ की प्रवणता है। यह ग्राफ के एक अक्ष (सामान्यतः Y अक्ष) के सम्बन्ध वक्र का परीक्षण है। एकल विषय

अभिकल्पन के सन्दर्भ में, प्रवणता का परीक्षण प्रवणता दर्शाने वाली रेखा के ऊपर और नीचे के आंकड़ों की तुलना करके किया जाता है। इन दोनों बिन्दुओं की व्याख्या अगले अनुभाग में की जायेगी, जिसमें हम आंकड़ों की सार्थकता के बारे में चर्चा करेंगे।

अवलोकित आंकड़ों के विश्लेषण की प्रवणता या प्रवृत्ति हमें यह बताती है कि विशिष्ट हस्तक्षेप परिवर्तन का कारण है या फिर परिवर्तन विचरण के कारण एक अवसर है।

सांख्यिकीय सार्थकता (Statistical Significance)

विचरण परिवर्तन की संभावना के लिये कई सांख्यिकीय प्रक्रियायें शामिल होती हैं। हालांकि कुछ सांख्यिकीय प्रक्रियाओं की अवलोकित बिन्दुओं को मापनों की बड़ी संख्या में आवश्यकता होती है जो सामाजिक कार्यकर्ता के उपयोग हेतु इसे असंभव बनाता है। कुछ अन्य सांख्यिकीय प्रक्रियायें जो काफी विवादित होती हैं।

निष्कर्षों को निकालने से पहले हमें यह निर्धारित करना होता है कि लक्ष्ययुक्त समस्या में परिवर्तन विचरण के अवसर के कारण नहीं हैं। अन्य शब्दों में, हमें निधारित करना होगा कि आधार रेखा के बीच अन्तर और हस्तक्षेप के महत्तम स्तर पर विचरण अवसर के कारण होंगे। प्रक्रिया अवसर कारक को नियम विरुद्ध घोषित करती है जिसे सांख्यिकीय सार्थकता के परीक्षण के रूप में जाना जाता है।

कुछ सांख्यिकीय प्रक्रियायें आंकड़ों के प्रतिमान में अन्तर का विश्लेषण करने हेतु दूसरों की अपेक्षा अधिक विवादास्पद हैं। न्यूनतम विवादों के लिये कई मापनों की आवश्यकता एक बार होती है जो सामाजिक कार्य अनुसंधानकर्ता द्वारा कभी ही उपयोग किये गये हों। दो मानक विचलन प्रक्रियायें और सेलेरेशन रेखा अभिगम सामाजिक कार्य अनुसंधानकर्ता के लिये सर्वाधिक सुविधाजनक माने जाते हैं। (सांख्यिकीय प्रक्रियाओं के विस्तृत विवरण हेतु कृपया अध्याय 16 देखें)। यद्यपि इन दो विवादास्पद प्रक्रियाओं का सामान्य उपयोग होता है क्योंकि इसकी गणना सरल होती है और उन्हें अधिक समंक बिन्दुओं की आवश्यकता नहीं होती है।

द्वि मानक विचलन प्रक्रियायें (Two Standard Deviation Procedures)

द्वि मानक विचलन प्रक्रिया इस कल्पना पर आधारित है कि यदि औसत आधार रेखा मूल्य के बीच अन्तर और औसत हस्तक्षेप का मूल्य, मानक विचलन के मूल्य के दो गुना से अधिक है। तब लक्ष्य समस्या में परिवर्तन अवसर के कारण नहीं होता है। यह प्रक्रिया उपयोग की जाती है। यदि समंक बिन्दु द्विविभाजित

(Dichotomous) न हो और आधार रेखा प्रवृत्ति सापेक्ष रूप से सपाट या चक्रीय है। जब आधार रेखा में प्रवृत्ति स्पष्ट हो तो इसका प्रयोग नहीं होना चाहिये।

सेलेरेशन रैखिक अभिगम (Celeration Line Approach)

जब आधार रेखा के आंकड़े की प्रवणता स्पष्ट हो तब यह प्रक्रिया उपयोग की जाती है जो कि द्विमानक विचलन की प्रक्रियाओं के उपयोग की अनुमति नहीं देता है। इस अभिगम में, सांख्यिकीय सार्थकता निर्धारण में आधार रेखा आंकड़ों की प्रवणता की माप शामिल करता है। यह प्रक्रिया इस अभिकल्पना पर आधारित है कि यदि हम आधार रेखा विस्तारित करते हैं जिसे हम सेलेरेशन रेखा कहते हैं एक ही दिशा में आंकड़े सतत रूप से घटते या बढ़ते जाएंगे जैसे कि आधार रेखा के दौरान थे। आधार रेखा चरण की प्रवणता निर्धारण करने हेतु एक रेखा खींचना शामिल है और उस रेखा को हस्तक्षेप चरण तक विस्तारित करना और इसके उपरान्त आधार रेखा चरण के दौरान सेलेरेशन रेखा के ऊपर या नीचे के समंक बिन्दुओं के अनुपात की तुलना हस्तक्षेप चरण के दौरान अनुपात से की जाती है।

एकल विषय अभिकल्पन का सामान्यीकरण या व्यापकता (Generalizability of Single Subject Designs)

वैज्ञानिक अनुसंधान का अन्तिम लक्ष्य अध्ययन की प्राप्तियों सामान्यीकरण है। सामाजिक कार्य अनुसंधान में प्राप्त निष्कर्ष जो सामान्यीकरण किये गये हैं कई स्थितियों में विचारणीय हैं और सामाजिक कार्य व्यवहार में केवल आधारभूत ज्ञान का योगदान कर सकते हैं।

एकल विषय अभिकल्पन अनुसंधान में यहाँ तक सिद्ध किया जा चुका है कि हस्तक्षेप प्रभावी थे। यह कोई गारन्टी नहीं है कि वही हस्तक्षेप किसी अन्य ग्राहकों के लिये अलग–अलग हालत में प्रभावी होंगे। हालांकि एकल विषय अभिकल्पन अनुसंधान की यह सीमा सामाजिक कार्य अनुसंधानकर्ता को हतोत्साहित नहीं करती है क्योंकि परिणामों का सामान्यीकरण और अधिक मापनों को लेकर अध्ययन की पुनरावृत्ति द्वारा प्राप्त किया जा सकता है।

एकल विषय अभिकल्पन : एक प्रकरण का अध्ययन
(Single Subject Design : A Case Study)

शल्य चिकित्सा के रोगियों में चिन्ता और सामाजिक कार्य हस्तक्षेप के प्रभावों (Anxiety in Surgical Patient and Effects of Social Work Intervention)

टी. माहेश्वरी

शोधकर्ता उसके अध्ययन के लिये एकल विषय AB अभिकल्पन का उपयोग करता है, जहाँ एक शल्य चिकित्सा रोगी का अध्ययन किया गया है। वर्तमान अनुसंधान में हस्तक्षेप की शुरुआत से पहले छः बार से अधिक अवलोकनों का उपयोग किया गया है। और यह प्रमाण है कि अन्य स्रोतों से ग्राहक को हस्तक्षेप प्राप्त नहीं हुआ है। मापन संख्या को दोहराया जाता है जब तक कि हस्तक्षेप की शुरुआत से पूर्व स्थिरता प्राप्त न हो जाये। आधार रेखा के प्रतिमान का स्थायित्व प्राप्त कर लेने के बाद हस्तक्षेप का परिचय किया जाता है। हस्तक्षेप की शुरुआत को पूरा करने के बाद आश्रित चर की माप व्यवस्थित तरीके से अभिलिखित की जाती है कि कोई सार्थक परिवर्तन हुआ है। शोधकर्ता ने AB अभिकल्पन का उपयोग किया है।

अनुसंधानकर्ता निम्नलिखित चरणों का अनुसरण करता है–

चरण 1 : समस्या का सूत्रीकरण या निरूपण (Problem Formulation)।

चरण 2 : उद्देश्यों की पहचान करना (Identification of Objectives)।

चरण 3 : एकल विषय अभिकल्पन का चयन (Selection of Single Subject Design)।

चरण 4 : पूर्व–हस्तक्षेप निर्धारण (Pre-Intervention Assessment)।

चरण 5 : हस्तक्षेप रणनीतियाँ (Intervention Strategies)।

चरण 6 : हस्तक्षेप प्रभावों का निर्धारण (Assessment of Intervention Effects)।

चरण 7 : निष्कर्ष निकालना (Drawing of Conclusions)।

उद्देश्यों की पहचान करना (Identification of Objectives)

1. शल्य चिकित्सा के रोगियों में चिन्ता के पाठ्यक्रम का अध्ययन करना।
2. सामाजिक हस्तक्षेप जैसे परामर्श आदि के द्वारा ऑपरेशन से पूर्व चिन्ता को नियन्त्रित/समाप्त करने के प्रभाव का मूल्यांकन करना।
3. परिवर्तन विश्लेषण और हस्तक्षेप कितना प्रभावी है, इसका अवलोकन करना है।

पूर्व हस्तक्षेप आकलन (Pre Intervention Assessment)

पूर्व हस्तक्षेप मूल्यांकन या मूल्यांकन की आवश्यकता ग्राहक की समस्याओं के मूल्यांकन में जरूरतों और सम्भावित समाधानों का एक व्यवस्थित मूल्यांकन है। शोधकर्ता व्यवस्थित तैयार पैमाने 'क्लीनिकल एन्ज़ायटी स्केल' के द्वारा रोगी के अनुभवों में चिन्ता का स्तर या डिग्री को मापने के लिये अभिकल्पन का माप किया गया। इसके 25 कथन हैं (ब्रुस, ए. थयेर, 1984)।

हस्तक्षेप रणनीतियाँ (Intervention Strategies)

वर्तमान अनुसंधान में, कार्यकर्ता एक हस्तक्षेप की रणनीति में दिलचस्पी रखता है जो जीवन के अनुभवों को और अधिक आरामदायक बनाने के लिये और सामाजिक क्रियाकलापों में सामान्य अभिवृद्धि करने के उद्देश्य के लिये चिन्ता एक अप्रिय भावना है। व्यक्ति की शारीरिक अवस्था को उच्च स्तर पर सर्जरी के दौरान प्रतिकूल प्रभावित करता है और ऑपरेशन के बाद की अवधि में प्रभाव डालता है, जो ऑपरेशन की बाद की अवधि में बेहतर कोशिश करने के लिये आवश्यक रूप से हटाता है।

व्यक्तिगत परामर्श (Individual Counselling)

परामर्श मुख्य रूप से एक मौखिक प्रत्युत्तर का ब्यौरा है। जहाँ चिकित्सा ग्राहकों के लिये उनसे सम्बन्धित स्पष्ट तरीके तलाशने में सहायता करता है। मुख्य शर्तें जो वास्तव में उपचार के दौरान व्यक्त नजरिये थैरेपी के दौरान सहानुभूति, समझ, ग्राहक की एक व्यक्ति के रूप में योग्यता और मूल्य चौकस सुनने और गैर मौखिक संचार के उपयोग कर रहे हैं। परामर्श में शोधकर्ता ग्राहकों की सहायता करता है, जिससे वे उनसे सम्बन्धित चिन्ताओं के लिये विशिष्ट रूप से वस्तुतः सक्रिय हो।

सहायक उपचार (Supportive Treatment)

मनोवैज्ञानिक समर्थन ग्राहक के साथ सीधे सम्पर्क के माध्यम से होता है, जो ग्राहक को प्रेरित कर स्वतन्त्र रूप से व्यक्त करने के लिये प्रोत्साहित करता है।

1. कुछ हद तक ग्राहक की भावनाओं की सहानुभूति समझना।
2. व्यवहार की स्वीकृति।
3. सामन्जस्य के माध्यम से सम्बन्ध बनाना।
4. पेश कार्यकर्ता सम्मान, ग्राहकों के लिये असलियत।

सुविधा/भावनाओं का वेन्टीलेशन (Facilitation/Ventilation of Feelings)

आघात साझा करने के द्वारा भड़ास को बाहर लाया जाता है जिससे चिन्ता में कुछ हद तक राहत मिल जाती है। भावनाओं के जारी हो जाने के बाद ग्राहक की गलतफहमी की विश्वसनीय जानकारी को सुनिश्चित कर सही करने की धारणा की तकनीक के रूप में कहा जाता है।

सर्वव्यापीकरण (Universalisation)

जब ग्राहक विचार करने के लिये अग्रेसित होता है तो वह अद्वितीय होता है यह उसकी वास्तविकता को लाने के लिये उपयोगी है। कई अन्य ग्राहकों को एक ही समस्या का सामना करना पड़ता है। समस्या का सर्वव्यापीकरण करके चिन्ता की तीव्रता को कम किया जा सकता है। प्रत्यक्ष प्रभाव के तहत स्पष्टीकरण और सही धारणा का विश्लेषण करते हैं। और ग्राहकों के लिये तथ्यों की व्याख्या की जाती है।

हस्तक्षेप आकलन (Intervention Assessment)

हस्तक्षेप मूल्यांकन निर्धारित करता है कि हस्तक्षेप रणनीति मामलों से वांछित परिणाम प्राप्त किया जा सकता है। प्रक्रिया के सभी अन्य घटकों की समीक्षा कर परिणाम का मूल्यांकन करता है। यह भी उत्तर देता है कि समस्या की तीव्रता कम हुयी है या नहीं।

एक ही मानकीकृत पैमाने जिसे 'क्लीनिकल एनजायटी स्केल' कहा जाता है जो चिन्ता के स्तर का मूल्यांकन करने के उपयोग, समय के भिन्न भिन्न अन्तरालों पर अध्ययन के मामले में क्रिया से पहले का मूल्यांकन करता है। चिन्ता के कुछ शारीरिक लक्षणों की अनुपस्थिति द्वारा दृश्य अवलोकित भी होगी जो हस्तक्षेप तकनीकें प्रभावशील थीं। यदि रोगियों में परिवर्तन है, तो बाद की प्रक्रिया की अवधि में समायोजन प्रकट हो सकता है। और यह निष्कर्ष निकाला जा सकता है कि हस्तक्षेप प्रभावी थे।

हस्तक्षेप मूल्यांकन के बाद सभी हस्तक्षेप तकनीक रोगियों पर एक प्रभावी तरीके से लागू कर सकते हैं। परिवर्तन जो हस्तक्षेप के बाद के चरण में होता है वह चिन्ता का स्तर कम करता है। आंकड़ों के मानकीकरण को

सुनिश्चित करने के लिये 6 बार मापा जाता है। वही क्लीनिकल एन्ज़ायटी रेटिंग स्केल वितरित कर मापी गयी थी।

आधार रेखा स्कोर (Baseline Scores) – (X)	*हस्तक्षेप स्कोर (Intervention Scores) – (Y)*
54	51
56	51
56	50
58	49
59	49
60	48

SD = 2.29

2 × SD = 2 × 2.29

= 4.516

= 4.6

$\bar{X}$ ± 2SD = 57.2 ± 4.6 ($\bar{X}$ = Mean Baseline Score)

= 61.8 या 52.6

हस्तक्षेप के बाद स्कोरों को एकत्रित किया गया और हस्तक्षेप के पूर्व के स्कोरों से तुलना करके यह देखा गया कि उपचार के बाद कोई परिवर्तन हुआ है। हस्तक्षेप के पहले माध्य स्कोर हस्तक्षेप के बाद समूह माध्य से अधिक है। यह दर्शाता है कि हस्तक्षेप से पूर्व रोगियों में उच्च चिन्ता व्याप्त थी। स्कोरों में सजातीयता की माप के लिये मानक विचलन आकलित किया गया था जिसे सार्थक सिद्ध किया गया है।

सेलेरेशन रेखा अभिगम (Celeration Line Approach)

यह अभिगम उस दिशा में होता है जिसमें आधार रेखा के आंकड़े सांख्यिकीय सार्थकता निर्धारण में पाये जाते हैं। यह माना जाता है कि यदि आधार रेखा को आगे बढ़ाया जाये तो आंकड़े आधार रेखा के दौरान जैसे थे, उसी दर से लगातार बढ़ते या घटते जाएंगे। आधार रेखा की प्रवणता का आकलन करने के लिये एक रेखा की रचना करते हैं, (सेलेरेशन) रेखा से हस्तक्षेप अवधि तक विस्तारित करना शामिल है। इसके बाद आधार रेखा के दौरान सेलेरेशन रेखा के ऊपर या नीचे समंक बिन्दुओं का अनुपात हस्तक्षेप चरण के दौरान के अनुपात की तुलना करते हैं।

जिन्गोरिच और फेयेरहर्म द्वारा अवधारणाओं के आकलन की प्रक्रिया में शामिल हैं–

1. आधार रेखा स्कोर से कालानुक्रमिक रूप में ग्राफ की रचना की गयी।
2. आधार रेखा को अर्द्ध कालानुक्रमिक रूप में विभक्त किया गया।
3. प्रत्येक अर्द्ध के माध्य स्कोर की गणना की गयी।
4. प्रत्येक अर्द्ध के माध्य को कालानुक्रमिक रूप में प्रत्येक अर्द्ध के मार्ग बिन्दु पर आलेखित किया गया।
5. दो बिन्दुओं को जोड़ती हुयी सीधी रेखा खींची गयी जिसे आधार रेखा के आरम्भ से विस्तारित कर प्रत्येक अर्द्ध के हस्तक्षेप अवधि के अन्त तक ले जाते हैं।
6. आधार रेखा के अवलोकन जो वांछित क्षेत्र में आते हैं, उनके प्रतिशत का आकलन किया जाता है। समंक बिन्दुओं में वृद्धि सेलेरेशन रेखा से ऊपर दिखायी देती है तो वांछित क्षेत्र ऊपर होना चाहिये और यदि समंक बिन्दुओं में कमी सेलेरेशन रेखा से ऊपर दिखायी देती है तो वांछित क्षेत्र नीचे होना चाहिये।
7. समंक बिन्दुओं की संख्या की गणना की जाती है, जो हस्तक्षेप अवधि के दौरान वांछित जोन में आते हैं।

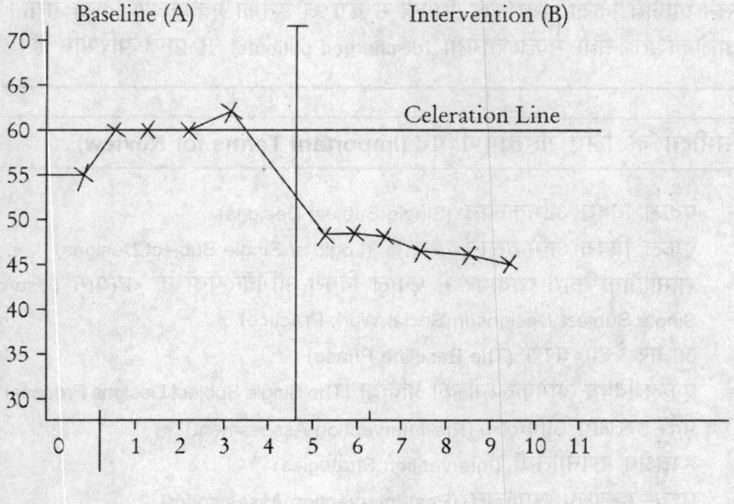

संचयी द्विपद प्रायिकता वितरण के आंकड़ों को देखने के बाद यह लगता है कि पंक्ति के लिये कोशिका प्रवेश 1/6 और स्तम्भ 6 का 4 है, जिसका तात्पर्य है कि कम से कम चार अवलोकनों में पश्च–हस्तक्षेप चरण वांछित क्षेत्र में होना जरूरी है जो सेलेरेशन रेखा के नीचे है। परिवर्तन के लिये सांख्यिकीय सार्थकता हो। पश्च हस्तक्षेप चरण में सेलेरेशन रेखा से नीचे सभी अवलोकन आते हैं और परिवर्तन सांख्यिकीय सार्थक माना जा सकता है।

दृश्य सार्थकता (Visual Significance)

दृश्य सार्थकता भोंडापन, उद्देश्यरहित के बजाय प्रवृत्ति या मूल्य को दर्शाती है। इसे फैन्सी आंकड़ों के उपयोग द्वारा न दर्शाकर, केवल आइबालिंग (Eyeballing) आंकड़ों की प्रवृत्ति से दर्शाया जाता है।

निष्कर्ष (Conclusions)

वर्तमान अनुसंधान में, दस रोगियों में चिन्ता एक सीमा में कम होती रही है। जिन रोगियों ने, मनोवैज्ञानिक रूप से इसका सामना करने के लिये अच्छी तरह से तैयारी कर ली है और उनके पश्च–कार्यकारी अवधि में डटकर मुकाबला करने के लिये अच्छी तरह से तैयार हैं। शोधकर्ता उत्साह के संकेतों और लक्षणों को हस्तक्षेप के बाद चिन्ता से सम्बन्धित संकेतों जैसे – बेचैनी, तनाव, अवसाद इत्यादि के स्थान पर साहस दृष्टिगोचर कर सकता है। रोगियों को शल्य चिकित्सा और अस्पताल में भर्ती करके अच्छी तरह से समायोजित किया गया और समाज में ढंग से इनका एकीकरण किया गया। अधिकांशतः सेवा मुक्त रोगियों (discharged patients) से प्राप्त परिणाम हैं।

समीक्षा के लिए महत्वपूर्ण पद (Important Terms for Review)

- एकल विषय अभिकल्पन (Single Subject Designs)
- एकल विषय अभिकल्पन के तर्क (Logic of Single Subject Designs)
- सामाजिक कार्य व्यवहार में एकल विषय अभिकल्पनों के उपयोग (Use of Single Subject Designs in Social Work Practice)
- आधार रेखा चरण (The Baseline Phase)
- एकल विषय अभिकल्पनों की प्रक्रिया (The Single Subject Designs Process)
- पूर्व–हस्तक्षेप आकलन (Pre-Intervention Assessment)
- हस्तक्षेप रणनीतियाँ (Intervention Strategies)
- पश्च–हस्तक्षेप आकलन (Post-Intervention Assessment)

- मूल ए.बी. अभिकल्पन (The Basic AB Design)
- ए.बी.सी.डी. : निकासी / व्युत्क्रम अभिकल्पन (ABCD: Withdrawal/Reversal Design)
- बहु या एकाधिक आधार रेखा अभिकल्पन (Multiple Baseline Design)
- विशिष्ट अभिकल्पन (Specialized Design)
- बहु हस्तक्षेप अभिकल्पन (Multiple Intervention Design)
- परिवर्तनीय मानदंड अभिकल्पन (Changing Criterion Designs)
- तथ्य विश्लेषण (Data Analysis)
- दृष्टिगत सार्थकता (Visual Significance)
- सांख्यिकीय सार्थकता (Statistical Significance)
- द्वि मानक विचलन प्रक्रियायें (Two Standard Deviation Procedures)
- सेलेरेशन रैखिक अभिगम (Celeration Line Approach)
- व्यावहारिक सार्थकता (Practical Significance)
- एकल विषय अभिकल्पन का सामान्यीकरण (Generalizability of Single Subject Designs)
- एकल विषय अभिकल्पन का निर्धारण (Assessment of the Single Subject Design)
- एकल विषय अनुसंधान अभिकल्पन (Single Subject Research Designs)
- परिणामों का सीमित सामान्यीकरण (Limited Generalizability of Results)
- पूर्व–हस्तक्षेप निर्धारण (Pre-Intervention Assessment)
- हस्तक्षेप निर्धारण (Intervention Assessment)
- व्यक्तिगत परामर्श (Individual Counselling)
- सहायक उपचार (Supportive Treatment)
- भावनाओं के लिये सुविधा / वायुसंचालन (Facilitation/Ventilation of Feelings)
- सार्वभौमीकरण (Universalization)
- पश्च–हस्तक्षेप निर्धारण (Post-Intervention Assessment)

समीक्षात्मक प्रश्न (Review Questions)

1. अर्द्ध प्रायोगिक अनुसंधान अभिकल्पन क्या है?
2. एकल विषय अनुसंधान अभिकल्पन क्या है? इसे काल श्रेणी अभिकल्पन का संशोधित प्रारूप क्यों कहा जाता है? चर्चा कीजिये।
3. पूर्व–हस्तक्षेप मापन को आधारभूत चरण क्यों कहा जाता है? चर्चा कीजिये।

4. पद 'आधारभूत की स्थापना' से आप क्या समझते हो? चर्चा कीजिये।
5. निम्नलिखित में से एक व्यावहारिक समस्या का चयन करें और एकल विषय अनुसंधान अभिकल्पन पर आधारित एक शोध प्रस्ताव तैयार कीजिये।
   (क) कामचोरी
   (ख) बच्चों के बीच कम आत्मसम्मान
   (ग) विद्यालयीन बच्चों के बीच सिगरेट धूम्रपान
   (घ) विद्यालय छोड़ने वाले बच्चों
   (ड़) बाल उत्पीड़न
   (च) दलित अनुभूति
6. विभिन्न प्रकार के एकल विषय अभिकल्पन क्या हैं? उनके लाभ और हानियों पर चर्चा कीजिये।
7. बहु आधारभूत अध्ययन किस प्रकार अभिकल्पित किया गया है? चर्चा कीजिये।
8. अर्द्ध प्रायोगिक अनुसंधान अभिकल्पन और सत्य प्रायोगिक अनुसंधान अभिकल्पन में विभेद कीजिये।

आगे पढ़ने हेतु (For Further Reading)

बारलो, डी. एच. एण्ड एम. हर्सेन : सिंगल केस एक्सपेरीमेन्टल डिज़ायन्स : यूज़र्स इन अप्लायड क्लीनिकल रिसर्च, *आर्काइव्स ऑफ जनरल साइक्याट्री,* 29(1973), 319–325.

ब्लूम, एम., चैलेन्ज़ेज टू हेल्पिंग प्रोफेसन एण्ड दि रेस्पॉन्सेस ऑफ साइन्टिफिक प्रैक्टिस, *सोशल साइन्स रिव्यू,* 52, 584–595, 1978.

ब्लूम, एम., एण्ड फिशर जे. : *इवेल्यूएटिंग प्रैक्टिस, गाइडलाइन फॉर दि एकाउन्टेबल प्रोफेशन,* ईगलहुड क्लिफ, एन.जे., प्रैन्टिस हॉल, 1982.

बेनेल, कार्ल एट ऑल, *इवेल्यूएशन एक्सपेरीमेन्ट्स,* न्यूयॉर्क, एकेडेमिक प्रेस, 1975.

कोहेन, येहेज़केल : सम क्रिटिकल रिफ्लेक्शन्स ऑन पार्टिसिपेटरी रिसर्च, *कन्वर्जेन्स,* 15(3), 77–79, 1953.

एप्सटीन, आई एण्ड त्रिपोडी, टी., *रिसर्च टेक्निक्स फॉर प्रोग्राम प्लानिंग, मॉनीटरिंग एण्ड इवेल्यूएशन,* न्यूयॉर्क : कोलम्बिया यूनिवर्सिटी प्रोग्राम, 1973.

फैनसेल, डेविड, सर्विसेस टू एण्ड बाय दि रियल पीपुल, *सोशल वर्क,* 34 : 195–196, 1980

जिन्गेरिच, डब्लू एण्ड फेयेरहर्म, डब्लू. : दि सेलेरेशन लाइव टेक्निक फॉर एसेसिंग क्लाइएन्ट चेन्ज, *जर्नल ऑफ सोशल सर्विस रिसर्च,* 3,1 99–113, 1979.

हाउस, ई. आर., *इवेल्यूएटिंग विथ वैलीडिटी,* बिवेरली हिल्स, कैलिफोर्निया : सेज़, 1980.

जयरत्ने, श्रीनिका, त्रिपोडी, टोनी, एण्ड तालसामा, इन्जेने : दि कॉम्परेटिव एनालिसिस एण्ड एग्रीगेशन ऑफ सिंगल केस डाटा, *जर्नल ऑफ अप्लायड विहैवियरल साइन्सेस,* 1, 24, 119–28, 1988.

जयरत्ने, श्रीनिका एण्ड लेवी, रोना, एल. : *इम्पीरिकल क्लीनिकल प्रैक्टिस,* न्यूयॉर्क कोलम्बिया यूनिवर्सिटी प्रेस, 1979.

खिन्दुका, एस. के. : *सोशल वर्क इन इन्डिया,* इलाहाबाद, किताब महल, 1965.

लेविन, एम. एच. : *कास्ट इफेक्टिवनेस : ए प्रीमियर,* नई दिल्ली, सेज़, 1985.

लिन, ल्वोन्स एण्ड वी. मारिस (एडिटर्स) : *प्रोग्राम इवेल्यूएशन,* लन्दन, सेज़, 1978.

मायकल, जे. एण्ड एसोसिएट्स : *इवेल्यूएटिंग योर एजेन्सीज़ प्रोग्राम्स,* लन्दन, सेज़, 1982.

मिशान, ई. जे. : *कास्ट बेनीफिट एनालिसिस : एन इनफार्मल इन्ट्रोडक्शन,* लन्दन, जॉर्ज एलेन एण्ड अनविन लिमिटेड, 1971.

मोन्टे, ड्यूआना आर. एट ऑल, *अप्लायड सोशल रिसर्च* : टूल फॉर दि ह्यूमन सर्विसेज़, शिकागो होल्ट, 1986.

मोन्टे, डी. आर. एट ऑल, *अप्लायड सोशल रिसर्च : टूल फार दि ह्यूमन सर्विसेज़,* शिकागो होल्ट, 1986.

पोसोवा, ई., जे. एण्ड कैरे, आर. जी., *प्रोग्राम इवेल्यूएशन मैथड्स एण्ड केस स्टडीज़,* एनजे, ईगलवूड क्लिफ : प्रैन्टिस हॉल, 1975.

रामचन्द्रन, पी., सोशल वर्क रिसर्च एण्ड स्टेटिसटिक्स इन *हिस्ट्री एण्ड फिलॉसफी ऑफ सोशल वर्क इन इन्डिया,* बाम्बे : एलायड पब्लिशर्स, 1968.

रामचन्द्रन, पी., रिसर्च इन सोशल वर्क, इन ए.बी. बोस (एडिटर्स) : इन *एनसाइक्लोपीडिया ऑफ सोशल वर्क इन्डिया,* न्यू डेलही : गवर्नमेन्ट ऑफ इन्डिया, 1987, 386.

रीड, डब्लू : दि सोशल एजेन्सी एज़ ए रिसर्च मशीन, *जर्नल ऑफ सर्विस रिसर्च,* 2, 11–23, 1978.

रीड, विलियम जे. : रिसर्च इन सोशल वर्क, इन *एनसाइक्लोपीडिया ऑफ सोशल वर्क,* सिल्वर स्प्रिंग, मेरीलैण्ड, 1987.

रोज़ी, एच.पी. एण्ड विलियम, डब्लू (एडिटर्स) : *इवेल्यूएटिंग ऑफ सोशल प्रोग्राम्स, थ्योरी, प्रैक्टिस एण्ड पॉलिटिक्स,* न्यूयॉर्क, सेमिनार प्रेस, 1972.

रोज़ी, पी., एण्ड एच., फ्रीमैन, *इवेल्यूएशन : ए सिस्टेमेटिक एप्रोच,* बेवेरले हिल्स : सेज़, 1982.

रूबिन, ऐलेन एण्ड बेबी, ई, *रिसर्च मैथडोलॉजी फॉर सोशलवर्क,* बेलमोन्ट, कैलिफोर्निया : वेड्सवर्थ, 1989.

स्केनीरेर, एम.ए., *प्रोग्राम इवेल्यूएशन : दि आर्गेनाइजेशनल* कान्टेक्सट, बेवेरले हिल्स, कैलिफोर्निया : सेज़, 1979.

शूमैन, इ. ए. : *इवेल्यूएटिव रिसर्च : प्रिंसिपल्स एण्ड प्रैक्टिस इन पब्लिक सर्विस एण्ड सोशल एक्शन प्रोग्राम्स,* न्यूयॉर्क रसैल सेज़ फाउन्डेशन, 1967.

टिली, चार्ल्स, *बिग स्ट्रक्चर्स, लार्ज प्रोसेसेज़ एण्ड ह्यूज़ कॉम्प्रेजन्स,* न्यूयॉर्क : रसैल सेज़ फाउन्डेशन, 1982.

थॉमस, ई. जे., दि बीबीइयसडीएयस मॉडल फार इफेक्टिव प्रैक्टिस, *सोशल वर्क रिसर्च एण्ड ऑब्सट्रेक्ट,* 13,12–16, 1977.

वैन मानेन, जॉन : *वैराइटीज़ ऑफ क्वालिटेटिव रिसर्च,* नई दिल्ली, सेज़, 1982.

वीनबैक, आर. डब्लू. एण्ड रूबिन, ए. (एडिटर्स), *टीचिंग ऑफ सोशल वर्क रिसर्च : अल्टरनेटिव प्रोग्राम्स एण्ड स्ट्रेटजीज,* न्यूयॉर्क, काउन्सिल ऑफ सोशल वर्क एजूकेशन, 1980.

वीस्स, कैरोल, *इवेल्यूएशन रिसर्च,* ईगलवूड क्लिफ एन.जे., प्रैन्टिस हॉल, 1972.

वर्नर, डब्लू. बी., *ऑब्जेक्टिव्स ऑफ सोशल करीकुलम ऑफ दि फ्यूचर,* न्यूयॉर्क : काउन्सिल ऑफ सोशल वर्क एजूकेशन, 1959.

11

समाज कार्य में शोध मूल्यांकन

Evaluation Research in Social Work

मूल्यांकन की अवधारणा (Concept of Evaluation)

स्वैच्छिक कल्याणकारी संगठनों के द्वारा कई कल्याणकारी कार्यक्रमों को किया जाता हैं और वे व्यक्तियों, समूहों और समुदायों के लिये सेवायें भी प्रदान करते हैं। सेवायें प्रदान करते समय वे लगातार उनकी सेवाओं के परिणाम के बारे में चिन्तित रहते हैं। सेवायें प्रदान करते हुये क्या वे अपने लक्ष्यों को प्राप्त कर पाते हैं? इस सम्बन्ध में उठाये गये सवालों का एक सेट इस प्रकार है। क्या सेवायें प्रभावी हैं? क्या कार्यक्रम में अवांछनीय परिणाम अग्रणी कर रहे हैं? क्या सेवायें प्रासंगिक हैं? इन सेवाओं से उनके शुरू किये गये लक्ष्य प्राप्त होंगे और ऐसे कई सवाल एजेन्सी के प्रशासकों के लिये पहेली हैं। इसके लिये कुछ विश्वसनीय मान्य आंकड़ों की जरूरत है जो इन सवालों का जवाब दे सकते हैं। ये सेवायें विभिन्न स्रोतों द्वारा वित्त पोषित होती हैं। ये सरकारी एजेन्सी या गैर–सरकारी एजेन्सी हो सकती हैं। राष्ट्रीय या अन्तर्राष्ट्रीय वित्तीय सहायता करने वाले संगठन हो सकते हैं। वित्तीय सहायता देने वाले संगठन कोई भी हो सकते हैं लेकिन वे हमेशा कुछ विश्वसनीय, प्रमाण निर्धारित हों, चाहें सामान्यतः वित्त का उपयोग प्रभावी ढंग से किया गया हो और चाहें लक्ष्य प्राप्त किये जा रहे हों।

निर्धारण में इन विश्वसनीय आंकड़ों को प्राप्त करने की प्रक्रिया के लिये उपयोग किया गया पद कुछ वैज्ञानिक तकनीकों का उपयोग करके मूल्यांकन के रूप में जाना जाता है।

मोटे तौर पर कहा जाता है कि मूल्यांकन एक मशीनरी के क्रियान्वयन द्वारा प्रगति का एक व्यवस्थित निर्धारण है। एक कार्यक्रम के प्रभावी कार्यान्वयन में

उत्पन्न होने वाली समस्याओं और कठिनाइयों के एक विश्लेषण और सुधारात्मक आवश्यक उपायों के एक संकेत हैं।

मूल्यांकन विचारों का प्रयास दोनों कार्यक्रमों और कार्यक्रमों की वांछनीयता या मूल्य के बारे में निर्णय के परिणामों के बारे में जानकारी के साथ एक चिन्ता का विषय इंगित करता है। अलग–अलग परिभाषायें अलग–अलग पहलुओं पर प्रभाव डालती हैं जैसे – सूचना खोजना, प्रक्रिया की प्रभावशीलता, उद्देश्य की प्राप्ति और क्षमता। इस अध्याय में सामाजिक कार्य के शोध के मूल्यांकन के बारे में हम चर्चा करेंगे।

बहुत व्यापक अर्थ में, मूल्यांकन कार्यक्रम या सेवाओं की शोध पद्धतियों का उपयोग सामान्यतः मूल्यांकन अनुसंधान के विचार नहीं कर सकता है और ये निर्धारित करते हैं कि कितने प्रभावी ढंग से वे अपने लक्ष्यों को कैसे प्राप्त कर रहे हैं। पदों जैसे – मूल्यांकन शोध, मूल्यांकित शोध और कार्यक्रम मूल्यांकन समानार्थी और अतर्सम्बन्धित हैं और आपस में परिवर्तन कर उपयोग किया जा सकता है।

सभी किये गये कार्यक्रमों को हासिल करने या प्राप्त करने में विफल परिणामों के लिये मूल्यांकित किया जाता है। प्रदर्शन के निर्धारण का उद्देश्य मूल्यांकन प्रदान करता है क्योंकि यह अपरिहार्य है। कार्यक्रम व्यवस्थापक के साथ संसाधनों के प्रभावी उपयोग और उनके उपयोग के लिये जवाबदेही तय करता है।

मूल्यांकन अब एक स्वैच्छिक कल्याण संगठनों के अभिन्न अंग के रूप में माना जाता है। आज मूल्यांकन करने के लिये स्वैच्छिक कल्याणकारी संगठनों के कार्यों को सुधारने की प्रक्रिया एक महत्वपूर्ण मान्यता है। इसका मुख्य कार्य व्यवस्थित और उद्देश्यपूर्ण रूप में उनके उद्देश्यों के प्रभाव और प्रभावशीलता से सम्बन्ध सम्भव करना होता है।

मूल्यांकन कार्यवाही जनित संगठनात्मक प्रक्रिया में सुधार की दोनों गतिविधियों की प्रगति में भविष्य में कार्यक्रम सुनियोजन और निर्णय निर्माण के लिये एक अपरिहार्य उपकरण है।

मूल्यांकन एक प्रक्रिया है जो अभिगम्यता, उपलब्धता और सेवाओं की गुणवत्ता और उनके उपयोग, सम्बद्धता या स्थानीय आवश्यकताओं का औचित्य और प्रत्याशायें, परिणामों की व्यवहार्यता या कार्यक्रमों के प्रभाव की प्रक्रिया है।

अमेरिकन पब्लिक हैल्थ एसोसिएशन मूल्यांकन को इस प्रकार परिभाषित करता है कि पूर्व निर्धारित उद्देश्यों को प्राप्त करने में सफलता की राशि या मूल्य निर्धारण की प्रक्रिया है। इसमें कम से कम निम्नलिखित चरण समाहित होते हैं– सफलता मापन में उपयोग किये जाने वाले उचित मानदण्डों की पहचान करने में

उद्देश्यों का निरूपण, सफलता की डिग्री की व्याख्या तथा निर्धारण और अनुशंसाओं के अगले कार्यक्रमों की गतिविधियां प्रमुख हैं।

इन पदों के अर्थ अलग–अलग हैं। पद मूल्यांकन एक सामान्य पद है जो निर्णय या निर्धारण की प्रक्रिया को शामिल करता है। यह अनुसंधान की तकनीक या पद्धतियों का उपयोग नहीं कर सकता है उदाहरण के लिये – अध्ययन टीम का एक प्रतिवेदन या समीक्षा समिति जो कार्यक्रम के मूल्यांकन पर विचार करती है।

मूल्यांकित अनुसंधान एक सामाजिक कार्य अनुसंधान का क्षेत्र है। सामाजिक स्थितियों के सम्बन्ध में किये गये परिवर्तनों की ओर कार्यक्रम के योगदान की माप के दृश्य के साथ शोध अभिकल्पनों का उपयोग कार्यान्वित करता है। मूल्यांकित अनुसंधान प्रायोगिक प्रश्नों में परिवर्तन और उपयोग तथा कार्यक्रमों के योगदान में प्रायोगिक अनुसंधान अभिकल्पनों का अध्ययन करता है।

एक स्वतन्त्र एजेन्सी के लिये आवश्यक सुधारात्मक उपायों का संकेत और कार्यक्रम के प्रभावी क्रियान्वयन में आने वाली कठिनाइयों और समस्याओं के विश्लेषण में तथा मशीनरी के लागू करने की प्रगति और निर्धारण की व्यवस्थित भूमिका मूल्यांकन है।

एजेन्सी के उद्देश्यों की प्राप्ति को सुनिश्चित करने हेतु अभिकल्पन की प्रक्रियाओं की प्रभावशीलता और मूल्य का निर्णय या प्रशासन के मूल्यांकन का अर्थ औचित्य है। मूल्यांकन अनिवार्य रूप से अध्ययन और अनुभव के बाद की समीक्षा है। सभी समूहों के बीच विकसित किये गये सम्बन्धों के गुण के क्रान्तिक विश्लेषण को लागू करता है। विचार किये गये परिणामों के रूप में उद्देश्यों और पद्धतियों दोनों में परिवर्तन करने और परिणामों को मापने की इच्छा भी स्थापित करती है। मूल्यांकन हेतु सभी व्यक्तियों के सतत मजबूत साधन और एजेन्सी स्थापना समूहों में होती है।

मूल्यांकन स्वैच्छिक कल्याणकारी संगठनों का एक अभिन्न हिस्सा है। आज मूल्यांकन एक मान्य रूप में स्वैच्छिक कल्याणकारी संगठनों के कार्यों के सुधार की महत्वपूर्ण प्रक्रिया है। इसका मुख्य कार्य व्यवस्थित और उद्देश्यपूर्ण रूप में उनके उद्देश्यों के प्रभाव और प्रभावशीलता से सम्बन्ध सम्भव करना होता है।

स्वैच्छिक कल्याणकारी संगठनों का एक कार्यक्रम निदेशक द्वारा झुग्गी की महिलाओं में आय के लिये कौशल प्रशिक्षण कार्यक्रम करने के बाद मूल्यांकित किया गया कि कार्यक्रम प्रभावशाली था। यह मूल्यांकन का एक उदाहरण है। हालांकि कोई यह प्रश्न कर सकता है कि मूल्यांकन की प्रभावशीलता कैसी थी। यदि कार्यक्रम निदेशक प्रशिक्षुओं के साथ चर्चा करके या अपने विचार से

(वैज्ञानिक पद्धति का प्रयोग किये बिना) तब हम इसे औपचारिक मूल्यांकन कहते हैं। इस तरह के मूल्यांकन वैकल्पिक और उद्देश्य से सही हो सकते हैं लेकिन यह केवल उचित होने का एक अवसर हो सकता है।

जबकि एक एजेन्सी का प्रशासक यह जानने की कोशिश करता है कि किस सीमा तक जन्म नियन्त्रण उपकरणों पर एक फिल्म के लाभार्थियों को दो समूहों में विभाजित कर जन्म नियन्त्रण पर समूह चर्चा से लाभार्थियों के ज्ञान में वृद्धि द्वारा उसके अधिक या कम प्रभाव अध्ययन और प्रश्नावली के माध्यम से अध्ययन को 'मूल्यांकन' या 'मूल्यांकन अनुसंधान' कहा जाता है।

शोध मूल्यांकन के उद्देश्य (Purpose of Evaluation Research)

मूल्यांकन अनुसंधान किसी भी विशिष्ट अनुसंधान पद्धतियों के बजाय अनुसंधान के उद्देश्य को सन्दर्भित करता है (रूबिन और बॉबी, 1989: 481)। इसका उद्देश्य सामाजिक हस्तक्षेप और मानव सेवा कार्यक्रम की उपयोगिता का आकलन करना है (रोज़ी एण्ड फ्रीमैन, 1982)। अन्ततः मूल्यांकन अनुसंधान सामाजिक हस्तक्षेप कार्यक्रमों की योजना के लिये अनुसंधान अभिकल्पनों, पद्धतियों और तकनीकों का उपयोग करता है। कार्यक्रमों के क्रियान्वयन पर नज़र रखने और अपने लक्ष्यों को प्राप्त करने वाले कार्यक्रमों को प्रभावी ढंग से कैसे निर्धारित करते हैं।

विशिष्ट अनुसंधान पद्धतियों की तुलना में अनुसंधान के उद्देश्य के साथ और अधिक मूल्यांकन अनुसंधान किया जाता है। इस अध्याय में शोध करने के लिये उन उद्देश्यों के क्रियान्वयन पर विशिष्ट पद्धतियों या अभिकल्पन की तुलना में और अधिक प्रकाश डाला गया है।

हम सभी जो सामाजिक कार्य व्यवहार में लगे हुये हैं, लगातार प्रभाव का मूल्यांकन करते रहते हैं। उदाहरण के लिये – सामाजिक मामलों का कार्यकर्ता उस हद तक मूल्यांकन करता है कि ग्राहक की विशेष रूप से चिन्ता में परिवर्तन के साथ उसके उपचार की गतिविधियों के साथ सम्बन्धित हैं, एक समूह कार्यकर्ता उस सीमा तक निर्धारण करने की इच्छा रखता है कि जन्म नियन्त्रण पर ज्ञान वृद्धि हेतु समूह चर्चा के बजाय जन्म नियन्त्रण पर फिल्म योजनायें कम या अधिक प्रभावी हैं। एक संगठन का कार्यक्रम निदेशक क्लीनिक में सेवन होने वाले मादक द्रव्यों का पता लगाना चाहता है कि क्या ग्राहकों के बीच दवा सेवन कम करने में समूह उपचार व्यक्तिगत उपचार की तरह ही प्रभावशील है। और एक प्रशासक जिस बारे में सम्बन्धित है, क्या नई सेवायें तथ्यों में प्रभावशील हैं लेकिन हम ऐसे सभी मूल्यांकनों पर दावा नहीं कर सकते हैं कि यह मूल्यांकन शोध है। ऐसा इसलिये कि हम अधिकतर वैज्ञानिक पद्धतियों के अनुप्रयोग पर विचार नहीं करते हैं। इस प्रकार के सभी मूल्यांकनों को हम अनौपचारिक मूल्यांकन पद के रूप में उपयोग करते हैं।

अनौपचारिक मूल्यांकन आवश्यक है, अन्यथा व्यवहार के अगले चरण की स्थिति में निर्णय लेना कठिन हो जायेगा। अनौपचारिक रूप से किया गया मूल्यांकन वैकल्पिक, यथार्थ और तीक्ष्ण हो सकता है लेकिन यह उचित हालात में ही हो पायेगा। अतः मूल्यांकन शोध वैज्ञानिक पद्धतियों पर लागू होता है।

कार्यक्रम मूल्यांकन हेतु आवश्यकता (Need for Programme Evaluation)

हालांकि गैर–सरकारी संगठनों की संख्या और वित्तीय दोनों प्रभाव में वृद्धि हुयी है। लेकिन उनकी प्रभावशीलता की व्यवस्थित मूल्यांकन रिपोर्ट (यूएनडीपी, 1993) बहुत कम है। सतत मानव विकास के लिये प्रभावी ढंग से योगदान की उसी प्रकार अच्छी तरह से गैर सरकारी संगठनों दाता/सहायता एजेन्सियों के लिये मानव विकास के क्षेत्र में महत्व और गतिविधियों की पहचान करना है।

इस अध्याय में विभिन्न मूल्यांकन अनुसंधान अभिकल्पनों के परियोजना/कार्यक्रम सुनियोजन, क्रियान्वयन और परिणाम के विभिन्न चरणों का उपयोग करने के प्रयास को प्रस्तावित किया गया है।

मूल्यांकन अनुसंधान सेवाओं को और अधिक प्रभावशील बनाने के लिये विविध प्रकार की भूमिका अदा कर सकती है (मोन्टे, 1986)।

मूल्यांकन अनुसंधान की भूमिका कार्यक्रम नियोजन, क्रियान्वयन और परिणाम को विभिन्न चरणों पर तीन श्रेणियों में वर्गीकृत किया जा सकता है।

(अ) कार्यक्रम निरूपण के लिये मूल्यांकन अनुसंधान

(ब) कार्यक्रमों की निगरानी के लिये मूल्यांकन अनुसंधान

(स) कार्यक्रम परिणामों के मूल्यांकन हेतु मूल्यांकन अनुसंधान

कार्यक्रम नियोजन हेतु मूल्यांकन (Evaluation for Programme Planning)

मूल्यांकनकर्ता कार्यक्रम/लक्ष्य जनसंख्या की आवश्यकता और समस्याओं का उनके कार्यक्रमों की प्रभावशीलता को बढ़ाने हेतु निर्धारण किया जाता है। वे समस्याओं का स्थान व उसकी सीमा तक का निर्धारण कर सकते हैं। लक्ष्य जनसंख्या के गुणों के रूप में जैसे – समस्यायें, व्यक्त जरूरतें और इच्छायें (मोन्टे, 1986)। यह सूचना तब कार्यक्रम नियोजन और क्रियान्वयन सम्बन्धित मुद्दे जैसे – सेवायें प्रदान करने के प्रकार, लक्ष्ययुक्त उपसमूहों में सेवाओं की उपयोगिता अधिकतम कैसे हो, सेवायें किस स्थान पर दी जायें और अन्य (जैन, 1992) को मार्गदर्शन प्रदान करती हैं।

परियोजना कार्यक्रम के मूल्यांकन अनुसंधान के पहले चरण में सही कार्यक्रम का क्रियान्वयन करने के चयन हेतु सेवायें जिनके दिये जाने की

सम्भावना है, कार्यक्रम के लिये संचालित किया गया है, उसका क्षेत्र प्रशासक को सुविधा प्रदान करता है।

इस चरण में मूल्यांकन अनुसंधान, आवश्यकता निर्धारण/आधारभूत अध्ययन या व्यवहार्यता अध्ययन के रूप में जाना जाता है। अनुसंधान द्वारा जनित आंकड़ों के द्वारा शोध प्रशासकों को सहायता करती है कि कार्यक्रम और उसकी व्यवहार्यता और शक्ति का निर्णय कर सके (मुलेन, 1982)। यह आधारभूत आंकड़े भी देता है। जिनकी कार्यक्रम के अन्त में आंकड़ों के मूल्यांकन/प्रभाव से तुलना कर सकते हैं। और कार्यक्रम के परिणामों और प्रभावों का निर्धारण किया जाता है।

कार्यक्रम कार्यान्वयन हेतु शोध मूल्यांकन ***(Evaluation Research for Programme Implementation)***

कुछ कार्यक्रमों में उनका क्रियान्वयन उचित ढंग से नहीं किये जाने के कारण उनके परिणाम असफल रहते हैं। यह इस पर निर्भर करता है कि मूल्यांकन के परिणामों का अभिकल्पन किस प्रकार किया गया है, यदि यह कार्यक्रम कार्यान्वयन के मूल्यांकन द्वारा पूरक है। यह जोखिम की पहचान या नकारात्मक परिणामों का अर्थ दुरुस्ती से न समझ पाने के कारण है (रीड, 1978)। मामला यह नहीं है कि हम अध्ययनों के परिणामों के उच्च मूल्य कैसे प्राप्त करें, यहाँ कार्यक्रम के कार्यान्वयन के मूल्यांकन की जरूरत स्पष्ट है (सेवा, 1992)।

हालांकि उचित कार्यप्रणाली अनुसंधान प्रश्नों की प्रकृति पर निर्भर करती है। सर्वेक्षण अनुसंधान/प्रश्नावली या स्केल का उपयोग करके स्टाफ, ग्राहक या समुदाय के नजरिये का आकलन करता है। कार्यक्रम के कार्यान्वयन में लिये गये निर्णयों को प्रभावित करता है। प्रतिभागी अवलोकन का निर्धारण किया जा सकता है कि कैसे कर्मचारियों को ग्राहकों के लिये या एक–दूसरे से सम्बन्धित करने के लिये उपयोग किया जा सकता है। उपलब्ध अभिलेखों को निर्धारित कर विश्लेषित किया जाना चाहिये। यह कार्यक्रम की प्राथमिकताओं से मेल खाने के लिये किये जा रहे हैं।

परिणाम, प्रभाव और दक्षता हेतु शोध मूल्यांकन ***(Evaluation Research for Impact, Outcome and Efficiency)***

कार्यक्रम के परिणाम और दक्षता का मूल्यांकन यह निर्धारित कर सकता है कि क्या कार्यक्रम प्रभावी ढंग से अपने लक्ष्यों को प्राप्त कर लेते हैं। क्या कोई प्रभाव अनायास ही हानिकारक है? क्या इसने अपनी सफलता (यदि कोई है तो) हासिल की है? और कैसे कोई उचित कीमत पर लागत को अपने लाभ के अनुपात के साथ तुलना कर अन्य कार्यक्रमों के समान उद्देश्यों को प्राप्त कर सकता है (भट्ट, 1984)। मूल्यांकन

के लिये यह अभिगम कभी–कभी मूल्यांकन हेतु लक्ष्य प्राप्ति का मॉडल कहा जाता है। औपचारिक लक्ष्यों और कार्यक्रम मिशन के लिये सन्दर्भित करता है। योजनाकार जो हासिल करना चाहता है, क्या वह हासिल कर लिया है।

एक विकास कार्यक्रम का अभिकल्पन महत्वपूर्ण परिणामों का उत्पादन/सामाजिक परिवर्तन और सामाजिक रूपान्तरण के लिये किया जाता है। इन तथ्यों के आधार पर यह माना जाता है कि प्रयोगात्मक अभिकल्पन परिणामों के यथार्थ निर्धारण करने के लिये सबसे उपयुक्त है। दूसरे शब्दों में, प्रयोगात्मक अभिकल्पन का उपयोग किया जाना चाहिये, जहाँ पर आयोजन के लिये आवश्यक शर्तें उपलब्ध हों। ये मूल रूप से समय के दो या अधिक बिन्दुओं पर मापन हैं (परियोजना अवधि के पहले, बाद में और दौरान) दोनों प्रयोगात्मक समूहों के सम्बन्ध में (जिन्होंने कार्यक्रम में भाग लिया है) और नियन्त्रण समूहों (जिन्होंने कार्यक्रम को बाहर से प्रभावित किया है)। मूल्यांकन अध्ययन में प्रयुक्त प्रयोगात्मक अभिकल्पनों के कुछ प्रयोगात्मक अभिकल्पन के बदले के अभिगम के रूप में उपयोग किये गये हैं। अध्ययनों का एक सामान्य गुण यह है कि मूल्यांकनों के परिणामों का अधिकांश फैलाव सामान्यतः गहरी कीमत पर बल देता है (इंग्सटने, 1970)। प्रतिवेदनों के विस्तार के बजाय गहनता पर अवलोकन किया जाता है और मोटे तौर पर सामाजिक विकास के क्षेत्र में किये गये प्रयास के सम्बन्ध में बहुत ही जानकारीपूर्ण है।

शोध मूल्यांकन के उद्देश्य (Goal of Evaluation Research)

मूल्यांकन अनुसंधान का उद्देश्य निरीक्षणयुक्त ज्ञान के निकाय को योगदान देता है। मूल्यांकन अनुसंधान को कार्यक्रमों के निर्धारण के उद्देश्यों की पेशकश करनी चाहिये। आदर्शात्मक रूप में, बड़े पैमाने पर क्षेत्र के लिये ज्ञान में योगदान देना चाहिये और व्यावहारिक सिद्धान्तों में योगदान देना चाहिये।

मूल्यांकन और मूल अनुसंधान के बीच भेद (Differences between Evaluation and Basic Research)

पिछले अध्यायों में चर्चा की जा चुकी है कि मूल्यांकन अनुसंधान परम्परागत सामाजिक अनुसंधान से अलग है। व्यापक अर्थों में, मूल्यांकन अनुसंधान का प्रयोग सामाजिक अनुसंधान में किया जाता है। मोटे तौर पर, परम्परागत सामाजिक अनुसंधान हमारे ज्ञान में जोड़ने से सम्बन्ध रखता है जो कि परिकल्पनाओं का परीक्षण, सिद्धान्तों का निर्माण और कभी–कभी भविष्य के लिये कुछ व्यावहारिक अनुप्रयोग करना है। सामान्यतः सामाजिक अनुसंधान में, और विशेष रूप में आधारभूत अनुसंधान में अपने अपने कारणों से की जाती है। इसके

लिये व्यावहारिक उद्देश्य नहीं भी हो सकता है कि परिणामों को प्राप्त किया जाये जो व्यावहारिक और उपयोगी हों। मूल्यांकन अनुसंधान अनुप्रयुक्त अनुसंधान की ही एक विशिष्ट शाखा है जो सामाजिक कार्यक्रमों और परियोजनाओं के मूल्यांकन हेतु अभिकल्पित की जाती है जैसे कि वयस्क/गैर औपचारिक शिक्षा, कल्याणकारी योजनायें, नवीन हस्तक्षेप विधियां, स्वास्थ्य देखभाल वितरण प्रणाली, रोजगार प्रशिक्षण कार्यक्रम इत्यादि। मूल्यांकन अनुसंधान का मतलब केवल हमारे ज्ञान में वृद्धि करना या सिद्धान्तों का निर्माण करना ही नहीं है। इनका उपयोग यह तय करने के लिये किया जाता है कि कार्यक्रमों को आगे चलाना चाहिये या सुधार के साथ चलाना चाहिये या छोड़ देना चाहिये। बजट में अभिवृद्धि की जानी चाहिये या कम किया जाना चाहिये। कर्मचारियों को काम पर रखना चाहिये या नहीं। सभी कार्यक्रम अपने लक्ष्यों को प्राप्त करने के उद्देश्यों पर आधारित हैं।

हम सामाजिक कार्यक्रमों के मूल्यांकन से सम्बन्धित हैं जिनके अनुप्रयोग सामाजिक कार्य के लिये हैं। यह सामाजिक हस्तक्षेप से जुड़ा है जो मूल्यांकन अनुसंधान को सामाजिक कार्य अनुसंधान का एक हिस्सा बनाता है।

कार्यक्रम निदेशकों या एजेन्सी प्रशासकों के बीच अपरिहार्य संघर्ष होता है। कार्यक्रमों के कार्यान्वयन की सफलता जो उनके कैरियर पर निर्भर करती है और मूल्यांकन अनुसंधानकर्ता जिनके कैरियर में आवश्यक होता है कि वे कार्यक्रमों की वस्तुपरकता को मूल्यांकित करें। यह अनुशंसा की जाती है कि कार्यक्रम निदेशक/प्रशासकों को मूल्यांकनकर्ताओं के परिणाम का मूल्यांकन स्वीकार करना चाहिये और जो कार्यक्रमों को निर्देशित या प्रशासित कर रहे हैं। इच्छित लक्ष्य हासिल करने हेतु उनके प्रति सकारात्मक रवैया अपनाना चाहिये।

यह चल रहे कार्यक्रमों का मूल्यांकन करने के लिये किया जाता है। मूल्यांकन अनुसंधान बुनियादी अनुसंधान से कम अवधि के साथ अभिकल्पित किया जाता है। सामाजिक समस्याओं का तुरन्त हल नहीं कर सकते हैं। लेकिन कार्यक्रम के बारे में निर्णय तुरन्त कर लेते हैं क्योंकि बजट आबंटन और कर्मियों के निर्णय अक्सर प्रत्यक्ष परिणाम पर आधारित हैं। (लारेन्स लिन, 1977: 72) का कहना है कि सामाजिक समस्याओं को शायद ही कभी एकल निर्णायक अधिनियम या नीति की घोषणा के द्वारा हल किया गया है बल्कि नीतियों के साथ मापन की एक श्रृंखला में समय पर उन लोगों के साथ निपटने के लिये संवर्द्धित नीतियां हैं जो आंशिक हैं और जरूरी नहीं है कि व्युत्क्रमणीय हों। हालांकि नीति निर्माता अक्सर समय के क्षितिज और शोध के परिणामों के एक कार्यक्रम को जारी रखने या समाप्त करने का औचित्य सिद्ध करने के लिये देखना चाहते हैं। त्वरित और निश्चित जवाब की जरूरतें मूल्यांकन अनुसंधान को बुनियादी अनुसंधान से अलग करती हैं।

हालांकि मूल्यांकन अनुसंधान तत्काल परिणाम का उत्पादन करने का इरादा रखता है और एक तत्काल प्रभाव देता है। दो परिस्थितियाँ अक्सर घटनाओं को रोकने का प्रयास करती हैं। पहली तब होती है, जब परिणाम गोलमोल या विरोधाभासी हों अतः यह स्पष्ट नहीं होता कि नीति का निर्णय क्या होना चाहिये। उदाहरण के लिये प्रौढ़ शिक्षा के कई मूल्यांकन किये जा रहे हैं और वे सभी कार्यक्रमों की सफलता या विफलता के बारे में सहमत नहीं हैं। सामुदायिक विकास कार्यक्रम कई स्थानों पर कई बार मूल्यांकित किये जा रहे हैं और परिणाम हमेशा विरोधाभासी होते हैं। यदि योजनाकार और नीति निर्माता इन मूल्यांकनों के परिणाम का उपयोग करना चाहता है तो वह कौन से परिणाम का उपयोग करे।

दूसरी स्थिति जो कार्यक्रम मूल्यांकन के परिणामों के उपयोग को रोकती है जबकि सामाजिक कल्याण कार्यक्रमों के प्रभाव तुरन्त नहीं देखे जा सकते हैं। उदाहरण के लिये 3–4 वर्ष के आयु समूह के बच्चों को शिक्षित करने के लिये शिक्षा को मूल रूप से आरम्भ किया गया ताकि वे आत्म निर्भर वयस्क बन जायें। हालांकि शिक्षा की योजना बनाने वाले 15 या 20 वर्ष तक मूल्यांकन के लिये इन्तजार के लिये तैयार हैं। इससे पहले कि वे बाल्यावस्था में शिक्षा कार्यक्रम को जारी रखें या नहीं, यह तय नहीं कर पा रहे हैं। अतः वे तत्काल परिणामों का उपयोग करते हैं अर्थात् प्राथमिक विद्यालय में बच्चों की शैक्षणिक गतिविधियों के बाद उपलब्धि। और मानते हैं कि वयस्क शैक्षिक उपलब्धि बाल्यावस्था के शैक्षणिक प्रदर्शन का अनुसरण करेगी। यहाँ दोनों के बीच सकारात्मक और कमजोर संयोजन है।

वीस (1972) ने कहा कि इसे तत्काल या अल्पावधि प्रभाव को आसन्न या निकट उद्देश्य के लिये तथा दीर्घावधि वांछित प्रभावों को अन्तिम उद्देश्य के रूप में जाना जाता है। वह कहती है कि अल्पावधि प्रभावों को सन्तुष्ट करता है जब पहले किया गया शोध प्रत्यक्ष दर्शाता है और आसन्न या अन्तिम उद्देश्यों के बीच सम्बन्ध घनिष्ठ होता है। उदाहरण के लिये क्लीनिक में धूम्रपान करने वालों के मूल्यांकन में सम्भवतः यह जान लेना पर्याप्त होगा कि धूम्रपान रोकने के लिये प्रतिभागियों का कार्यक्रम किया गया। यह आवश्यक नही है कि फेफड़ों के कैंसर की घटना का अन्तिम अन्वेषण किया जाये (वीस, 1972: 38)। हमारे कई महत्वाकांक्षी सामाजिक कार्यक्रमों को हालांकि दीर्घावधि प्रभावों के लिये अभिकल्पित किया जाता है। इस प्रकार के मामलों में आसन्न परिणाम असन्तोषजनक होते हैं लेकिन वे सभी हमारे पास होते हैं। इस अध्याय के बाद में हम एक मूल्यांकन का विवरण देंगे जिसने अन्तिम लक्ष्य का निर्धारण किया – जो एक कार्यक्रम में लड़कों के रूप में प्रतिभागी थे, 30 वर्षों तक उन पुरुषों के ऊपर अनुसरण किया गया (मैक्कार्ड, 1978)।

शोध मूल्यांकन प्रतिमान (Evaluation Research Models)

मूल्यांकन अनुसंधान में निम्नलिखित दो प्रतिमानों पर कार्य किया जा रहा है–

(अ) लक्ष्य प्राप्ति प्रतिमान (Goal Attainment Model)

(ब) निकाय प्रतिमान (The System Model)

पहले प्रतिमान का आरम्भ लक्ष्यों को पूरा करने के कारण होता है। इसका अनुसरण लक्ष्यों की मापों के निर्धारण, आंकड़ों का संग्रहण और लक्ष्यों के प्रभाव को निर्धारण से हो सकता है। और अन्त में, प्रारम्भिक लक्ष्यों के निर्धारण के प्रकाश में सुधारा जा सकता है।

द्वितीय प्रतिमान, दूसरी ओर केवल लक्ष्यों और उपलक्ष्यों से सम्बन्धित ही नहीं है बल्कि संगठनों की उप इकाइयों के समन्वय के साथ–साथ भी आवश्यक संसाधनों के रखरखाव और कार्यवाही हेतु भी कार्य करता है।

शोध मूल्यांकन के प्रकार (Types of Evaluation Research)

सामाजिक कार्य अनुसंधान पद का अलग–अलग रणनीतियों में प्रयोग किया जाता है मूल्यांकन जो कि उद्देश्यों के विस्तृत रेन्ज हेतु उपयोग किया जा सकता है। अतः मूल्यांकन अनुसंधान विश्लेषण की इकाई के पदों में वर्गीकृत किया जा सकता है।

मूल्यांकन अनुसंधान के क्षेत्र के अन्दर, विस्तृत श्रृंखला के मूल्यांकन की रणनीतियाँ प्रत्येक की विशिष्ट विशेषताओं के साथ और विभिन्न अनुसंधान समस्या के प्रत्येक अनुप्रयोग के लिये उपलब्ध हों। हालांकि सभी मूल्यांकित अनुसंधान अध्ययन के लक्ष्यों के आधार पर समूहित किये जा सकते हैं।

यहाँ पर दो आधारभूत लक्ष्य हैं जो कि मूल्यांकित अनुसंधान को प्राप्त करते हैं–

रचनात्मक मूल्यांकन अनुसंधान (Formative evaluation research)

योगात्मक मूल्यांकन अनुसंधान (Summative evaluation research)

रचनात्मक मूल्यांकन अनुसंधान (Formative Evaluation Research)

रचनात्मक मूल्यांकन अनुसंधान, विशिष्ट कार्यक्रम के कार्यान्वयन और विकास, नियोजन और मार्गदर्शन करने हेतु सूचनाओं को प्रदान करने पर प्रकाश डालता है। कार्यक्रम का आरम्भ करने के लिये कुछ आधारभूत आंकड़ों का होना आवश्यक है। पहले लक्ष्ययुक्त जनसंख्या की सामाजिक–आर्थिक विशेषताओं और व्यक्तियों पर आंकड़े होना आवश्यक है। दूसरा विद्यमान सेवाओं के बारे में जागरूक होना आवश्यक है। तीसरा कार्यक्रम नियोजनकर्ता को हस्तक्षेप रणनीतियों के बारे में ज्ञान होना आवश्यक है। और अन्त में यह आवश्यक है कि यह मापने के योग्य

होना चाहिये। इन प्रश्नों का उत्तर प्राप्त करने के लिये रचनात्मक मूल्यांकन अनुसंधान किया जाता है।

रचनात्मक मूल्यांकन अनुसंधान साधारणतया गुणात्मक अनुसंधान है और सांख्यिकी के बजाय ऐतिहासिक मामलों का उपयोग निर्णय लेने में करता है। जैसा कि इसका उपयोग भागीदारी अनुसंधान तकनीक जैसे अवलोकन में किया जाता है।

योगात्मक मूल्यांकन अनुसंधान (Summative Evaluation Research)

योगात्मक मूल्यांकन अनुसंधान कार्यक्रम के प्रभाव के निर्धारण को शामिल करता है। योगात्मक मूल्यांकन अनुसंधानों के परिणाम मुख्य रूप से निर्णय निर्माण या नीति निर्माण में उपयोग किये जाते हैं और इसी तरह से कार्यक्रमों को आगे जारी रखने या विस्तार करने या निरस्त करने में किया जाता है। योगात्मक मूल्यांकन अनुसंधान कार्यक्रम के प्रभावों का मूल्यांकन करता है। यह प्रयोगात्मक, अर्द्ध प्रयोगात्मक और सर्वेक्षण अनुसंधान अभिकल्पनों का उपयोग करता है। योगात्मक मूल्यांकन अनुसंधान सामान्यतः मात्रात्मक आंकड़ों के सांख्यिकीय विश्लेषण का उपयोग करता है। योगात्मक मूल्यांकन का उपयोग यह निर्णय करने के लिये किया जाता है कि कार्यक्रम को जारी रखना चाहिये या बन्द कर देना चाहिये और इसी कारण से प्रशासक विरोध कर सकते हैं और मूल्यांकनकर्ता योगात्मक मूल्यांकन का क्रियान्वयन करने में मुश्किल पाता है।

रचनात्मक मूल्यांकन और अधिक वांछनीय लगता है क्योंकि इसका उपयोग एजेन्सी प्रशासकों को उनके कार्यक्रम का निरूपण करने में, उनकी समीक्षा करने में, और उन्हें सुधारने में सहायता करता है। एक रचनात्मक मूल्यांकनकर्ता कार्यक्रम निदेशक को प्रतिपुष्टि प्रदान करता है कि प्रतिभागी कार्यक्रम के बारे में कैसी प्रतिक्रिया देता है। कार्यान्वयन करने वाले कार्यक्रम किस तरह से चला रहे हैं और क्या वास्तविक कार्यक्रम चाहे गये कार्यक्रम की रेखा में चल रहा है। वे कार्यक्रम का विश्लेषण करते हैं जैसा कि अभियान या कार्य में प्रतीत होता है और किस तरह से काम करता है इसका विवरण देता है। कार्यक्रम के प्रारम्भिक चरणों के दौरान इसकी प्रतिपुष्टि प्राप्त की जाती है इसे परिवर्तित करना और सुधार करना अब भी सम्भव होता है अतः इसे जानकारीपूर्ण या सूचना मूल्यांकन भी कहा जाता है। इसके विपरीत योगात्मक मूल्यांकन कार्यक्रम के अन्तिम चरण के दौरान किये जाते हैं।

अनुसंधानकर्ताओं द्वारा उपयोग में लाये जाने वाले कई तरह के मूल्यांकनों का सटीक वर्गीकरण करना मुश्किल होता है। कुछ अनुसंधानकर्ता, मूल्यांकनकर्ता के अनुसार अनुसंधान मूल्यांकन का वर्गीकरण करने को प्राथमिकता देते हैं अर्थात्

कार्यक्रम के मूल्यांकन के लिये व्यक्ति की जवाबदेही। इस वर्गीकरण पर आधारित मूल्यांकन अनुसंधान तीन प्रकार के हो सकते हैं।

(अ) आन्तरिक मूल्यांकन (Internal Evaluation)

आन्तरिक मूल्यांकन में, कर्मियों और एजेन्सी के कार्यकारी और समूह भागीदारी के लिये यह एक सतत प्रक्रिया है जिसे विभिन्न बिन्दुओं पर किया जाता है और यह कार्यक्रम / परियोजना गतिविधियों के विभिन्न पहलुओं के सम्बन्ध में है। कार्यक्रम / परियोजना प्रशासन एक अभिगम है जो सतत रूप में स्व–मूल्यांकन प्रमुख अभिनेता और भागीदारों द्वारा उचित तरीके से लक्ष्यों और उद्देश्यों से सम्बन्धित पूर्व स्थापित मापदण्डों के अनुसार शामिल करता है। सामान्यतः इस प्रकार का मूल्यांकन परियोजना की योजना में अभिकल्पन चरण के दौरान और परियोजना के एक भाग के रूप में वित्त देना शामिल करता है।

(ब) बाह्य मूल्यांकन (External Evaluation)

बाह्य मूल्यांकन एजेन्सी के बाहर के व्यक्तियों द्वारा किया जाता है। अनुदान संगठनों द्वारा एजेन्सी के बाहर के मूल्यांकनकर्ताओं से कार्यक्रम / परियोजना गतिविधियों के उद्देश्यों को प्राप्त करने में एजेन्सी द्वारा दिये गये वित्त का उपयोग किस तरह से किया गया है इसका मूल्यांकन किया जाता है। मूल्यांकनकर्ताओं को बाहर से चुने जाने के दो कारण हैं। पहला तथ्य यह है कि बाहरी व्यक्ति अधिक उद्देश्यपूर्ण माना जाता है या सबसे कम तटस्थ और दूसरा यह कि विशेषज्ञ प्राप्त करना जो किसी निश्चित क्षेत्रों में विद्वान हो। वे ताजे परिप्रेक्ष्य और सोच देते हैं। उनके पास विशेषज्ञतायुक्त तकनीकी ज्ञान और कुशलता हो सकती है जो सम्पूर्ण मूल्यांकन के लिये आवश्यक है और उनकी उपस्थिति मूल्यांकन टोली को निष्पक्षता के प्रमाण देने में सहायता कर सकती है और परिणामों की विश्वसनीयता को बढ़ाती है।

(स) संयुक्त मूल्यांकन (Joint Evaluation)

इस प्रकार का मूल्यांकन बाहरी मूल्यांकनकर्ताओं और एजेन्सी के एक या अधिक प्रतिनिधियों को शामिल करता है। संयुक्त मूल्यांकन जबकि कठिन होते हैं। वे कार्मिक प्रशिक्षण एजेन्सी के लिये और परिणामों का अपना स्वामित्व पाने के लिये बहुत उपयोगी हो सकते हैं।

मूल्यांकन के प्रकार का एक अन्य वर्गीकरण मूल्यांकन के समय पर आधारित है। इस प्रकार के मूल्यांकनों में कार्यक्रम या परियोजना के जीवन में विभिन्न बिन्दुओं के द्वारा मूल्यांकन की सतत प्रक्रिया को समाहित करता है। इस प्रकार के तीन मूल्यांकन जो बहुत सामान्य हैं वे निम्न हैं।

(अ) पूर्व–विपरीत मूल्यांकन (Appraisal Ex -Ante)

यह पहचान प्रतिवेदन (व्यवहार्यता प्रतिवेदन) का महत्वपूर्ण परीक्षण है। प्रासंगिकता, तकनीकी, वित्तीय और संस्थागत व्यवहार्यता और सामाजिक–आर्थिक लाभप्रदत्ता के विभिन्न पहलुओं से विभिन्न समाधानों को स्थान प्रदान करता है और चयन करता है।

(ब) मध्य पद मूल्यांकन (Mid -Term Evaluation)

कार्यान्वयन के दौरान किया गया एक मूल्यांकन है। इसका उद्देश्य कार्यक्रम/परियोजना का प्रशासन करने के लिये निष्कर्ष निकालना है।

(स) पूर्व–पश्च मूल्यांकन (Ex-Post Evaluation)

यह कार्यक्रम/परियोजना का पूर्ण मूल्यांकन है। इसका उद्देश्य यह अध्ययन करना है कि कार्यक्रम/परियोजना के उद्देश्य प्राप्त कर लिये गये हैं। बाद के चरण में भविष्य में सुधार के लिये या कहीं भी एक समान कार्यक्रम के लिये सबक भी शामिल करता है।

मूल्यांकन अनुसंधान के लिये नियोजन (Planning for Evaluation Research)

एक मूल्यांकन अध्ययन के लिये योजना मूल्यांकन अभिकल्पन की पसन्द के बारे में निर्णय लेना शामिल है। प्रासंगिक आंकड़ों के संग्रहण हेतु, वैधता, विश्वसनीयता और आंकड़ों के संग्रहण में उपकरणों की शुद्धता, नमूने का अभिकल्पन और नमूने का आकार जो स्वीकार्य निष्कर्षों को निकालने के लिये एक आधार के रूप में सेवा देगा, संगठन, विश्लेषण और आंकड़ों की व्याख्या के लिये तकनीकों का अनुप्रयोग किया जाये। संलग्न मूल्यांकनकर्ता को इस प्रकार की आशा करनी पड़ सकती है कि सामान्य और विशिष्ट कठिनाइयां जो समय–समय पर उत्पन्न हो सकती हैं और विश्वसनीय परिणामों को प्राप्त करने की संभावना में संकट बन सकती हैं। यद्यपि मूल्यांकनकर्ता सुनिश्चित करता है कि मूल्यांकन का नियोजन करने के लिये शायद अधिकतम समय सीमा के भीतर वित्त और ऊर्जा के साथ उसके उद्देश्यों को प्राप्त करना होगा।

मूल्यांकन अनुसंधान योजना के लिये तीन प्रक्रियायें हैं अर्थात् मूल्यांकन करने की योग्यता का निर्धारण, चरों के विनिर्देश और चरों के माप की आवश्यकता होती है।

मूल्यांकन करने की योग्यता का निर्धारण यह जानने के लिये किया जाता है कि क्या किसी कार्यक्रम की आवश्यक पूर्व शर्तों को मूल्यांकित किया जाना चाहिये। एक बार मूल्यांकन करने की योग्यता का निर्धारण हो जाता है तो अनुसंधानकर्ता उसके तुरन्त बाद चर को निर्दिष्ट करने की कोशिश करता है। वह

यह भी तय करता है कि निर्दिष्ट चरों को किस तरह से मापा जाये। सामान्यतः एक सामाजिक कार्यक्रम के लिये निवेश स्वतन्त्र चर का गठन करता है। कार्यक्रम के उद्देश्यों में सामान्यतः आश्रित चर होते हैं। मूल्यांकन अनुसंधान के नियोजन के अगले चरण में चरों की माप होती है। कुछ निवेशों या परिणामों को आसानी से मापा जा सकता है क्योंकि वे मात्रात्मक हैं। मूल्यांकनकर्ता की ओर से मापन हेतु अन्य प्रभावों या परिणामों को और अधिक आविष्कारशील होने की आवश्यकता है।

मूल्यांकन अनुसंधान अभिकल्पन (Evaluation Research Designs)

सामान्य रूप में, किसी भी बुनियादी अनुसंधान अभिकल्पन जिसकी चर्चा अध्याय तीन में की जा चुकी है। मूल्यांकन अनुसंधान के उद्देश्यों में कुछ संशोधनों के साथ उपयोग किया जा सकता है। हालांकि मूल्यांकन अनुसंधान अक्सर कारण–प्रभाव सम्बन्धों के नाम से जाना जाता है। इसी प्रकार प्रयोगात्मक अभिकल्पन मूल्यांकन अनुसंधान के उद्देश्यों के लिये और अधिक उचित है।

इसके अलावा सही प्रयोगात्मक अभिकल्पनों का उपयोग वैध संकटों के नियन्त्रण के लिये यादृच्छिकीकरण (Randomization) की प्रक्रिया द्वारा गलत कारण निष्कर्षों का नेतृत्व कर सकते हैं। अतः कार्यक्रम के प्रभाव का निर्धारण करने का आदर्श अभिगम यादृच्छीकृत प्रयोग है। यद्यपि यह मूल्यांकन अनुसंधान के लिये सर्वाधिक उपयुक्त अनुसंधान अभिकल्पन के नाम से जाना जाता है। यादृच्छीकृत प्रयोगात्मक अनुसंधान अभिकल्पनों के उपयोग करने में कई व्यावहारिक समस्यायें हैं जो सामाजिक कार्य व्यवहार के क्षेत्र में, प्रयोगात्मक समूह की नियन्त्रण समूह से तुलना करते हैं। परिणामतः ये प्रयोगात्मक अनुसंधान, सामाजिक कार्य व्यवहार की हालात में असंभव और अनुचित माने जाते हैं। एक जैसी समस्याओं वाले ग्राहकों की पहचान के लिये और यादृच्छीकृत कुछ उपचार के निर्धारण के लिये और अन्य नियन्त्रण समूहों के लिये कभी–कभी यह बहुत अधिक समय लेने वाली और महंगी है।

परम्परागत प्रयोगात्मक अनुसंधानों के बारे में एक अन्य समस्या जो कि पूर्व स्थिति के लिये जटिल और आंकड़ों के विश्लेषण की सांख्यिकीय मान्यतायें जो निदर्शन के संभाव्यता सिद्धान्त हेतु अनिवार्य रूप में आवश्यक हैं जो कि निश्चित ही कठिन हैं और यदि नहीं तो सामाजिक कार्य शोधकर्ताओं के लिये बेतुका प्रस्ताव है।

अन्त में नियन्त्रण समूहों का उपयोग सामाजिक कार्य पेशेवरों के लिये नैतिक सम्बन्धों के स्रोत हैं जिनसे हस्तक्षेप पर रोक लगायी गयी है। इस प्रकार, परम्परागत प्रयोगात्मक अनुसंधानों के कुछ उद्देश्यों के लिये उपयुक्त हैं। इस विधि

के साथ जुड़ी कुछ कमियां सामाजिक कार्य शोधकर्ताओं का नेतृत्व करने के लिये सामाजिक कार्य हस्तक्षेप के प्रभाव के मूल्यांकन के लिये एक वैकल्पिक दृष्टिकोण खोजने के लिये और हस्तक्षेप तकनीक को संशोधित करने और अद्यतन करने हेतु हैं (नीचे, अध्याय 10)।

मूल्यांकन अभिकल्पन, कार्यक्रम/परियोजना के होने वाले प्रभावों की उपलब्धि और गैर–उपलब्धि के लिये संगठन की मापों को प्रदर्शित करना शामिल है। मूल्यांकन अध्ययनों का अभिकल्पन विकास की उद्देश्यपूर्ण माप की मान्यता, परिवर्तन और प्रभाव भी देता है। मूल्यांकन अभिकल्पन की पसन्द आत्मविश्वास की डिग्री निर्धारित करता है जो मूल्यांकन के परिणामों में रखा जा सकता है। विभिन्न मूल्यांकन अभिकल्पनों के परीक्षण की आवश्यकता होती है और कार्यक्रम/परियोजना से सम्बन्ध न रखने वाले अन्य सम्भव प्रभावों से कार्यक्रम/परियोजना के प्रभावों को अलग करने हेतु उनकी योग्यता के अनुसार विचार किये जाते हैं। इन मूल्यांकन अभिकल्पनों को निम्न रूप में व्यवस्थित किया जाता है।

पश्च–केवल मूल्यांकन अभिकल्पन बिना नियन्त्रण समूह के
(The After Only Evaluation Design without a Control Group)

इस अध्ययन अभिकल्पन में, मापन लक्ष्य समूह के लिये सीमित करते हैं और कार्यक्रम/परियोजना की गतिविधियों के पूरा होने के बाद, समय के कुछ बिन्दु पर केवल एक बार लिया जाता है। यह अब तक का सबसे कमजोर मूल्यांकन अभिकल्पन है। यह पता करना मुश्किल है कि परिवर्तन हुआ है या किसी भी डिग्री के लिये कोई परिवर्तन (यदि है) कार्यक्रम/परियोजना कार्यान्वयन के लिये सम्बन्धित है। (चित्र 11.1)

पश्च–केवल मूल्यांकन अभिकल्पन नियन्त्रण समूह के साथ
(The After Only Evaluation Design with a Control Group)

इस अभिकल्पन में, एक समूह (नियन्त्रण) और दूसरा समूह (प्रायोगिक) एक ही तरह से हैं, जिसके लिये कार्यक्रम/परियोजना की गतिविधियों को लागू कर चयनित किया गया है। दोनों समूहों की माप को आश्रित चर के सम्बन्ध में परियोजना/कार्यक्रम गतिविधियों के पूरा होने के बाद मापा जाता है।

इस अभिकल्पन की प्रमुख कमजोरी यह है कि 'से पहले' की मापें नहीं ली जाती हैं 'पहले' के सापेक्ष आश्रित चर पर मापों के लिये दोनों ही समूह एक जैसे माने जाते हैं। अतः यह बिल्कुल सम्भव है कि आश्रित चर में परिवर्तन वास्तव में दोनों समूहों के मध्य प्रारम्भिक अन्तर के कारण हो सकता है। (चित्र 11.2)

चित्र 11.1

पश्च–केवल 'कार्यक्रम मूल्यांकन अनुसंधान' अभिकल्पन

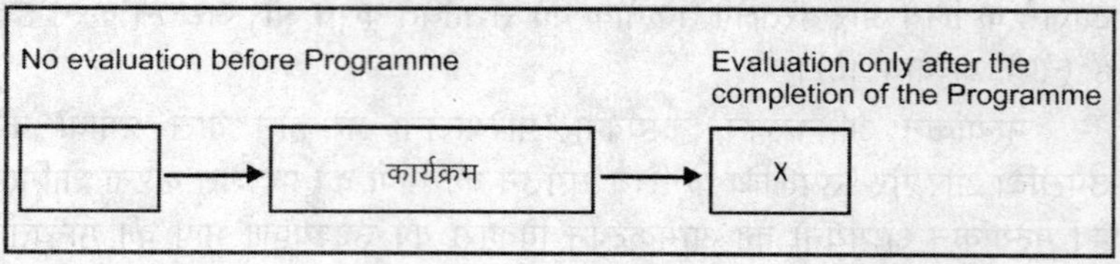

चित्र 11.2

पूर्व–पश्च मूल्यांकन अभिकल्पन बिना नियन्त्रण समूह के

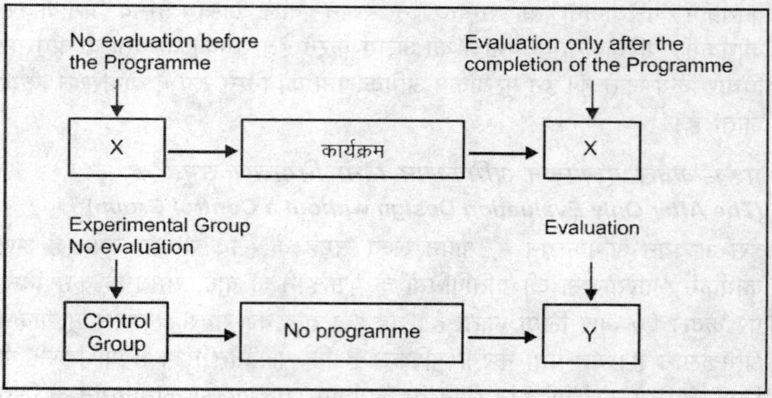

पूर्व–पश्च मूल्यांकन अभिकल्पन बिना नियंत्रण समूह के साथ
(The Before-After Evaluation Design without Control Group)

लक्ष्य/उपचार समूह एक कार्यक्रम/परियोजना के कार्यान्वयन से पहले और दूसरा कार्यक्रम/परियोजना के पूरा होने के बाद में यह अभिकल्पन दो मापनों को शामिल करता है। लक्ष्य समूहों की स्थिति के बीच अन्तर कार्यक्रम के प्रभाव की माप के रूप में लिया जाता है।

लेकिन यह स्पष्ट है कि कार्यक्रम उपचार से असम्बन्धित बाहरी कारकों के आश्रित चर पर लक्ष्य समूह की स्थिति 'पहले' परिवर्तन में अग्रणी संचालन किया गया है। माप 'से पहले' आश्रित चर बदल सकते हैं। इस अभिकल्पन की प्रमुख कमजोरी है कि यह कार्यक्रम गतिविधियों और बाह्य कारकों या विकास की प्रक्रिया के प्रभाव में भेद नहीं करता है। (चित्र 11.3)

चित्र 11.3

पूर्व–पश्च मूल्यांकन अभिकल्पन बिना नियंत्रण समूह के साथ

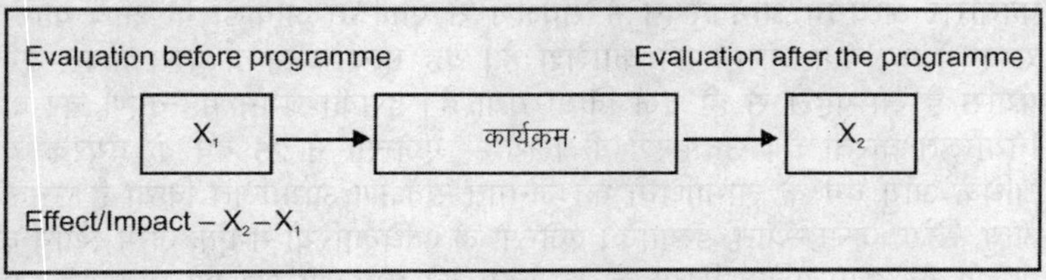

पूर्व–पश्च मूल्यांकन अभिकल्पन नियन्त्रण समूह के साथ
(The Before-After Evaluation Design with Control Group)

इस अध्ययन अभिकल्पन में, एक जैसी विशेषताओं वाले एक, दो या अधिक नियन्त्रण समूहों को शामिल कर सकते हैं जहाँ कार्यक्रम लागू नहीं किया जा रहा है। नियन्त्रण समूह व्यवस्थाओं में बदलाव समकालीन घटनाओं में परिपक्वता या प्राकृतिक विकास की प्रक्रिया और 'से पहले' माप के प्रभाव के कारण लेने के प्रयास से सम्बन्धित है। अध्ययन के इस अभिकल्पन में दोनों लक्ष्य समूह और नियन्त्रण समूह शुरुआत में और अन्त में भी कार्यक्रम/परियोजना की गतिविधियों को अकेले मापा जाता है। (चित्र 11.4)

चित्र 11.4

पूर्व–पश्च मूल्यांकन अभिकल्पन नियन्त्रण समूह के साथ

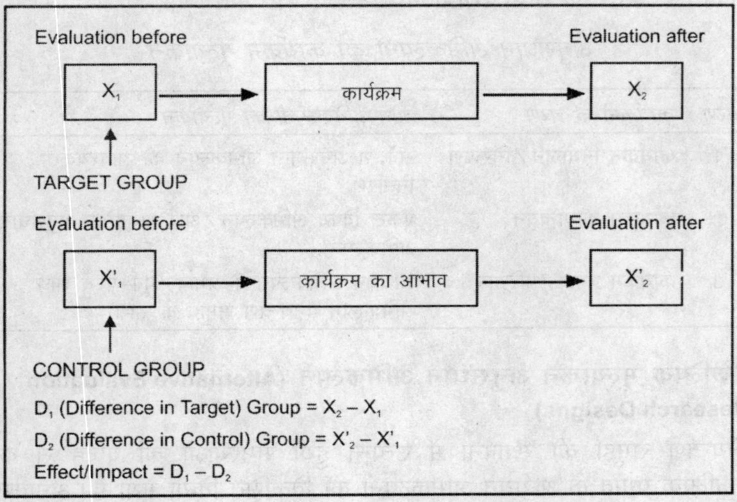

पूर्व–पश्च कार्योत्तर मूल्यांकन अध्ययन अभिकल्पन
(The Ex-Post-Facto Evaluation Study Design)

कार्योत्तर अध्ययन अभिकल्पन में सर्वेक्षण से एकत्रित आंकड़ों के साथ कारण सम्बन्धों का पता लगाने की कोशिश है। यह मूल्यांकनकर्ता द्वारा केवल एक प्रयास है जो पहले से ही दर्ज किया गया है। इसका चयन महत्वपूर्ण चर को नियन्त्रित करता है। उदाहरण के लिये – एजेन्सी ने 25 वर्ष के वयस्क या अधिक आयु वर्ग के लाभार्थियों का जनमत सर्वेक्षण आयोजित किया है उनकी आयु, लिंग, जन्म स्थान, इत्यादि। एजेन्सी के अधिकारियों में एक जन्म स्थान के कारण गैर औपचारिक शिक्षा के कार्यक्रम की प्रभावशीलता पर प्रतिवादी राय (आश्रित चर) में (स्वतन्त्र चर) पर प्रभाव में रुचि है। आंकड़ों के हेरफेर के माध्यम से मूल्यांकनकर्ता के अन्य आश्रित चर (राय) जन्मस्थान और स्वतन्त्र चर पर कुछ नियन्त्रण प्राप्त होता है।

पूर्व वास्तविक पश्च अभिकल्पन में मूल्यांकनकर्ता के कारण चर , अध्ययन हालत, बाहरी चर और आश्रित चर के माप के लिये बहुत अच्छा नियन्त्रण नहीं है। इस अध्ययन अभिकल्पन का प्रमुख दोष यह है कि सर्वेक्षण से एकत्रित आंकड़ों का केवल एक पार–अनुभाग समय के एक बिन्दु पर लिया है, लेकिन प्रश्न में कारण सम्बन्ध व्यक्ति के जन्म स्थान और उनकी राय के बीच कड़ी है। यह एक कारण श्रृंखला है कि वर्ष की अवधि से अधिक और वातावरण में जो व्यक्ति इन वर्षों के दौरान रहते थे। हो सकता है कि विषय की विषय से व्यापक रूप में भिन्नता हो।

मूल्यांकन अनुसंधान की भूमिका को सारणीबद्ध रूप में प्रस्तुत किया जा सकता है जैसा कि नीचे दर्शाया गया है–

अनुसंधान अभिकल्पनों का कार्यक्रम मूल्यांकन

चरण	*कार्यक्रमों के चरण*	*शोध अभिकल्पनों का मूल्यांकन*
1.	कार्यक्रम नियोजन / निरूपण	सर्वेक्षण अनुसंधान अभिकल्पन की आवश्यकता निर्धारण
2.	कार्यक्रम कार्यान्वयन	एकल विषय अभिकल्पन / अर्द्ध प्रायोगिक अनुसंधान अभिकल्पन
3.	कार्यक्रम प्रभाव / परिणाम	अध्ययन अभिकल्पन के प्रभाव / पूर्व–पश्च शोध अभिकल्पन (नियन्त्रण समूहों के साथ)

वैकल्पिक मूल्यांकन अनुसंधान अभिकल्पन (Alternative Evaluation Research Designs)

नियन्त्रण समूहों की स्थापना में उत्पन्न हुयी समस्याओं की वजह से कई वैकल्पिक प्रभाव के अध्ययन अभिकल्पनों को विकसित किया गया है। अनावरण

(जोखिम) की डिग्री के साथ और अनावरण की विभिन्न डिग्री के द्वारा समूहों के मध्य विशेष गुणों की तुलना करना, नमूनों में भिन्नता उनमें से एक है। वैकल्पिक प्रभावों को समझने के लिये अध्ययन अभिकल्पन के लिये हम निम्नलिखित उदाहरण ले सकते हैं–

मध्याह्न भोजन कार्यक्रम के एक अध्ययन में, जहाँ न तो बेंचमार्क आंकड़े थे और न ही नियन्त्रण समूह का अध्ययन करना सम्भव था। कार्यक्रम में अधिक जोखिम लेने वाले बच्चों की तुलना कम जोखिम लेने वाले बच्चों से करने में कार्यक्रम के प्रभाव निर्धारण में सहायता प्राप्त होती है। कम जोखिम लेने वाले बच्चों को नियन्त्रण समूह में उपचार के रूप में लिया जाता है। बच्चों पर सम्बन्धों का परीक्षण करते समय कार्यक्रम की दक्षता और परिमाण के स्तर के प्रभाव का परीक्षण किया गया। लाभार्थियों पर प्रभाव का परिमाण उच्च कार्यक्रम दक्षता के साथ और अधिक पाया गया था।

बहु अध्ययन अभिकल्पन (Multiple Study Designs)

कभी–कभी बहु अनुसंधान अभिकल्पनों का उपयोग सरल अभिकल्पन के बजाय कार्यक्रम के प्रभाव का निर्धारण करने के लिये किया जाता है। उदाहरण के लिये – जब अर्द्ध प्रायोगिक अभिकल्पन का उपयोग करने में कुछ मूल्यांकनकर्ता सुझाव देते हैं कि मामलों के अध्ययनों के साथ परिणाम पूरक हों। ऐसा करके मूल्यांकनकर्ता दोनों पद्धतियों की प्रावीण्यता को और निर्धारण के प्रभाव को भुनाने के लिये सक्षम हो जाता है तो यह और अधिक वस्तुपरक और विश्वसनीय हो जाता है।

मूल्यांकन (Impact Study Based on 'Opinions' or 'Views')

मूल्यांकनकर्ताओं द्वारा महत्वपूर्ण अध्ययनों के प्रभाव का कुछ सिंहावलोकन गम्भीर खामियों को प्रकट करता है। उदाहरण के लिये – पोषण कार्यक्रम के अनुप्रयोगों के अध्ययन में प्रभाव के बारे में मत/विचार के प्रभाव के अध्ययन का उपयोग है। एक प्रभाव अध्ययन का आधार पूर्णतयः विचारों और मतों पर निर्धारण बहुत सतही तौर पर होगा। विभिन्न राय और विचारों की सम्भावना जो विशिष्ट निष्कर्ष देते हैं बिल्कुल असम्भव होगा।

लागत लाभ विश्लेषण (Cost Benefit Analysis)

लागत लाभ विश्लेषण मूल्यांकन अनुसंधान का एक विशेष प्रकार है। इस प्रकार के मूल्यांकन में, कार्यक्रम की लागत को जोड़ने, लाभ के मूल्य को घटाने और परिणाम प्राप्त करने से है। या तो लाभ लागत से अधिक है या इसके विपरीत है। सतही तौर पर यह आसानी से दिखायी देता है लेकिन व्यवहार में यह सबसे

मुश्किल मूल्यांकन अभिकल्पन है। मात्रात्मक लाभ के रूप में, विशेष रूप से वास्तव में एक मुश्किल काम है।

नीति निर्माताओं और कार्यक्रम योजनाकारों के बीच यह अधिक लोकप्रिय है। यह लागत के बारे में और कार्यक्रम के उपार्जित लाभ से सम्बन्धित है। वर्तमान सन्दर्भ में, जब हर कोई जवाबदेही के बारे में पूछता है तो कार्यक्रम के मूल्यांकन पर शायद ठहरता ही है।

लागत लाभ विश्लेषण जितना सरल प्रतीत होता है, उतना होता नहीं है। कार्यक्रम के लाभों को मौद्रिक मूल्य में परिवर्तित करना बेहद मुश्किल है। खासकर जब एक कार्यक्रम के लिये दीर्घकालिक लाभ अर्जित करना है।

लागत का आकलन (Estimating Costs)

लागत की गणना दो भागों में की जाती है। पहला भाग आकलन को शामिल करता है। विश्लेषण का यह भाग तुलनात्मक रूप में दूसरे भाग की तुलना में सरल होता है। पहले भाग में वास्तविक व्यय के अभिलेख को प्रस्तुत किया जाता है। कार्यक्रम की लागत के लाभ का आकलन करना और अधिक कठिन हो जाता है अर्थात् यह केवल कठिन ही नहीं होता है बल्कि कभी–कभी अविश्वसनीय भी होता है। जब अनुसंधानकर्ता कार्यक्रम की लागत के लाभ को निर्धारित करता है और आर्थिक मूल्यों को इससे जोड़ने की कोशिश करता है। सामान्यतः कार्यक्रम से लाभ कुछ आर्थिक गतिविधियों से सम्बन्धित है। लाभ को आर्थिक मूल्यों में बदलना आसान हो जाता है। हालांकि जागरूकता का स्तर या आत्म सम्मान या मानसिक स्वास्थ्य को मौद्रिक पदों में व्यक्त करना कठिन है। लागत लाभ विश्लेषण की कुछ मान्यताओं का निर्माण करने के मामले में और निर्णयों के मूल्य में कोशिश कर सकते हैं जिसमें कि जटिल प्रक्रियाओं की आवश्यकता होती है। इसके कारण लागत लाभ विश्लेषण उपयोगी होता है। जब लाभ की मात्रा सरल हो और मापन के उपकरण उपलब्ध हों।

लागत लाभ विश्लेषण में एक समस्या और है। लाभ कार्यक्रम कार्यान्वयन में एक साथ एकत्रित नहीं होता है। कार्यक्रम कार्यान्वयन में लागत तुरन्त खर्च हो जाती है जबकि लाभ काफी समय व्यतीत हो जाने के बाद एकत्रित होता है। उदाहरण के लिये – बचपन शिक्षा कार्यक्रम के लाभ का मूल्यांकन स्कूली शिक्षा के कुछ साल के बाद किया जा सकता है। लागत और लाभ में परिवर्तन दोनों के मूल्य में अन्तर समय के साथ है। समय के साथ विश्लेषण को उपयोगी बनाने हेतु लागत और लाभ को समायोजित करना पड़ता है जिससे विश्लेषण वर्तमान मौद्रिक मूल्यों में हो।

लागत लाभ विश्लेषण में लागत और लाभ का आकलन तीन प्रकार से किया जाता है। वित्तीय सहायता देने वाले संगठन, लाभार्थियों और समाज। सभी तीनों प्रकार के लागत लाभ विश्लेषण का तुलनात्मक विचार निम्न है।

लागत प्रभाव विश्लेषण (Cost Effective Analysis)

लागत प्रभाव विश्लेषण लागत लाभ विश्लेषण का एक विकल्प है क्योंकि लाभ की मात्रा का ठहराना कठिन है। लागत प्रभाव विश्लेषण में कार्यक्रम लागत की तुलना कार्यक्रम के मापन में प्राप्त परीक्षण स्कोर, कौशल प्रदर्शन स्तर, क्षमताओं का मुकाबला इत्यादि से की जाती है।

लागत प्रभाव विश्लेषण के पहले चरण में इस कार्यक्रम की लागत निर्धारित की जाती है। व्यय के अभिलेखों के साथ यह किया जा सकता है। द्वितीय चरण में, कार्यक्रम प्रभाव की मात्रा ठहराये जाने की आवश्यकता होती है। प्रति लाभार्थी पर आकलन लाभार्थियों की कुल संख्या को कुल लागत से भाग देकर किया जाता है। इस प्रकार लागत प्रत्येक कार्यक्रम के लिये प्राप्त कर आकलित की जाती है और यह ज्ञात करने के लिये तुलना की जाती है कि कौन सा कार्यक्रम अधिक प्रभावी है।

उदाहरण के लिये मान लीजिये कि एक आवासीय स्कूल में वंचित बच्चों के दो समूहों में उपचारात्मक कार्यक्रमों के साथ शिक्षा प्रदान की जाती है। शिक्षकों द्वारा एक समूह में परम्परागत कोचिंग और अन्य समूह के लिये विशिष्ट कोचिंग को व्यवस्थित किया गया (अतिरिक्त पाठ्यक्रम गतिविधियों की एक संख्या के साथ पूरक)। कार्यक्रम के अन्त में उपलब्धि परीक्षण किया गया। परम्परागत कोचिंग कार्यक्रम में प्रति छात्र लागत का औसत और विशिष्ट कोचिंग कार्यक्रम में प्रति छात्र लागत का औसत क्रमशः रुपए 600 और रुपए 800 पाये गये। समूहों के लिये औसत उपलब्धि स्कोर क्रमशः 40 और 80 रहा। यह निष्कर्ष निकाला जा सकता है कि विशिष्ट कोचिंग कार्यक्रम और अधिक प्रभावी था क्योंकि इसमें औसतन रुपए 200 से अधिक प्रति छात्र लागत शामिल है। उपलब्धि परीक्षण स्कोर में परिवर्तन दोगुना है जो कि निश्चित ही महत्वपूर्ण परिवर्तन है। इस प्रकार लागत प्रभाव विश्लेषण प्रतिस्पर्धी कार्यक्रमों को सर्वाधिक सक्षम अभिगम चयन करने की सम्भावना निर्मित करता है।

परिमाणन की समस्या (Problem of Quantification)

सतही तौर पर, लागत प्रभाव विश्लेषण सरल प्रतीत होता है। हम सभी को कार्यक्रम की लागत जोड़ने की जरूरत है। लाभार्थियों की संख्या से भाग देकर और तब कार्यक्रम के प्रभाव की तुलना करते हैं और परिणाम प्राप्त करते हैं। यह

अभिगम जटिल मुददों को सरल करने में और कार्यक्रमों में मात्रा के ठहराव के माध्यम से बहुत ही आकर्षक प्रतीत होता है। कार्यक्रम जो अधिक प्रभावी है तार्किक रूप में विस्तारित किया जा सकता है और कम प्रभावी कार्यक्रमों में कटौती की जा सकती है या उन्हें पूरी तरह से बन्द किया जा सकता है।

कार्यक्रमों में मात्रात्मक प्रभावशीलता जो कि कुछ आर्थिक गतिविधियों से सम्बन्धित है, अपेक्षाकृत सरल है। लेकिन वास्तव में मुश्किल है। जब कार्यक्रम इस तरह के रूप में आर्थिक लाभ, जीवन की गुणवत्ता में सुधार जिसके परिणामस्वरूप कार्यक्रम, मानसिक स्वास्थ्य में सुधार, सामाजिक जागरूकता या अन्य गैर आर्थिक परिणाम के लिये नेतृत्व नहीं करता है।

लागत प्रभाव विश्लेषण में दूसरा जटिल कारक यह है कि कार्यक्रमों के परिणाम बहुत बाद में आते हैं। कार्यक्रम के कार्यान्वयन के तुरन्त बाद लागत को व्यय किया जाता है जबकि परिणामों को कुछ बाद की तिथियों में या भविष्य के लिये सम्भावना के रूप में देखा जा सकता है। उदाहरण के लिये – शिक्षा या नौकरी के लिये प्रशिक्षण कार्यक्रम के परिणाम बहुत लम्बे समय के बाद देखे जाते हैं। यह अन्तर ही समस्या है क्योंकि लागत और लाभ दोनों के मूल्य में परिवर्तन समय के साथ होते हैं। अतः यह महत्वपूर्ण है कि लागत प्रभाव विश्लेषण से परिणामों की स्वीकार्यता आँख बन्द करके नहीं होनी चाहिये बल्कि आंकड़े, आकलनों और मान्यताओं पर आधारित परिणामों पर सावधानीपूर्वक विचार करना चाहिये। लागत प्रभाव विश्लेषण कार्यक्रम की लागत और कार्यक्रम के प्रभाव की तुलना करता है और हमें यह बताता है कि कौन सा प्रभाव अधिक प्रभावी है। इस प्रकार कार्यक्रम का लागत प्रभाव विश्लेषण कार्यक्रम के कार्यान्वयन के लिये सर्वाधिक सक्षम दृष्टिकोण/रणनीति का पता लगाने के लिये सम्भव बनाता है।

प्रभाव अध्ययन अभिकल्पन (Impact Study Designs)

यह सामाजिक प्रभाव विश्लेषण की व्याख्या कर बताता है कि क्या कार्यक्रम इसके लक्ष्यों को प्राप्त करता है और यदि हाँ तो यह गम्भीर मात्रात्मक मापों को शामिल करते हुये प्रयोगात्मक या अनुसंधान के अर्द्ध प्रयोगात्मक अभिकल्पन का विश्लेषण में उपयोग कर प्रकाश डालता है। प्रभाव अध्ययन कार्यक्रम में प्रतिभागियों/लाभार्थियों द्वारा एक प्रयोगात्मक समूह का निर्माण किया जाता है और उनके समकक्ष को जो कार्यक्रम में प्रतिभागी नहीं होते हैं या लाभ नहीं लेते हैं उनके लिये नियन्त्रण समूह बनाते हैं। सामाजिक प्रभाव विश्लेषण कार्यक्रम में यह देखने के लिये निर्धारण किया जाता है कि क्या कोई प्रभाव (यदि है तो) उत्पन्न किया गया है। विशेषतयः कार्यक्रम के लक्ष्यों को चिह्नित किया जाता है और लक्ष्यों को अच्छी तरह से कैसे प्राप्त किया जाये के पदों में मापा जाता है (मोन्टे एट. आल., 1986)।

सामाजिक प्रभाव विश्लेषण (Social Impact Analysis)

सामाजिक विकास परियोजना के लिये महत्वपूर्ण प्रभाव का उत्पादन सामाजिक संरचना को प्रभावित करने के क्रम में और सामाजिक रूपान्तरण तथा सामाजिक परिवर्तन का नेतृत्व करने के लिये अभिकल्पन किया गया है। यह आशय आमतौर पर सामाजिक प्रभाव के रूप में जाना जाता है।

प्रभाव और परिणाम (Impact and Output)

कई बार एक कार्यक्रम के परिणामों को कार्यक्रम के प्रभाव से गलत रूप में ले जाते हैं। कार्यक्रम का प्रभाव परिणामों से अलग होता है। प्रभाव और परिणाम के बीच में अन्तर समझने के लिये हम एक उदाहरण लेते हैं। परिवार नियोजन परियोजना/जनसंख्या नियन्त्रण कार्यक्रम के परिणाम लोगों की संख्या जो सेवाओं का लाभ ले रहे हैं या नशाबन्दी प्रदर्शन के द्वारा मापे जा सकते हैं। हालांकि जनसंख्या वृद्धि दर में कमी और विशेष रूप में जन्म में कमी और या/लक्ष्ययुक्त जनसंख्या में प्रजनन दर, परिवार नियोजन/जनसंख्या नियन्त्रण परियोजना के 'प्रभाव' हैं। सामाजिक प्रभाव विश्लेषण की प्रमुख समस्या सामाजिक संकेतकों की पहचान से प्रभाव की माप तक है।

माँ के लिये स्वास्थ्य शिक्षा कार्यक्रम के परिणाम अंडे की संख्या या दूध की मात्रा द्वारा बच्चों में पोषक तत्वों की उच्च मात्रा के रूप में हो सकते हैं। लेकिन वांछित प्रभाव स्वास्थ्य स्थिति में सुधार जो बच्चों के वजन और ऊंचाई के पदों में मापा जाता है।

चर्चा से स्पष्ट पता चलता है कि सामाजिक प्रभाव विश्लेषण के साथ शुरू करने के लिये समस्या का कथन बहुत विशिष्ट ही होना चाहिये जिससे कि प्रभाव को मापन के पदों में देखा जा सके। सामाजिक प्रभाव विश्लेषण में अगला चरण सामाजिक अनुसंधान तकनीकों की पहचान करना है।

मूल्यांकन तकनीकें और पद्धतियाँ (Evaluation Techniques and Methods)

समंक संग्रहण के उपकरण (Tools of Data Collection)

मूल्यांकन की योजना का अनुसरण मूल्यांकन अध्ययन के कार्यान्वयन वाले भाग से किया जाता है। यह उपकरणों के निरूपण का कार्य, आंकड़ों का संग्रहण करने के लिये उपकरण जैसे कि प्रश्नावली, साक्षात्कार अनुसूची इत्यादि को शामिल करता है। कार्यक्रम की गहरी समझ/परियोजना गतिविधियों, एजेन्सी के कर्मचारियों के साथ चर्चा और लक्ष्य समूहों प्रासंगिक साहित्य का व्यवस्थित

अध्ययन और इत्यादि प्राप्त करने के लिये काफी तैयारी की आवश्यकता होती है। क्षेत्र में उनके अन्तिम प्रशासन से पहले, कमियों का पता लगाने के लिये अन्तरिम रूप से तैयार उपकरणों का पूर्व परीक्षण किया जाता है। आंकड़ों के संग्रहण में उपयोग की जाने वाली तकनीकों की पसंद उत्तरदाताओं के शिक्षा के स्तर पर, कार्यक्रम के उद्देश्यों, अध्ययन का क्षेत्र, और कई अन्य विचारों पर निर्भर करती है। कुछ अध्ययनों में आंकड़ों के संग्रहण के उपयोग में एक से अधिक तकनीकों की आवश्यकता होती है।

नमूना अभिकल्पन की पसन्द **(The Choice of Sample Design)**

यह शायद ही कभी आवश्यक होता है कि सम्बन्धित लोगों की कुल संख्या का अध्ययन करना सम्भव हो। आबादी के भीतर परिवर्तन करने के बारे में आकलन हेतु आधार बनाने का प्रयास, आवश्यक आत्मविश्वास, उपसमूहों की संख्या इत्यादि पर विचार किया जाता है। इसमें कार्यक्रम का एक नमूना काफी है।

मानदंड का चयन **(Selection of the Criterion)**

मूल्यांकन अध्ययन में सबसे महत्वपूर्ण मुद्‌दों में से एक मानदण्ड का चयन करना होता है, मानक जिससे सफलता या विफलता का निर्णय लिया जाता है। यह वांछनीय है कि विश्वसनीयता की आवश्यकता को पूरा करने के लिये चरों का चयन किया जाता है विशेष रूप में अन्तर पर्यवेक्षक। दूसरा महत्वपूर्ण विचार अर्थव्यवस्था है। यह सेवा की प्रभावशीलता को मापने की तुलना में पेशकश करने की लागत अधिक होने पर सवाल उठाया जायेगा।

परिणाम निर्धारण हेतु तकनीक **(Techniques to Determine Results)**

अनुदान देने वाले संगठन परिणामों के उद्देश्य निर्धारण में रुचि रखते हैं। सामान्यतः यह मूल्यांकन अभिकल्पन द्वारा किया जाता है जो शोध अभिकल्पनों के 'पहले और बाद' की पद्धतियों को शामिल करके उनके तुलनात्मक कथनों को अनुमति देता है।

दूसरा दृष्टिकोण कार्यक्रम/परियोजना के परिणामों को निर्धारित करने के आर्थिक मॉडल पर आधारित तकनीक का उपयोग करना है। मुख्य रूप से लागत लाभ या लागत प्रभाव विश्लेषण हैं। इन तकनीकों में विश्लेषण लाभ और वास्तविक मौद्रिक मूल्यों में लागत के सदृश है। कार्यक्रम/परियोजना के मूल्य का निर्धारण हेतु एकल सूचकांक में पहुँचता है।

मूल्यांकन अनुसंधान की प्रक्रिया अगले पृष्ठ पर प्रवाह चार्ट के रूप में दर्शाई गई है।

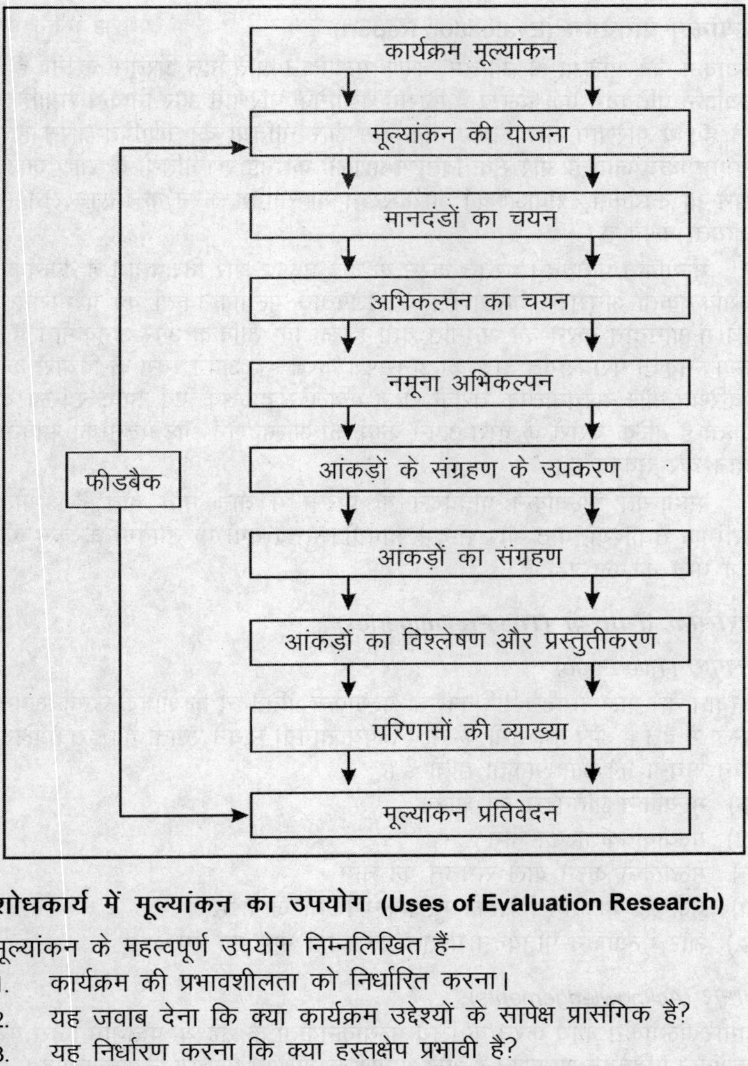

शोधकार्य में मूल्यांकन का उपयोग (Uses of Evaluation Research)

मूल्यांकन के महत्वपूर्ण उपयोग निम्नलिखित हैं–

1. कार्यक्रम की प्रभावशीलता को निर्धारित करना।
2. यह जवाब देना कि क्या कार्यक्रम उद्देश्यों के सापेक्ष प्रासंगिक है?
3. यह निर्धारण करना कि क्या हस्तक्षेप प्रभावी है?
4. वैकल्पिक/अभिनव हस्तक्षेपों के प्रभाव का निर्धारण करना।
5. कार्यक्रमों/गतिविधियों की गुणवत्ता में अभिवृद्धि करना।
6. यह निर्धारण करना कि क्या कार्यक्रम के परिणाम वांछनीय या अवांछनीय हैं।
7. अनुदान देने वाले संगठनों के लिये कार्यक्रम को लागत प्रभाव के पदों में परिभाषित करना और उचित ठहराना।

मूल्यांकन प्रतिवेदन (Evaluation Report)

मूल्यांकन की प्रक्रिया में अन्तिम चरण मूल्यांकन प्रतिवेदन प्रस्तुत करना है। मूल्यांकन प्रतिवेदन एक प्रलेख है जिसमें वैज्ञानिक परिणाम और निष्कर्ष समाहित होते हैं। ये परिणाम और निष्कर्ष कार्यक्रम और नीतियों को स्थापित करने हेतु उपयोग किये जाते हैं और सेवा वितरण प्रणाली की नई रणनीतियों के साथ जारी रखने या कार्यक्रम/सेवाओं को जारी रखने या सीमित करने के निर्णय लेने में सहायता करते हैं।

मूल्यांकन प्रतिवेदन प्रस्तुत करने के कई प्रारूप और विशेषतायें हैं, जिनका मूल्यांकनकर्ता अनुसरण करता है। ये विशेषतायें मूल्यांकनकर्ता को परम्परागत ढांचे में योगदान करने की अनुमति देती है जो कि तार्किक और अनुक्रमीय हैं। मूल्यांकनकर्ता परम्परागत ढांचे का अनुसरण करते हुये अपने स्वयं के विचारों को व्यवस्थित और संरचनात्मक तरीके से न केवल सैद्धान्तिक एवं स्पष्ट स्वरूप दे सकता है बल्कि दूसरों के द्वारा अपने कार्य का आत्मदर्शन और पढ़ने की सुविधा प्रदान कर सकता है।

सामान्यतः मूल्यांकन प्रतिवेदन के प्रारूप में तीन भाग होते हैं अर्थात् प्रारम्भिक तैयारियाँ, पाठ और सन्दर्भ सामग्री। मुख्य वर्गों के उपवर्गों के क्रम की चर्चा नीचे की जा रही है।

प्रारम्भिक तैयारियाँ (The Preliminaries)

मुखपृष्ठ (Title Page)

अनुदान देने वाले संगठन अधिकांशतः मूल्यांकन प्रतिवेदन के शीर्षक उनके अपने प्रारूप में देते हैं और इन सभी के साथ विषय सामग्री मायने रखती है। इसके लिये निम्न सूचना की आवश्यकता होती है।

(क) मूल्यांकन प्रतिवेदन का शीर्षक
(ख) मूल्यांकनकर्ता का नाम
(ग) मूल्यांकन करने वाले संगठन का नाम
(घ) एजेन्सी का नाम जिसका मूल्यांकन किया जाना है
(ड.) और मूल्यांकन प्रतिवेदन प्रस्तुत करने का माह एवं वर्ष

आभार (Acknowledgements)

आभार मूल्यांकन कार्य करने के लिये मूल्यांकनकर्ता के उद्देश्य, पृष्ठभूमि जिस पर मूल्यांकन प्रतिवेदन आधारित है और आभार का संक्षिप्त परिचय दिया जाता है।

विषय सामग्री की तालिका (Table of Contents)

विषय सामग्री की तालिका में प्रतिवेदन के प्रमुख भागों को समाहित किया जाता है। विषय सामग्री की तालिका का उद्देश्य क्रमिक रूप से शामिल सामग्री की विश्लेषणात्मक समीक्षा प्रदान करना है।

तालिकाओं की सूची (List of Tables)

विषय सामग्री की तालिका बनाने के बाद मूल्यांकनकर्ता को तालिकाओं की एक सूची तैयार करने की आवश्यकता होती है। सूची में सटीक शीर्षक या तालिकाओं के शीर्षक और पृष्ठ संख्या शामिल होती है।

आंकड़ों की सूची (List of Figures : Illustrations)

आंकड़ों की सूची भी तालिकाओं की सूची की तरह ही प्रस्तुत की जाती है।

पाठ (The Text)

प्रतिवेदन का सबसे महत्वपूर्ण भाग पाठ है। मूल्यांकन प्रतिवेदन ऊपर दी गयी प्रारम्भिक तैयारियों का अनुसरण इस प्रकार करती है कि इस खंड में मूल्यांकनकर्ता अपने परिणामों को प्रस्तुत करता है। मूल्यांकनकर्ता को अपना प्रतिवेदन प्रस्तुत करते समय पाठ के संगठन में बहुत सावधानी रखनी चाहिये।

परिचय (Introduction)

परिचय दो मुख्य वैचारिक उद्देश्यों के साथ काफी देखभाल कर किया जाना चाहिये। समस्या का परिचय उचित सन्दर्भ में और पाठकों को प्रेरित करने के हित में होना चाहिये।

प्रतिवेदन का मुख्य निकाय (Main Body of the Report)

हालांकि प्रतिवेदन के मुख्य निकाय के आयोजन में निम्नलिखित सामान्य सिद्धान्तों का पालन किया जाना चाहिये।

(क) एक तार्किक और व्यवस्थित तरीके में निष्कर्षों की प्रस्तुति को व्यवस्थित करने के लिये परिचय में दिये गये कथनों के उद्देश्यों के विकास और

(ख) निष्कर्ष की पुष्टि

(ग) प्रलेखों में यथार्थता होनी चाहिये

निष्कर्ष (Conclusions)

निष्कर्ष सम्पूर्ण प्रतिवेदन को एक सूत्र में बांधने का महत्वपूर्ण कार्य करता है। सारांश प्रपत्र में, पिछले अध्यायों के विकास का संक्षेप में कथनों को फिर से दिया जाता है। निष्कर्ष की महत्वपूर्ण चर्चा और सम्पूर्ण मूल्यांकन अध्ययन से निष्कर्ष निकाला जाता है।

सन्दर्भ सामग्री (Reference Material)

मूल्यांकन प्रतिवेदन का अन्तिम भाग सन्दर्भ सामग्री को शामिल करता है जैसे – ग्रन्थसूची, परिशिष्ट, सूचकांक इत्यादि।

कल्याण मन्त्रालय, भारत सरकार को प्रस्तुत किये गये मूल्यांकन प्रतिवेदन (संक्षिप्त) के पाठों के कुछ बिन्दु प्रदर्शित करने के लिये दिये जा रहे हैं।

विकलांगों हेतु योजना के मूल्यांकन हेतु संगठनों की सहायता : एक प्रतिवेदन
(Evaluation of Scheme of Assistance to Organisations for the Disabled: A Report)

परिचय (Introduction)

हालांकि विकलांगता एक सार्वभौमिक घटना है जो कि विकसित देशों की तरह ही अविकसित देशों में भी मौजूद है लेकिन अज्ञानता, गरीबी, चिकित्सा की मूलभूत सुविधाओं की कमी और छद्म धार्मिक विश्वासों के कारण यह अविकसित देशों में और अधिक तीव्रता से व्याप्त है। बड़ी संख्या में स्वैच्छिक संगठन विकलांग लोगों के पुनर्वास हेतु आवश्यक सेवाओं को उपलब्ध कराने के लिये अस्तित्व में आ गये। सरकार ने महसूस किया कि इस क्षेत्र में कार्य करने वाले संगठनों के पास वित्तीय समस्यायें हैं जो सेवाओं की वृद्धि में बाधक हैं। इन बाधाओं को दूर करने और विकलांगों के लिये आवश्यक सेवाओं के विकास को प्रोत्साहित करने के उद्देश्य से सरकार ने विकलांग व्यक्तियों के लिये संगठनों को योजनाओं के माध्यम से सहायता प्रदान की। इस योजना का उद्देश्य स्वैच्छिक संगठनों के लिये वित्तीय संसाधनों का विस्तार करना जो विकलांगों के पुनर्वास हेतु कार्य कर रहे हैं।

अध्ययन के उद्देश्य (Objectives of the Study)

यह अध्ययन आन्ध्र प्रदेश राज्य में स्वैच्छिक संगठनों के द्वारा विकलांगों को दी जा रही सेवाओं हेतु भारत सरकार की योजनाओं के माध्यम से सहायता के मूल्यांकन से सम्बन्धित है। इस अध्ययन के मुख्य उद्देश्य निम्न हैं–

(क) सेवाओं के मानक और उपलब्धता का मूल्यांकन।

(ख) अनुदान सहायता प्रक्रिया की समीक्षा और निर्धारण तथा

(ग) स्वैच्छिक संगठनों द्वारा दी जा रही सेवाओं की प्रभावशीलता ज्ञात करना।

अध्ययन का क्षेत्र और निदर्शन (Area of Study and Sampling)

यह अध्ययन आन्ध्र प्रदेश राज्य में, वर्ष 1980–85 की अवधि के दौरान स्वैच्छिक संगठनों के द्वारा विकलांगों को योजनाओं के माध्यम से दी जा रही सेवाओं हेतु सहायता के मूल्यांकन से सम्बन्धित है। 1980 से 85 तक की अवधि के दौरान आठ संगठनों ने अनुदान की सहायता राशि प्राप्त की थी। प्रारम्भ में यह तय किया गया कि इस अवधि के दौरान राज्य में अनुदान प्राप्त करने वाले सभी संगठनों को शामिल किया जायेगा। इस प्रकार राज्य के सभी

आठ संगठनों को सम्पर्क करने के प्रयास किये गये। जबकि हमें सूचना केवल सात संगठनों से ही मिली।

अनुसंधान अभिकल्पन (Research Design)

यह मुख्य रूप से एक वर्णनात्मक मूल्यांकन अध्ययन है जो .

(क) संगठन के कामकाज

(ख) हितग्राहियों और गैर–हितग्राहियों के विचारों पर आधारित है।

पद्धतियाँ और आंकड़ों के संग्रहण के उपकरण (Methods and Tools of Data Collection)

आंकड़े विभिन्न स्रोतों से संग्रहीत किये गये हैं जैसे – संगठनों के प्रमुख पदाधिकारी, हितग्राहियों और गैर–हितग्राहियों, स्थानीय लोगों, प्राधिकरण और संगठनों के अभिलेखों से।

आंकड़ों का संग्रहण विभिन्न स्रोतों के माध्यम से जैसे प्रश्नावली, साक्षात्कार अनुसूची, साक्षात्कार निर्देशिका, अवलोकन अनुसूची और प्रलेखों की अनुसूची से किया गया है।

इन उपकरणों के माध्यम से समस्या के विभिन्न पहलुओं पर आंकड़ों को संग्रहीत किया गया जैसे – संगठनों की भौतिक स्थितियां, उपलब्ध सेवायें, प्रशासन और संगठन, कर्मचारियों का स्वरूप, संगठनों की वित्तीय स्थिति, लाभार्थियों और गैर–लाभार्थियों की सामाजिक–आर्थिक पृष्ठभूमि, लाभार्थियों और गैर–लाभार्थियों के विचारों, योजना की प्रभावशीलता और कामकाज पर अधिकारी और स्थानीय समुदाय के लोगों के विचार।

संस्थागत सेवाओं का मूल्यांकन (Evaluation of the Institutional Services)

सेवाओं पर हितग्राहियों के विचार (Opinion of Beneficiaries on Services)

स्वैच्छिक संगठनों की योजना के तहत विकलांगों की सहायता के लिये विभिन्न एड्स और उपकरणों जैसे – बेंत, तिपहिया साइकिलें, बैसाखी इत्यादि की निःशुल्क आपूर्ति करने की आवश्यकता है। अध्ययन का उद्देश्य यह पता लगाना है कि क्या ये एड्स और उसके उपकरण विकलांगों को निशुल्क उपलब्ध कराये गये हैं? अध्ययन यह तथ्य उजागर करता है कि अधिकतर लाभार्थियों ने एड्स और उसके उपकरणों हेतु भुगतान किया है। केवल कुछ ही लोगों ने कहा कि उन्हें एड्स और उसके उपकरण निशुल्क प्राप्त हुये हैं। उन्होंने यह भी जानकारी दी कि एड्स और उसके उपकरण की

मरम्मत हेतु सेवायें संगठनों पर उपलब्ध नहीं थीं, जिससे कि वे प्राप्त कर पाते। योजना में एड्स और उसके उपकरणों की मरम्मत करने का प्रावधान किया गया है। मरम्मत भत्ते के सम्बन्ध में लाभार्थियों ने भारी बहुमत से कहा कि एड्स और उसके उपकरणों की मरम्मत के लिये उन्होंने कोई भरण–पोषण भत्ता नहीं लिया है।

संगठनों द्वारा विकलांगों को आवास और भोजन की सुविधा महत्वपूर्ण सेवा है। इन सेवाओं हेतु संगठन को अनुदान प्राप्त होता है। लाभार्थियों से इन सुविधाओं पर उनके विचार पूछे गये। मूल्यांकन अध्ययन में भाग लेने वाले लाभार्थियों में से बड़ी संख्या में लाभार्थियों का मानना है कि संगठनों द्वारा प्रदान की जा रही आवास और भोजन व्यवस्था सन्तोषजनक रही है।

लाभार्थियों का मत है कि यह योजना अधिक प्रभावी और उपयोगी हो सकती है यदि उपयुक्त उपाय करने के लिये सुनिश्चित किया जाये कि उन्हें आपूर्ति किये जाने वाले एड्स और उसके उपकरण टिकाऊ हों। एक अन्य महत्वपूर्ण सुझाव पर विचार किया जा सकता है कि अनुदान देने की सहायता में निरन्तरता हो। लाभार्थियों का विचार है कि यह योजना और अधिक प्रभावी हो सकती है। यदि संगठनों को अनुदान की सहायता एक लम्बी अवधि तक के लिये बिना किसी अन्तराल के दी जाये।

सेवाओं पर गैर–हितग्राहियों के विचार (Opinion of Non-Beneficiaries on Services)

विकलांगों के लिये संगठनों को जो राज्य में केवल विकलांगों के अनुभाग पर ही कार्य करते हैं। अनुदान की सहायता राशि सीमित होने के कारण योजना की सहायता के तहत बड़ी संख्या में संगठन पात्र लाभार्थियों को भी लाभ नहीं दे पाते हैं। वे विकलांग जो इन सुविधाओं का लाभ नहीं ले रहे हैं, उन्हें गैर लाभार्थी कहा जाता है। योजना में उनके विचारों को जानने के लिये उनसे भी सम्पर्क किया जाता है। गैर लाभार्थी उत्तरदाताओं का बहुमत यह तय नहीं कर पाता है कि सेवायें सन्तोषजनक हैं या असन्तोषजनक हैं। यह स्पष्ट है कि जब तक कोई सुविधाओं का लाभ नहीं लेता है, वह यह कहने हेतु सक्षम नहीं हो सकता है कि सेवायें सन्तोषजनक हैं या असन्तोषजनक। उनमें से बहुत कम लोगों का विचार था कि संगठनों द्वारा जो भी सेवायें दी जा रही हैं वे विकलांगों की जरूरत के सम्बन्ध में अपर्याप्त थीं।

एक संगठन को जो विकलांगों के लिये सेवायें प्रदान करता है, उसे भौतिक सुविधाओं के प्रावधानों के लिये न्यूनतम निश्चित मानकों का पालन करना चाहिये। कल्याण मन्त्रालय को इसके मापदण्ड तय करने चाहिये।

योजना की सहायता का क्रियान्वयन करते समय संगठनों से विकलांगों के लिये पालन करने वाले मानदण्डों को मांगा जाना चाहिये।

विकलांग सम्पूर्ण राज्य से हैं, इसके लिये और अधिक आवासीय सुविधायें प्रदान करना आवश्यक है। सभी स्वैच्छिक संगठनों को जो विकलांग व्यक्तियों हेतु कार्य कर रहे हैं, उन्हें आवासीय सुविधायें प्रदान कर प्रोत्साहित किया जाना चाहिये। भौतिक सुविधाओं के लिये न्यूनतम मानकों को निर्धारित किया जाना चाहिये। पर्याप्त वेन्टीलेशन, सैनिटरी सुविधायें, न्यूनतम फर्नीचर और अन्य सुविधायें उपलब्ध करायी जानी चाहिये।

प्रशासन (Administration)

अधिकतर सभी संगठनों में सचिव/अध्यक्ष योजना का इन्चार्ज होता है, इसके बजाय योजना के कार्यान्वयन और निगरानी के लिये प्रमुख पदाधिकारी की नियुक्ति की जानी चाहिये। यह सुझाव दृढ़ता से दिया जाता है कि प्रत्येक संगठन में प्रशिक्षित सामाजिक कार्यकर्ता की ही नियुक्ति की जानी चाहिये जो विकलांग व्यक्तियों की समस्याओं को योजना के माध्यम से कार्यान्वित कर सके।

कर्मचारियों के लिये वेतनमान अधिक उद्देश्यपूर्णता के साथ संरचित किये जाने चाहिये और उम्मीदवार की योग्यता और कार्य अनुभव से सम्बन्धित होना चाहिये। नौकरी कार्यकाल में असुरक्षा, कम पारिश्रमिक और लाभ उच्च नौकरी का नेतृत्व आदि पहलुओं पर निष्पक्ष रूप से ध्यान देना चाहिये। जब तक कार्य के प्रतिबन्ध और शर्तें सुधारी नहीं जाती, तब तक योग्य और उचित कर्मचारियों को आकर्षित करना कठिन कार्य है।

वित्त (Finance)

सामाजिक कल्याण कार्यक्रम का आकार अक्सर वित्त और उसके निबटान से किया जाता है। स्थान की समस्या, कर्मचारी और पर्याप्त सुविधायें और सेवायें संगठनों के बजट निर्धारण पर बहुत हद तक आश्रित हैं। विभिन्न संगठनों के बजट का विश्लेषण करने के आधार पर कुछ सामान्य सुझाव दिये जा रहे हैं।

व्यय मद के कथन का परीक्षण करने पर यह देखा गया कि यात्रा और रखरखाव पर खर्च की गयी राशि बहुत कम है। यह सुझाव दिया जाता है कि राशि स्वीकृत करते समय वाहन और भरण–पोषण भत्ता को मान्य किया जाना चाहिये कि पिछले कुछ वर्षों में कीमत का कितने गुना खर्च हुआ है। लाभार्थियों से वाहन और भरण–पोषण भत्ता हेतु स्वीकृत राशि में से कीमत की व्यवस्था की अपेक्षा रखना यथार्थ नहीं है। यह सुझाव दिया जाता है कि एड्स

और स्वीकृत उपकरणों के लिये यात्रा और रखरखाव पर वास्तविक खर्च स्वीकृत किये जाने चाहिये।

आवासीय संगठनों के लिये इमारत के रखरखाव और आवश्यक कर्मचारियों के लिये आवंटन सुविधा प्रदान की जानी चाहिये। बजट का 5 से 10 प्रतिशत तक प्रत्येक वर्ष खाद्य पदार्थों और अन्य आकस्मिक व्यय, मुद्रा स्फीति, लागत का अवशोषण इत्यादि पर जोड़ा जाना चाहिये।

एक सामाजिक कल्याण कार्यक्रम जो विकलांगों की बदलती हुयी जरूरतों के अनुसार विकसित और परिवर्तित किया जाना चाहिये, जो कर्मचारी, वित्त और समय की निरन्तरता की स्थापना के बिना नहीं चलाया जा सकता हैं। अतः यह सुझाव दिया जाता है कि अनुदान सहायता हेतु चयनित संगठनों को कम से कम लगातार पांच वर्षों तक सहायता राशि स्वीकृत की जानी चाहिये।

वित्तीय अभिलेखों को और अधिक व्यवस्थित किया जाना चाहिये। विस्तृत बजट मुख्य और मदवार शामिल किया जाना चाहिये, जिससे खर्च के स्वरूप और उससे उत्पन्न समस्याओं की तुलना की जा सके और एक लागत लाभ विश्लेषण के मूल्यांकन को सम्भव किया जा सके।

संगठनों को अन्य सभी अभिलेखों को ठीक से व्यवस्थित बनाये रखना चाहिये। यह पर्याप्त सांख्यिकीय सूचना प्रदान करेगा। अध्ययन के लिये कुछ व्यवस्थित एवं मूल्यवान आंकड़े उपलब्ध नहीं होते हैं, जैसे विकलांगों के आवेदन प्रारूप शामिल नहीं किये गये थे। मन्त्रालय को एक समुचित अभिकल्पन प्रारूप तैयार करना चाहिये जो योजना के नियमित मूल्यांकन के लिये आवश्यक आंकड़ों की वार्षिक प्रतिक्रिया को संभव बना सके।

निष्कर्ष और सलाह (Conclusions and Suggestions)

यह महसूस किया गया कि योजना का उद्देश्य विकलांगों के लिये स्पष्ट नहीं था। इनमें से अधिकतर संगठनों में रहने के इरादे से आये थे। सामाजिक कल्याण के कार्यक्रमों के लिये भविष्य में यह सबसे अधिक हानिकारक हो सकता है और विशेषरूप से योजना की आवश्यकता और उद्देश्यों के लिये जो विकलांगों के कल्याण के नाम से अभिकल्पित की गयी है।

विकलांगों को परामर्श देने के लिये विशेष प्रयास किये जाने चाहिये। एक प्रशिक्षित कार्यकर्ता को व्यक्तिगत परामर्श देने का कार्य सौंपा जाना चाहिये। तीन प्रमुख कारकों पर विशेष ध्यान देने की आवश्यकता है।

1. आन्ध्र प्रदेश में 1981 में 1,00,552 विकलांग व्यक्तियों की संख्या थी। जिसमें से 89 प्रतिशत ग्रामीण क्षेत्रों में रहते थे। यदि कोई संगठनों की स्थिति का परीक्षण करना चाहता है जिन्हें 1980–85 के दौरान अनुदान की राशि स्वीकृत कर सहायता प्रदान की गयी थी। अतः यह देखा जा सकता है कि आठ संगठनों में से सात शहरी क्षेत्रों में स्थित हैं। इससे स्पष्ट पता चलता है कि संगठनों के स्थान में असंतुलन है। इसलिये यह सुझाव दिया जाता है कि ग्रामीण क्षेत्र से अधिक संगठनों को योजना के लिये प्रोत्साहित किया जाना चाहिये।
2. संगठनों की सर्वाधिक महत्वपूर्ण गतिविधियों में से एक एड्स और उससे सम्बन्धित उपकरण की आपूर्ति हेतु यह पद्धति का क्रियान्वयन करती है। यह सुझाव दिया जाता है कि संगठन एड्स और उपकरणों के स्थायित्व पर अधिक ध्यान दें जब विकलांगों को आपूर्ति की जाये। एड्स और उपकरणों की आपूर्ति स्थायित्व विकलांगों को करने से विकलांगों का बोझ बहुत कम हो जायेगा।
3. अन्त में योजना को और अधिक प्रभावी बनाने के लिये संगठनों के लिये यह आवश्यक है कि प्रभावी सेवा प्रदान करने में सक्षम होना चाहिये। वैकल्पिक रूप से, संगठनों को एड्स और उपकरणों की मरम्मत के लिये अन्य संगठनों/संस्थानों के साथ व्यवस्था बनाने की जिम्मेदारी लेनी चाहिये।

समीक्षा के लिए महत्वपूर्ण पद (Important Terms for Review)

- मूल्यांकन (Evaluation)
- शोध मूल्यांकन (Evaluation Research)
- कार्यक्रम मूल्यांकन (Programme Evaluation)
- कार्यक्रम सुनियोजन हेतु मूल्यांकन (Evaluation for Programme Planning)
- कार्यक्रम कार्यान्वयन हेतु शोध मूल्यांकन (Evaluation Research for Programme Implementation)
- परिणाम, प्रभाव और दक्षता हेतु शोध मूल्यांकन (Evaluation Research for Impact, Outcome and Efficiency)
- शोध मूल्यांकन प्रतिमान (Evaluation Research Models)
- प्रारम्भिक शोध मूल्यांकन (Formative Evaluation Research)
- योगात्मक शोध मूल्यांकन (Summative Evaluation Research)

- शोध मूल्यांकन का सुनियोजन (Planning of Evaluation Research)
- केवल–पश्चात् मूल्यांकन अभिकल्पन (The After-Only Evaluation Design)
- पूर्व–पश्चात् मूल्यांकन अभिकल्पन (The Before-After Evaluation Design)
- कार्यान्तर मूल्यांकन अध्ययन अभिकल्पन (The Ex-Post-Facto Evaluation Study Design)
- वैकल्पिक मूल्यांकन शोध अभिकल्पन (Alternative Evaluation Research Designs)
- बहु अध्ययन अभिकल्पन (Multiple Study Designs)
- प्रभाव अध्ययन (Impact Study)
- लागत–लाभ विश्लेषण (Cost Benefit Analysis)
- लागत–प्रभावी विश्लेषण (Cost Effective Analysis)
- मात्रात्मकता (Quantification)
- आकलित मूल्य (Estimating Costs)
- प्रभाव अध्ययन अभिकल्पन (Impact Study Designs)
- सामाजिक प्रभाव विश्लेषण (Social Impact Analysis)
- प्रभाव और परिणाम (Impact and Output)
- मूल्यांकन तकनीक और विधियाँ (Evaluation Techniques and Methods)
- मूल्यांकन प्रतिवेदन (Evaluation Report)
- कार्यक्रम प्रभाव (Programme Effects)

समीक्षात्मक प्रश्न (Review Questions)

1. प्रभाव और उत्पादन के बीच अन्तर क्या है?
2. सामाजिक प्रभाव विश्लेषण के लिये एक महत्वपूर्ण शर्त कार्यक्रम के उद्‌देश्यों को स्पष्ट क्यों किया जाता है?
3. सामाजिक प्रभाव और विश्लेषण के लिये प्रयोगात्मक या अर्द्ध प्रायोगिक शोध अभिकल्पन का उपयोग आवश्यक क्यों है?
4. सामाजिक प्रभाव के विश्लेषण के लिये अभिमतों और विचारों पर आधारित क्यों नहीं होना चाहिये?
5. प्रतिवेदन का मूल्यांकन क्या है?
6. प्रतिवेदन के मूल्यांकन हेतु प्रमुख भागों, उपभागों की सूची बनाइये।
7. प्रतिवेदन के मूल्यांकन हेतु भूमिका के उद्‌देश्य क्या हैं?

8. प्रतिवेदन के मूल्यांकन हेतु उपसंहार के कार्य क्या हैं?
9. लागत–लाभ विश्लेषण के उद्देश्यों की चर्चा कीजिये?
10. लागत आकलन की समस्याओं को सूचीबद्ध कीजिये।
11. लागत–प्रभावी विश्लेषण करते समय एक मूल्यांकनकर्ता को जिन समस्याओं का सामना करना पड़ता है उन्हें चिह्नित करें।
12. लागत–प्रभावी विश्लेषण के उद्देश्यों की चर्चा करें।
13. लागत–प्रभावी विश्लेषण करने में आने वाली कठिनाइयों का वर्णन करें।
14. आकलित मूल्य की समस्याओं को सूचीबद्ध कीजिये।
15. लागत–प्रभावी विश्लेषण करते समय एक मूल्यांकनकर्ता को जिन समस्याओं का सामना करना पड़ता है उन्हें चिह्नित करें।
16. सामाजिक कार्य सेवाओं के विश्लेषण में लागत–लाभ एवं लागत–प्रभाव के महत्वपूर्ण तत्वों की चर्चा कीजिये।

आगे पढ़ने हेतु (For Further Reading)

बेनेल, कार्ल ऐट आल, *इवेल्यूएशन एक्सपेरीमेन्ट,* न्यूयॉर्क, एकेडमिक प्रेस, 1975.

भट्ट, अनिल और सुब्रमनियम, ए, डायरेक्टिंग प्रोग्राम, इवेल्यूएशन टुवार्ड दि फील्ड्स वर्कर, एन एक्सपेरीमेन्ट, *मैनेजमेन्ट इन गवर्नमेन्ट,* वॉल्यूम 26, नं. 3, 1984.

ब्लूम, एम., चैलेन्ज़ेज टू हेल्पिंग प्रोफेसन एण्ड दि रेस्पान्सेस ऑफ साइन्टिफिक प्रैक्टिस, *सोशल साइन्स रिव्यू,* 52, 584–595, 1978.

कैम्पबेल, डी.टी. एण्ड स्टैनले, जे. सी. *एक्सपेरीमेन्टल एण्ड क्वासी एक्सपेरीमेन्टल डिज़ायन्स फॉर रिसर्च,* बोस्टन, हॉफटान मिफलीन, 1963.

चापिन, एफ. एस., *एक्सपेरीमेन्टल डिजायन इन सोशियोलॉजिकल रिसर्च,* न्यूयॉर्क : हार्पर, 1974.

कुक, थामस डी. एण्ड चार्ल्स एस. रिचार्ड (एडिट्स) : *क्वालिटेटिव एण्ड क्वान्टिटेटिव मैथड्स इन इवेल्यूएशन रिसर्च,* बेवरली हिल्स, सेज़, 1979.

डे, गिन्डिट डब्लू. : फाइव एप्रोचेज़ फार एसेसिंग केयर, *हॉस्पिटल एडमिनिस्ट्रेशन,* वॉल्यूम 15 नं. 21, 1970.

एप्सटीन, आई एण्ड त्रिपोडी, टी., *रिसर्च टेक्निक्स फॉर प्रोग्राम प्लानिंग, मॉनीटरिंग एण्ड इवेल्यूएशन,* न्यूयॉर्क : कोलम्बिया यूनिवर्सिटी प्रोग्राम, 1974.

फ्रीमैन, एच. एण्ड शेरवूड सी., रिसर्च इन लार्ज स्केल इन्टरवेंशन प्रोग्राम, *जर्नल ऑफ सोशल इश्यूज़,* वॉल्यूम 21, अंक 11, 1965.

ग्लासेर, ई. एम. एण्ड टेलर एस. एच. : *फैक्टर्स इनफ्लूएन्सिग दि सक्सेज़ आफ अप्लायड रिसर्च, ए स्टडी आफ टेन एनआयएचएम फन्डेड प्रोजेक्ट,* लांस एंजिल्स, ह्यूमन इन्टरएक्शन रिसर्च इन्टरएक्शन रिसर्च इन्स्टीट्यूट, 1969.

गोयल, एस. एल. एण्ड जैन, आर. के. : *सोशल वेलफेयर एडमिनिस्ट्रेशन,* नई दिल्ली, दीप एण्ड दीप, 188, 1988.

गोपालन, वी. : *इवेल्यूएशन ऑफ सोशल वेलफेयर प्रोग्राम, इवेल्यूएशन ऑफ सोशल वेलफेयर इन इन्डिया,* वी. आय. मिनिस्ट्री ऑफ वेलफेयर, गवर्नमेन्ट ऑफ इन्डिया, 1987.

होप्स, जे. जी. : सर्विसेज़ टू एण्ड बाय दि रियल पीपुल, *सोशल वर्क,* 34, 195–196, 1989.

हाउस, इ. आर., *इवेल्यूएटिंग विथ वैलीडिटी,* बिवेरली हिल्स, कैलिफोर्निया : सेज़, 1980.

जैन, एस. सी. : *एप्लीकेशन ऑफ सोशल रिसर्च इन डेवलपमेन्ट प्रोजेक्ट्स,* बड़ौदा, बड़ौदा सिटिजन काउन्सिल, 1982.

किदर, ल्यूइस एच., *रिसर्च मैथड्स इन सोशल रिलेशन्स,* न्यूयॉर्क होल्ट, 1981.

लेविन, एम. एच. : *कास्ट इफेक्टिवनेस : ए प्रीमीयर,* नई दिल्ली, सेज़, 1985.

लिन, ल्वोन्स ई. (जूनियर) : *प्रोग्राम इवेल्यूएशन,* लन्दन, सेज़, 1978.

मायकल, जे. एण्ड एसोसिएट्स : *इवेल्यूएटिंग योर एजेन्सीज़ प्रोग्राम्स,* लन्दन, सेज़, 1982.

मिलेर, डी. सी., *हैन्डबुक ऑफ रिसर्च डिज़ायन एण्ड सोशल मेज़रमेन्ट,* न्यूयॉर्क : डेविड मेकी को., 1964.

मिशान, इ. जे. : *कास्ट बेनीफिट एनालिसिस : एन इनफार्मल इन्ट्रोडक्शन,* लन्दन, जार्ज एलेन एण्ड अनविन लिमिटेड, 1971.

मोन्टे, ड्यूआना आर. एट ऑल, *अप्लायड सोशल रिसर्च : टूल फॉर दि ह्यूमन सर्विसेज़,* शिकागो होल्ट, 1986.

मूलेन, ई. जे. एट. ऑल. (एडि.) : *इवेल्यूएशन ऑफ सोशल इन्टरवेन्शन,* सैन फ्रांसिस्को जासी बास, 1972.

पणन्दिकर, ए. पाय (एडि.) : *प्रोग्राम प्लानिंग एण्ड मैनेजमेन्ट इन डेवलपमेन्ट एडमिनिस्ट्रेशन इन इन्डिया,* दिल्ली, दि मैक्मिलन, 69–70, 1974.

पौल, चौधरी डी. : *सोशल वेलफेयर एडमिनिस्ट्रेशन,* दिल्ली, एवरेस्ट प्रेस, 1962.

पौल, चौधरी डी. : *ट्रेनिंग मैथडोलॉजी एण्ड मैनेजमेन्ट,* नई दिल्ली, स्टर्लिंग, 1962.

पोसोवा, ई., जे. एण्ड कैरे, आर. जी., *प्रोग्राम इवेल्यूएशन मैथड्स एण्ड केस स्टडीज़,* एनजे, ईगलवूड क्लिफ : प्रैन्टिस हॉल, 1985.

रामचन्द्रन, पी., सोशल वर्क रिसर्च एण्ड स्टेटिसटिक्स इन *हिस्ट्री एण्ड फिलॉसफी ऑफ सोशल वर्क इन इन्डिया,* बाम्बे : एलायड पब्लिशर्स, 1968.

रामचन्द्रन, पी. : रिसर्च इन सोशल वर्क, इन ए.बी. बोस (एडिटर्स) : इन *एनसाइक्लोपीडिया ऑफ सोशल वर्क इन्डिया,* न्यू डेलही : गवर्नमेन्ट ऑफ इन्डिया, 1987, 386.

रीड, डब्लू : दि सोशल एजेन्सी एज़ ए रिसर्च मशीन, *जर्नल ऑफ सर्विस रिसर्च,* 2, 11–23, 1978.

रीड, विलियम जे. : रिसर्च इन सोशल वर्क, इन *एनसाइक्लोपीडिया ऑफ सोशल वर्क,* सिल्वर स्प्रिंग, मेरीलैण्ड, 1987.

रिपोर्ट ऑफ दि वर्किंग ग्रुप आन इवेल्यूएशन, नई दिल्ली, प्लानिंग कमीशन, गवर्नमेन्ट ऑफ इन्डिया, 1964.

रोज़ी, पी., एण्ड एच., फ्रीमैन, *इवेल्यूएशन : ए सिस्टेमेटिक एप्रोच,* बेवेरले हिल्स : सेज़, 1982.

रोज़ी, एच.पी. एण्ड विलियम, डब्लू (एडिटर्स) : *इवेल्यूएटिंग ऑफ सोशल प्रोग्राम्स, थ्योरी, प्रैक्टिस एण्ड पालिटिक्स,* न्यूयॉर्क, सेमिनार प्रेस, 1972.

रूबिन, ऐलेन एण्ड बेबी, ई, *रिसर्च मैथडोलॉजी फॉर सोशलवर्क,* बेलमोन्ट, कैलिफोर्निया : वेड्सवर्थ, 1989.

स्केनीरेर, एम.ए., *प्रोग्राम इवेल्यूएशन : दि आर्गेनाइजेशनल कान्टेक्सट,* बेवेरले हिल्स, कैलिफोर्निया : सेज़, 1980.

सर्विस, ए. आय., मैन्टल, एस.जे. एण्ड रीज़मैन, ए : सिस्टम इवेल्यूएशन ऑफ सोशल एजेन्सीज़ इन *सिस्टम एप्रोच एण्ड दि सिटी* (एडिट.) एम. डी. मीजोरोविक एण्ड ए.रीज़मैन, एमस्टर्डम, नार्थ हालैन्ड पब्लिशिंग, 1972.

स्ट्राउस, एन्सीलन : *क्वालिटेटिव एनालिसिस फार सोशल साइन्टिस्ट,* कैम्ब्रिज़, कैम्ब्रिज़ यूनिवर्सिटी प्रेस (फोटोकापीज़ ऑफ मेजर पोर्शन ऑफ चैप्टर 1 इन दि लायब्रेरी), 1982.

शूमैन, इ. ए., *इवेल्यूएटिव रिसर्च : प्रिन्सिपल्स एण्ड प्रैक्टिस इन पब्लिक सर्विस एण्ड सोशल एक्शन प्रोग्राम्स,* न्यूयॉर्क : रसेल सेज़ फाउन्डेशन, 1967.

थॉमस, पी. टी., सोशल रिसर्च इन *एनसाइक्लोपीडिया ऑफ सोशल वर्क इन्डिया,* न्यू डेलही : गवर्नमेन्ट ऑफ इन्डिया, 1977.

ट्रैकर, एच. बी. : *ग्रुप प्रोसेस इन एडमिनिस्ट्रेशन,* वूमेन्स प्रेस, न्यूयॉर्क, 308.

यूएनडीपी : *ह्यूमन डेवलपमेन्ट रिपोर्ट,* ऑक्सफोर्ड प्रेस, न्यूयॉर्क, 1993.

वैन मानेन, जॉन : *वैराइटीज़ ऑफ क्वालिटेटिव रिसर्च,* नई दिल्ली, सेज़, 1982.

वीस्स, कैरोल, *इवेल्यूएशन रिसर्च,* ईगलवूड क्लिफ एन.जे., प्रैन्टिस हॉल, 1972.

वर्नर, डब्लू. बी., *आब्जेक्टिउस ऑफ सोशल करीकुलम ऑफ दि फ्यूचर,* न्यूयॉर्क : काउन्सिल ऑफ सोशल वर्क एजूकेशन, 1959.

भाग–3

समाजकार्य में सांख्यिकी

Statistics for Social Work

12

केन्द्रीय प्रवृत्ति की मापें

Measures of Central Tendency

सांख्यिकी का ज्ञान सामाजिक कार्यकर्ता की दो तरह से मदद करता है। पहला सामाजिक कार्यकर्ता को उसके शोध उद्‌देश्यों के आकड़ों का विश्लेषण करने, निष्कर्ष निकालने जो न केवल उसके व्यावसायिक ज्ञान का विस्तार एवं सुधार में सक्षम होने की अनुमति देता है बल्कि व्यवहार में प्रभावी बनाने की क्षमता प्रदान करता है। दूसरा, अनुसंधान के एक उपभोक्ता के रूप में, शोध प्रतिवेदन में प्रयुक्त सांख्यिकी प्रक्रियाओं द्वारा समंकों का विश्लेषण कर समझने एवं उपयोग करने हेतु सक्षम बनाता है।

सांख्यिकी प्रक्रियायें सामाजिक कार्यकर्ताओं के समर्थन प्रणाली के रूप में एक अभिन्न हिस्सा बनती जा रही हैं। पेशेवर सामाजिक कार्यकर्ताओं के द्वारा पेशकश की गई सेवाओं की प्रभावशीलता एवं दक्षता की अभिवृद्धि में इन प्रक्रियाओं का उपयोग किया जाता है। इसका महत्वपूर्ण कारण यह है कि विभिन्न प्रकार के सांख्यिकीय पैकेज उपलब्ध हैं जिन्हें सरलता से उपयोग में लाया जा सकता है। परिणामतः हाल ही के वर्षों में सामाजिक कार्यकर्ताओं द्वारा ग्राहकों / लाभार्थियों से सम्बन्धित समंकों का विश्लेषण करने हेतु माइक्रो कम्प्यूटर के उपयोग में अभिवृद्धि हुई है। माइक्रो कम्प्यूटर का उपयोग सामाजिक एजेन्सीज़ के प्रशासनिक कामकाज में सुधार लाने हेतु किया जा रहा है। जैसा कि पहले कहा जा चुका है कि प्रत्येक उत्तरदाता के व्यक्तिगत उत्तरों एवं उसके सारांश को समझने में कोडिंग विधि का उपयोग किया जा सकता है। इस प्रकार शोध में हा उत्तरदाता के व्यक्तिगत सम्बन्ध में अधिक जानकारी नहीं रख पाते हैं हमारे शोध के उद्‌देश्य व्यापक होते हैं। लेकिन हम इससे और अ चाहते हैं। उदाहरण के लिये एक उत्तरदाता निरस्त्रीकरण की

के प्रति अनुकूल दृष्टिकोण रखता है जबकि एक अन्य उत्तरदाता उसी मुद्दे पर मामूली प्रतिकूल दृष्टिकोण रखता है, जिससे अध्ययन की समस्याओं से जुड़े कुछ प्रश्नों के उत्तर, उत्तरदाताओं की विशिष्ट जनसंख्या, निदर्शन (नमूना) या समग्रता के बारे में जानकारी की ओर हमारे शोध को निर्देशित करता है। माना कि एक हजार महाविद्यालयीन स्नातकोत्तर स्तर पर अध्ययनरत छात्रों का नमूना लेकर उनकी आदतों के बारे में सूचना एकत्रित करने हेतु कई प्रश्न पूछे गये। अतः शोध स्नातकोत्तर छात्रों की जनसंख्या के बारे में जानकारी प्रदान करने की दिशा में निर्देशित किया जायेगा, जिसमें से हजारों मामलों का एक नमूना है। आदतों के अध्ययन के बारे में सारांश या वर्णन करने हेतु जनसंख्या के गुणों का यह एक आवश्यक कदम है, जिससे यह नमूना प्राप्त किया गया है। सारणीयन इस चरण का एक भाग है। इसके अतिरिक्त प्राप्त समंकों से जनसंख्या के सामान्यीकरण हेतु विश्वसनीयता का आकलन आवश्यक है। इन दोनों कार्यों की उपयोगिता पूर्ण करने हेतु सांख्यिकीय विधियां हैं।

सांख्यिकी व्यावहारिक गणित की एक शाखा है जिसका उपयोग समंकों के अवलोकन में गणित के रूप में किया जाता है। परिणामतः जो भी वस्तुयें संग्रह, प्रसंस्करण, विश्लेषण और अंकीय तथ्यों की व्याख्या से सम्बन्धित हैं, सांख्यिकी के परिसर में होती हैं। हालांकि सांख्यिकी का प्रयोग कई तरह से किया जाता है। भारत सरकार द्वारा प्रतिवर्ष प्रकाशित श्रम ब्यूरो में श्रम समंकों का संग्रह होता है जिसे श्रम राजपत्र या श्रम सांख्यिकी कहा जाता है। सांख्यिकी शब्द का दूसरा तात्पर्य यह है कि किसी भी प्रकार के समंकों का संग्रहण, प्रसंस्करण, विश्लेषण और व्याख्या हेतु प्रयुक्त सांख्यिकी के सिद्धान्तों और प्रविधियों का उपयोग। इसी सन्दर्भ के कारण ही यह व्यावहारिक गणित की शाखा में आता है, और जटिल सामाजिक घटना के बारे में जानना तथा अच्छे और समुचित विचारों को समाहित करने में सहायता मिलती है। गणित का यह क्षेत्र इस अध्याय के इस खण्ड का विषय है।

सांख्यिकी के कार्य (Functions of Statistics)

सांख्यिकी के दो व्यापक कार्य हैं। पहला कार्य यह है कि सूचना का सारांश इस प्रकार बनाया जाये कि यह और अधिक उपयोगी हो। दूसरा कार्य प्रेरण है जो किसी भी जनसंख्या के लिये उनके नमूनों के आधार पर सामान्यीकरण करने या अवलोकनों की पुनरावृत्ति के आधार पर सामान्य नियमों का सूत्रपात करता है। निम्न उदाहरण की सहायता से सांख्यिकी प्रविधियों के दोनों कार्य आसानी से समझे जा सकते हैं। यदि किसी क्षेत्र में श्रमिक अशांत समस्या का अध्ययन करना वांछनीय है तो सर्वप्रथम श्रमिक अशांत के विभिन्न कारणों का विश्लेषण करेंगे

तदुपरान्त विभिन्न श्रेणियों के श्रमिकों के उन पर प्रभाव का अध्ययन करेंगे। जैसे पुरुष श्रमिक, महिला श्रमिक, कुशल श्रमिक, अकुशल श्रमिक। इस प्रकार का विश्लेषण समस्या को अंर्तदृष्टि देगा तथा इस तरह के विश्लेषण से हम बहुत सी बातें जानने में सक्षम हो सकेंगे जैसे कि पुरुष श्रमिकों की भागीदारी महिला श्रमिकों से अधिक है तथा बड़े उद्योगों में श्रमिक अशांत छोटे उद्योगों की तुलना में अधिक हैं। इस प्रकार के विश्लेषण से यह निष्कर्ष निकाला जा सकता है कि हमारे देश में बड़े उद्योगों में श्रमिक अशांत के लिये पुरुष श्रमिक ही उत्तरदायी हैं। पूर्व में वर्णित वर्णनात्मक सांख्यिकी की प्रक्रिया जबकि बाद में आगमनात्मक सांख्यिकी के उदाहरण हैं।

सामाजिक शोध में सांख्यिकी का स्थान (The Place of Statistics in Social Research)

जीवन की व्यापकता को बुद्धिमत्तापूर्ण ढंग से समझने के लिये सांख्यिकी अवधारणाओं और तकनीकों का बुनियादी ज्ञान आवश्यक है। विशाल और भ्रामक किस्म के व्यक्तिगत गुणों की एकल घटनाओं के झमेलों में मग्न सामाजिक कार्यकर्ता समस्या की सामान्य प्रवृत्तियों का पता लगाना चाहते हैं। वे उसमें अतर्निहित गुणों के समूह की खोज हेतु सतत प्रयास करते हैं।

सांख्यिकी के उपयोग के मुख्यतः दो कारण हैं। सामाजिक कार्यकर्ता सांख्यिकी का उपयोग क्यों करते हैं। और समाजविज्ञानों के क्षेत्र में सांख्यिकी के अध्ययन की आवश्यकता में अत्यधिक वृद्धि हुई है। पहला कारण यह है कि शोधकर्ता द्वारा संग्रहीत समंकों के विशाल रूप को सरलीकृत करने की आवश्यकता होती है, जिससे कि आम तौर पर बिना किसी परेशानी के समस्या को समझने में सक्षम बनाया जा सके। दूसरा और अत्यधिक महत्वपूर्ण कारण यह भी है कि वर्तमान में सामाजिक शोध के प्रति मात्रात्मक दृष्टिकोण में अभिवृद्धि हो रही है।

वास्तव में, विश्लेषण हेतु प्रारम्भिक योजना बनाते समय जब समंकों का नमूना लिया जाता है तथा समंकों के संग्रहण के बाद, शोध प्रविधि के चरण में विश्लेषण के समय में सांख्यिकी की आवश्यकता होती है। लेकिन इसका मतलब यह नहीं है कि सामाजिक शोधकर्ता बिना सांख्यिकीय ज्ञान के सम्पूर्ण शोध एवं योजना बना ले। और बाद में समंकों के विश्लेषण हेतु किसी सांख्यिकी के विशेषज्ञ को दे दे। यदि ऐसा होता है तो बेहद कीमती शोध परियोजना का परिणाम यदि उपयोगी न हुआ तो निराशजनक होगा। सामान्यतः किसी समस्[illegible] की शोध प्रविधि के प्रत्येक स्तर पर विश्लेषण और व्याख्या प्रत्याशित है। [illegible] में सांख्यिकीय विधियों को पूरी तरह से शामिल किया जा सकत[illegible] मतलब यह है कि समाज वैज्ञानिकों के लिए सांख्यिकी एक [illegible]

है। काल्पनिक संभावना की तुलना में व्याख्यात्मक विश्लेषण हेतु अधिक उपयोगी उपकरण है। अधिकतर सामाजिक शोधकर्ता सैद्धान्तिक विचारों पर अधिक निर्भर रहते हैं। विश्लेषण में चरों को नियन्त्रित किया जाना चाहिये। यहाँ तक कि विश्लेषण के अनुक्रम एवं प्राथमिकताओं के चरण न तो संक्षिप्त हों और न ही पूर्व निर्धारित हों। शोधकर्ता जैसे ही चरों व समुच्चयों से अवगत होता है वैसे ही समंकों के विश्लेषण की जटिलता पर आश्चर्य प्रकट करने लगता है। इन उदाहरणों में विशेषरूप से, सामाजिक शोधकर्ता को समस्या के अत्यधिक जटिल अंतर्सबंधों को सुलझाने में सांख्यिकीय तरीकों का ज्ञान एक उपकरण बन जाता है।

सांख्यिकी की सीमाएं (Limitations of Statistics)

सांख्यिकी विज्ञान की कुछ प्रमुख सीमाएं और चेतावनी हैं, जिन्हें व्यवहार में लाने तथा ध्यान में रखना आवश्यक है, जब अनुसंधान के पाठ्यक्रमों का अभ्यास करने में सांख्यिकीय तकनीकों का उपयोग किया जा रहा हो। सांख्यिकी की सीमाओं में से स्पष्ट है कि यह समस्याओं की मात्रात्मक अभिव्यक्ति और समाधान में संशोधन के लिये आसानी से उपयोग में लायी जाती है। हालांकि गुणात्मक विशेषताओं को कभी–कभी सांख्यिकी विश्लेषण के अधीन किया जा सकता है। लेकिन यह आवश्यक है कि इन्हें मात्रात्मक सूचकांक में प्रक्रियात्मक परिभाषा की सहायता से अनूदित किया गया हो, लेकिन तब तक यह मान्यता उनकी वैधता पर निर्भर करेगी। दुर्भाग्यवश इस घेरे में बहुत से शोधकर्ता आते हैं। अर्थात् गुणात्मक समंक अक्सर इस प्रकार प्रक्रियागत होते हैं जैसे सांख्यिकीय मानों के बिना उनकी वैधता के गहन सम्बन्ध जिसमें कि समंकों को कमजोर ठहराया जाता है न कि सांख्यिकी को। समाज विज्ञानियों को ऐसी अनेक समस्याएं असाध्य व्यक्तिपरक कारकों द्वारा प्रभावित करती हैं, जिनका गणितीय समाधान सांख्यिकीय अभिगम से शायद ही हमें समझ सकने में सहायक सिद्ध हो सके।

यह माना जाता है कि सांख्यिकीय नियमों का अनुप्रयोग समूहों के औसत में किया जाता है। यह व्यक्तिगत जटिलताओं की अकेली इकाइयों की दयनीय उपेक्षा है। इस तरह की उपेक्षा कुछ शोधों में सतही निष्कर्ष के लिये नेतृत्व करती हैं। सामाजिक मानविकी विज्ञान अद्वितीय और विशेष स्वभाव वाले पहलुओं के लिये आम तौर पर एक गहरी चिन्ता का विषय है। इसके अतिरिक्त यह संभावना रहती है कि सांख्यिकी का दुरुपयोग इस प्रकार किया जा सकता है कि शोधकर्ता अपनी स्थिति के अनुसार निष्कर्ष या परिकल्पना को मोड़ सकता है।

सांख्यिकीय विधियां जो भी हैं वे बहुत संवेदनशील उपकरण के रूप में समान रूप से उपयोगी हैं। उनका आसानी से दुरूपयोग किया जा सकता है। अतः उनका उपयोग करने में बहुत सावधानी बरतने की आवश्यकता होती है। यदि अवसर मिले तो इसे बाद में देखेंगे। निर्धारित सांख्यिकीय विधियों की वैधता

समंकों की प्रकृति माप के स्तर, प्रासंगिक पहलुओं का ज्ञान, और अन्त में मान्यताओं (जिसके नमूने से समंकों को प्राप्त किया गया है), पर निर्भर करती है।

सांख्यिकीय तरीके जो हमारे लिए महत्वपूर्ण हैं संभावित उपयोगकर्ताओं के रूप में हैं। अतः यह ध्यान में रखना होगा कि सांख्यिकी शक्तिशाली मांसपेशियां हैं जो प्रत्यक्ष कार्य न करके सेवा करने का कार्य करती हैं। बहुत कुछ इसके उपयोग पर निर्भर करता है कि स्थिति सही है और हम कहां रखना चाहते हैं। सांख्यिकीय गणना से जो मिला है वह अन्तिम सत्य नहीं हो सकता है क्योंकि यह प्राकृतिक संभावना और कठिन सन्निकटन का मूल है।

सांख्यिकीय निष्कर्ष और प्रस्तावना में अन्तर्निहित सत्य हमारे आदेश सूचक कौशल से होता है।

समानुपात, प्रतिशत और अनुपात (Proportions, Percentages and Ratios)

समंकों को सरलता से समझा जा सके तथा विश्लेषण और व्याख्या के लिये उचित हो इसके लिये यह आवश्यक है कि समंकों के आकार में कमी हो तथा बड़ी संख्या में आंकड़े संघनित हों। लेकिन इन बुनियादी अंकगणितीय प्रक्रियाओं के बाद भी समंकों का आकार व संख्या समुचित होनी चाहिये। परन्तु ऐसे न हो जो निष्कर्ष को प्रभावित करें। जबकि इस तरह की समस्या का समाधान समानुपात, प्रतिशत और अनुपात जैसे मापनों के द्वारा किया जा सकता है।

समानुपात (Proportions)

किसी भी दी गई श्रेणी में पदों के अनुपात को इस प्रकार परिभाषित किया जाता है कि उस श्रेणी में उपलब्ध संख्याओं को कुल पदों की संख्या से विभाजित किया जाता है। समानुपात की संगणना में यह माना जाता है कि वर्गीकरण विधि इस प्रकार हो कि श्रेणियां परस्पर पूर्ण एवं अनन्य हों अर्थात् किसी भी श्रेणी के व्यक्तिगत पदों को केवल एक ही वर्ग में रखा जा सके।

तालिका 12.1

समाज कार्य के विभिन्न पाठ्यक्रमों में छात्र और छात्राओं की संख्या

Course	*Boy*	*Girls*
Certificate in Social Work (CSW)	75	60
Bachelor in Social Work (BSW)	160	110
Master in Social Work (MSW)	82	56
कुल	317	226

हम n_1, n_2, n_3 और n_4 चार पदों को क्रमशः नामित माप (Nominal Scale) पर एक उदाहरण द्वारा स्पष्ट कर सकते हैं। इसमें पदों की कुल संख्या N है। अतः चारों श्रेणियों के व्यक्तिगत समानुपात क्रमशः n_1/N, n_2/N, n_3/N और n_4/N हैं। निम्न उदाहरण इन बिन्दुओं को स्पष्ट करता है।

लड़कों में CSW के छात्रों का समानुपात 75 / 317 या 0.236 है। तुलनात्मक रूप में लड़कियों में यह समानुपात 60 / 226 या 0.265 है। इसी तरह से अन्य समानुपातों की गणना की जा सकती है। सारणी के रूप में तालिका 12.2 में परिणाम दिये गए हैं।

तालिका 12.2

समाज कार्य के विभिन्न पाठ्यक्रमों में छात्र और छात्राओं का अनुपात

पाठ्यक्रम (Course)	*लड़के (Boys)*	*लड़कियां (Girls)*
CSW	0.236	0.265
BSW	0.505	0.487
MSW	0.259	0.248

समानुपात का मान इकाई अर्थात् 1 से अधिक किसी भी स्थिति में नहीं हो सकता है। अतः श्रेणी के सभी समानुपातों का योग इकाई होता है। समानुपात का यह महत्वपूर्ण गुण है।

प्रतिशत (Percentages)

प्रतिशत शब्द का मतलब है सौ प्रति। इसीलिए समानुपात को 100 से गुणा करके प्रतिशत को प्राप्त किया जा सकता है। दूसरे शब्दों में प्रतिशत प्रति सौ पर दर है।

तालिका 12.3 की आकृति से प्रतिशत के पदों को आसानी से व्यक्त किया जा सकता है।

तालिका 12.3

समाज कार्य के विभिन्न पाठ्यक्रमों में छात्र और छात्राओं की संख्या, अनुपात और प्रतिशत

पाठ्यक्रम	*लड़के (Boys)*			*लड़कियां (Girls)*		
	संख्या	*अनुपात*	*प्रतिशत*	*संख्या*	*अनुपात*	*प्रतिशत*
CSW	75	0.236*	23.6**	60	0.265	26.5
BSW	160	0.505	50.5	110	0.487	48.7
MSW	82	0.259	25.9	56	0.248	24.8
Total	317	1.000	100.0	226	1.000	100.0

जैसे – 75/317 = 0.236 and 75/317×100 = 23.6

परम्परागत रूप में प्रतिशत की गणना दशमलव के उस अन्तिम अंक तक समायोजित की जाती है ताकि उनका कुल योग 100 हो जाये।

अनुपात (Ratios)

एक संख्या A का अनुपात दूसरी संख्या B के अनुपात को इस प्रकार परिभाषित किया जाता है कि A को B से विभाजित करने पर संख्यात्मक राशि प्राप्त हो जाये। माना कि MSW की कक्षा में 800 छात्र और 300 छात्रायें हैं। तब छात्र छात्राओं का अनुपात 800/300 होगा। अनुपात की गणना हेतु महत्वपूर्ण पद "का" का उपयोग किया जाता है। पहले आने वाली राशि को अंश तथा बाद में आने वाली राशि को हर के रूप में रखा जाता है।

व्यवहार में अनुपात या तो सरलतम रूप या उसकी उभयनिष्ठ संख्याओं को अंश और हर से समान रूप से कम करके रख सकते हैं। अतः छात्र–छात्राओं के अनुपात को इस प्रकार लिखा जायेगा 8:3 या 2.66 का 1.

समानुपात और प्रतिशत के उपयोग के लिये निम्नांकित महत्वपूर्ण नियमों का पालन करना होगा।

1. समानुपात या प्रतिशत के साथ पदों की कुल संख्या भी प्रदर्शित करनी चाहिये।
2. प्रतिशत की गणना तब तक नहीं करनी चाहिये, जब तक कि पदों की संख्या जिस प्रतिशत पर आधारित है, 50 के आसपास या उससे अधिक न हो।
3. प्रतिशत की गणना या तो दिशा में की जाती है और प्रत्येक दी गई तालिका में यह ध्यान रखना चाहिये कि प्रत्येक प्रतिशत किस प्रकार प्राप्त कर निर्धारित किया गया है।

केन्द्रीय प्रवृत्ति की मापें (Measures of Central Tendency)

पिछले अनुभाग में हमने सांख्यिकी के विभिन्न व्युत्पन्नों जैसे समानुपात, प्रतिशत और अनुपात के बारे में चर्चा की। लेकिन इतने व्युत्पन्न समंकों की समुचित व्याख्या और विश्लेषण हेतु पर्याप्त नहीं है। जब समुच्चय वर्णनात्मक हो तो समुच्चय के समंक का प्रतिनिधित्व करने के लिये एक ही अंक आवश्यक है। स्पष्ट है कि जिस अंक का उपयोग पूरी श्रेणी के प्रतिनिधित्व के लिये हुआ है, उस अंक का मान श्रेणी के समंकों में से न तो सबसे कम और न ही सबसे अधिक हो सकता है। लेकिन इसका मान दोनों सीमाओं के बीच में होना चाहिए। इस तरह के समंकों को जटिलता की माप या केन्द्रीय प्रवृत्ति या सामान्यतः औसत कहा जाता है।

असमूहित समंक (Ungrouped Data)

सांख्यिकीय जांच–पड़ताल के प्रयोजन हेतु बिना किसी स्वरूप एवं संरचना के एकत्रित समंक सरल आंकड़े हैं। इस तरह से प्राप्त समंक स्पष्ट रूप से पर्याप्त

और अपरिपक्व होते हैं। ये निराकार समंक जो किसी भी सांख्यिकीय प्रक्रिया से नहीं गुजरते हैं उन्हें असमूहीकृत या अपरिपक्व समंक कहा जाता है। तालिका 12.4 में निरूपित समंकों पर विचार करें।

तालिका 12.4

महाविद्यालय के 40 छात्रों द्वारा सामाजिक शोध में प्राप्त अंक

अनुक्रमांक	*प्राप्तांक*	*अनुक्रमांक*	*प्राप्तांक*	*अनुक्रमांक*	*प्राप्तांक*	*अनुक्रमांक*	*प्राप्तांक*
1	40	11	60	21	43	31	58
2	37	12	38	22	41	32	24
3	61	13	39	23	25	33	71
4	67	14	40	24	42	34	55
5	59	15	51	25	38	35	33
6	70	16	37	26	40	36	65
7	39	17	40	27	50	37	55
8	46	18	72	28	30	38	66
9	68	19	39	29	33	39	40
10	41	20	50	30	54	40	62

इस रूप में निरूपित समंकों को आसानी से विश्लेषित नहीं किया जा सकता है। अवलोकन द्वारा केवल एक अस्पष्ट छाप प्राप्त की जा सकती है।

समूहित समंक (Grouped Data)

इस क्रम में समंकों का एक उचित समूह बनाकर उसका आकार कम कर देते हैं। समूहन प्रक्रिया में सर्वप्रथम जिन विशेष अंकों की पुनरावृत्ति हो रही है, उन्हें एक टैली चिह्न के माध्यम से प्रदशित किया जाता है तथा पुनरावृत्ति वाले अंको को आवृत्ति (Frequency) कहा जाता है। इसे *f* से निरूपित करते हैं। (ताालिका 12.5).

असंतत और संतत समंक (Discrete and Continuous Data)

समंक या तो संतत (निरन्तर) या असंतत होते हैं। एक असंतत श्रेणी का निर्माण समंकों से होता है जो सटीक माप के लिये सक्षम हो सकते हैं। दूसरे शब्दों में कुछ निश्चित प्रकार के समंक असंतत हो जिसमें सभी मान संभव न हों। जैसे एक परिवार में बच्चों की संख्या 1,2,3, या 4 भी हो सकती है। लेकिन यह संख्या 3.21 बच्चे नहीं हो सकते। हम ऐसे कारीगरों की संख्या गिन सकते जिनकी आय रुपए 350 प्रति माह या रुपए 450 प्रति माह हो। इस तरह के समंक असंतत श्रेणी को जन्म देते हैं। (तालिका 12.6)

तालिका 12.5

40 छात्रों द्वारा प्राप्त अंकों का टैली चिह्नों द्वारा निरूपण

अंक	*टैलीचिह्न*	*अंक*	*टैलीचिह्न*	*अंक*	*टैलीचिह्न*	*अंक*	*टैलीचिह्न*
24	I	37	II	50	II	63	–
25	I	38	II	51	I	64	–
26	–	39	III	52	–	65	I
27	–	40	~~IIII~~I	53	–	66	I
28	–	41	II	54	I	67	I
29	–	42	I	55	II	68	I
30	I	43	I	56	–	69	–
31	–	44	–	57	–	70	I
32	–	45	–	58	I	71	I
33	II	46	I	59	I	72	I
34	–	47	–	60	I		
35	–	48	–	61	I		
36	–	49	–	62	I		

तालिका 12.6

आवृत्ति बंटन : असंतत श्रेणी

बच्चों की संख्या प्रति जोड़े (युग्म)	*जोड़ों की संख्या*
0	6
1	7
2	11
3	5
4	1
कुल	30

कुछ अन्य प्रकार के समंक सतत हैं जिन सभी के मान संभव हैं। अर्थात् कुछ ऐसे मद या वस्तुयें भी हैं जो ऊंचाई या भार का सही मापन करने में सक्षम नहीं हैं। हम छात्रों की संख्या की गणना जिनकी ऊंचाई 160 सेन्टीमीटर हो, नहीं की जा सकती है। इस प्रकार के समंकों को समूह या वर्ग अन्तराल में रखा जाता है। जैसे कि 155 से 165 सेन्टीमीटर के मध्य ऊंचाई वाले छात्रों की संख्या की गणना की जा सकती है। इस तरह के समंकों को सतत समंक कहते हैं। (तालिका 12.7)

तालिका 12.7

आवृत्ति बंटन : संतत श्रेणी

ऊंचाई (सेन्टीमीटर में)	*छात्रों की संख्या*
150–155	12
155–160	15
160–165	18
165–170	17
170–175	15
175–180	14
कुल	91

वर्ग अन्तराल (Class Interval)

प्रत्येक समूह से ऊंचाइयों के पांच लगातार मानों को वर्ग कहा जाता है। जैसे 150–155, 155–160, 160–165, आदि आदि। चूंकि प्रत्येक वर्ग में 5 मान शामिल हैं अतः वर्ग की चौड़ाई या परिमाण को सामान्यतः वर्ग अन्तराल कहा जाता है। प्रत्येक वर्ग के पहले अंक को निचली सीमा और दूसरे अंक को उच्च सीमा के नाम से जाना जाता है। प्रत्येक वर्ग अन्तराल का एक मध्यबिन्दु होता है। जो कि उच्च और निम्न सीमा के बीचोबीच स्थित होता है। चित्र 12.1 में निम्न सीमा, उच्च सीमा और मध्यबिन्दु को दर्शाया गया है।

चित्र 12.1

निम्न सीमाएं , मध्य बिन्दु और उच्च सीमा

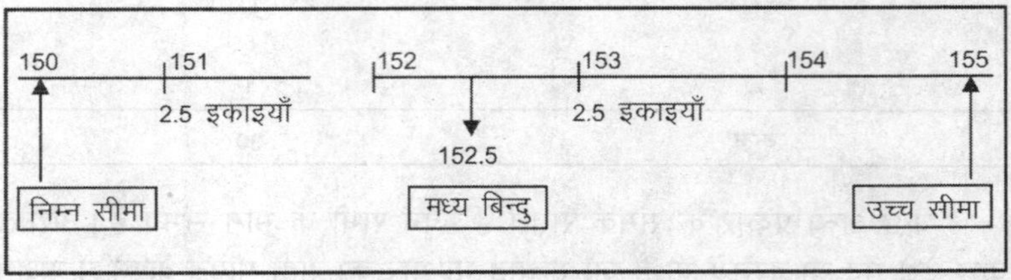

समावेशी और विशिष्ट वर्ग अन्तराल (Inclusive and Exclusive Class Interval)

समावेशी वर्ग अन्तराल में वर्ग की सीमाओं के बराबर मान रखने वाली मदों को उस वर्ग की आवृत्ति के साथ शामिल किया जाता है। उसके विपरीत जब मद या तो निम्न सीमा के बराबर हो या उच्च सीमा के बराबर हो उन्हें वर्ग की आवृत्ति के

बाहर कर दिया जाता है (तालिका 12.9 एवं तालिका 12.10)। तालिका 12.5 में दिये गये समंकों को निम्न रूप में प्रदर्शित किया जाता है। यदि वर्ग समावेशी और विशिष्ट हैं।

तालिका 12.8

40 छात्रों द्वारा प्राप्त किये गये अंक : समावेशित श्रेणी

अंक	आवृत्ति
24–33	5
34–43	16
44–53	4
54–63	8
64–73	7
कुल	40

तालिका 12.9

40 छात्रों द्वारा प्राप्त किये गये अंक (अनावेशित श्रेणी : निम्न सीमा बहिष्कृत)

अंक	आवृत्ति
24–33	5
34–44	16
44–54	5
54–64	7
64–74	7
कुल	40

तालिका 12.10

40 छात्रों द्वारा प्राप्त किये गये अंक (अनावेशित श्रेणी : उच्च सीमा बहिष्कृत)

अंक	आवृत्ति
24–34	5
34–44	16
44–54	4
54–64	8
64–74	7
कुल	40

समाजकार्य में केन्द्रीय प्रवृत्ति की मापें (Measures of Central Tendency in Social Work)

समाज कार्य में केन्द्रीय प्रवृत्ति की 3 महत्वपूर्ण मापें उपयोग में लायी जाती हैं जैसे समान्तर माध्य या अंकगणितीय औसत, माध्यिका और बहुलक।

समान्तर माध्य (The Arithmetic Mean)

समान्तर माध्य का अर्थ सामान्यतः औसत है। यह अपेक्षाकृत गणना करने और समझने में आसान है। सामाजिक कार्य अनुसंधान में इसका उपयोग व्यापक रूप में किया जाता है। समान्तर माध्य को इस प्रकार परिभाषित किया जाता है कि सभी वस्तुओं या मदों के कुल मान को उन मदों की संख्या से विभाजित किया जाता है। एक उदाहरण की सहायता से समान्तर माध्य की गणना करना हम इस प्रकार सीख सकते हैं। मान लीजिए की आठ छात्र को एक परीक्षा में क्रमशः 54, 58, 60, 62, 70, 72 और 77 अंक प्राप्त करते हैं। अंकों का औसत होगा–

$$\text{Mean} = \frac{54 + 58 + 60 + 62 + 70 + 72 + 75 + 77}{8} = \frac{528}{8} = 66$$

समान्तर माध्य की गणना करने की प्रक्रिया बीजीय पदों में निम्न सूत्र से व्यक्त की जाती है–

$$\frac{X_1 + X_2 + X_3 + X_4 + \ldots\ldots + X_n}{N}$$

जहाँ $X_1, X_2, X_3, X_4 + \ldots\ldots X_n$ पदों के मान तथा N पदों की संख्या को प्रदर्शित करती है। उपरोक्त सूत्र को और अधिक संक्षिप्त रूप में समान्तर माध्य के चिह्न द्वारा प्रदर्शित किया जाता है इसे $(\bar{X})$ एक्स बार पढ़ा जाता है। इसे अंकन Σ सिग्मा चिह्न से दर्शाते हैं।

Σ का अर्थ X के सभी मानों का कुल योग है।

$$\Sigma X = X_1+X_2+X_3+X_4+ \ldots\ldots + X_n$$

$$\text{Arithmetic Mean } (\bar{X}) = \frac{\Sigma X}{N}$$

असमूहित समंकों से समान्तर माध्य की गणना (Calculating the Mean from Ungrouped Data)

प्रत्यक्ष विधि (Direct Method)

उपर्युक्त सूत्र का उपयोग असमूहित समंकों से समान्तर माध्य की गणना करने के लिए उपयोग में लाया जा सकता है। निम्न उदाहरण से इसे निरूपित करेंगे। निम्न तालिका 15 कचरा बीनने वालों की दैनिक आय को दर्शाती है।

तालिका 12.11

कचरा बीनने वालों की दैनिक आय

क्रमांक	*कचरा बीनने वालों का नाम*	*दैनिक आय रुपए में (X)*
1	A	14
2	B	14
3	C	15
4	D	20
5	E	12
6	F	16
7	G	17
8	H	21
9	I	14
10	J	21
11	K	21
12	L	22
13	M	18
14	N	20
15	O	13
	N = 15	ΣX = 258

हल (Solution)

कचरा बीनने वालों की दैनिक आय को X से दर्शाते हैं, $\Sigma x = 258$

$$\text{अतः } \bar{X} = \frac{\Sigma x}{N} = \frac{258}{15} = 17.2$$

अतः दैनिक आय का समान्तर माध्य 17.2 रुपए या 17.20 रुपए है।

संक्षिप्त विधि (Short-Cut Method)

यह विधि समान्तर माध्य के एक महत्वपूर्ण गुण पर आधारित है। विभिन्न पदों के उनके माध्य से विचलनों का बीजीय योग शून्य होता है। इसके विपरीत समान्तर माध्य के अलावा अन्य किसी वैकल्पिक मान से विभिन्न पदों के विचलनों का योग शून्य के बराबर नहीं होगा।

निम्न उदाहरण की सहायता से इस गुण को प्रदर्शित किया जा सकता है।

क्रमांक	*X*	$\overline{X}$	$\overline{X}$ *से विचलन (d) = 9*	*4 से विचलन (d') (स्वेच्छ मान)*
1	6		6 – 9 = 3	6 – 4 = 2
2	7		7 – 9 = –2	7 – 4 = 3
3	9	$= \frac{45}{5} = 9$	9 – 9 = 0	9 – 4 = 5
4	11		11 –9 = 2	11 – 4 = 7
5	12		12 – 9 = 3	12 – 4 = 8
N = 5			Σd = 0	Σd' = 25

यह तो मानों की किसी भी श्रृंखला के लिये किया जा सकता है। कल्पित मान से विचलनों के मान ज्ञात कर सकते हैं। यदि विचलनों के योग को पदों की संख्या से विभाजित करके उसमें कल्पित माध्य को जोड़कर वास्तविक माध्य की गणना की जा सकती है।

$$\text{समान्तर माध्य } \overline{X} = a + \frac{\Sigma d^1}{N}$$

जहाँ

$\overline{X}$ = समान्तर माध्य

a = कल्पित समान्तर माध्य

d = कल्पित समान्तर माध्य से विचलनों का योग

N = पदों की संख्या

यदि हम पूर्व में दिये गये उदाहरण से कचरा बीनने वालों की दैनिक आय के समंकों का उपयोग करके समान्तर माध्य की गणना संक्षिप्त विधि से करते हैं तो यह मान भी पूर्णतयः वही होगा जो प्रत्यक्ष विधि से प्राप्त हुआ है।

उदाहरण से स्पष्ट है कि

कचरा बीनने वालों की दैनिक आय

क्रमांक	*कचरा बीनने वालों का नाम*	*दैनिक आय रुपय में (X)*	*कल्पित समान्तर माध्य से विचलन*
1	A	14	–6
2	B	14	–6
3	C	15	–5
4	D	20	0
5	E	12	–8

लग्रातार...

...लगातार

6	F	16	–4
7	G	17	–3
8	H	21	+1
9	I	14	–6
10	J	21	+1
11	K	21	+1
12	L	22	+2
13	M	18	–2
14	N	20	0
15	O	13	–7
N = 15			Σd = –42

समान्तर माध्य $\bar{X} = a + \frac{\Sigma d^1}{N}$

$= 20 + \left(\frac{-42}{15}\right)$

$= 20 - 2.8$

$= 17.2$

समूहीकृत समंकों से समान्तर माध्य की गणना (Calculation of Arithmetic Mean from Grouped Data)

असंतत या खण्डित श्रेणी : प्रत्यक्ष विधि (Discrete Series : Direct Method)

असंतत श्रेणी में चरों के मान का क्रमशः उनकी आवृत्तियों से गुणा किया जाता है और उनसे प्राप्त गुणनफल के योग को आवृत्तियों के योग से भाग दिया जाता है। यह भागफल ही इस श्रेणी का समान्तर माध्य है।

प्रतीकात्मक रूप में (Symbolically)

$$\bar{X} = \frac{X_1 f_1 + X_2 f_2 + X_2 f_3 + X_4 f_4 + \ldots\ldots + X_n f_n}{f_1 + f_2 + f_3 + f_4 + \ldots\ldots f_n}$$

$= \frac{\Sigma \times f}{\Sigma f}$ या $\frac{\Sigma \times f}{N}$ जहाँ $\Sigma f = N$

जहाँ $X_1, X_2, X_3, X_4 + \ldots\ldots. X_n$ पदों के मान हैं।

$f_1, f_2, f_3, f_4, \ldots\ldots f_n$ पदों की क्रमशः आवृत्तियां हैं।

निम्न तालिका में एक विशिष्ट अवधि में 65 बच्चों के भार में वृद्धि दर्शायी गई है। इस तालिका से हम बच्चों के भार में वृद्धि से समान्तर माध्य की गणना करते हैं।

वृद्धि कि.ग्रा. (X)	*बच्चों की संख्या (f)*	*Xf*
1	3	3
2	4	8
3	6	18
4	9	36
5	12	60
6	11	66
7	9	63
8	7	56
9	4	36
	N = 65	ΣX f = 346

गणना (Computation)

$$\overline{X} = \frac{\Sigma Xf}{N} = \frac{346}{65} = 5.32$$

भार में वृद्धि का समान्तर माध्य = 5.32 (लगभग)

संक्षिप्त विधि (Short-Cut Method)

इस विधि में, प्रत्येक पदों से कल्पित माध्य से विचलन ज्ञात करते हैं। विचलनों को उनके संगत आवृत्तियों से गुणा करके समान्तर माध्य प्राप्त किया जाता है। इसमें गुणनफल के बीजीय पदों के योग को आवृत्तियों N के कुल योग से भाग देकर उसमें कल्पित माध्य जोड़ दिया जाता है।

प्रतीकात्मक रूप में (Symbolically)

$$\overline{X} = a + \frac{\Sigma f.dx}{N}$$

जहाँ a कल्पित माध्य माना जाता है, Σdx कल्पित माध्य से विचलनों का योग तथा N आवृत्तियों का कुल योग है।

वृद्धि कि.ग्रा. (X)	*बच्चों की संख्या (f)*	*कल्पित माध्य से विचलन (dx = 5-X)*	*'f.dx*
1	3	–4	–12
2	4	–3	–12
3	6	–2	–12
4	9	–1	–9
5	12	0	0
6	11	+1	+11
7	9	+2	+18
8	7	+3	+21
9	4	+4	+16
	N = 65		ΣX f = 346

गणना (Calculation)

$$\overline{X} = a + \frac{\Sigma f.dx}{N} = 5 + \frac{21}{65}$$

= 5 + 0.32 = 5.32 (approximately)

भार का समान्तर माध्य = 5.32 (लगभग)

संतत श्रेणी : प्रत्यक्ष विधि (Continuous Series : Direct Method)

एक संतत श्रेणी में समान्तर माध्य ज्ञात करने के लिये हम प्रत्येक वर्ग के मध्यमान को उस वर्ग का प्रतिनिधि मानते हैं। और यह मान लिया जाता है कि उस वर्ग की आवृत्तियां मध्य बिन्दु पर संकेन्द्रित हैं। विभिन्न मध्यमानों को उनके संगत आवृत्तियों से गुणा करके, उनके गुणनफल के योग को आवृत्तियों के योग से भाग दिया जाता है।

निम्न उदाहरण की सहायता से इस विधि को दर्शाया जा रहा है।

तालिका 12.16

कचरा बीनने वालों का उनकी दैनिक आय के अनुसार बंटन

दैनिक आय (रुपए में)	*कचरा बीनने वालों का संख्या*
110–130	15
130–150	30
150–170	60
170–190	95
190–210	82
210–230	75
230–250	23
कुल	380

हल : प्रत्यक्ष विधि (Solution: Direct Method)

दैनिक आय (रुपए में)	*मध्यमान (m)*	*कचरा बीनने वालों का संख्या (f)*	*m × f*
110–130	120*	15	1800
130–150	140	30	4200
150–170	160	60	9600
170–190	180	95	17100
190–210	200	82	16400
210–230	220	75	16500
230–250	240	23	5520
कुल		$\Sigma f = N = 380$	$\Sigma mf = 71120$

गणना (Calculation)

$$\text{मध्यमान } \frac{\text{निम्न सीमा + उच्च सीमा}}{2} = \frac{110 + 130}{2} = \frac{240}{2} = 120$$

$$\overline{X} = \frac{\Sigma mf}{\Sigma f} = \frac{\Sigma mf}{N}$$

= 71120/380 = 187.16

समान्तर माध्य = 187.16 (लगभग)

संक्षिप्त विधि (Short-Cut Method)

तालिका 12.17

मासिक वेतन (रुपए में)	*मध्यमान (m)*	*कर्मियों की संख्या (f)*	*कल्पित माध्य से विचलन (180 से) (dx)*	*प्रमाप विचलन (d)*	*कुल विचलन fd*
110–130	120	15	−60	−3	−45
130–150	140	30	−40	−2	−60
150–170	160	60	−20	−1	−60
170–190	180	95	0	0	0
190–210	200	82	+20	+1	+82
210–230	220	75	+40	+2	+150
230–250	240	23	+60	+3	+69
		N = 380			$\Sigma fd = 136$

$$\text{समान्तर माध्य } \overline{X} = a + \frac{\Sigma fd}{N} \times i$$

जहाँ a कल्पित माध्य, Σfd विचलनों का कुल योग, N आवृत्तियों की कुल संख्या और i वर्ग अन्तराल प्रदर्शित करता है। अब तालिका से मानों को सूत्र में प्रतिस्थापित करने पर हमें समान्तर माध्य प्राप्त होता है।

$$= 180 + \frac{136}{380} \times 20$$

+ 180 + 7.16

समान्तर माध्य = 187.16 (लगभग)

संक्षिप्त विधि के पद (Steps in Short-Cut Method)

तालिका 12.18

समान्तर माध्य की गणना करने की प्रक्रिया

चरण प्रक्रिया		*तालिका 12.17 के अनुप्रयोग*
1.	प्राथमिकता से वर्ग के मध्यमान को जो बंटन के केन्द्र या केन्द्र के पास है, औसत मान कल्पित करें।	वर्ग 170–190 का मध्यमान 180 जो बंटन के केन्द्र में है अतः कल्पित मान 180 है।
2.	कल्पित माध्य से सभी मध्यमानों से विचलन की गणना करें।	स्तम्भ 4 देखें। 120–180 = –60 140–180 = –40 160–180 = –20 180–180 = 0 200–180 = 20 220–180 = 40 240–180 = 60
3.	सर्वनिष्ठ पद से विचलनों में भाग दीजिये। वर्ग अन्तराल की चौड़ाई से भाग द्वारा प्राप्त विचलनों के मान को विचलन d कहा जाता है।	–60/20 = –3 –40/20 = –2 –20/20 = –1 0/20 = 0 20/20 = 1 40/20 = 2 60/20 = 3
4.	स्टेप विचलन को विभिन्न वर्गों की आवृत्तियों से क्रमशः गुणा करके उनके गुणनफल का योग ज्ञात करते हैं।	15 × (–3) = –45 30 × (–2) = –60 60 × (–1) = –60 95 × 0 = 0 82 × 1 = 82 75 × 2 = 150 23 × 3 = 69 Σfd = 136

लगातार...

...लगातार

5.	गुणनफल के योग को आवृत्तियों के योगफल से भाग दीजिये और प्राप्त परिणाम का वर्ग अन्तराल के परिमाण से गुणा कीजिये।	$\frac{\Sigma fd}{N} = \frac{136}{380} = 0.358$ (approx.) $\frac{\Sigma fd}{N} \times i = 0.358 \times 20$ = 7.16 (approximately)
6.	इस प्राप्त मान को कल्पित माध्य से जोड़ दीजिये। यह परिणाम श्रेणी का समान्तर माध्य होगा।	$= a + \frac{\Sigma fd}{N} \times i = 180 + 7.16$ $\overline{X}$ = 187.16 (approximately)

समान्तर माध्य की गणना के लिये निम्न प्रक्रिया व्यक्त की जा सकती है।

समान्तर माध्य = कल्पित माध्य + स्टेप विचलनों का उनके वर्ग के संगत आवृत्तियों से गुणनफल का योग / आवृत्तियों का योग) × वर्ग अन्तराल

माध्यिका (Median)

केन्द्रीय प्रवृत्तियों के मापन का एक और सरल उपाय माध्यिका भी है। कभी–कभी जब हम समंकों को व्यवस्थित करके उनके मध्य पद की स्थिति ज्ञात करना चाहते हैं या विद्यार्थियों के समूह को चतुर्थकों में विभाजित करते हैं, जैसे किसी कक्षा के 25 प्रतिशत से नीचे वाले, 75 प्रतिशत से नीचे वाले आदि स्थितियां निरूपित करना चाहते हैं। इसे स्थिति औसत कहा जाता है। माध्यिका भी शायद इसी तरह का अति आवश्यक स्थितीय औसत है। हम माध्यिका को मध्य पद के आकार के रूप में परिभाषित करेंगे। इसमें पदों को उनके बढ़ते या घटते क्रम में पंक्तिबद्ध किया जाता है इसका अर्थ यह है कि माध्यिका श्रेणी को इस प्रकार विभाजित करती है कि कई पद मध्य पद से बड़े व ऊपर तथा कई छोटे व नीचे होते हैं।

श्रेणी के असमूहित समंकों में माध्यिका का स्थान (Location of Median in a Series of Ungrouped Data)

असमूहीकृत समंकों के समुच्चय से माध्यिका का पता लगाने के लिये पहले पदों को आरोही या अवरोही क्रम में व्यवस्थित किया जाता है। यदि पदों की संख्या विषम है तो मध्य पद माध्यिका होगा। यदि पदों की संख्या सम है तो दोनों मध्य पदों का औसत माध्यिका होगा। सूत्र के द्वारा माध्यिका को इस प्रकार प्रदर्शित किया जाता है :

$$\text{माध्यिका (X) = क्रमबद्ध व्यवस्थित श्रेणी में } \left(\frac{N+1}{2}\right)\text{th वें पद का मान}$$

उदाहरण (Example)

15 कचरा बीनने वालों की उम्र निम्न तालिका में दी गई है।

तालिका 12.19
कचरा बीनने वालों की उम्र

क्रमांक	*कचरा बीनने वालों की उम्र*
1	14
2	14
3	15
4	20
5	12
6	16
7	17
8	21
9	14
10	21
11	21
12	22
13	18
14	20
15	13

तालिका 12.20
पदों को परिमाणानुसार आरोही क्रम में व्यवस्थित करने पर

क्रमांक	*पद का आकार*	*क्रमांक*	*पद का आकार*	*क्रमांक*	*पद का आकार*
1	12	6	15	11	20
2	13	7	16	12	21
3	14	8	17	13	21
4	14	9	18	14	21
5	14	10	20	15	22
	N = 15				

हल (Solution)

माध्यिका (X) = क्रमबद्ध व्यवस्थित श्रेणी में $\left(\frac{N+1}{2}\right)$th वें पद का मान

$$\frac{N+1}{2} = \frac{15+1}{2} = \frac{16}{2} = 8$$

8 वें पद का मान = 17 माध्यिका है।

अतः माध्यिका 17 है।

यदि श्रेणी में पदों की संख्या सम है तो माध्यिका मध्य पदों का औसत माध्य होती है। यदि उक्त उदाहरण से एक पद हटा दिया जाये तो माध्यिका होगी :

X = समंकों के समुच्चय में $\frac{14+1}{2}$ th पद का आकार

= 7.5वें पद का आकार

चूंकि क्रमबद्ध व्यवस्थित श्रेणी में 7.5वें पद का मान ही माध्यिका है। अतः 7वें तथा 8वें पद के औसत की आवश्यकता होगी। तालिका 12.20 में सातवां पद 16 एवं आठवां पद 17 है।

अतः माध्यिका (X) = 7.5वें पद का आकार = $\frac{16+17}{2}$ = 16.5

अतः 14 कचरा बीनने वालों की माध्यिका (उम्र) = 16.5

असंतत श्रेणी में माध्यिका की स्थिति (Location of Median in Discrete Series)

असंतत श्रेणी में आवृत्तियों को संचयित किया जाता है। इसके बाद मध्य पद के मान को निर्धारित किया जाता है। निम्न उदाहरण इसके चरणों को स्पष्ट करेगा।

तालिका 12.21

वृद्धि (किग्रा)	*बच्चों की संख्या*
1	3
2	4
3	6
4	9
5	12
6	11
7	9
8	7
9	4
	N = 65

तालिका 12.22

वस्तुओं का परिमाण के क्रम में व्यवस्थापन

वृद्धि (किग्रा)	*बच्चों की संख्या (f)*	*संचयी आवृत्ति (Cf)*
1	3	3
2	4	7
3	6	13
4	9	22
5	12	34
6	11	45
7	9	54
8	7	61
9	4	65
	N = 65	

हल (Solution)

$X = \frac{N}{2}$ वें पद के भार में वृद्धि

$= \frac{65}{2}$ वें पद के भार में वृद्धि

= 32.5 वें पद के भार में वृद्धि

अतः माध्यिका (X) = 5kg.

उपर्युक्त तालिका से स्पष्ट है कि 23वें एवं 34वें पद का मान 5 है अतः 32.5वें पद का मान भी 5 होगा।

संतत श्रेणी में माध्यिका का निर्धारण (Determination of Median in a Continuous Series)

संतत श्रेणी में हम प्रत्येक अवलोकन की जानकारी नहीं रखते हैं। इसके बजाय हम तालिका 12.23 में दिखाये गये प्रत्येक वर्ग अन्तराल में शामिल आवृत्तियों का अभिलेखन करते हैं। जिस वर्ग अन्तराल में माध्यिका सन्निहित है, उससे निर्धारण विधि द्वारा माध्यिका की गणना की जाती है।

तालिका 12.23 में दिये गये समंकों के पदों में माध्यिका का मूल्य वह मान है जो कि N/2 के द्वारा अर्थात् 380 / 2 या 190वें पद में शामिल है। अब हम यह जानने का प्रयास करते हैं कि 190वां पद किस वर्ग अन्तराल में शामिल है पहले

तीन वर्गों की संचयी आवृत्ति केवल 105 है, लेकिन चौथे वर्ग अन्तराल का अवलोकन करते हैं तो 105 में 95 पद और जुड़ जाते हैं। और कुल योग 200 होता है। अतः 190वां पद चौथे वर्ग अन्तराल में ही होना चाहिये (वर्ग अन्तराल रुपए 170–190)।

तालिका 12.23

कचरा बीनने वालों की दैनिक आय

दैनिक आय (रुपए में)	*कचरा बीनने वालों की संख्या (f)*	*संचयी आवृत्ति (Cf)*
110–130	15	15
130–150	30	45
150–170	60	105
170–190	95	200
190–210	82	282
210–230	75	357
230–250	23	380
	N = 380	

श्रेणी के माध्यिका वर्ग (रुपए 170–190) में 95 पद मौजूद हैं। मध्य बिन्दु का निर्धारण करने के लिये संचयी आवृत्ति से प्राप्त मान N/2 जो 190 है। यह मान वर्ग अन्तराल 170–190 के अन्तर्गत है जिसकी आवृत्ति 95 है अतः इस मान का अन्तर्वेशन कर हम 190वें पद का मान ज्ञात कर सकते हैं। सर्वप्रथम हम यह निर्धारित करते हैं कि 190 मूल्य माध्यिका वर्ग में 95 आवृत्ति रखता है। अतः 190–105 = 85। अतः हम 95 चौड़ाई के समान पद 170 सो 190 के मध्य की गणना करते हैं। (190–170)/95 = 0.21053 (लगभग) 85वें पद का मान = 0.2105 × 85 = 17.89।

यदि 17.89 माध्यिका वर्ग की निम्न सीमा से जोड़ा जाता है जो हमें 170+17.89 = 187.89 मान प्राप्त होता है यही मान श्रेणी की माध्यिका है।

माध्यिका को निम्न सूत्र से निरूपित किया जाता है।

$$X = L + \frac{N/_2 - C}{f} \times i$$

जहाँ

X = माध्यिका

L = वर्ग की निम्न सीमा जिसमें माध्यिका स्थित है,

N = पदों की कुल संख्या

C = माध्यिका वर्ग से पूर्व वर्ग की संचयी आवृत्ति

f = माध्यिका वर्ग की आवृत्ति

i = माध्यिका वर्ग का वर्ग अन्तराल

सूत्र से माध्यिका की गणना (Calculation of Median by Formula)

तालिका 12.24

कचरा बीनने वालों की दैनिक आय

दैनिक आय (रुपए में)	*कचरा बीनने वालों की संख्या (f)*	*संचयी आवृत्ति (Cf)*
110–130	15	15
130–150	30	45
150–170	60	105 = C
L = 170-190	95 = f	200
190–210	82	282
210–230	75	357
230–250	23	380
	N = 380	

$$\dot{X} = L + \frac{N/2 - C}{f} \times i$$

$$= 170 + \frac{380/2 - 105}{95} \times (190 - 170)$$

$$= 170 + \frac{190 - 105}{95} \times (190 - 170)$$

$$= 170 + \frac{85}{95} \times (190 - 170)$$

$$= 170 + (0.8947 \times 20)\ 380/2 - 105$$

= 187.89 (लगभग)

माध्यिका वर्ग की आय = रुपए 187.89 (लगभग)

माध्यिका की संगणना हेतु प्रविधि

चरण	*प्रक्रिया*	*तालिका 12.24 के अनुप्रयोग*
1.	संचयी आवृत्ति बंटन ज्ञात कीजिए	0+15 = 15, 15+30 = 45, 45+60 = 105, 105+95 = 200, 200+82 = 282, 282+75 = 357, 357+23 = 380 (तालिका 12.24 का स्तम्भ 3 देखें)
2.	N को दो से भाग दीजिए (N/2)।	$\frac{380}{2} = 190$
3.	मध्य बिन्दु (N/2) वाले वर्ग अन्तराल को निर्धारित कीजिए, इसे माध्यिका वर्ग कहा जाता है।	190 मूल्य वर्ग अन्तराल 170–190 में आता है।
4.	चरण 3 में स्थापित अन्तराल से सीमा निर्धारित कीजिए।	190 मूल्य से नीचे का मान 190–105 अर्थात् 85 है।
5.	माध्यिका वर्ग (170–190) में सन्निहित संख्या 95 से चरण 4 से प्राप्त संख्या से भाग दीजिये।	85/95 = 0.8947
6.	माध्यिका वर्ग की चौड़ाई (वर्ग अन्तराल i) ज्ञात कीजिए।	190 – 170 = 20
7.	माध्यिका की गणना निम्न प्रकार कीजिए। माध्यिका वर्ग की निम्न सीमा में चरण 5 से प्राप्त अनुपात और चरण 6 से प्राप्त माध्यिका वर्ग की चौड़ाई के गुणनफल को जोड़ा जाता है।	माध्यिका = 170 + (0.8947×20) = 170 + 17.89 = 187.89 (लगभग)

माध्यिका संगणन हेतु प्रक्रिया को सुनिश्चित तरीके से इस प्रकार व्यक्त किया जा सकता है कि

$$\text{माध्यिका} = \text{माध्यिका वर्ग की निम्न सीमा} + \frac{N/2 - \text{माध्यिका वर्ग के पूर्व की संचय आवृत्ति}}{\text{माध्यिका वर्ग की आवृत्ति}} \times \text{माध्यिका वर्ग की चौड़ाई}$$

बहुलक या भूयिष्ठक (The Mode)

बहुलक भी एक अन्य माप है। जिसका उपयोग कभी–कभी केन्द्रीय प्रवृत्ति की मापों में समुच्चय के समंकों को व्यक्त करने में किया जाता है। इसमें से समुच्चय में उपलब्ध समंकों में सर्वाधिक पुनरावृत्ति वाले मान को परिभाषित किया जाता है। निम्न श्रेणी में 71, 73, 74, 75, 75, 75, 78, 78, 80 और 82 में बहुलक 75 है। क्योंकि 75 अन्य मूल्यों की तुलना में सर्वाधिक बार (तीन बार) आया है। समूहित

समंकों में अधिकतम आवृत्ति वाले वर्ग में बहुलक स्थित होता है। जब कारकों की संख्या अधिक हो और समंक समूहों में हों तो बहुलक अधिक उपयोगी होता है।

व्यवहार में ऐसा होता है कि समूहित समंकों के समुच्चय में एक से अधिक बहुलक होते हैं। आवृत्ति बंटन जिसमें एक ही बहुलक हो, उसे एकल विधिक (Unimodal) माना जाता है, जिनमें दो या तीन बहुलक हो उन्हें क्रमशः द्वि व त्रि विधिक (bimodal or Trimodal) तथा उससे अधिक वाले को बहु विधिक (Multimodal) कहा जाता है।

असंतत श्रेणी में बहुलक की गणना (Calculation of Mode in Discrete Series)

एक असंतत श्रेणी में जिस आवृत्ति का अधिकतम मूल्य हो, उसके सामने वाले मान को आदर्श मूल्य कहा जाता है। तालिका 12.22 को देखने से यह ज्ञात होता है कि अधिकतम मूल्य की आवृत्ति 12 है। अतः अधिकतम मूल्य वाली आवृत्ति के सम्मुख पद 5 है अतः इस श्रेणी का बहुलक 5 होगा। यदि यहाँ पर एक से अधिक मूल्य हैं जिसके पास यह संख्या संकेन्द्रित है, जब बहुलक का निर्धारण करना कठिन होगा ऐसे मामलों में समूहन विधि की सहायता से अधिकतम संकेद्रित बिन्दु को खोजने का प्रयास किया जाता है। यह प्रक्रिया इस प्रकार है। सर्वप्रथम आवृत्तियों को दो–दो के जोड़े बनाकर योग किया जाता है। इसके बाद एक संख्या को छोड़कर दो–दो के जोड़े बनाकर योग किया जाता है। जैसे–

1 और 2, 3 और 4, 5 और 6 आदि।

2 और 3, 4 और 5, 6 और 7 आदि।

तालिका 12.25

विशिष्ट अवधि के दौरान 65 बच्चों के भार में वृद्धि

Gain in Kg.	*No. of Children (1)*	*(2)*	*(3)*	*(4)*	*(5)*	*(6)*
1	3	7		13		
2	4		10		19	
3	6	15				
4	9		21			
5	12	23				27
6	11		20	32		
7	9	16			32	
8	7		11	20		27
9	4					
	N = 65					

इसी प्रकार अब आवृत्तियों के तीन–तीन पदों का समूहन करके योग कर लिया जाता है। तदुपरान्त एक पद को छोड़कर तीन–तीन का योग किया जाता है। यदि आवश्यकता हो तो आवृत्तियों का समूहन 4 तथा 5 पदों को युग्मित कर किया जा सकता है। समूहन के उपरान्त अधिकतम आवृत्ति वाले पद को वृत्त से रेखांकित किया जाता है। पद का मान जिसकी आवृत्ति अधिकतम हो और अधिक बार आये तो वह श्रेणी का बहुलक होगा। तालिका 12.25 एवं 12.26।

तालिका के रूप में समंकों का व्यवस्थापन द्वारा अधिकतम संकेन्द्रण बिन्दु ज्ञात करना इस प्रकार है–

तालिका 12.26

Column No.	*Size of Item Containing Maximum Frequency*								
	1 kg.	*2 kg.*	*3 kg.*	*4 kg.*	*5 kg.*	*6 kg.*	*7 kg.*	*8 kg.*	*9 kg.*
1					1				
2					1	1			
3				1	1				
4				1	1	1			
5					1	1	1		
6						1	1	1	
No. of times a size occurs				2	⑤	4	2	1	

चूंकि 5 किग्रा सर्वाधिक बार आया है अतः श्रेणी का बहुलक 5 किग्रा है।

संतत श्रेणी में बहुलक का निर्धारण (Determination of Mode in a Continuous Series)

संतत श्रेणी में बहुलक का निर्धारण दो तरह से किया जाता है। सर्वप्रथम समूहन की प्रक्रिया द्वारा अधिकतम संकेन्द्रण वाले बिन्दु वर्ग की स्थिति ज्ञात करते हैं। तदुपरान्त निम्न सूत्र की सहायता से बहुलक का मान ज्ञात किया जा सकता है।

$$\breve{X} = L + \frac{f_1 - f_0}{2f_1 - f_0 - f_2} \times i$$

जहाँ X बहुलक का प्रतीक है। L आदर्श वर्ग की निम्न सीमा, f_0 आदर्श वर्ग के पहले वाले वर्ग की आवृत्ति का मान, f_1 आदर्श वर्ग की आवृत्ति, f_2 आदर्श वर्ग के बाद वाले वर्ग की आवृत्ति, i आदर्श वर्ग का वर्ग अन्तराल है।

उदाहरण (Illustration)

निम्न बंटन में बहुलक का निर्धारण कीजिये।

तालिका 12.27

परिवार की साप्ताहिक आय

Weekly Income	*Number of Families*
100 – 200	5
200 – 300	6 = f_0
L – 300 – 400	15 = f_1
400 – 500	10 = f_2
500 – 600	5
600 – 700	4
700 – 800	3
800 – 900	2
Total	N = 50

तालिका 12.28

समूहन द्वारा मॉडल वर्ग की स्थिति

Weekly Income	*F(1)*	*(2)*	*(3)*	*(4)*	*(5)*	*(6)*
100 – 200	5	11		(26)		
200 – 300	6		(21)		(31)	
300 – 400	(15)	(25)				(30)
400 – 500	10		15	19		
500 – 600	5	9			12	
600 –700	4		7			9
700 – 800	3	5				
800 – 900	2					

तालिका 12.29

विश्लेषण सारणी

Column	*Class Containing Maximum Frequency*							
	100–200	*200–300*	*300–400*	*400–500*	*500–600*	*600–700*	*700–800*	*800–900*
1			1					
2			1	1				
3		1	1					
4	1	1	1					
5		1	1	1				
6			1	1	1			
No. of times a class occurs	1	3	(6)	3	1			

अतः वर्ग अन्तराल 300–400 आदर्श वर्ग समूह है। बहुलक के सूत्र का उपयोग करने पर

$$\breve{X} = L + \frac{f_1 - f_0}{2f_1 - f_0 - f_2} \times i$$

चरण	प्रक्रिया	तालिका 12.27 के अनुप्रयोग
1.	आदर्श वर्ग इस प्रकार ज्ञात कीजिये। आवृत्ति को दो के समूह में जोड़ें और स्तम्भ 2 में लिखें। पहली आवृत्ति को छोड़कर दो के समूह में जोड़ें और स्तम्भ 3 में लिखें। आवृत्ति को तीन के समूह में जोड़ें और स्तम्भ 4 में लिखें। पहली आवृत्ति को छोड़कर तीन के समूह में जोड़ें और स्तम्भ 5 में लिखें। पहली दो आवृत्ति को छोड़कर तीन के समूह में जोड़ें और स्तम्भ 6 में लिखें।	 (i) 5+6 = 11, 5+10 = 15, 5+4 = 9, 3+2 = 5 (ii) 15+6 = 21, 10+5 = 15, 4+3 = 7 (i) 5+6+15 = 26, 10+5+4 = 19 (ii) 6+15+10 = 31, 5+4+3 = 12 (iii) 15+10+5 = 30, 4+3+2 = 9
2.	विश्लेषण तालिका में समंकों को व्यवस्थित करें तथा अधिकतम आवृत्ति वाला वर्ग अन्तराल जो सर्वाधिक बार आया है उसे ज्ञात करें।	वर्ग अन्तराल 300–400 आदर्श वर्ग (Modal Class) है
3.	आदर्श वर्ग (Modal Class) की निम्न सीमा ज्ञात कीजिये।	L_1 □ □□□
4.	आदर्श वर्ग से पूर्व के वर्ग अन्तराल की आवृत्ति ज्ञात कीजिये।	f_0 = 6
5.	आदर्श वर्ग के वर्ग अन्तराल की आवृत्ति ज्ञात कीजिये।	f_1 = 15
6.	आदर्श वर्ग के वर्ग अन्तराल का मान ज्ञात कीजिये।	i = 100
7.	अन्तर्वेशन के द्वारा बहुलक ज्ञात कीजिये।	$\breve{X} = 300 + \frac{15 - 6}{2 \times 15 - 6 - 10} \times 100$ = 300 + 9/14 x 100 = 300 + 900/14 = 300 + 64.29 = 364.29 (लगभग)

ऊपर उल्लिखित विभिन्न केन्द्रीय प्रवृत्ति की मापें डेटा की प्रकृति के बारे में अलग–अलग मान्यताओं का निर्माण ही नहीं बल्कि विभिन्न प्रकार की सूचनायें भी प्रदान करती हैं। समान्तर माध्य को पैमाने पर एक बिन्दु के रूप में सोचा जा

सकता है। वितरण के एक चरम पर एक मामला तथा वितरण के दूसरे चरम पर एक या अधिक मामलों के द्वारा सन्तुलन हो सकता है। बंटन के इस मामले में सन्तुलन, बिन्दु के आसपास हो रहे हैं। अर्थात् समान्तर माध्य के कुछ मामलों में यह भ्रामक हो सकता है। यानी समूह की दी गई विशेषताओं के सन्दर्भ में यह विकृत तस्वीर दे सकता है। इसका यह अर्थ नहीं है कि समान्तर माध्य का ज्ञान (माना कि किसी समूह की आय का समान्तर माध्य) एक व्यर्थ जानकारी है। समान्तर माध्य का ज्ञान उपयोगी है या नहीं यह उसके उपयोग करने के प्रस्ताव पर निर्भर करता है।

माध्यिका में भी सन्तुलन की अवधारणा लागू होती है, लेकिन इसमें क्रमसूचक पदों के खातों के स्कोर के बजाय उनके निरपेक्ष मूल्य को माना जाता है। यहाँ तक कि एक उच्च आय वाले व्यक्ति को भिखारी द्वारा सन्तुलित किया जा सकता है। लेकिन समान्तर माध्य के मामले में कम आय वाले मामलों की अधिक संख्याओं को भी बहुत अधिक आय वाले व्यक्ति के एक मामले से भी सन्तुलित किया जा सकता है।

बहुलक का उपयोग सन्तुलन की अवधारणा से अलग है। वास्तव में किसी बंटन के एक से अधिक बहुलक हो सकते हैं। उदाहरण के लिये हम छात्रों के दो समान रूप से बड़े समूहों में से एक समूह 1–2 घंटे पढ़ता है, जबकि दूसरा समूह 3–4 घंटे पढ़ता है। अतः इस प्रकार के बंटन में दो बहुलक होंगे अर्थात् बंटन द्वि–बहुलक (Bi-Modal) है। इसी प्रकार बहु–बहुलक (Multi-Modal) भी हो सकता है। इस प्रकार के मामलों में शायद केन्द्रीय प्रवृत्ति की बात भ्रामक है। स्कोर के बंटन में यह भी हो सकता है कि एक भी बहुलक न हो। जैसे कि बंटन में प्रत्येक स्कोर की आवृत्ति उतनी ही है जितनी की अन्य की। इस मामले में भी केन्द्रीय प्रवृत्ति की बात भ्रामक है। किन्हीं घटनाओं से अग्रेसित झुण्ड (Cluster) के आसपास बंटन के मध्य में कुछ बिन्दु कम या अधिक होते हैं। ऐसे मामलों में समान्तर माध्य और माध्यिका बंटन के पहलुओं को उजागर करने में उपयोगी सिद्ध हो सकते है जिनकी व्याख्या उनके द्वारा दी गई है।

सामाजिक कार्य अनुसन्धान में व्यक्तियों या घटनाओं के नमूने या जनसंख्या को चरों के सापेक्ष किस तरह से मापा या वितरित किया जा रहा है। कोई भी इसके कुछ अन्य सुनिश्चित पहलुओं को जानना चाहता है। उदाहरण के लिये – अध्ययन के घंटे, खुफिया, भागफल आदि।

उदाहरण के लिये – छात्रों की संख्या जो औसतन 2 से 5 घंटे अध्ययन करते हैं, वही संख्या है जो कि औसतन 4 से 5 घंटे अध्ययन करते हैं। या अपेक्षाकृत और छात्र जो महीने में तीन बार सिनेमा देखने जाते हैं जबकि कुछ बिल्कुल नहीं जाते हैं और अपेक्षाकृत कुछ अभी भी महीने में छः या अधिक बार सिनेमा देखने जाते हैं।

अब यदि सिनेमा जाने की आवृत्ति को क्षैतिज़ अक्ष पर तथा प्रत्येक आवृत्ति के संगत लोगों की संख्या को ऊर्ध्वाधर अक्ष पर दर्शाते हुये एक ग्राफ अंकित किया जाये तो परिणामतः ग्राफ का आकार क्या होगा? ऊपर दिये गये समंकों के आधार पर हम इसे चित्रित करते हैं। कुछ छात्र ऐसे हैं जो बिल्कुल ही फिल्म देखने नहीं जाते हैं और कुछ ऐसे हैं जो प्रतिवर्ष चालीस या और अधिक बार फिल्म देखने जाते हैं तथा कुछ बड़ी संख्या में ऐसे छात्र भी हैं जो प्रति माह लगभग बीस बार फिल्म देखने जाते हैं।

चित्र 12.2

सिनेमा देखने की आवृत्ति

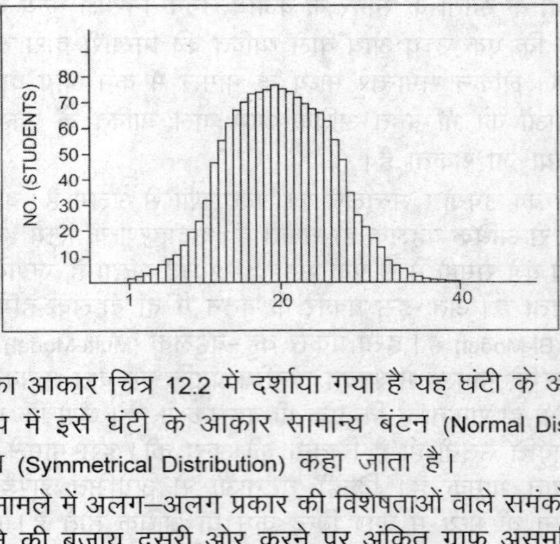

बंटन का आकार चित्र 12.2 में दर्शाया गया है यह घंटी के आकार का है। तकनीकी रूप में इसे घंटी के आकार सामान्य बंटन (Normal Distribution) या सममित बंटन (Symmetrical Distribution) कहा जाता है।

किसी मामले में अलग–अलग प्रकार की विशेषताओं वाले समंकों को एक ओर संगठित करने की बजाय दूसरी ओर करने पर अंकित ग्राफ असममित या विषम बंटन होगा। चित्र 12.3 एक बंटन का प्रतिनिधित्व करता है जो कि विषम है।

चित्र 12.3

असममित या विषम बंटन

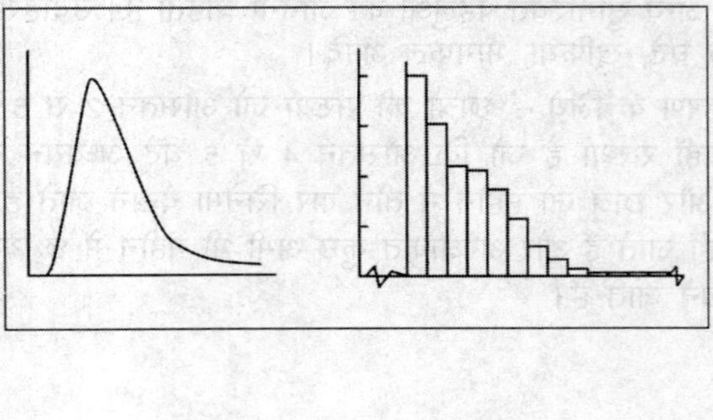

और यदि अन्य प्रकार के समंकों को दो या अधिक बिन्दुओं पर मामलों को संगठित करके मामलों के मध्य माप द्वारा द्वि–बहुलक (बहु–बहुलक) बंटन प्राप्त किया जा सकता है। चित्र 12.4 द्वि–बहुलक बंटन चित्रित करता है।

चित्र 12.4

द्वि–बहुलक बंटन

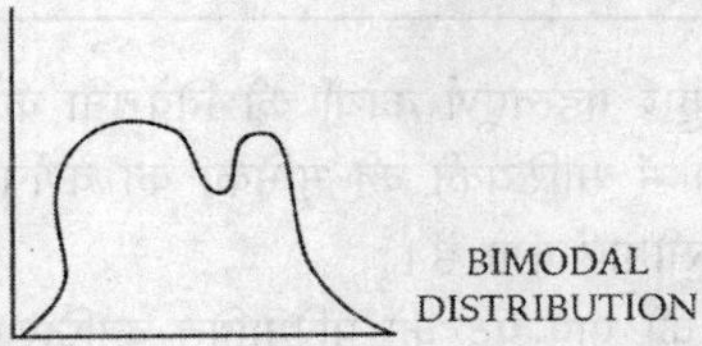

यह ध्यान रखा जाना चाहिए कि बंटन वक्र की जानकारी कुशल सांख्यिकीय तरीकों के उपयोग करने की मौलिकता है। चूंकि अधिक कुशल प्रविधियां बंटन वक्र की प्रकृति के बारे में विशिष्ट मान्यताओं का निर्माण करती हैं। ऐसा लगता है कि बंटन वक्र किसी भी चर के लिये सामान्य है लेकिन वास्तव में ऐसा हो नहीं सकता है। यदि ऐसा नहीं है तो कोई भी किसी अन्य ज्ञात बंटन वक्र में समंकों को व्यवस्थित कर सकता है या कोई भी कच्चे समंकों को गणितीय हेरफेर करके ज्ञात बंटन वक्र में परिवर्तित कर सकता है। सांख्यिकी की कोई भी मानक पुस्तक इन बिन्दुओं के स्पष्टीकरण में सहायक होगी।

समीक्षा के लिए महत्वपूर्ण पद (Important Terms for Review)

- सांख्यिकी के कार्य (Functions of Statistics)
- सामाजिक शोध में सांख्यिकी का स्थान (The Place of Statistics in Social Research)
- सांख्यिकी की सीमाएं (Limitations of Statistics)
- समानुपात (Proportions)
- प्रतिशत (Percentages)
- अनुपात (Ratios)
- केन्द्रीय प्रवृत्ति की मापें (Measures of Central Tendency)
- औसत (Average)
- माध्यिका (Median)
- असमूहित आंकड़े (Ungrouped Data)

- संतत श्रेणी (Continuous Series)
- बहुलक (Mode)
- असंतत श्रेणी (Discrete Series)

समीक्षात्मक प्रश्न (Review Questions)

1. सांख्यिकी के कुछ महत्वपूर्ण कार्यों की विवेचना करें।
2. सामाजिक शोध में सांख्यिकी की भूमिका का वर्णन करें।
3. सांख्यिकी की सीमाएं क्या हैं।
4. केन्द्रीय प्रवृत्ति की मापें पद को परिभाषित कीजिए।
5. 50 मदिरापान करने वालों की एल्कोहॉलिक एनोनिम्स सेन्टर पर परामर्श के दौरान उम्र और आवृत्ति निम्न प्रकार है।

आयु	*आवृत्ति (N=50)*
20.24	2
24.28	8
28.32	6
32.36	12
36.40	7
40.44	6
44.48	3
48.52	3
52.56	2
56.60	1

समान्तर माध्य, माध्यिका और बहुलक ज्ञात कीजिए।

आगे पढ़ने हेतु (For Further Reading)

बेकर, एल. थेरेसे, *डुईग सोशल रिसर्च,* न्यूयॉर्क, मैक्ग्रा हिल्स, 1998.

ब्लैक, एलेन एण्ड बाबे, ई. *रिसर्च मैथडोलॉजी फॉर सोशल वर्क,* बेलमोन्ट, कैलिफोर्निया : वाड्सवर्थ, 1989.

ब्लैलॉक, एच.एम. *सोशल स्टेटिसटिक्स,* ऑकलैण्ड, मैक्ग्रा हिल्स, 1998.

एलहान्स, डी.एन. *फन्डामेन्टल ऑफ स्टेटिसटिक्स,* इलाहाबाद, किताबमहल, 1984.

फेस्टीन्जर, एल. एण्ड काट्ज़ डी. (सम्पा.), *रिसर्च मैथड्स इन बिहैवियरल साइन्सेस,* न्यूयॉर्क : दि ड्रायडेन प्रेस, 1953.

फ्रेउड, जे. ई., *मॉडर्न एलीमेन्टरी स्टेटिसटिक्स,* न्यू दिल्ली, प्रैन्टिस हॉल, 1977.

गैरेट, एच. ई., *स्टेटिसटिक इन फिज़िकल एण्ड एजूकेशन,* बाम्बे, वकील्स, 1966.

गुप्ता, एस.पी., *स्टेटिसटिकल मैथड्स,* नई दिल्ली, एस चान्द, 1980.

कर्लिन्जर, फ्रेड आर. *फाउन्डेशन्स ऑफ बिहैवियरल रिसर्च,* दिल्ली, सुरजीत पब्लिकेशन्स, 1964.

किदर, ल्यूइस एच., *रिसर्च मैथड्स इन सोशल रिलेशन्स,* न्यूयॉर्क होल्ट, 1981.

क्रिशेफ, कर्टिस एच., *फन्डामेन्टल स्टेटिसटिक्स फॉर ह्यूमन सर्विसेज़ एण्ड सोशल वर्क,* बोस्टन : डक्सबरी प्रेस, 1987.

मोन्टे, ड्यूआना आर. एट ऑल, *अप्लायड सोशल रिसर्च : टूल फार दि ह्यूमन सर्विसेज़,* शिकागो होल्ट, 1986.

नचमियास, डी. एण्ड नचमियास, सी., *रिसर्च मैथड्स इन सोशल साइन्सेस,* न्यूयॉर्क सेन्ट मार्टिन्स प्रेस, 1981.

ओस्ले, बी. एण्ड मेन्सिग, आर. डब्लू, *स्टेटिसटिक्स इन रिसर्च,* नईदिल्ली, आक्सफोर्ड, 1975.

फिलिप, ए. ई. एट आल, *सोशल वर्क रिसर्च, एण्ड दि एनालिसिस ऑफ सोशल डाटा,* आक्सफोर्ड, पैरागैमन, 1975.

सैन्डर्स, डी.एच. एट ऑल, *स्टेटिसटिक्स : ए फ्रेश एप्रोच,* नई दिल्ली, मैक्ग्रा हिल्स, 1975.

विल्किनसन, टी. एस. एण्ड भण्डारकर, पी. एल., *मैथडोलॉजी एण्ड टेक्निक्स ऑफ सोशल रिसर्च,* बॉम्बे, हिमालया, 1977.

यंग, पी. वी., *साइंटिफिक सोशल सर्वेज़ एण्ड रिसर्च,* ईगलवूड क्लिफ, एन.जे. प्रैन्टिस हॉल (चौथा संस्करण), 1953.

13

विक्षेपण की मापें

Measures of Dispersion

सामाजिक कार्य अनुसन्धान में हम अक्सर उत्तरदाताओं में किसी दी गई विशेषता के लिये एकरूपता और विविधता की हद तक चाहते हैं। सामाजिक तथ्यों के किसी भी समुच्चय के मूल्य जो विषम हैं, वे सामाजिक तथ्यों के समुच्चय में मूल्यों की विविधता ही उसकी विशेषता है। वास्तव में विषमता की सीमा या भिन्नता जानने में सांख्यिकी का बुनियादी महत्व है। केन्द्रीय प्रवृत्ति की मापें सामान्यतः तथ्यों के संग्रहण की महत्वपूर्ण विशेषताओं का वर्णन है, लेकिन वे हमें अन्य बुनियादी विशेषताओं या भिन्नताओं के बारे में जानकारी नहीं बता सकते हैं। परिणामतः हमें इन विविधताओं को मापने के तरीकों की आवश्यकता है। तथ्यों के प्रसरण की सीमा और उसकी माप को विक्षेपण की मापें या चर कहा जाता है। चित्र 13.1 में 3 बंटन दर्शाये गये हैं। जो सांख्यिकीय आंकड़ों के विक्षेपण की मापों के महत्व को प्रदर्शित करते हैं।

सभी तीनों वक्रों का समान्तर माध्य एक ही है, लेकिन मूल्यों के बंटन जो वक्र में दर्शाये गये हैं वक्र A की तुलना में वक्र B में विक्षेपण या विचरण या परिवर्तिता (Variability or Dispersion) कम है जबकि वक्र B की तुलना में वक्र C में विक्षेपण कम है। यदि हम केवल केन्द्रीय प्रवृत्ति की मापों तक ही सीमित रखते हैं तो इन तीनों वक्रों के मध्य होने वाले महत्वपूर्ण अन्तर को नहीं जान पायेंगे। समंकों के प्रतिमानों को बेहतर तरीके से समझने के लिये हमें विचरण या विक्षेपण की माप करना आवश्यक है।

परिसर (Range)

परिसर को इस प्रकार परिभाषित किया गया है कि यह उच्चतम और निम्नतम मूल्यों के बीच में अन्तर है। गणितीय रूप से परिसर R (Range) = $m_H - m_L$

जहां m_H और m_L उच्चतम और निम्नतम मूल्य माने गये हैं।

चित्र 13.1

विभिन्न आकार के नमूनों के लिये मध्यमानों का बंटन

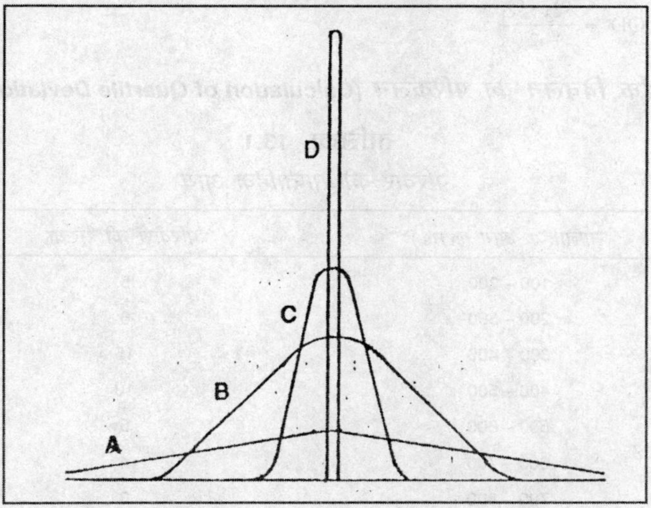

अतः समंकों के समुच्चय 10, 22, 20, 14 और 14 में परिसर का मूल्य 22 और 10 का अन्तर होगा अर्थात् 12। समूहित समंकों के मामले में चरम वर्गों के मध्य बिन्दुओं के बीच के अन्तर को हम परिसर मानते हैं। अतः यदि निम्नतम अन्तराल का मध्य बिन्दु 150 है और उच्चतम अन्तराल का मध्य बिन्दु 850 है तो परिसर का मान 700 होगा।

परिसर का केवल एक ही लाभ है कि इसकी गणना आसानी से कर सकते हैं और आसानी से समझ भी सकते हैं। किन्तु परिसर का यह लाभ शायद ही कभी उपयोग में लाया जाता है। इस लाभ के बावजूद यह आमतौर पर विक्षेपण की माप के लिये बहुत उपयोगी नहीं है। इसका मुख्य दोष यह है कि यह विक्षेपण के मूल्यों के बारे में कुछ नहीं कहता जबकि दो चरम सीमाओं के बीच मध्यस्थ है।

अर्ध–अन्तश्चतुर्थक परिसर या चतुर्थक विचलन (Semi-Inter-Quartile Range or Quartile Deviation)

अर्ध–अन्तश्चतुर्थंक परिसर विक्षेपण की अन्य माप है। आमतौर पर इसे चतुर्थक विचलन के रूप में जाना जाता है। चतुर्थक वे बिन्दु हैं जो पंक्ति या श्रेणी के मूल्यों को चार समान भागों में विभाजित करते हैं। अर्थात् प्रत्येक भाग में बंटन का 25 प्रतिशत शामिल है। इन चारों भागों में प्रत्येक उच्चतम मूल्य चतुर्थक है। अन्तश्चतुर्थंक परिसर पहले और तीसरे चतुर्थक के मूल्यों के बीच अन्तर है।

अब यदि Q_1 और Q_3 को पहले और तीसरे चतुर्थक मान लें तो अर्ध–अन्तश्चतुर्थक परिसर या चतुर्थक विचलन

$$QD = \frac{Q_3 - Q_1}{2}$$

चतुर्थक विचलन का परिकलन (Calculation of Quartile Deviation)

तालिका 13.1

परिवार की साप्ताहिक आय

साप्ताहिक आय (in Rs.)	*परिवारों की संख्या*
100 – 200	5
200 – 300	6
300 – 400	15
400 – 500	10
500 – 600	5
600 – 700	4
700 – 800	3
800 – 900	2
Total	N = 50

तालिका 13.2

क्रमांक	*साप्ताहिक आय (in Rs.)*	*परिवारों की संख्या*	*संचयी आवृत्ति (CF)*
1	100 – 200	5	5
2	200 – 300	6	11 = c
3	Q_1 – 300 – 400	15 = f	26
4	400 – 500	10	36 = c
5	Q_3 - 500 – 600	5 = f	41
6	600 – 700	4	45
7	700 – 800	3	48
8	800 – 900	2	50
	Total	N = 50	

चरण प्रक्रिया		तालिका 13.2 के अनुप्रयोग
1.	संचयी आवृत्ति ज्ञात करें और उसे स्तम्भ 4 में लिखें।	5 + 0 = 5, 5 + 6 = 11, 11+15 = 26, 26+10 = 36, 36 + 5 = 41, 41+ 4 = 45 45+3 = 48, 48 + 2 = 50
2.	Q_1 (= $\frac{N}{4}$) ज्ञात करें।	$\frac{50}{4} = 12.5$
3.	वह अन्तराल ज्ञात करें जिसमें Q_1 हो।	स्तम्भ 4 में मूल्य 12.5 अन्तराल 300–400 के अन्तर्गत आता है।
4.	चरण 3 में स्थित अन्तराल की निम्न सीमा से पहले की आवृत्ति C ज्ञात करें।	अन्तराल की निम्न सीमा 300 से पूर्व की आवृत्ति 11 = C है।
5.	Q_1 वाले अन्तराल की आवृत्ति F ज्ञात करें।	F = 15
6.	Q_1 की गणना इस प्रकार करें।	$Q_1 = L_1 + \frac{N/4 - C}{F}$ (i) $= 300 + \frac{12.5 - 11}{15} \times 100$ $= 300 + \frac{1.5}{15} \times 100$ = 300 +(0.1 x 100) = 300 + 10 = 310
7.	Q_3 (= $\frac{3 \times N}{4}$) ज्ञात करें।	$= \frac{3 \times 50}{4} = 37$
8.	वह अन्तराल ज्ञात करें जिसमें Q_3 हो।	स्तम्भ 4 में मूल्य 37.5 अन्तराल 500–600 के अन्तर्गत आता है।
9.	चरण 8 में स्थित अन्तराल की निम्न सीमा से पहले की आवृत्ति C ज्ञात करें।	अन्तराल की निम्न सीमा 500 से पूर्व की आवृत्ति 36 = C है।
10.	Q_3 वाले अन्तराल की आवृत्ति F ज्ञात करें।	F = 5
11.	Q_3 की गणना इस प्रकार करें।	$Q_1 = L + \frac{3N/4 - C}{5}$ (i) $= 500 + \frac{37.5 - 36}{5} \times 100$ $= 500 + \frac{1.5}{5} \times 100$ = 500 +(0.3 x 100) = 500 + 30 = 530
12.	अन्तश्चतुर्थक परिसर की गणना करें।	$Q_3 - Q_1$ = 530 - 310 = 220
13.	अर्ध–अन्तश्चतुर्थक परिसर या चतुर्थक विचलन QD की गणना करें।	$QD = \frac{Q_3 - Q_1}{2}$ $= \frac{220}{2}$ = 110

चतुर्थक विचलन विक्षेपण की माप का एक निरपेक्ष मान (Absolute Measure) है। यदि चतुर्थक विचलन का उपयोग शृंखला के विक्षेपण की तुलना हेतु किया जा रहा है तो यह आवश्यक है कि चतुर्थक विचलन के गुणांक को निरपेक्ष माप में बदल दिया जाये।

प्रतीकात्मक रूप में चतुर्थक विचलन गुणांक

$$QD = \frac{\frac{Q_3 - Q_1}{2}}{\frac{Q_3 + Q_1}{2}} = \frac{Q_3 - Q_1}{Q_3 + Q_1}$$

चतुर्थक विचलन गुणांक के इस सूत्र के उपयोग से हम निम्न मान प्राप्त कर सकते हैं।

$$QD = \frac{Q_3 - Q_1}{Q_3 + Q_1} = \frac{530 - 310}{530 + 310} = \frac{220}{840} = 0.26 \text{ (लगभग)}$$

माध्य विचलन (Mean Deviation)

परिसर और चतुर्थक विचलन एक गम्भीर खामी या कमी से ग्रसित है। एक शृंखला के केवल दो मूल्यों को मानकर गणना की जाती है। विक्षेपण की ये दो मापें श्रेणी के सभी अवलोकनों पर आधारित नहीं होती हैं। परिणामतः शृंखला की सम्पूर्ण संरचना पूरी तरह से नजर अंदाज़ हो जाती है। इस दोष से बचने के लिये श्रेणी के केन्द्रीय मूल्य से सम्बन्धित कर सभी अवलोकनों के मान की गणना विक्षेपण से की जाती है। विक्षेपण की गणना की इस विधि को औसत विचलन या माध्य विचलन की विधि कहा जाता है। जैसा कि नाम से ज्ञात होता है कि केन्द्रीय प्रवृत्ति की माप से विभिन्न पदों के विचलनों का अंकगणितीय औसत है।

जैसा कि हम जानते हैं कि विचलनों का योग केन्द्रीय मूल्य से हमेशा शून्य हो जायेगा। अतः माध्य विचलन ज्ञात करने के लिये (माध्य या किसी अन्य केन्द्रीय माप से) हमें ऋणात्मक चिह्न से किसी भी प्रकार से छुटकारा मिलना चाहिये। अतः यहां चिह्नों की अनदेखी करके अन्तरों के निरपेक्ष मान या मूल्य को लिया जाता है।

यदि संख्याओं 12, 14, 15, 16 और 18 का माध्य 15 है जो इनमें से प्रत्येक संख्या को 15 से घटायेंगे तथा चिह्नों की अनदेखी या उपेक्षा करके परिणाम को जोड़ दिया जाता है। इस प्रकार प्राप्त परिणाम को 5 से विभाजित करने पर हमें निम्न मान प्राप्त होता है।

λ_x (समान्तर माध्य से माध्य विचलन) $= \frac{|d|}{N} = \frac{3+1+0+1+3}{5} = \frac{8}{5}$

जहाँ |d| विचलनों के निरपेक्ष मूल्य के योग का मान है। अतः हम कह सकते हैं कि औसत से माध्य का अन्तर अर्थात् माध्य विचलन 1.6 है।

असमूहित समंकों में माध्य विचलन की गणना – व्यक्तिगत अवलोकन
(Calculation of Mean Deviation in Ungrouped Data – Individual Observation)

तालिका 13.3

छात्रों के प्राप्तांक

अनुक्रमांक	*प्राप्तांक (X)*
1	31
2	35
3	38
4	41
5	49
6	54
7	59
8	66
9	68
N = 9	ΣX = 441

$$\overline{X} = \frac{\Sigma X}{N} = \frac{441}{9} = 49$$

तालिका 13.4

अनुक्रमांक	*प्राप्तांक (X)*	*| d | [= X – (Mean = 49)]*
1	31	18
2	35	14
3	38	11
4	41	8
5	49	0
6	54	5

लगातार...

...लगातार

7	59	10
8	66	17
9	68	19
N = 9		Σ| d | = 102

$$\lambda(\bar{x}) = \frac{\Sigma \mid d \mid}{N} = \frac{102}{9} = 11.33 \text{ (लगभग)}$$

असंतत श्रेणी में माध्य विचलन की गणना (Calculation of Mean Deviation in Discrete Series)

तालिका 13.5

विशिष्ट अवधि के दौरान 65 बच्चों के भार में वृद्धि

	वृद्धि (किग्रा में)	*बच्चों की संख्या*
	1	3
	2	4
	3	6
	4	9
माध्यिका समूह	5	12
	6	11
	7	9
	8	7
	9	4
		N = 65

हल (Solution)

माध्यिका (X) = $\frac{N}{2}$ वें पद का आकार $\frac{65}{2}$ वें पद का आकार

अतः 32.5 वें पद का आकार = 5

माध्यिका से माध्य विचलन = $\frac{\Sigma f \mid d \mid}{N} = \frac{111}{65} = 1.71$ (लगभग)

तालिका 13.6

	वृद्धि (किग्रा में)	बच्चों की संख्या (f)	संचयी आवृत्ति (Cf)	माध्यिका से विचलन	f × |d|
	1	3	3	4	12
	2	4	7	3	12
	3	6	13	2	12
	4	9	22	1	9
माध्यिका समूह	5	12	34	0	0
	6	11	45	1	11
	7	9	54	2	18
	8	7	61	3	21
	9	4	65	4	16
		N = 65			Σf × |d| = 111

संतत श्रेणी में माध्य विचलन की गणना (Calculation of Mean Deviation in Continuous Series)

तालिका 13.7

परिवार की साप्ताहिक आय (रु. में)

साप्ताहिक आय (रु. में)	परिवारों की संख्या
100–200	5
200–300	5
300–400	15
400–500	10
500–600	5
600–700	4
700–800	3
800–900	3
कुल योग	N = 50

हल (Solution)

तालिका 13.8

परिवार की साप्ताहिक आय (रु. में)

	साप्ताहिक आय (रु.)	मध्यमान (m)	परिवारों की संख्या (f)	संचयी आवृत्ति (Cf)	माध्यिका से विचलन $\|d\| = \|400-m\|$	f |d|
माध्यिका समूह	100-200	150	5	5	250	1250
	200-300	250	5	10 = C	150	750
	300-400	350	15 = f	25	50	750
	400-500	450	10	35	50	500
	500-600	550	5	40	150	750
	600-700	650	4	44	250	1,000
	700-800	750	3	47	350	1,050
	800-900	850	3	50	450	1,350
	कुल योग		N = 50			7,400

चरण प्रक्रिया	तालिका 13.8 के अनुप्रयोग
1. बंटन से माध्यिका की गणना कीजिये।	$\dot{X} = L + \frac{\frac{N}{2} - C}{f} \times (i)$ $= 300 + \frac{\frac{50}{2} - 10}{15} \times 100$ $= 300 + \frac{25-10}{15} \times 100$ $= 300 + \frac{15}{15} \times 100$ $= 300 + (1 \times 100)$ $= 300 + 100 = 400$
2. प्रत्येक वर्ग का मध्य बिन्दु ज्ञात कीजिये।	$= \frac{100 + 200}{2} = \frac{300}{2} = 150, \ldots$
3. माध्यिका = 400 से प्रत्येक मध्य बिन्दु का निरपेक्ष विचलन |d| ज्ञात कीजिये।	$\|150 - 400\| = \|-250\|$ $= 250, \ldots\ldots 850-400 = 450$
4. कुल निरपेक्ष विचलन का प्रत्येक वर्ग की आवृत्ति से गुणा करके f × |d| ज्ञात कीजिये। जहाँ |d| माध्यिका = 400 से प्रत्येक वर्ग अन्तराल के मध्य बिन्दु का विचलन है।	$5\times250, 5\times150, 15\times50, \ldots, 3\times450.$
5. विचलन और प्रत्येक वर्ग की आवृत्ति के गुणनफल का योग ज्ञात कीजिये।	$\Sigma f \times \|d\| = 7400$
6. माध्य विचलन की गणना कीजिये।	$\lambda(X) = \frac{f\|d\|}{N} = \frac{7400}{50} = 148$

माध्य विचलन गुणांक (Coefficient of Mean Deviation)

श्रेणी के माध्य विचलन की तुलना करने के लिये माध्य विचलन के गुणांक या सापेक्ष माध्य विचलन की गणना को माध्य विचलन में केन्द्रीय प्रवृत्ति की माप से भाग देकर प्राप्त किया जाता है (केन्द्रीय प्रवृत्ति की माप से अर्थ यह है कि जिससे विचलन की गणना की गई हो अर्थात् माध्यिका, बहुलक या समान्तर माध्य)।

अतः माध्य विचलन गुणांक = $\frac{\lambda x}{X}$

उपर्युक्त उदाहरण में इस सूत्र का उपयोग करने पर

माध्य विचलन गुणांक = 148/400 = 0.37 हुआ।

मानक विचलन (Standard Deviation)

मानक विचलन या विचलन वर्ग माध्य मूल सर्वाधिक उपयोगी और अक्सर उपयोग में लायी जाने वाली विक्षेपण की माप है। मानक विचलन को इस प्रकार परिभाषित किया जाता है कि चरों के उनके माध्य से विचलनों के वर्गों के माध्य का वर्गमूल है। प्रतीकात्मक रूप में इसे इस प्रकार दर्शाया जा सकता है।

$$SD = \sqrt{\frac{\Sigma d^2}{N}}$$

जहाँ SD मानक विचलन के लिये प्रयोग किया जाता है। Σd^2 माध्य से विचलनों के वर्गों का योग और छह पदों की कुल संख्या है।

व्यक्तिगत अवलोकन की श्रेणी में मानक विचलन की गणना
(Calculation of Mean Deviation in Series of Individual Observation)

तालिका 13.9

छात्रों के प्राप्तांक

अनुक्रमांक	*प्राप्तांक (X)*
1	31
2	35
3	38
4	41
5	49
6	54
7	59
8	66
9	68

हल : प्रत्यक्ष विधि (Solution: Direct Method)

तालिका 13.10

छात्रों के प्राप्तांक

अनुक्रमांक	*प्राप्तांक (X)*	*माध्य से विचलन* *49* $(X - \overline{X} = d)$	d^2
1	31	-18	324
2	35	-14	196
3	38	-11	121
4	41	-8	64
5	49	0	0
6	54	+5	25
7	59	+10	100
8	66	+17	289
9	68	+19	361
N = 9	$\overline{X}$ = 441/9 = 49		Σd^2 = 1480

$$SD = \sqrt{\frac{\Sigma d^2}{N}} = \sqrt{\frac{1480}{9}} = \sqrt{164.444} = 12.82 \text{ (लगभग)}$$

तालिका 13.11

अनुक्रमांक	प्राप्तांक *(X)*	कल्पित माध्य से विचलन *d = (X–41)*	d^2
1	31	.10	100
2	35	.6	36
3	38	.3	9
4	41	0	0
5	49	8	64
6	54	13	169
7	59	18	324
8	66	25	625
9	68	27	729
N = 9	A = 41	Σd = 72	Σd^2 = 2056

$$SD = \sqrt{\frac{\Sigma d^2}{N} - \frac{\Sigma d}{N}}$$

$$= \sqrt{\frac{2056}{9} - \left(\frac{72}{9}\right)^2}$$

$$= \sqrt{228.44 - 64}$$

$$= \sqrt{164.44}$$

$$= 12.82 \text{ (लगभग)}$$

असंतत श्रेणी में मानक विचलन की गणना (Calculation of Standard Deviation in Discrete Series)

एक असंतत श्रेणी में कल्पित माध्य से विचलन का पहले अभिकल्पन किया जाता है। इसके बाद पदों की आवृत्तियों के सापेक्ष गुणा किया जाता है और विचलनों का वर्ग किया जाता है। तदुपरान्त पदों की आवृत्तियों के सापेक्ष गुणा किया जाता है। इन गुणनफलों का कुल योग ज्ञात करके आवृत्तियों के कुल योग से विभाजित किया जाता है। मानक विचलन की निम्न सूत्र की सहायता से गणना की जाती है।

$$SD = \sqrt{\frac{\Sigma f d^2}{N} - \left(\frac{\Sigma f d}{N}\right)^2}$$

निम्न उदाहरण मानक विचलन के सूत्र को स्पष्ट करेगा।

तालिका 13.12

विशिष्ट अवधि के दौरान 65 बच्चों के भार में वृद्धि

वृद्धि (किग्रा में)	*बच्चों की संख्या*
1	3
2	4
3	6
4	9
5	12
6	11
7	9
8	7
9	4
	N = 65

तालिका 13.13

विशिष्ट अवधि के दौरान 65 बच्चों के भार में वृद्धि

वृद्धि (किग्रा में)	*बच्चों की संख्या*	*कल्पित माध्य से विचलन (d)*	*कुल विचलन (f×d)*	*विचलन का वर्ग (d^2)*	*f×d^2*
1	3	-4	-12	16	48
2	4	-3	-12	9	36
3	6	-2	-12	4	24
4	9	-1	-9	1	9
5	12	0	0	0	0
6	11	+1	11	1	11
7	9	+2	18	4	36
8	7	+3	21	9	63
9	4	+4	16	16	64
	N = 65		Σfd = 21		Σfd^2 = 291

$$SD = \sqrt{\frac{\Sigma fd^2}{N} - \left(\frac{\Sigma f\ d}{N}\right)^2}$$

$$SD = \sqrt{\frac{2912}{65} - \left(\frac{21}{65}\right)^2}$$

$$= \sqrt{4.4769 - 0.1044}$$

$$= \sqrt{4.3725}$$

$$= 2.09 \text{ (लगभग)}$$

संतत श्रेणी में मानक विचलन की गणना (Calculation of Standard Deviation in Continuous Series)

एक संतत श्रेणी में वर्ग अन्तराल का प्रतिनिधित्व उनके मध्यबिन्दुओं द्वारा किया जाता है। सामान्यतया वर्ग अन्तराल समान आकार के होते हैं। और इस प्रकार कल्पित औसत से विचलन वर्ग अन्तराल इकाइयों में व्यक्त किये जाते हैं। वैकल्पिक रूप से विचलनों को वर्ग अन्तराल के परिमाण से विभक्त करके स्टेप विचलन ज्ञात किया जाता है। मानक विचलन के सूत्र की गणना निम्नलिखित है।

$$SD = \sqrt{\frac{\Sigma fd^2}{N} - \left(\frac{\Sigma f\ d}{N}\right)^2} \times i$$

जहाँ i सर्वनिष्ठ कारक या वर्ग अन्तराल का परिमाण है। नीचे दिये गये उदाहरण से सूत्र को स्पष्ट किया जा सकेगा।

तालिका 13.14

परिवार की साप्ताहिक आय (रु. में)

क्रमांक	*साप्ताहिक आय (in Rs.)*	*परिवारों की संख्या (f)*
1	100–200	5
2	200–300	6
3	300–400	15
4	400–500	10
5	500–600	5
6	600–700	4
7	700–800	3
8	800–900	2
	Total	N = 50

तालिका 13.15

परिवार की साप्ताहिक आय (रु. में)

क्रमांक	*साप्ताहिक आय (in Rs)*	*मध्यमान (m)*	*परिवारों की संख्या (f)*	*कल्पित औसत से Step विचलन d = (m–450)/i=100*	*fd*	d^2	fd^2
1	100 – 200	150	5	-3	-15	9	45
2	200 – 300	250	6	-2	-12	4	24
3	300 – 400	350	15	-1	-15	1	15
4	400 – 500	450	10	0	0	0	0
5	500 – 600	550	5	+1	5	1	5
6	600 – 700	650	4	+2	8	4	16
7	700 – 800	750	3	+3	9	9	27
8	800 – 900	850	2	+4	8	16	32
			N = 50	$\Sigma fd = -12$			$\Sigma fd^2 = 164$

चरण	*प्रक्रिया*	*तालिका 13.15 के अनुप्रयोग*
1.	विभिन्न वर्गों के मध्य बिन्दु ज्ञात कीजिये।	$\frac{100+200}{2} = \frac{300}{2} = 150$,....
2.	केंद्र से मध्य बिन्दुओं का एक औसत मूलय मान लेते हैं	450 = Assumed Average
3.	माने हुए औसत 450 से मध्य बिंदुओं के अंतर ज्ञात करते हैं तथा उन्हें वर्गान्तर से भाग देकर स्टेप विचलन से ज्ञात करते हैं।	(1) 150–450 = –300/3 = –3 ...

लगातार...

...लगातार

4.	विचलनों को प्रत्येक वर्ग की आवृत्ति से गुणा करते हैं	(-3) × (5) = -15 (-2) × (6) = -12
5.	चरण 4 से (Σfd)समेकित गुणनफल ज्ञात करते हैं।	Σfd = -12
6.	विचलनों का वर्ग करें (d^2)	(-3) × (-3) = 9
7.	विचलनों के वर्ग को उनके सापेक्ष आवृत्तियों से गुणा करें (d^2)	9 × 5 = 45, ...,
8.	चरण 7 से (Σfd^2) समेकित गुणनफल ज्ञात करें।	Σfd^2 =164
9.	सूत्र की सहायता से मानक विचलन की गणना करें।	$SD = \sqrt{\frac{\Sigma fd^2}{N} - \left(\frac{\Sigma f\delta}{N}\right)^2} \times i$ $SD = \sqrt{\frac{164}{50} - \left(\frac{-12}{50}\right)^2} \times 100$ $= \sqrt{3.28 - 0.0576} \times 100$ $= \sqrt{3.2224} \times 100$ = 1.795 × 100 = 179.51 (लगभग)

विचरण गुणांक (Coefficient of Variation)

मानक विचलन निरपेक्ष विक्षेपण की माप का प्रतिनिधित्व करता है। अतः दो या अधिक बंटनों के सापेक्ष विक्षेपण की माप आवश्यक है। जबकि मानक विचलन इसके माध्य से सम्बन्धित है। यह सापेक्ष विक्षेपण की माप करता है। कार्ल पियर्सन ने सापेक्ष विक्षेपण की मापों पर कार्य किया जिसे विचरण गुणांक के नाम से जाना जाता है।

$$CV \text{ or } V = \frac{SD}{X}(100)$$

$$\overline{X} = 450 + \frac{-12}{50} \times 100$$

$$= 450 + (-12) \times 2$$

$$= 450 - 24 = 426$$

तालिका 13.15 में दी गई समस्या से प्राप्त विचरण गुणांक इस प्रकार है–

$$CV = \frac{179.51}{426} \times 100$$

$$= 0.42138 \times 100$$

$= 42.138$ प्रतिशत (लगभग)

समीक्षा के लिए महत्वपूर्ण पद (Important Terms for Review)

- विक्षेपण की मापें (Measures of Dispersion)
- परिसर (Range)
- अर्द्ध अन्तर चतुर्थांश परिसर (Semi-Inter-Quartile Range)
- चतुर्थांश विचलन (Quartile Deviation)
- माध्य विचलन (Mean Deviation)
- माध्य विचलन गुणांक (Coefficient Mean Deviation)
- मानक विचलन (Standard Deviation)
- मानक विचलन गुणांक (Coefficient Standard Deviation)

समीक्षात्मक प्रश्न (Review Questions)

1. विक्षेपण की मापें पद को परिभाषित करें और इसके महत्व को केन्द्रीय प्रवृत्ति की मापों के महत्व से मूल्यांकित कर चर्चा करें।
2. अर्द्ध अन्तर चतुर्थांश परिसर क्या है।
3. एक शोधकर्ता ने 100 मदिरापान करने वालों के स्वमूल्यांकन हेतु प्रश्नावली वितरित की।

Self-Evaluation Scores	*मदिरापान करने वालों की संख्या*
40-45	1
45-50	2
50-55	3
55-60	4
60-65	4
65-70	7
70-75	9
75-80	7
80-90	6
90-95	5
95-100	4
100-105	2
105-110	1
Total	55

पहले और तीसरे गुरिल्ला (छापामार) मूल्यों के उपयोग से इसे तीन समूहों में विभाजित कीजिये।

4. पूर्व उदाहरण में दिये गये समंकों का उपयोग करके मानक विचलन और माध्य विचलन की गणना कीजिये।
5. मानक विचलन और माध्य विचलन के अन्तर को स्पष्ट कीजिये।
6. मानक विचलन के अवगुणों पर चर्चा कीजिये।

आगे पढ़ने हेतु (For Further Reading)

बेकर, एल. थेरेसे, *डुईग सोशल रिसर्च,* न्यूयॉर्क, मैक्ग्रा हिल्स, 1998.

ब्लैलॉक, एच.एम., *सोशल स्टेटिसटिक्स,* ऑकलैण्ड, मैक्ग्रा हिल्स, 1998.

एलहान्स, डी.एन., *फन्डामेन्टल ऑफ स्टेटिसटिक्स,* इलाहाबाद, किताबमहल, 1984.

फेस्टीन्जर, एल. एण्ड काट्ज़ डी. (सम्पा.), *रिसर्च मैथड्स इन बिहैवियरल साइन्सेस,* न्यूयॉर्क : दि ड्रायडेन प्रेस, 1953.

फ्रेउड, जे. ई., *माडर्न एलीमेन्टरी स्टेटिसटिक्स,* न्यू दिल्ली, प्रैन्टिस हॉल, 1977.

गैरेट, एच. ई., *स्टेटिसटिक्स इन फिज़िकल एण्ड एजूकेशन,* बॉम्बे, वकील्स, 1966.

गुप्ता, एस.पी., *स्टेटिसटिकल मैथड्स,* नई दिल्ली, एस चान्द, 1980.

कर्लिन्जर, फ्रेड आर., *फाउन्डेशन्स ऑफ बिहैवियरल रिसर्च,* दिल्ली, सुरजीत पब्लिकेशन्स, 1964.

किदर, ल्यूइस एच., *रिसर्च मैथड्स इन सोशल रिलेशन्स,* न्यूयॉर्क होल्ट, 1981.

क्रिशेफ, कर्टिस एच., *फन्डामेन्टल स्टेटिसटिक्स फॉर ह्यूमन सर्विसेज़ एण्ड सोशल वर्क,* बोस्टन : डक्सबरी प्रेस, 1987.

मोन्टे, ड्यूआना आर. एट ऑल, *अप्लायड सोशल रिसर्च : टूल फॉर दि ह्यूमन सर्विसेज़,* शिकागो होल्ट, 1986.

नचमियास, डी. एण्ड नचमियास, सी., *रिसर्च मैथड्स इन सोशल साइन्सेस,* न्यूयॉर्क सेन्ट मार्टिन्स प्रेस, 1981.

ओस्ले, बी. एण्ड मेन्सिग, आर. डब्लू, *स्टेटिसटिक्स इन रिसर्च,* नई दिल्ली, ऑक्सफोर्ड, 1975.

फिलिप, ए. ई. एट आल, *सोशल वर्क रिसर्च,* एण्ड *दि एनालिसिस ऑफ सोशल डाटा,* ऑक्सफोर्ड, पैरागैमन प्रेस,1975.

रूबिन, ऐलेन एण्ड बेबी, ई, *रिसर्च मैथडोलॉजी फॉर सोशलवर्क,* बेलमोन्ट, कैलिफोर्निया : वेड्सवर्थ, 1989.

सैन्डर्स, डी.एच. एट ऑल, *स्टेटिसटिक्स : ए फ्रेश एप्रोच,* नई दिल्ली, मैक्ग्रा हिल्स, 1975.

विल्किनसन, टी. एस. एण्ड भण्डारकर, पी. एल., *मैथडोलॉजी एण्ड टेक्निक्स ऑफ सोशल रिसर्च,* बॉम्बे, हिमालया, 1977.

यंग, पी. वी., *साइंटिफिक सोशल सर्वेज़ एण्ड रिसर्च,* ईगलवूड क्लिफ, एन.जे. प्रैन्टिस हॉल (चौथा संस्करण), 1953.

14

साहचर्य की मापें

Measures of Association

अब तक हम एकल चर विश्लेषण और उनके वर्णन से सम्बन्धित विभिन्न सांख्यिकीय तरीकों की चर्चा कर चुके हैं। सामाजिक कार्य अनुसन्धान में हम अक्सर समंकों में एक–दूसरे के साथ विभिन्न चरों के मध्य सम्बन्ध ज्ञात करना चाहते हैं। उदाहरण के लिये कोई यह जानना चाहता है कि क्या एक छात्र द्वारा पढ़ाई में व्यतीत किये गये घंटों की संख्या का उसके माता–पिता की आय, आयु इत्यादि से किसी तरह का सम्बन्ध है। दूसरे शब्दों में कोई भी यह निर्धारित करने की रुचि रख सकता है कि क्या एक चर में परिवर्तन, दूसरे चर में परिवर्तन के साथ सम्बन्ध है। उदाहरण के लिये – क्या उच्च आय (वेतन और कार्य के सम्बन्ध में) वाले माता–पिता के बच्चों की ख्वाहिश उच्च प्रत्याशाओं से सम्बन्धित है। इसके विपरीत क्या माता–पिता की कम आय (वेतन और कार्य के सम्बन्ध में) बच्चों की कम प्रत्याशाओं के साथ सह–सम्बन्ध है। सह–सम्बन्ध गुणांक (r) का सर्वाधिक उपयोग चरों के बीच सम्बन्ध की माप का आकलित करने हेतु किया जाता है।

सह–सम्बन्ध गुणांक (r) का आरम्भ कार्ल पियर्सन द्वारा किया गया था। और यह अक्सर गुणन आघूर्ण या उत्पाद–आघूर्ण (Product -Moment) सह–सम्बन्ध के रूप में जाना जाता है। सह–सम्बन्ध गुणांक दो चरों के बीच सह–सम्बन्ध की डिग्री या उसकी सीमा की पहचान की गणना करने के लिये की जाती है। इसका मतलब यह नहीं है कि उनके सम्बन्ध कार्यात्मक या स्थिर हैं। दूसरे शब्दों में समंकों के दो समूहों के मध्य यह हमेशा आवश्यक नहीं होता है कि सह–सम्बन्ध का परिणाम परस्पर अन्तर निर्भरता हो। समंकों के एक समूह में परिवर्तन, समंकों के दूसरे समूह में परिवर्तन का कारण बन सकता है। और दोनों समूहों के मध्य

कारण एवं प्रभाव सम्बन्ध हो सकता है, लेकिन यह भी समान रूप में सम्भव है कि समंकों के दोनों समूहों में परिवर्तन किसी तीसरे कारक के प्रभाव के कारण हो जो समंकों के दोनों समूहों को प्रभावित करता हो। सह–सम्बन्ध का अध्ययन, विशेषकर समाजविज्ञान में अत्यधिक सीमित क्षेत्र में उपयोग किया जाता है।

धनात्मक–ऋणात्मक सह–सम्बन्ध (Positive and Negative Correlation)

जब एक चर बढ़ता या घटता है और दूसरे में भी परिवर्तन उसी दिशा में होता है तो दोनों श्रेणियों में धनात्मक सह–सम्बन्ध होता है, लेकिन जब दो चरों में परिवर्तन विपरीत दिशा में होता है तो तो दोनों श्रेणियों में ऋणात्मक सह–सम्बन्ध होता है। सह–सम्बन्ध गुणांक (r) के मूल्य में परिवर्तन धनात्मक 1 (+1) से नीचे की ओर शून्य (0.0) तथा ऋणात्मक 1 (-1) तक होता है।

पियर्सन का सह–सम्बन्ध गुणांक – व्यक्तिगत अवलोकन (Pearson's Coefficient of Correlation – Individual Observation)

सह–सम्बन्ध की डिग्री और दिशा की गणना करने के लिये पियर्सन की विधि अत्यधिक सन्तोषजनक है। सूत्र नीचे दिया गया है–

$$r = \frac{\Sigma\, dx\, dy - N\left(\frac{\Sigma dx}{N}\right)\left(\frac{\Sigma dy}{N}\right)}{N\sqrt{\frac{\Sigma dx^2}{N} - \left(\frac{\Sigma dx}{N}\right)^2}\sqrt{\frac{\Sigma dy^2}{N} - \left(\frac{\Sigma dy}{N}\right)^2}}$$

जहाँ dx पहले चर के विभिन्न पदों का कल्पित माध्य से विचलन है और dy इसी के संगत दूसरे चर के विभिन्न पदों का कल्पित माध्य से विचलन हैं। और N पदों में जोड़ों की संख्या है।

सूत्र के अनुप्रयोग की व्याख्या निम्न उदाहरण में की जा रही है–

तालिका 14.1

एम.एस.डब्लू के 10 छात्रों के समाजकार्य शोध के (सिद्धान्त) और रिसर्च प्रोजेक्ट (व्यवहार) में प्राप्तांक

क्रमांक	*समाजकार्य शोध में प्राप्तांक (सिद्धान्त)*	*शोध प्रोजेक्ट में प्राप्तांक (व्यवहार)*
1	40	42
2	26	29
3	70	66

लगातार...

...लगातार

4	32	24
5	52	58
6	30	28
7	48	46
8	48	50
9	42	44
10	62	66

तालिका 14.2

कार्ल पियर्सन के सह–सम्बन्ध गुणांक का आकलन

क्रमांक	*समाजकार्य शोध में प्राप्तांक*	*विचलन dx*	*dx^2*	*शोध प्रोजेक्ट विचलन में प्राप्तांक*	*dy*	*dy^2*	*dx.dy*
1	40	-8	64	42	-4	16	+32
2	26	-22	484	29	-17	289	+374
3	70	+22	484	66	+20	400	+440
4	32	-16	256	24	-22	484	+352
5	52	+4	16	58	+12	144	+48
6	30	-18	324	28	-18	324	+324
7	48	0	0	46	0	0	0
8	48	0	0	50	+4	16	0
9	42	-6	36	44	-2	4	+12
10	62	+14	196	66	+20	400	+280
N =10	$\overline{X} = 45$	$\Sigma dx = -30$	$\Sigma dx^2 = 1860$	$\overline{Y} = 45.3$	$\Sigma dy = -7$	$\Sigma dy^2 = 2077$	$\Sigma dxdy = 1862$

चरण	*प्रक्रिया*	*तालिका 14.2 के अनुप्रयोग*
1.	चर X और Y का औसत मूल्य कल्पित मान लें।	x के लिये कल्पित माध्य (X) = 48 y के लिये कल्पित माध्य (Y) = 46
2.	चर X और Y के पदों के मूल्य से कल्पित माध्य का विचलन dx और dy ज्ञात कीजिये।	x के लिये 40-48 = -8, 26-48, ..., 62-48 =14 y के लिये 42-46 = -4, 29-46, ..., 66-46 = 20
3.	विचलनों का वर्ग dx^2 और dy^2 ज्ञात कीजिये।	dx^2 = (-8)2 = 64, 484, ..., 196 dy^2 = (-4)2 = 16, 289, ..., 400
4.	विचलनों का गुणनफल dx.dy ज्ञात कीजिये।	dx.dy = (-8) × (-4), ..., 280

लगातार...

...लगातार

5.	dx, dy, dx^2, dy^2 और dx.dy का योगफल ज्ञात कीजिये।	$\Sigma dx = -30$, $\Sigma dy = -7$, Σ□□^{2} =1860, Σdy^2 = 2077 और $\Sigma dx.dy$=1862
6.	दिये गये सूत्र से सह–सम्बन्ध गुणांक की गणना करें।	$r = \frac{\Sigma\, dx\, dy - N\left(\frac{\Sigma dx}{N}\right)\left(\frac{\Sigma dy}{N}\right)}{N\sqrt{\frac{\Sigma dx^2}{N} - \left(\frac{\Sigma dx}{N}\right)^2}\sqrt{\frac{\Sigma dy^2}{N} - \left(\frac{\Sigma dy}{N}\right)^2}}$ $r = \frac{1862 - 10\left(\frac{-30}{10}\right)\left(\frac{-7}{10}\right)}{10\sqrt{\frac{1860}{10} - \left(\frac{-30}{10}\right)^2}\sqrt{\frac{2077^2}{10} - \left(\frac{-7}{10}\right)^2}}$ $r = \frac{1862 - 10\ (-3)\ (-0.7)}{10\sqrt{186 - 9}\ \sqrt{207.7 - 0.49}}$ $= \frac{1862 - 10\ (2.1)}{10\sqrt{177}\ \sqrt{207.21}}$ $= \frac{1862 - 21}{10 \times 13.3 \times 14.39}$ $= \frac{1841}{1914.507}$ = 0.962 (लगभग)

संतत श्रेणी में सह–सम्बन्ध गुणांक का आकलन (Calculation of Coefficient of Correlation in Continuous Series)

यदि श्रेणी संतत है तो समंकों को आवृत्ति तालिका में द्विमार्गी तरीके से वर्गीकृत किया जाता है। सह–सम्बन्ध गुणांक के आकलन में समूहित समंक पूर्व निर्धारित कल्पना पर इस प्रकार आधारित होते हैं कि प्रत्येक पद जो किसी वर्ग अन्तराल के अन्तर्गत आते हैं उस वर्ग के मध्यमान के अन्तर्गत रखे जाते हैं। एक उदाहरण के द्वारा हम निम्न समंकों के सह–सम्बन्ध गुणांक की गणना करेंगे।

तालिका 14.3

पति और पत्नियों के वैवाहिक सन्तुष्टि हेतु प्राप्त स्कोर

पतियों द्वारा प्राप्त स्कोर	*पत्नियों द्वारा प्राप्त स्कोर (Wives)*					*कुल*
	15–25	25–35	35–45	45–55	55–65	
20–30	13	1				14
30–40	1	12	2			15
40–50		1	8	1		10
50–60			2	4	2	8
60–70				1	2	3
कुल	14	14	12	6	4	50

इस तरह के मामलों में सह–सम्बन्ध गुणांक की गणना के लिये सूत्र नीचे दिये गये स्वरूप में होगा–

$$r = \frac{\Sigma\, fdx\, dy - N\left(\frac{\Sigma fdx}{N}\right)\left(\frac{\Sigma fdy}{N}\right)}{N\sqrt{\frac{\Sigma fdx^2}{N} - \left(\frac{\Sigma fdx}{N}\right)^2}\sqrt{\frac{\Sigma fdy^2}{N} - \left(\frac{\Sigma fdy}{N}\right)^2}}$$

fdx, fdy, dx^2, dy^2 और fdx.dy का मान प्राप्त करने के उपरान्त समंकों को तालिका 14.3(अ) में दर्शाये अनुसार व्यवस्थित कीजिये।

तालिका 14.3 (अ) में सूत्र का उपयोग करने पर हमें प्राप्त होता है

$$r = \frac{86 - 50\left(\frac{-28}{50}\right)\left(\frac{-29}{50}\right)}{50\sqrt{\frac{92}{50} - \left(\frac{-28}{50}\right)^2}\sqrt{\frac{91}{50} - \left(\frac{-29}{50}\right)^2}}$$

$$= \frac{86 - 50\ (-0.56)\ (-0.58)}{50\sqrt{1.84 - (0.31)}\ \sqrt{1.82 - 0.3364}}$$

$$= \frac{86 - 50 \times 0.3248}{15\sqrt{1.5264}\quad \sqrt{1.4836}}$$

$$= \frac{86 - 16.24}{50 \times 1.235 \times 1.218}$$

$$= \frac{69.76}{75.211}$$

= 0.9275 (लगभग)

उपरोक्त सूत्र में केवल f का परिवर्तन हुआ है जिसका तात्पर्य आवृत्ति से है।

आंशिक सह–सम्बन्ध (Partial Correlation)

द्विचर सम्बन्ध में तीसरे चर के प्रभाव को स्थिर या अपरिवर्तित रखते हैं। अनुभवजन्य शोध में क्रॉस तालिका या आंशिक तालिका विधि (Cross Table or Partial Table Method) बिल्कुल सामान्य है। लेकिन इस विधि में एक गम्भीर कमी भी है जो इसके उपयोग को सीमित करती है। जब मामलों की संख्या अपेक्षाकृत कम होती है। आंशिक क्रॉस तालिका (Cross Table) में प्रतिदर्शों के उपविभाजन होते हैं। जो धीरे–धीरे छोटे उप समूहों में बंट जाते हैं या कोशिका में आवृत्ति के आकार को कम करते हैं। अतः इसकी विश्वसनीयता पर प्रश्नचिह्न लगता है।

तालिका 14.3(अ)

पति और पत्नियों के वैवाहिक सन्तुष्टि हेतु प्राप्त स्कोर

पतियों द्वारा प्राप्त स्कोर		dy	dx	पत्नियों द्वारा प्राप्त स्कोर (Wives)					कुल	f.dy	fdy^2	f.dx.dy
				15.25	25.35	35.45	45.55	55.65				
				मध्यमान 20	30	40	50	60				
				-20	-10	0	+10	+20				
				-2	-1	0	+1	+2	f			
	मध्यमान											
20-30	25	-20	-2	52_{13}	2_1	0			14	-28	56	54
30-40	35	-10	-1	2_1	12_{12}	02			15	-15	15	14
40-50	45	0	0	0	0_1	0_8	0_1		10	0	0	0
50-60	55	+10	+1			0_2	4_4	4_2	8	8	8	8
60-70	65	+20	+2				2_1	8_2	6	6	12	10
			कुल	14	14	12	6	4	N=50	-29	91	86
			f.dx	.28	.14	0	6	8	-28			
			$f.dx^2$	56	14	0	6	16	+92			
			f.dx.dy	54	14	0	6	12	+86			

$f.dx = .28,\ f.dx^2 = +92,\ f.dy = -28,\ f.dy^2 = 91,\ f.dx.dy = 86$

आंशिक सह–सम्बन्ध नियन्त्रण हेतु एक वैकल्पिक विधि है। यह द्विचर सह–सम्बन्ध के समायोजन की गणितीय प्रक्रिया है। इसमें स्वतन्त्र और आश्रित चरों से तीसरे चर के प्रभाव का निरस्तीकरण किया जाता है। आंशिक सह–सम्बन्ध गुणांक को आकलित करने का सूत्र नीचे दिया जा रहा है।

$$\frac{\gamma_{12} - (\gamma_{1.3})(\gamma_{.23})}{\sqrt{1-\gamma_{13}^2}\ \sqrt{1-\gamma_{2.3}^2}}$$

जहाँ X_1 = स्वतन्त्र चर

X_2 = आश्रित चर

X_3 = स्थिर चर

माना कि जागरूकता और वेतन भिन्नता के मध्य सशक्त सह–सम्बन्ध है शोधकर्ता तीसरे चर अनुभव (Control variable) और उसने पाया कि यह चर वेतन भिन्नता और जागरूकता से भी सह–सम्बन्धित है। यहाँ पर अनुभव चर के प्रभाव को निरस्तीकृत किया गया है।

अतः अब

X_1 = जागरूकता (स्वतन्त्र चर)

X_2 = वेतन भिन्नता (स्वतन्त्र चर)

X_3 = अनुभव (स्थिर चर या नियन्त्रित)

अब

$\gamma_{1.2}$ (X_1 और X_2 के बीच सह–सम्बन्ध गुणांक) = 0.70

$\gamma_{1.3}$ (X_1 और X_3 के बीच सह–सम्बन्ध गुणांक) = 0.40

$\gamma_{2.3}$ (X_2 और X_3 के बीच सह–सम्बन्ध गुणांक) = 0.50

दशमलव बिन्दु के दायीं तरफ का प्रतीक (चर) यह इंगित करता है कि इस चर को नियन्त्रित या स्थिर किया जाना है। अतः इसका तात्पर्य यह है कि चर 3 के प्रभाव को स्थिर रखने के उपरान्त, चर 1 एवं चर 2 के बीच सह–सम्बन्ध गुणांक है। प्रस्तुत उदाहरण से तात्पर्य यह है कि चर जागरूकता और चर वेतन भिन्नता में सह–सम्बन्ध है जबकि चर अनुभव के प्रभाव को निरस्त कर दिया गया है। एक चर निरस्त होने से प्रथम कोटि का आंशिक सह–सम्बन्ध कहलाता है, जो द्वितीय कोटि के आंशिक सह–सम्बन्ध से अलग है। प्रथम कोटि का आंशिक सह–सम्बन्ध अक्सर शून्य कोटि का भी कहलाता है।

जागरूकता और वेतन भिन्नता में आंशिक सह–सम्बन्ध ज्ञात करने हेतु गणना निम्न प्रकार की जाती है :

$$\gamma_{12.3} = \frac{.70 - (.4)\ (.50)}{\sqrt{1 - (.40)^2}\ \sqrt{1 - (.50)^2}}$$

$$= \frac{.70 - .20}{\sqrt{1 - .16}\ \sqrt{1 - .25}}$$

$$= \frac{.50}{\sqrt{.84}\ \ \sqrt{.75}}$$

$$= \frac{.50}{.92 \times .87} = \frac{.50}{.80} = .625$$

इस प्रकार हम यहाँ देख सकते हैं कि वास्तविक सम्बन्ध $\gamma_{1.2}$ = 0.70 से घटकर 0.625 हो गया है जबकि तीसरे चर के प्रभाव को स्थिर रखा गया है। यद्यपि उनके सह–सम्बन्ध की सशक्तता में कमी हुई है परन्तु फिर भी पर्याप्त है। आंशिक सह–सम्बन्ध के गुणांक का वर्ग नियन्त्रित चर द्वारा पृथक्कृत अस्पष्ट भिन्नता के अनुपात को दर्शाता है। इस प्रकार 39 प्रतिशत [$\gamma^2 = (0.625)^2 = 0.39$] जागरूकता के बारे में समझाया गया है जबकि अनुभव के प्रभाव को निरसन माना गया है।

बहु–चर विश्लेषण (Multivariate Analysis)

अभी तक हमने दो चरों के बीच सम्बन्ध पर चर्चा की जिसमें एक स्वतन्त्र चर आश्रित चर के प्रश्नों का निर्धारण करता है। विशेषकर समाजविज्ञानों में यह दुर्लभ है जबकि शायद ही ऐसी कोई स्थिति हो जहाँ एक स्वतन्त्र चर आश्रित चर को निर्धारित करता हो। अक्सर हमें ऐसी स्थितियां मिलती हैं जहाँ स्वतन्त्र चरों का समूह आश्रित चर से सम्बन्धित होता है। दूसरे शब्दों में अधिकतर कई स्वतन्त्र चरों का आश्रित चर की भविष्यवाणी करने में योगदान रहता है। बहु प्रतिगमन विश्लेषण का सामान्यतः उपयोग बहु स्वतन्त्र चरों के प्रभाव का अनुमान लगाने में किया जाता है। पाठकों को बहु प्रतिगमन विश्लेषण जैसे तरीकों की गणना करने की प्रक्रिया हेतु 'आगे पढ़ने के लिये' के तहत सूचीबद्ध पुस्तकों के उपयोग करने की सलाह दी जाती है।

अनुस्थिति–अन्तर विधि से सह–सम्बन्ध (Rank-Difference Method of Correlation)

जहाँ अध्ययन के अन्तर्गत घटना की गुणात्मक माप प्रत्यक्ष रूप में सम्भव न हो उदाहरणार्थ दक्षता, बुद्धिमत्ता इत्यादि। अनुस्थिति–अन्तर विधि से सह–सम्बन्ध का उपयोग सह–सम्बन्ध की डिग्री ज्ञात करने के लिये किया जाता है। अनुस्थिति सह–सम्बन्ध की गणना करने का सूत्र निम्न है :

$$R = 1 - \frac{6 \Sigma D^2}{N (N^2 - 1)}$$

जहाँ R युगल अनुस्थितियों के मध्य अनुस्थिति सह–सम्बन्ध के गुणांक को दर्शाता है, D युगल अनुस्थितियों के मध्य अन्तर को दर्शाता है, N युगलों की संख्या को दर्शाता है। निम्न उदाहरण से ऊपर दिये गये सूत्र का स्पष्टीकरण किया जा रहा है।

तालिका 14.4

दो अलग–अलग न्यायाधीशों द्वारा उनकी दक्षता के अनुसार सामाजिक कार्यकर्ता की अनुस्थिति

सामाजिक कार्यकर्ता	*न्यायाधीश A द्वारा रैंकिंग*	*न्यायाधीश B द्वारा रैंकिंग*
A	3	4
B	9	7
C	6	6
D	5	8
E	1	1
F	2	3
G	4	2
H	7	5
I	8	10
J	10	9

तालिका 14.5

दो अलग–अलग न्यायाधीशों द्वारा उनकी दक्षता के अनुसार सामाजिक कार्यकर्ता की अनुस्थिति

सामाजिक कार्यकर्ता	*न्यायाधीश द्वारा रैंकिंग A*	*न्यायाधीश द्वारा रैंकिंग B*	*$D = (R^1 – R^2)$*	*D^2*
A	3	4	-1	1
B	9	7	-2	4
C	6	6	0	0
D	5	8	-3	9
E	1	1	0	0
F	2	3	-1	1
G	4	2	+2	4
H	7	5	+2	4
I	8	10	-2	4
J	10	9	+1	1
N = 10		$\Sigma D^2 = 28$		

$$R = 1 - \frac{6\Sigma D^2}{N(N^2-1)}$$

$$= 1 - \frac{6 \times 28}{10 \times (10^2-1)}$$

$$= 1 - \frac{168}{10 \times (100-1)}$$

$$= 1 - \frac{168}{10 \times (99)}$$

$$= 1 - \frac{168}{990}$$

$$= 1 - 0.1696969$$

$$= 0.83 \text{ (लगभग)}$$

अनुस्थिति–अन्तर विधि से सह–सम्बन्ध गुणांक का आकलन (स्पीयरमैन के रो (ρ) से) Calculation of the Coefficient of Correlation by Rank Differences (Spearman's Rho 'ρ')

यदि एक से अधिक पद एक जैसे मूल्यों के साथ हों तो ऐसे पदों को एक सर्वनिष्ठ अनुस्थिति (Common Rank) दी जाती है। यह अनुस्थिति सभी अनुस्थितियों का औसत होती है जो इन सभी पदों के साथ होगी। इसके कारण उनके मूल्यों में अन्तर बहुत कम होगा।

माना कि पांच छात्रों द्वारा 70, 66, 66, 65 और 63 अंक प्राप्त किये गये हैं। यदि इन अंकों को अवरोही क्रम में व्यवस्थित किया जाये तो अंक 70 की अनुस्थिति प्रथम होगी, अंक 66 दूसरे, अंक 65 तीसरे और अंक 63 की अनुस्थिति चौथे क्रम पर होगी। चूँकि दो पदों के मूल्य (66) एक जैसे हैं अतः उनकी अनुस्थिति 2 है। अब इन पदों को औसत अनुस्थिति दी जायेगी। एक–दूसरे से बहुत कम अन्तर पर होगी। इस अवधारणा से दोनों पदों की अनुस्थिति (2+5) = 2.5 होगी। अतः अगले पद की अनुस्थिति 4 होगी।

इस प्रकार से अनुस्थिति सह–सम्बन्ध गुणांक में कुछ संशोधन की आवश्यकता होती है क्योंकि सूत्र इस अवधारणा पर आधारित है कि विभिन्न पदों की अनुस्थिति भिन्न–भिन्न है।

जहाँ पर एक से अधिक पद हैं जिनके मूल्य एक जैसे ही हैं एक संशोधित कारक 1/2 को ED^2 के साथ जोड़ा जाता है। जहाँ पर t पदों की संख्या जिनकी अनुस्थिति सर्वनिष्ठ है। पदों की संख्या के रूप में सर्वनिष्ठ अनुस्थिति के साथ यह संशोधित कारक कई बार जोड़ा जाता है। इसे निम्न उदाहरण में समझाया गया है।

उदाहरण (Example)

निम्नलिखित समंकों से अनुस्थिति सह–सम्बन्ध गुणांक की गणना कीजिये।

तालिका 14.6

अनुक्रमांक	*शोध और सांख्यिकी प्राप्तांक (x)*	*अनुस्थिति R_1*	*डिज़र्टेशन में प्राप्तांक (y)*	*अनुस्थिति R_2*	*अनुस्थिति में अन्तर (d) $R_1 - R_2 = d$*	D^2
1	50	9	60	6	3	9
2	60	5	65	4	1	1
3	60	5	66	3	2	4
4	60	5	70	1.5	3.5	12.25
5	75	1	58	7	-6	36
6	55	7	48	10	-3	9
7	68	2.5	62	5	-2.5	6.25
8	68	2.5	70	1.5	1	1
9	48	10	52	9	1	1
10	52	8	56	8	0	0
N = 10					$\Sigma D^2 = 79.50$	

ऊपर दिये गये समंकों के समूह में x श्रेणी के अन्तर्गत अंक 60 तीन बार आया है। तीनों ही पदों की अनुस्थिति 5 है जो कि 4, 5 और 6 का औसत है। अनुस्थिति जो इन पदों की है एक–दूसरे से बहुत कम अन्तर है। x श्रेणी के अन्तर्गत दूसरे अंक 68 और y श्रेणी के अन्तर्गत अंक 70 दो बार आया है। उनकी अनुस्थितियां क्रमशः 2.5 और 1.5 हैं।

अतः

60 के लिये, संशोधित कारक $(3^3-3)/12$ होगा जबकि $t_1 = 3$।

68 के लिये, संशोधित कारक $(2^3-2)/12$ होगा जबकि $t_2 = 2$।

70 के लिये, संशोधित कारक $(2^3-2)/12$ होगा जबकि $t_3 = 2$।

अनुस्थिति सह–सम्बन्ध गुणांक के लिये संशोधित सूत्र होगा–

$$R = 1 - \frac{6[\,(\Sigma D^2) + 1/2(t_1^3 - t_1) + \ldots\ldots\ 1/12\,(t_n^3 - t_n)\,]}{N\,(N^2 - 1)}$$

जहाँ n पुनरावृत्ति वाले पदों की संख्या है। ऊपर दिये गये उदाहरण के लिये निम्न सूत्र होगा–

$$R = 1 - \frac{6\left[(\Sigma D^2) + 1/2\,(t^3 - t) + 1/2\,(t^3 - t) + 1/2\,(t^3 - t) \right]}{N\,(N^2 - 1)}$$

$$= 1 - \frac{6[\,(79.5) + 1/2\,(3^3 - 3) + 1/2\,(2^3 - 2) + 1/2\,(2^3 - 2)]}{10\,(10^2 - 1)}$$

$$= 1 - \frac{6[\,(79.5) + 1/2\,(24) + 1/2\,(6) + 1/2\,(6)]}{10\,(99)}$$

$$= 1 - \frac{6[\,(79.5) + 2 + 1/2 + 1/2]}{990}$$

$$= 1 - \frac{459}{990}$$

$$= 1 - 0.5$$

$$= 0.5$$

सह–सम्बन्ध गुणांक के अर्थ के सम्बन्ध में सावधानी आवश्यक है। सह–सम्बन्ध गुणांक स्वयं ही एक बहुत उपयोगी सम्बन्धों हेतु अनुमान है, सम्बन्धित चरों में साहचर्य के गुणों को निरपेक्ष रूप में प्रमाणित नहीं माना जाना चाहिये, इसकी व्याख्या अध्ययन हेतु चयनित प्रतिदर्श के आकार पर बड़ी मात्रा में निर्भर करती है ऐसे ही संग्रहीत समंकों की प्रकृति पर भी। सह–सम्बन्ध गुणांक का उच्च मूल्य जो प्रतीत होता है, माना कि ±0.80 वास्तव में काफी भ्रामक हो सकता है। अगर प्रतिदर्श या नमूने में अस्थिरता के संकेत हों तो मानक त्रुटि अपेक्षाकृत अधिक होती है। इसके विपरीत उदाहरण, गुणांक का निम्न मूल्य जो प्रतीत होता है, माना कि ±0.45 यह सुझाव दे सकता है कि चरों के बीच सम्बन्ध को अच्छी तरह से अनदेखा किया जा सकता है, लेकिन वास्तविकता के धरातल पर यह फिर से गलत हो सकता है। चूँकि कुछ निश्चित चरों के लिये सह–सम्बन्ध गुणांक, ऊपर दिये गये सह–सम्बन्ध गुणांक की तुलना में इतना कम हो सकता है अर्थात् 0.45, कि प्रश्न में समंकों के वर्ग के लिये अपेक्षाकृत काफी अधिक विचार किये जाने की आवश्यकता होगी। जबकि सांख्यिकीय परिपाटी यह व्यवस्था करती है कि ±1 से 0.7 तक सह–सम्बन्ध गुणांक उच्च सह–सम्बन्ध होने का संकेत देता है, जबकि ±0.7 से 0.4 तक पर्याप्त सह–सम्बन्ध, ±0.4 से 0.2 तक निम्न सह–सम्बन्ध और 0.2 से नीचे होने पर सह–सम्बन्ध को नगण्य माना जाता है। यहाँ यह भी जोर देने की आवश्यकता है कि दोनों चरों में उच्च सह–सम्बन्ध अपने आप में कोई सबूत निर्माण नहीं करता है। वे आपस में एक–दूसरे से कारण–सम्बन्ध से सम्बन्धित हैं। उदाहरण के लिये, चरों के बीच एक सार्थकता सह–सम्बन्ध जैसे परिवार के आकार और आय के बीच या शैक्षिक संस्था का

आकार और छात्रों के प्रदर्शन में मुश्किल से ही कोई कारण–सम्बन्ध से सम्बन्धित सह–सम्बन्ध होने के संकेत मिलते हैं। माना कि उच्च आय और मुद्दों की संख्या में व्युत्क्रम सह–सम्बन्ध है अर्थात् माता–पिता की उच्च आय मुद्दों की संख्या कम करती है (माना कि सह–सम्बन्ध गुणांक –0.8 है जो कि सांख्यिकीय रूप से उच्च है) अब यह कहना अनुचित होगा कि उच्च आय कम उर्वरता का कारण है। यह पहले ही कहा गया था कि कारण से निष्कर्ष की गारन्टी तभी दी जा सकती है, जब उनमें तीन तरह से साक्ष्य हों सहगामी भिन्नता, समयक्रम और परिकल्पनायुक्त प्रभाव को सुरक्षित करने की शर्त पर अन्य किसी चर को हटाया जा सके। इस मामले में निम्न निष्कर्ष सम्भव हो सकते हैं, जब उक्त सह–सम्बन्ध बच्चों की संख्या और आय जैसे चरों के मध्य स्थापित किया गया हो (अ) एक चर का दूसरे से कारण–सम्बन्ध हो, (ब) दोनों ही चर कुछ अन्य कारण या कारणों को प्रभावित करता हो, (स) साहचर्य मात्र घटना घटित होने का अवसर हो सकता है। एक प्रयोगात्मक स्थिति में कारण निष्कर्ष स्पष्टतयः निश्चित रूप से स्थापित किया जा सकता है। प्रयोगात्मक अभिकल्पन के साथ इस पर विचार किया जाता है। समाज विज्ञानों में यह बहुत ही कठिन है कि कारण–सम्बन्ध सह–सम्बन्ध प्रयोगात्मक अध्ययन पर हो जबकि इसमें अधिकतर गैर–प्रयोगात्मक अध्ययन होते हैं। गैर–प्रयोगात्मक अध्ययन में कारण–सम्बन्ध के बारे में निष्कर्ष विश्लेषणात्मक प्रक्रियाओं से निकाले जाते हैं। इस अध्याय में हम इन प्रक्रियाओं पर बाद में विचार करेंगे।

सामाजिक कार्य शोधकर्ता अक्सर गुणों के मध्य सम्बन्ध की डिग्री को अनुमानित करने में रुचि रखता है अर्थात् चरों को गुणात्मक रूप में परिभाषित किया गया है जैसे लिंग से सम्बन्धित गुण और चिन्ता की स्थिति के बीच सम्बन्ध या सामाजिक मुद्दे और जन्म के बीच अभिरुचि। मुख्य रूप से साहचर्य की समस्या एक सह–सम्बन्ध है लेकिन गुणों के बीच सम्बन्ध इतने आसानी से ऐसे नहीं हो सकता है जैसे कि चरों के मात्रात्मक माप के मामले में गणितीय उपचार से दर्शाया जाता है। गुणों के बीच साहचर्यों की ऐसी माप पूर्वानुमानित सापेक्ष गुणांक (Coefficient of Relative Predictability) है। वास्तव में यह गुणात्मक सह–सम्बन्ध गुणांक (Qualitative Correlation Coefficient) है।

सांख्यिकीविदों ने गुणों के मध्य साहचर्य की मापों के कुछ अन्य तरीके बताये हैं। साहचर्य के मुख्य अनुमान काई वर्ग परीक्षण पर आधारित हैं जो गुणों के बीच साहचर्य के लिये शून्य परिकल्पना में प्रयोग किया जाता है। काई वर्ग शायद समाज में व्यवहार से सम्बन्धित समंकों के अध्ययन हेतु सर्वाधिक उपयोग किया जाने वाला परीक्षण है। इसलिये इस परीक्षण का सम्पूर्ण विवरण अगले पन्नों पर प्रस्तुत किया जा रहा है।

काई–वर्ग परीक्षण (Chi-Square Test)

काई–वर्ग परीक्षण (X^2 एक ग्रीक अक्षर है जिसका उच्चारण काई–वर्ग है) हमें अवलोकित सांख्यिकीय वितरण तथा सैद्धान्तिक वितरण के अन्तर की सार्थकता का मूल्यांकन करने की एक विधि प्रदान करता है। उदाहरण के लिये माना कि विशेषज्ञता और निवास स्थान के अन्तर्गत वर्गीकृत किये गये हैं और समंकों को 2×3 की आसंगी तालिका में सारांशीकृत किया गया है।

तालिका 14.7

पसंद विशेषज्ञता और निवास स्थान के मध्य सम्बन्ध

निवास स्थान	*पसंद विशेषज्ञता*			*कुल*
	MPSW	*URCD*	*FCW*	
शहरी	38	20	12	70
ग्रामीण	10	26	6	42
कुल	48	46	18	112

तीन विशेषताओं के लिये शहरी लोगों में समानुपात 38/48 = 0.79, 20/46 = 0.34 और =0.67 (दशमलव के दो स्थान तक)। अब हम यह जानना चाहते हैं कि यह अन्तर सांख्यिकीय रूप से सार्थक है या नहीं।

इसके लिये अब हम एक शून्य परिकल्पना मान लेते हैं कि विशेषज्ञता चयन में शहरी और ग्रामीण के मध्य कोई अन्तर नहीं है। इसका तात्पर्य यह है कि शहरी और ग्रामीण लोगों के मध्य तीनों विशेषज्ञता चयन एक जैसे होने चाहिये। अभिधारणा के आधार पर यह है कि शून्य परिकल्पना सही है। अब हम आवृत्तियों के समूह की गणना कर सकते हैं। ये सीमान्त योग प्रत्याशित होंगे। दूसरे शब्दों में हम MPSW के छात्रों की संख्या की गणना करते हैं और यह प्रत्याशित कर सकते हैं कि शहरी होंगे और फिर वास्तव में प्राप्त समंकों से तुलना करते हैं।

यदि शून्य परिकल्पना सही है तो हम सामान्य समानुपात की गणना कर सकते हैं–

$$\frac{38 + 20 + 12}{48 + 46 + 18} = \frac{70}{112} = 0.625$$

इस आकलन के साथ हम यह मानते हैं कि 70 शहरी छात्रों में से 48 × 0.625 = 30 छात्र MPSW का चयन करना पसंद करते हैं, 46 × 0.625 = 28.75 छात्र URCD का चयन करना पसंद करते हैं और 18 × 0.625 = 11.25 छात्र FCW का चयन करना पसंद करते हैं। अब तीनों प्रतिदर्शों से क्रमशः इन समंकों को घटाया जाता है। अब ग्रामीण क्षेत्रों के 42 लोगों में से 48 -30 = 18 MPSW के

इच्छुक छात्र, 46 -28.75 = 17.25 URCD के इच्छुक छात्र, 18 -11.25 = 6.25 FCW के इच्छुक छात्र हैं।

इन परिणामों को नीचे तालिका में दर्शाया गया है। प्रत्याशित आवृत्तियों को कोष्ठक में दर्शाया गया है।

तालिका 14.8

निवास स्थान	*पसंद विशेषज्ञता*			*कुल*
	MPSW	*URCD*	*FCW*	
शहरी	38(30)	20(28.75)	12(11.25)	70
ग्रामीण	10(18)	26(17.25)	6(6.75)	42
कुल	48	46	18	112

शून्य परिकल्पना का परीक्षण करने के लिये हम अवलोकित आवृत्तियों और प्रत्याशित आवृत्तियों में तुलना करते हैं। तुलना नीचे दी गयी सांख्यिकी X^2 पर आधारित है।

$$\chi^2 = \frac{(O - E)^2}{E}$$

जहाँ O को अवलोकित आवृत्ति तथा E प्रत्याशित आवृत्ति को माना जाता है।

तालिका 14.9

χ^2 का आकलन

O	E	(O – E)	$(O – E)^2$	$\frac{(O - E)^2}{E}$
38	30.00	8.00	64.00	2.1333
10	18.00	–8.00	64.00	3.5555
20	28.75	–8.75	76.56	2.6630
26	17.25	8.75	76.56	4.4384
12	11.25	0.75	0.56	0.0500
6	6.75	–0.75	0.56	0.0833
112	112.00			χ^2 = 12.9237

आगे जाने से पूर्व इस सम्बन्ध में परीक्षण के कुछ पदों का विवरण नीचे दिया जा रहा है–

सार्थकता स्तर (Level of Significance)

जैसा कि पहले कहा गया है कि काई वर्ग परीक्षण असार्थकता, या किसी अन्य कारण से अन्तर या सार्थकता से, प्रतिदर्श के उतार–चढ़ाव के कारण प्रत्याशित और अवलोकित आवृत्तियों के बीच अन्तर का मूल्यांकन करने हेतु उपयोग किया जाता है।

अन्तर सार्थक है इस निष्कर्ष पर पहुँचने से पहले शोधकर्ता को परिकल्पना का निर्माण करना पड़ता है। जिसे अधिकतर शून्य परिकल्पना की संज्ञा दी जाती है। प्रतीकात्मक रूप में इसे H_0 से दर्शाया जाता है। इसके विपरीत शोध परिकल्पना H_1 जो H_0 के विकल्प के रूप में व्यवस्थित की जाती है। यद्यपि ऐसा हमेशा नहीं होता है लेकिन सामान्यतया शून्य परिकल्पना में यह माना है कि विभिन्न समूहों के मध्य कोई अन्तर नहीं है या चरों के बीच सम्बन्ध नहीं है, जबकि शोध परिकल्पना सकारात्मक या नकारात्मक सम्बन्ध होने की भविष्यवाणी कर सकती है। दूसरे शब्दों में शून्य परिकल्पना यह मानती है कि गैर–प्रतिदर्श त्रुटियों की अनुपस्थिति है और केवल अवसर के कारण अन्तर है। इसके बाद घटित होने की प्रायिकता के इस अन्तर को निर्धारित किया जाता है। प्रायिकता निकाले गये निष्कर्षों की विश्वसनीयता की सीमा को इंगित करती है। भिन्न–भिन्न सम्भावना स्तर पर काई वर्ग के मूल्यों की तालिका उपलब्ध है। इन स्तरों को सार्थकता स्तर कहते हैं। एक निश्चित सार्थकता स्तर पर काई वर्ग के मूल्य इन तालिकाओं से प्राप्त कर सकते हैं। समाज विज्ञान की समस्याओं में सामान्यतया काई वर्ग के मूल्य 0.05 या 0.01 सार्थकता स्तर पर दिये गये स्वातन्त्र्य अंश से तालिका में देखे जा सकते हैं और काई वर्ग के अवलोकित मान से तुलना की जा सकती है। यदि काई वर्ग से अवलोकित मान सार्थकता स्तर 0.05 पर तालिका के मूल्य से अधिक है तो इसका तात्पर्य यह है कि अन्तर सार्थक है।

स्वातन्त्र्य अंश (Degree of Freedom)

काई वर्ग परीक्षण का उपयोग करने के लिये अगला चरण स्वातन्त्र्य अंश की गणना करना है। माना कि 2×2 की एक आसंग तालिका है जिसे चित्र 14.1 में दर्शाया गया है।

हम जानते हैं कि पंक्तियों और स्तम्भों के कुल योग rt_1, rt_2, ct_1, ct_2 ज्ञात करते हैं। स्वातन्त्र्य अंश की संख्या को इस प्रकार परिभाषित किया जा सकता है कि प्रकोष्ठ में मूल्यों की संख्या जिन्हें हम स्वतन्त्र रूप से निर्दिष्ट कर सकते हैं। चित्र 14.1 में पंक्ति 1 के एक मूल्य को हम केवल एक बार निर्दिष्ट कर सकते हैं (चित्र में दर्शाया गया है), उसी पंक्ति में दूसरा मूल्य X और दूसरी पंक्ति के सभी मूल्य (X से दर्शाये गये हैं) स्वतः निर्धारित है हम इन्हें निर्दिष्ट

करने हेतु स्वतन्त्र नहीं हैं क्योंकि हम पंक्ति और स्तम्भ के कुल योग को जानते हैं। यह दर्शाता है कि 2×2 की एक आसंग तालिका में हम केवल एक मूल्य को निर्दिष्ट कर सकते हैं।

चित्र 14.1

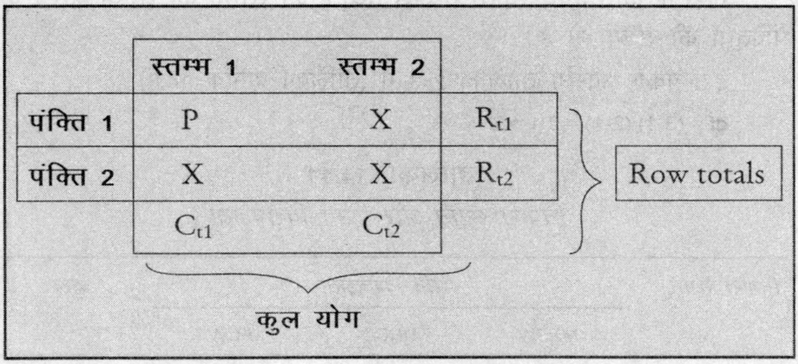

निम्न उदाहरण इस विचार को चित्रित करेगा–

तालिका 14.10

	Affected A	*Non-affected α*	*Total*
Inoculated	AB	α B	40
B	14	26	
	(20)	26	
Non-inoculated	A β	α β	20
β	16	4	
Total	30	30	60

माना कि दो स्वतन्त्र गुण (Attribute) A और B हैं। तब प्रकोष्ठ AB की प्रत्याशित आवृत्ति निम्न होगी–

$$\frac{40 \times 30}{60} = 20$$

अब इसी तारतम्य में, अन्य शेष तीनों प्रकोष्ठ की आवृत्तियों को ज्ञात कर व्यवस्थित किया जाता है। अब प्रकोष्ठ αB हेतु प्रत्याशित आवृत्ति 40-20 = 20, इसी प्रकार प्रकोष्ठ Aβ हेतु प्रत्याशित आवृत्ति 30-20 = 10 और प्रकोष्ठ αβ हेतु प्रत्याशित आवृत्ति 10 होनी चाहिये। इसका मतलब यह है कि 2×2 की एक आसंग तालिका

में हम केवल एक मूल्य का ही चयन कर सकते हैं और शेष तीनों के लिये कोई स्वतन्त्रता नहीं रह जाती है। अतः स्वातन्त्र्य अंश की गणना निम्न सूत्र से की जा सकती है–

df = (c-1) (r-1)

जहाँ df का तात्पर्य स्वातन्त्र्य अंश तथा c का स्तम्भों की संख्या और r का पंक्तियों की संख्या से है।

इस प्रकार आसंग तालिका 2×3 में (तालिका क्रमांक 14.8)

df = (3-1) (2-1) = 2 1 = 2

तालिका 14.11

निवास स्थान और पसंद विशेषज्ञता

निवास स्थान	*पसंद विशेषज्ञता*			*कुल*
	MPSW	*URCD*	*FCW*	
ग्रामीण	(a) 38	(c) 20	(e) 12	70
शहरी	(b) 10	(d) 26	(f) 6	42
कुल	48	46	18	112

काई–वर्ग (χ^2) हेतु आकलन (Computation for Chi Square)

प्रकोष्ठ	*अवलोकित आवृत्ति (O)*	*प्रत्याशित आवृत्ति (E)*	*(O–E)*	*$(O–E)^2$*	$\frac{(O-E)^2}{E}$
(a)	38	30.00	8.00	64.0000	2.133333
(b)	10	18.00	-8.00	64.0000	3.555555
(c)	20	28.75	-8.75	76.5625	2.663043
(d)	26	17.25	8.75	76.5625	4.438405
(e)	12	11.25	0.75	0.5625	0.050000
(f)	6	6.75	0.75	0.5625	0.083333
	N =112	112.00			χ^2 = 12.923669

चरण प्रक्रिया		*तालिका 14.11 के अनुप्रयोग*
1.	परिकल्पना H_0 का निर्माण कीजिये	विशेषज्ञता चयन के सापेक्ष शहरी और ग्रामीण के मध्य कोई अन्तर नहीं है या निवास स्थान और विशेषज्ञता चयन के बीच कोई सम्बन्ध नहीं है।
2.	सूत्र द्वारा प्रत्याशित आवृत्तियों (E) की गणना कीजिये $E = \frac{C_t \times R_t}{N}$ जहाँ C_t = स्तम्भों की कुल संख्या, R_t = पंक्तियों की कुल संख्या, N = आवृत्तियों की कुल संख्या	प्रकोष्ठ (a) अवलोकित आवृत्ति (O) = 38 प्रत्याशित आवृत्ति $(E) = \frac{70 \times 48}{112} = 30$ प्रकोष्ठ (b) अवलोकित आवृत्ति (O) = 38 प्रत्याशित आवृत्ति $(E) = \frac{42 \times 40}{112} = 18$ प्रकोष्ठ (c) में O = 20, $(E) = \frac{70 \times 46}{112} = 28.75$ प्रकोष्ठ (d) में O = 26, $(E) = \frac{42 \times 46}{112} = 17.25$ प्रकोष्ठ (e) में O = 12, $(E) = \frac{70 \times 18}{112} = 11.25$ प्रकोष्ठ (f) में O = 6, $(E) = \frac{42 \times 18}{112} = 6.75$
3.	(O-E) की गणना कीजिये	38-30 = 8, 10-18 = -8, 20-28.75 = -8.75, 26-17.25 = 8.75, 12-11.25 = 0.75, 6 - 6.75 = 0.75
4.	$(O-E)^2$ की गणना कीजिये	$(8)^2 = 64$, $(-8)^2 = 64$, $(-8.75)^2 = 76.5625$, $(8.75)^2 = 76.5625$, $(0.75)^2 = 0.5625$, $(0.75)^2 = 0.5625$
5.	$(O-E)^2$ को E से भाग दीजिये और $(O-E)^2/E$ की गणना कीजिये	64/30 = 2.13333, 64/18, ..., 0.5625/6.75 = 0.083333
6.	χ^2 की गणना कीजिये	$\chi^2 = 12.923669$
7.	सार्थकता स्तर	0.05
8.	स्वातन्त्र्य अंश (df) की गणना कीजिये।	df = (r-1)(c-1) जहाँ df स्वातन्त्र्य अंश c = स्तम्भों की कुल संख्या, r = पंक्तियों की कुल संख्या df = (2-1) (3-1) = 1 × 2 = 2
9.	तालिका 6–A से χ^2 का मान सार्थकता स्तर 0.05 पर स्वातन्त्र्य अंश 2 के लिये ज्ञात कीजिये।	तालिका 6–A से χ^2 का मान सार्थकता स्तर 0.05 पर स्वातन्त्र्य अंश 2 के लिये χ^2 का मान 5.99 है।
10.	निष्कर्ष	चूँकि χ^2 का आकलित मान 12.923669 है जो कि तालिका में दिये गये χ^2 के मान सार्थकता स्तर 0.05 पर स्वातन्त्र्य अंश 2 के लिये 5.99 से अधिक है। अतः शून्य परिकल्पना (H_0 विशेषज्ञता चयन के सापेक्ष ग्रामीण और शहरी छात्रों के मध्य कोई अन्तर नहीं है) अमान्य की जाती है। अतः यह निष्कर्ष निकालते हैं कि विशेषज्ञता चयन और निवास स्थान (ग्रामीण या शहरी) के बीच सम्बन्ध है।

आसंजन की उत्कृष्टता या सुष्ठुता के रूप में काई–वर्ग परीक्षण (Chi Square as a Test of Goodness of Fit)

पिछले भाग में हमने काई–वर्ग का उपयोग एक स्वतन्त्र परीक्षण के रूप में अर्थात् शून्य परिकल्पना को मान्य या अमान्य करने हेतु किया है। काई–वर्ग परीक्षण का सैद्धान्तिक आवृत्ति बंटन और अवलोकित आवृत्ति बंटन के मध्य अन्तर सार्थक है या नहीं, के निर्णय की प्रक्रिया में उपयोग किया जाता है। इस क्रम में, हम यह निर्धारित कर सकते हैं कि अवलोकित और प्रत्याशित आवृत्तियों में आसंजन की सुष्ठुता किस तरह से है। अवलोकित और प्रत्याशित समंकों के बीच कोई सार्थक अपसरण नहीं है तो आसंजन की सुष्ठुता होगी और तब और प्रत्याशित आवृत्तियों के वक्र पर अवलोकित आवृत्तियों का वक्र अध्यारोपित हो जाता है।

हमें याद है कि यदि समानुपातिक प्रकोष्ठ में कोई परिवर्तन नहीं होता है तो काई–वर्ग का मूल्य, मामलों की कुल संख्या के समानुपाती होता है। यदि हम मामलों की संख्या को दोगुना कर दें तो काई–वर्ग का मूल्य दोगुना हो जाता है इसी प्रकार यदि मामलों की संख्या को तीन गुना कर दें तो काई–वर्ग का मूल्य तिगुना हो जाता है। अतः आगे भी इसी प्रकार इसके मूल्य होंगे। इस तथ्य का अनुप्रयोग नीचे दिये गये उदाहरण से दर्शाया जा रहा है।

तालिका 14.12

वैवाहिक स्थिति और परीक्षा में प्रदर्शन

वैवाहिक स्थिति	*परीक्षा में प्रदर्शन*		*कुल*
	सफल	*असफल*	
विवाहित	45	30	75
अविवाहित	125	50	175
कुल	170	80	250

इस उदाहरण में काई–वर्ग का मूल्य 3.15 है और इस आधार पर हम स्वाभाविक रूप से यह निष्कर्ष निकाल सकते हैं कि सम्बन्ध सार्थक नहीं है। अब माना कि 500 मामलों के लिये निम्न परिणाम के साथ समंकों का संग्रहण किया गया है–

तालिका 14.13

वैवाहिक स्थिति और परीक्षा में प्रदर्शन

वैवाहिक स्थिति	*परीक्षा में प्रदर्शन*		*कुल*
	सफल	*असफल*	
विवाहित	90	60	150
अविवाहित	250	100	350
कुल	340	160	500

काई–वर्ग का मूल्य जो इन आंकड़ों से आकलित किया गया है वह 6.30 है जो पूर्व में दिये गये उदाहरण के मूल्य से दो गुना है। मूल्य 6.30 सांख्यिकीय रूप में सार्थक है। यदि हम परिणामों को प्रतिशत के पदों में व्यक्त करें तो व्याख्या में कोई अन्तर नहीं होगा। उपरोक्त उदाहरण एक बहुत महत्वपूर्ण बिन्दु स्पष्ट करता है कि काई–वर्ग मामलों की संख्या N के समानुपाती होती है। अतः हमें एक माप की आवश्यकता है जो मामलों की स्ंख्या में परिवर्तन को प्रभावित नहीं करती है। माप (φ) इस सुविधा से प्रभावित है अर्थात् वह गुण जो हमारी माप के लिये वांछनीय है यह माप सीधे–सीधे काई–वर्ग के मूल्य और अध्ययन के मामलों के कुल मूल्य का अनुपात है।

(φ) माप इस प्रकार परिभाषित है।

$$\varphi = \sqrt{\frac{\chi^2}{N}}$$

(काई–वर्ग में मामलों की संख्या से भाग देने के उपरान्त भागफल का वर्गमूल)

इस सूत्र का उपयोग ऊपर दर्शाये गये उदाहरण से हमें पहला मामला इस प्रकार प्राप्त होगा।

$$\varphi = \sqrt{\frac{3.15}{250}} = 0.1122497$$

दूसरे मामले में

$$\varphi = \sqrt{\frac{6.30}{500}} = 0.1122497$$

इस प्रकार तुलनात्मक प्रकोष्ठों के मूल्यों के अनुपात समान हैं तथा माप φ वही परिणाम देता है।

जी. उन्डी यूल ने एक अन्य सम्बन्ध गुणांक प्रस्तुत किया जिसे सामान्य रूप में Q से अभिकल्पित किया जाता है (यूल के Q नाम से जाना जाता है) जो 2×2

तालिका में साहचर्य की माप है। सम्बन्ध गुणांक विकर्णीय प्रकोष्ठ के मूल्यों के गुणनफल के योग और अन्तर के बीच अनुपात की गणना द्वारा प्राप्त किया जाता है। अतः 2×2 प्रकोष्ठ की तालिका में अभिकल्पित कर नीचे तालिका में दर्शाया गया है–

वैवाहिक स्थिति	*परीक्षा में प्रदर्शन*		*कुल*
	सफल	*असफल*	
विवाहित	a	b	a + b
अविवाहित	c	d	c + d
कुल	a + c	b + d	

यूल के साहचर्य गुणांक Q की गणना निम्न सूत्र से की जाती है :

$$Q = \frac{ad - bc}{ad + bc}$$

जहाँ a, b, c और d कोशिका की आवृत्तियों को प्रदर्शित करती हैं।

साहचर्य गुणांक Q का मूल्य -1 से +1 के बीच होता है जबकि bc का मूल्य ad से कम या अधिक हो सकता है। अतः Q की सीमा ± 1 होती है। इनमें से किसी एक भी कोशिका का मूल्य शून्य होने पर साहचर्य सम्पूर्ण (अर्थात् सह–सम्बन्ध पूर्ण होता है) होता है। जब Q शून्य होता है, तब चर स्वतन्त्र होते हैं अर्थात् वहाँ साहचर्य नहीं होता है। अतः जब ad = bc और Q = 0 ।

ऊपर दिये गये सूत्र के अनुप्रयोग को निम्न उदाहरण के द्वारा स्पष्ट किया जा रहा है–

उदाहरण (Example)

वैवाहिक स्थिति और परीक्षा में प्रदर्शन के बीच यूल के साहचर्य गुणांक Q की गणना कीजिये।

तालिका 14.14

वैवाहिक स्थिति और परीक्षा में प्रदर्शन

वैवाहिक स्थिति	*परीक्षा में प्रदर्शन*		*कुल*
	सफल	*असफल*	
विवाहित	90	60	150
अविवाहित	250	100	350
कुल	340	160	500

ऊपर दिये गये मूल्यों को यूल के सूत्र में प्रतिस्थापित करने पर

साहचर्य गुणांक Q $= \frac{ad - bc}{ad + bc}$

$$= \frac{(90 \times 100) - (60 \times 250)}{(90 \times 100) + (60 \times 250)}$$

$$= \frac{9000 - 15000}{9000 + 150000} = \frac{-6000}{24000} = -.25$$

अतः वैवाहिक स्थिति और परीक्षा में प्रदर्शन के बीच साहचर्य थोड़ा नकारात्मक है।

अब हम समस्या को दूसरे तरीके से विचार करके भी देखते हैं।

विवाहित छात्रों का प्रतिशत जो असफल हुये हैं।

$$= \frac{60 \times 100}{150} = 40$$

अविवाहित छात्रों का प्रतिशत जो असफल हुये हैं

$$= \frac{100 \times 100}{350} = 28.57 \text{ (लगभग)}$$

चूँकि 40 प्रतिशत विवाहित छात्र और लगभग 29 प्रतिशत अविवाहित छात्र परीक्षा में असफल हुये हैं इसलिये कमजोर छात्रों के प्रदर्शन को वैवाहिक स्थिति के लिये जिम्मेदार ठहराया जा सकता है।

समीक्षा के लिए महत्वपूर्ण पद (Important Terms for Review)

- सह–सम्बन्ध (Correlation)
- धनात्मक सह–सम्बन्ध (Positive Correlation)
- ऋणात्मक सह–सम्बन्ध (Negative Correlation)
- कार्ल पियर्सन का सह–सम्बन्ध गुणांक (Karl Pearson's Coefficient of Correlation)
- काई–वर्ग परीक्षण (Chi-Square Test)
- स्वातन्त्र्य अंश (Degree of Freedom)
- सार्थकता स्तर (Level of Significance)
- आसंजन सुष्ठुता का परीक्षण काई–वर्ग परीक्षण के रूप में (Chi - Square as a Test of Goodness of Fit)
- आंशिक सह–सम्बन्ध (Partial Correlation)

- बहुचर विश्लेषण (Multivariate Analysis)
- यूल का साहचर्य गुणांक (Yule's Coefficient of Association Q)

समीक्षात्मक प्रश्न (Review Questions)

1. एक शोधकर्ता ने विवाहित जोड़ों के तनाव स्कोर और वैवाहिक समायोजन स्कोर के प्रतिदर्श लिये और वह यह निर्धारित करने का इच्छुक है कि क्या तनाव और वैवाहिक समायोजन के बीच अन्तर विद्यमान है। काई वर्ग के परीक्षण से परिकल्पना का 0.05 सार्थकता स्तर पर परीक्षण कीजिये।

तनाव स्कोर	*वैवाहिक समायोजन स्कोर*			*कुल*
	उच्च	*मध्यम*	*कम*	
उच्च	12	8	32	52
मध्यम	8	11	24	43
कम	43	12	10	65
कुल	63	31	66	160

2. अवलोकित और प्रत्याशित आवृत्तियों के बीच अधिक से अधिक अन्तर है। शून्य परिकल्पना को अस्वीकार करने में, आजीविका सक्षम होने हेतु काई वर्ग परीक्षण के सन्दर्भ में कथन पर टिप्पणी करें।
3. एक सामाजिक कार्यकर्ता की सड़क के बच्चों के साथ काम करते हुये यह निर्धारित करने की अभिरुचि थी कि बच्चों में यौन उत्पीड़न से सम्बन्धित लिंग की डिग्री क्या थी। सामाजिक कार्यकर्ता ने सड़क के 200 बच्चों का यादृच्छया प्रतिदर्श लिया, जिसमें से 100 लड़के और 100 लड़कियां थीं। और यह पाया कि 75 लड़कियों का यौन शोषण किया गया जबकि केवल 40 लड़कों का यौन उत्पीड़न होना पाया गया। ऊपर दी गई समस्या 3 में दिये गये समंकों हेतु फाई की गणना कीजिये।
4. समस्या 3 में दिये गये समंकों से यूल के साहचर्य गुणांक Q की गणना कीजिये।
5. एक सामाजिक कार्य में शिक्षक यह निर्धारित करने की रुचि रखता है कि क्या समाज कार्य के स्नातकोत्तर छात्रों का समाजकार्य शोध के प्रदर्शन में सैद्धान्तिक प्रश्नपत्र और व्यावहारिक प्रश्नपत्र के बीच सम्बन्ध है। वह यादृच्छया समाज कार्य के 10 स्नातकोत्तर छात्रों के प्राप्तांकों के कथनों का

चयन करता है। प्रत्येक छात्र के प्रत्येक प्रश्नपत्र के प्राप्तांक नीचे दिये गये हैं। स्पियरमैन का उपयोग करते हुये इन समंकों के लिये सह–सम्बन्ध गुणांक की गणना कीजिये और 0.05 सार्थकता स्तर पर सह–सम्बन्ध गुणांक की सार्थकता का निर्धारण कीजिये।

अनुक्रमांक	*शोध और सांख्यिकी में प्राप्तांक (x)*	*डिज़र्टेशन में में प्राप्तांक (y)*
1	50	60
2	60	65
3	60	66
4	60	70
5	75	58
6	55	48
7	68	62
8	68	70
9	48	52
10	52	56
N = 10		

6. समस्या 5 में दिये गये दोनों समूहों के प्राप्तांकों के बीच पीयर्सन की विधि का उपयोग करके सह–सम्बन्ध गुणांक की गणना कीजिये।

आगे पढ़ने हेतु (For Further Reading)

बेकर, एल. थेरेसे, *डुईग सोशल रिसर्च,* न्यूयॉर्क, मैक्ग्रा हिल्स, 1998.

ब्लैलॉक, एच.एम. *सोशल स्टेटिसटिक्स,* ऑकलैण्ड, मैक्ग्रा हिल्स, 1998.

एलहान्स, डी.एन. *फन्डामेन्टल ऑफ स्टेटिसटिक्स,* इलाहाबाद, किताब महल, 1984.

फेस्टीन्जर, एल. एण्ड काट्ज़ डी. (सम्पा.), *रिसर्च मैथड्स इन बिहैवियरल साइन्सेस,* न्यूयॉर्क : दि ड्रायडेन प्रेस, 1953.

फ्रेउड, जे. ई., *मॉडर्न एलीमेन्टरी स्टेटिसटिक्स,* न्यू दिल्ली, प्रैन्टिस हॉल, 1977.

गैरेट, एच. ई., *स्टेटिसटिक इन फिज़िकल एण्ड एजूकेशन,* बॉम्बे, वकील्स, 1966.

गुप्ता, एस.पी., *स्टेटिसटिकल मैथड्स,* नई दिल्ली, एस चान्द, 1980.

कर्लिन्जर, फ्रेड आर. *फाउन्डेशन्स ऑफ बिहैवियरल रिसर्च,* दिल्ली, सुरजीत पब्लिकेशन्स, 1964.

किदर, ल्यूइस एच., *रिसर्च मैथड्स इन सोशल रिलेशन्स,* न्यूयॉर्क होल्ट, 1981.

क्रिशेफ, कर्टिस एच., *फन्डामेन्टल स्टेटिसटिक्स फॉर ह्यूमन सर्विसेज़ एण्ड सोशल वर्क,* बोस्टन : डक्सबरी प्रेस,1987.

मोन्टे, ड्यूआना आर. एट ऑल, *अप्लायड सोशल रिसर्च* : टूल फॉर दि ह्यूमन सर्विसेज़, शिकागो होल्ट, 1986.

नचमियास, डी. एण्ड नचमियास, सी., *रिसर्च मैथड्स इन सोशल साइन्सेस,* न्यूयॉर्क सेन्ट मार्टिन्स प्रेस, 1981.

ओस्ले, बी. एण्ड मेन्सिग, आर. डब्लू, *स्टेटिसटिक्स इन रिसर्च,* नईदिल्ली, ऑक्सफोर्ड, 1975.

फिलिप, ए. ई. एट आल, *सोशल वर्क रिसर्च,* एण्ड *दि एनालिसिस ऑफ सोशल डाटा,* ऑक्सफोर्ड, पैरागैमन प्रेस,1975.

रूबिन, ऐलेन एण्ड बेबी, ई, *रिसर्च मैथडोलॉजी फॉर सोशलवर्क,* बेलमोन्ट, कैलिफोर्निया : वेड्सवर्थ, 1989.

सैन्डर्स, डी.एच. एट आल, *स्टेटिसटिक्स : ए फ्रेश एप्रोच,* नई दिल्ली, मैक्ग्रा हिल्स, 1975.

विल्किनसन, टी. एस. एण्ड भण्डारकर, पी. एल., *मैथडोलॉजी एण्ड टेक्निक्स ऑफ सोशल रिसर्च,* बाम्बे, हिमालया, 1977.

यंग, पी. वी., *साइन्टफिक सोशल सर्वेज़ एण्ड रिसर्च,* ईगलवूड क्लिफ, एन.जे. प्रैन्टिस हॉल (चौथा संस्करण), 1953.

15

साहचर्य के गैर प्राचल परीक्षण

Non-Parametric Tests of Association

कोलमोगोरोव–स्मिरनोव परीक्षण (The Kolmogorov Smirnov Test)

कोलमोगोरोव–स्मिरनोव परीक्षण एक गैर प्राचल परीक्षण है जो कि सामान्यतया काई–वर्ग परीक्षण के लिये एक वैकल्पिक परीक्षण है। समष्टि या अन्य प्रतिदर्श के अवलोकित आवृत्ति और प्रत्याशित आवृत्ति के बीच समझौते की राशि के निर्धारण में इस परीक्षण का उपयोग किया जाता है।

कोलमोगोरोव–स्मिरनोव परीक्षण का अध्ययन करने के लिये हम निम्न समंकों पर विचार करेंगे।

	अविवाहित	*विवाहित*	*विधवा*	*अलग*	*कुल*
अवलोकित आवृत्ति (f_o)	17	10	15	8	50

इस समंक के विश्लेषण के लिये हम कोलमोगोरोव–स्मिरनोव परीक्षण का उपयोग करते हैं। इस परीक्षण के अनुप्रयोग हेतु पहला चरण यह है कि सभी अवलोकित आवृत्तियों का योगफल ज्ञात करें। इसका योगफल 50 है, जो कि प्रतिदर्श का आकार भी है।

इसके बाद अब हम चारों श्रेणियों को चार पंक्तियों में निर्धारित करते हैं। पहली पंक्ति में अवलोकित आवृत्ति और कुल आवृत्ति के अनुपात को दर्शाते हैं। दूसरी पंक्ति में प्रत्येक श्रेणी की प्रत्याशित आवृत्ति से कुल आवृत्ति के अनुपात को दर्शाया जाता है। तीसरी पंक्ति में प्रतिदर्श का आकार (n) का संचयन दिखाया गया है, इसमें अवलोकित आवृत्ति को अवलोकित आवृत्ति की कुल संख्या से विभाजित करके प्राप्त किया जाता है। चौथी पंक्ति प्रत्याशित आवृत्ति का संचयन है। परिणामों को तालिका क्रमांक 15.1 में प्रस्तुत किया जा रहा है।

तालिका 15.1

कोलमोगोरोव–स्मिरनोव परीक्षण की गणना

	अविवाहित	*विवाहित*	*विधवा*	*अलग*
अवलोकित आवृत्ति (f_o)	$\frac{17}{50}$	$\frac{10}{50}$	$\frac{15}{50}$	$\frac{8}{50}$
प्रत्याशित आवृत्ति (f_e)	$\frac{12.5}{50}$	$\frac{12.5}{50}$	$\frac{12.5}{50}$	$\frac{12.5}{50}$
अवलोकित संचयी आवृत्ति (f_oCum)	$\frac{17}{50}$	$\frac{27}{50}$	$\frac{42}{50}$	$\frac{50}{50}$
प्रत्याशित संचयी आवृत्ति (f_eCum)	$\frac{12.5}{50}$	$\frac{25.0}{50}$	$\frac{37.5}{50}$	$\frac{50}{50}$
अवलोकित संचयी और प्रत्याशित संचयी आवृत्ति के बीच निरपेक्ष मान (f_o Cumu-f_e Cumu)	$\frac{4.5}{50}$	$\frac{2}{50}$	$\frac{4.5}{50}$	$\frac{0}{50}$

उपरोक्त तालिका से देखा जा सकता है कि सभी अवलोकित आवृत्तियाँ 50 के अनुपात में परिवर्तित की गयी हैं। इसी प्रकार सभी प्रत्याशित आवृत्तियाँ भी 50 के अनुपात में परिवर्तित की गयी हैं। अविवाहित श्रेणी के अन्तर्गत अवलोकित संचयी आवृत्ति की पहली पंक्ति का मूल्य वही है जो कि अवलोकित आवृत्ति की पहली पंक्ति का है। विवाहित श्रेणी में अवलोकित संचयी आवृत्ति (f_o Cumu) के लिये, पहली अविवाहित और दूसरी विवाहित श्रेणी की अवलोकित आवृत्तियों को एक साथ जोड़ दिया जाता है। पहली अवलोकित आवृत्ति 17 / 50 है जबकि दूसरी अवलोकित आवृत्ति 10 / 50 है अतः विवाहित श्रेणी के लिये अवलोकित संचयी आवृत्ति 17 / 50 + 10 / 50 = 27 / 50 होगी। अब शोधकर्ता विधवा श्रेणी के लिये भी इसी प्रकार अवलोकित संचयी आवृत्ति 17 / 50 + 10 / 50 + 12 / 50 = 42 / 50 प्राप्त करता है। अलग श्रेणी की अवलोकित संचयी आवृत्ति 50 / 50 है। इसी प्रकार प्रत्याशित संचयी आवृत्ति (f_e Cumu) हेतु गणना की जाती है जिस प्रकार अवलोकित संचयी आवृत्ति प्राप्त करने हेतु की गई है।

अब हम अवलोकित संचयी आवृत्ति से प्रत्याशित संचयी आवृत्ति या प्रत्याशित संचयी आवृत्ति से अवलोकित संचयी आवृत्ति को घटाते हैं (f_oCumu - f_e Cumu or f_eCumu - f_o Cumu)। क्योंकि हम यहाँ पर केवल अधिकतम निरपेक्ष मान ज्ञात करते हैं। तालिका से स्पष्ट है कि अधिकतम निरपेक्ष मूल्य 4.5 / 50 है जो भिन्न के रूप में है। दूसरे चरण में हम अंश 4.5 को हर 50 से भाग देकर भिन्न को दशमलव में बदल सकते हैं। यह मूल्य 0.09 आता है। जिसे D कहा जाता है। यही सर्वाधिक निरपेक्ष मान या अन्तर कहलाता है।

अन्तिम चरण में निष्कर्ष निकाला जाता है। इसके लिये हम परिशिष्ट के तालिका क्रमांक A-4 का अनुसरण करेंगे। इस तालिका का शीर्षक कोलमोगोरोव–स्मिरनोव एकल प्रतिदर्श परीक्षण हेतु सार्थक मूल्य (Critical Values for the Kolmogorov-Smirnov One Sample Test) है। सार्थक मूल्य ज्ञात करने के लिये तालिका के मूल्यों को देखना ही होगा और बायें तरफ के स्तम्भ पर लगा लेबल प्रतिदर्श आकार n देखो। इससे प्रतिदर्श हेतु n का मान ज्ञात करते हैं। इसमें n का मान 50 है। अब हमें सार्थकता स्तर 0.05 पर देखकर सार्थक मूल्य ज्ञात करना होगा। तालिका में यह सार्थक मान 1.36 है। इसके बाद D का आकलित मान ज्ञात करते हैं और यह जानने का प्रयास किया जाता है कि D का आकलित मूल्य सार्थक मूल्य के बराबर है या उससे बड़ा। यदि ऐसा है तो शून्य परिकल्पना अमान्य हो जायेगी। यहाँ पर D का आकलित मूल्य 0.09 है जो कि सार्थक मूल्य 1.36 से कम है। अतः शोधकर्ता शून्य परिकल्पना को अमान्य नहीं कर सकता है। यहाँ प्रतिदर्श की विभिन्न श्रेणियों के मध्य सांख्यिकीय सार्थकता अन्तर नहीं है। वैकल्पिक रूप से अनुसंधानकर्ता यह निष्कर्ष निकाल सकता है कि जहाँ तक अध्ययन के चरों का सम्बन्ध है, प्रतिदर्श की विभिन्न श्रेणियों में उत्तरदाताओं के मध्य एकरूपता है।

कोलमोगोरोव–स्मिरनोव परीक्षण से लाभ और हानि (Advantages and Disadvantages of the Komogorov-Smirnov Test)

यह सांख्यिकीय परीक्षण बहुत ही सरल और गणना करने में काफी आसान है। इसमें केवल कुछ ही अंकगणितीय गणनाओं से के मूल्य को प्राप्त किया जा सकता है। यह परीक्षण प्रतिदर्श आकार के सापेक्ष में उपयोग किया जा सकता है। कोलमोगोरोव–स्मिरनोव परीक्षण का तुलनात्मक रूप में अधिक उचित एकल विषय शोध के कोटि स्तर के साथ सांख्यिकीय उपयोग किया जाता है

संकेत या चिह्न परीक्षण (The Sign Test)

इस भाग में हम युग्मित प्रकार के मूल्य या स्कोर से सम्बन्धित सांख्यिकी की चर्चा करेंगे। प्रतीक परीक्षण एक ही प्रकार के व्यक्ति के लिये हस्तक्षेप से पूर्व एवं बाद के स्कोर की तुलना कर उचित उपयोग कर सकते हैं।

ये सम्बन्धित स्कोर माने जाते हैं क्योंकि ये दोनों स्कोर उसी व्यक्ति के लिये होते हैं। अब इस प्रकार की स्थिति बन सकती है कि एक शोध अध्ययन दो व्यक्तियों के विश्लेषण की बात करता है जो एक–दूसरे से विशिष्ट चरों के सापेक्ष घनिष्ठता के साथ जुड़े हैं जिनका अध्ययन करना है। इस उदाहरण में अध्ययन के अन्तर्गत चर के पदों में व्यक्तियों को भी एक–दूसरे से सम्बन्धित माना जाता है। विवाहित जोड़ों के परामर्श हेतु सम्बन्धित व्यक्तियों का समूह

इस तरह का एक उदाहरण हो सकता है। यदि चिह्न परीक्षण ग्राहकों के लिये हस्तक्षेप से पूर्व एवं बाद के स्कोर के अभिकल्पन में उपयोग किया जाता है। शोधकर्ता यह निर्धारित करने की कोशिश करता है कि क्या ग्राहकों के स्कोर अध्ययन में शामिल हस्तक्षेप से पूर्व एवं बाद के स्कोर में सार्थक परिवर्तन हुआ है। जहाँ तक अभिकल्पन का सम्बन्ध ग्राहकों के जोड़ों के मिलान से है। शोधकर्ता यह निर्धारित करने की कोशिश करता है कि मिलान किये गये ग्राहकों के स्कोर एक जैसे हैं या नहीं।

एक सामाजिक कार्यकर्ता निःसन्तान विवाहित जोड़ों के साथ कुछ समय काम करने के बाद यह देखना चाहता है कि क्या पतियों और पत्नियों में एक दूसरें के प्रति उनके नज़रिये में कोई अन्तर है। सामाजिक कार्यकर्ता नौ जोड़ों का यादृच्छिक नमूने के आधार पर चयन करता है। तदुपरान्त इन जोड़ों के एक–दूसरे के प्रति उनके नज़रिये का आकलन करने हेतु उनके दृष्टिकोण को अभिरुचि पैमाने पर निर्धारित किया जाता है। इन जोड़ों के एक–दूसरे के प्रति उनके नज़रिये का आकलन अभिरुचि पैमाने पर अधिक सकारात्मक दृष्टिकोण अधिक उच्च स्कोर वाले नज़रिये और अधिक नकारात्मक दृष्टिकोण कम स्कोर वाले नज़रिये को दर्शाते हैं।

शून्य परिकल्पना यह है कि पतियों और पत्नियों में एक–दूसरे के प्रति व्यवहार में कोई अन्तर नहीं होगा। शोधकर्ता यह निर्णय पहले ही ले लेता है जबकि सार्थकता स्तर 0.05 (अल्फा स्तर) पर उपयोग किया गया है।

तालिका देखने पर यह पता चलता है कि पहली जोड़ी के लिये पति का स्कोर 10 तथा पत्नी का स्कोर 14 है। चूँकि पत्नी का स्कोर, पति के स्कोर की तुलना में अधिक है अतः अगले स्तम्भ में चिह्न या संकेत धनात्मक होगा।

यह प्रक्रिया दूसरे, चौथे, पांचवें, आठवें और नवें जोड़े के लिये भी मान्य होगी अतः उन्हें भी स्तम्भ में धनात्मक चिह्न के साथ दर्शाया गया है। सातवें जोड़े के लिये पत्नी का स्कोर, पति के स्कोर की तुलना में कम है अतः स्तम्भ में ऋणात्मक चिह्न उपयोग किया गया है। तीसरे और छठे जोड़ों के स्कोर एक जैसे ही हैं अतः उन्हें शून्य से दर्शाया गया है।

अगले चरण में, कम आवृत्ति वाले चिह्न (Least Frequent Sign or LFS) की संख्या की गणना करना है। यहाँ पर ऋणात्मक चिह्न केवल एक ही है और अन्य शेष में यह चिह्न धनात्मक है। अतः दोनों चिह्नों में ऋणात्मक चिह्न कम आवृत्ति का है जो कि 1 ही है। चिह्न परीक्षण स्कोर में अन्तर का मूल्यांकन करता है कि धन या ऋण है। प्रस्तुत उदाहरण में, तीसरे और छठे जोड़ों के मामले में कोई अन्तर नहीं है अतः कुल संख्या (n) में इन जोड़ों को शामिल नहीं किया जाता है। इस प्रकार जब चिह्न में कोई परिवर्तन नहीं होता है तो प्रत्येक जोड़े के स्कोर से n का

मान कम होता जाता है जहाँ भी चिह्न परिवर्तन नहीं हुआ है। इस उदाहरण में, 9 जोड़ों में से दो जोड़े (तीसरे और छठे जोड़े) ऐसे हैं जिनके (स्कोरों के बीच अन्तर शून्य) चिह्न में परिवर्तन नहीं हुआ है अतः n का मूल्य कम होकर 7 हो जायेगा।

तालिका 15.2

अभिरुचि पैमाने पर पति और पत्नियों के स्कोर

जोड़े (Couple)	अभिरुचि स्कोर		चिह्न परिवर्तन
	पति (Husband)	पत्नी (Wife)	
1	10	14	+
2	9	10	+
3	8	8	0
4	12	14	+
5	10	13	+
6	6	6	0
7	15	11	–
8	16	17	+
9	14	16	+
N = 7		Σ of LFS = 1	

परिशिष्ट के तालिका क्रमांक A-2 (जिसका शीर्षक प्रोबेबिलिटीज़ एसोसिएटेड विथ दि साइन टेस्ट है) का अनुसरण कर निष्कर्ष निकाला जाता है। इसमें शोधकर्ता पहले स्तम्भ n में देखकर संख्या 7 को खोजकर उसकी पंक्ति ज्ञात करता है। तालिका से उसी पंक्ति पर LFS 1 ज्ञात करना होता है। स्तम्भ n में संख्या 7 वाली पंक्ति और स्तम्भ LFS 1 एक–दूसरे को जिस बिन्दु पर प्रतिच्छेद करते हैं वह क्रान्तिक मूल्य 0.124 है। अब परिकल्पना परीक्षण हेतु इस सिद्धान्त का पालन करते हैं कि यदि परिकल्पना परीक्षण हेतु सार्थकता स्तर पर जो मान चयनित किया गया है वह मान तालिका में क्रान्तिक मूल्य के मान के बराबर या कम है तो ऐसी स्थिति में शून्य परिकल्पना अमान्य हो जाती है। चूँकि सार्थकता स्तर पर 0.05 का चयन किया है और 0.124 इस मान से बड़ा है (0.124 > 0.05) अतः शून्य परिकल्पना अमान्य नहीं की जा सकती है। परिणामतः शोधकर्ता यह निष्कर्ष निकालता है कि निःसन्तान विवाहित जोड़ों के सम्बन्ध में पतियों और पत्नियों में एक–दूसरे के प्रति उनके नज़रिये में कोई सार्थक अन्तर नहीं है।

इस परीक्षण में महत्वपूर्ण यह है कि यह परिवर्तन की डिग्री पर विचार नहीं करता है। यह केवल हमें यह बताता है कि स्कोर में परिवर्तन धनात्मक या ऋणात्मक है। इससे यह जानकारी प्राप्त नहीं हो पाती है कि परिवर्तन कितना हुआ है।

संकेत या चिह्न परीक्षण हेतु क्रान्तिक मान की तालिका में जाने से पूर्व एक और बिन्दु यह है कि हमें निर्णय लेना आवश्यक है कि एक–पूंछ या द्वि–पूंछ परीक्षण में किसका उपयोग किया जाना है। इस समस्या के साथ समंकों की दिशात्मकता हेतु कोई भविष्यवाणी नहीं है। यहाँ ऐसे कोई संकेत नहीं मिलते कि पत्नियाँ उनके पतियों से या तो उच्च स्कोर अर्जित करेंगी या निम्न या पति उनकी पत्नियों से उच्च या निम्न स्कोर अर्जित करेंगे। बिना किसी दिशात्मक निर्देश के द्वि–पूंछ परीक्षण का उपयोग किया जाता है। यदि दिशा–निर्देश दिये गये होते तो एकल–पूंछ परीक्षण का उपयोग किया जाता।

तालिका 15.3

विलकॉक्सन परीक्षण द्वारा 9 जोड़ों की उनके निःसन्तान जीवनसाथियों के प्रति अभिरुचि

जोड़े (Couple)	*अभिरुचि स्कोर*		*D*	*Rank*	*धनात्मक*	*ऋणात्मक*
	पति (Husband)	*पत्नी* (Wife)				
1	10	14	+4	6.5	6.5	
2	9	1	+1	1.5	1.5	
3	8	8				
4	12	14	+2	3.5	3.5	
5	10	13	+3	5	5.0	
6	6	6	0			
7	15	11	4	6.5		6.5
8	16	17	+1	1.5	1.5	
9	14	16	+2	3.5	3.5	

एक बार स्तम्भ D स्थापित हो जाने के उपरान्त इस मांमले में कार्यकर्ता के D मूल्यों की अनुस्थिति निर्धारित करता है। पुनः यह याद रखना होगा कि युगल 3 और 6 के स्कोरों में कोई अन्तर नहीं था। इसीलिये उनके D का मूल्य शून्य था। शून्य (शून्यों) को अलग–अलग तरीके से समायोजित किया जाता है। लेकिन सर्वोत्तम और सरल तरीका यह है कि युगल 3 और 6 का उपयोग न करें और n को 9 से 7 तक छोड़ दें।

अगले चरण में शोधकर्ता स्तम्भ D के मूल्यों को चिह्नों की उपेक्षा करते हुये अनुस्थिति निर्धारित करता है। अनुस्थितियां नीचे दर्शायी जा रही हैं।

स्तम्भ D के अनुस्थिति क्रम (Rank Order of D Column)
+1
+1
+2
+3
–4
+4

अगले चरण में शोधकर्ता चिह्नों की उपेक्षा करते हुये स्तम्भ D के मूल्यों की गणना करता है। स्तम्भ D में प्रत्येक मूल्य की गणना कर उत्तरोत्तर संख्या में 1 से आरम्भ कर निर्धारित किया गया है। (यदि स्तम्भ D में एक से अधिक अनुस्थितियां विद्यमान हैं तो अनुस्थितियों के मूल्यों का औसत लिया जाता है।) स्तम्भ D के प्रत्येक मूल्यों को बिना चिह्नों के अनुस्थितियों के साथ नीचे दर्शाया गया है।

तालिका 15.4

स्तम्भ D के अनुस्थिति क्रम	*अनुस्थिति क्रम*	*बिना चिह्न के अनुस्थिति*
+1	1	1.5
+1	2	
+2	3	3.5
+2	4	
+3	5	
4	6	
+4	7	6.5

तालिका 15.5 दर्शाती है कि शोधकर्ता किस प्रकार स्तम्भ में चिह्नों का उपयोग करता है और उनकी अनुस्थितियाँ निर्धारित करता है। दूसरे शब्दों में हम कह सकते हैं कि अनुस्थिति स्तम्भ D में दिये गये मूल्यों के चिह्न अपना लेती है। इस प्रकार D के मूल्य +1 से अनुस्थिति का चिह्न +1.5 हो जाता है। जबकि –4 मूल्य के लिये अनुस्थिति का चिह्न –6.5 हो जाता है। स्तम्भ D के मूल्यों के धनात्मक या ऋणात्मक चिह्नों के निर्धारण की प्रक्रिया है जो उनके प्रत्येक मूल्यों के अनुस्थितियों में किया गया है।

तालिका 15.5

विलकॉक्सन युग्म–मिलान, चिन्ह–रैंक समस्या

स्तम्भ D की रैंक क्रम	*गणना*	*बिना चिन्हों के रैंक मूल्य*	*उचित चिन्हों के साथ रैंक मूल्य*	*सकारात्मक*	*नकारात्मक*
+1	1	1.5	+1.5	1.5	
1	2		+1.5	1.5	
+2	3	3.5	+3.5	3.5	
+2	4		+3.5	3.5	
+3	5		+5.0	5.0	
–4	6	6.5	–6.5		6.5
+4	7		+6.5	6.5	
				Sum of LFS = 6.5	

अब शोधकर्ता D के प्रत्येक मूल्य के लिये अनुस्थिति मूल्यों को चिह्न सहित निर्धारित करता है। यह सकारात्मक और नकारात्मक स्तम्भ बनाने का कार्य करता है। D के मूल्य अनुस्थिति निर्धारण में और अनुस्थिति को या तो स्तम्भ में व्यवस्थित किया जाता है जबकि यह D के सकारात्मक या नकारात्मक होने पर निर्भर करता है। एक बार दोनों स्तम्भ बनने के बाद शोधकर्ता स्तम्भ में केवल यह 1 नकारात्मक मूल्य प्राप्त करता है। जबकि स्तम्भ में सकारात्मक मूल्य 6 है। स्तम्भ में 6.5 एक नकारात्मक मूल्य है। अतः LFS (Least Frequent Sign) 6.5 है।

LFS का क्रान्तिक मान प्राप्त करने के लिये हम परिशिष्ट के तालिका क्रमांक A-3 का अनुसरण करेंगे। स्तम्भ n में 7 के सापेक्ष 0.05 सार्थकता स्तर के प्रतिच्छेदन बिन्दु वाले मूल्य को प्राप्त किया जाता है। तालिका से प्राप्त क्रान्तिक मान 2 है। जैसा कि हमने पूर्व के उदाहरणों में देखा है यहाँ पर भी हम उनके सिद्धान्तों का अनुसरण करेंगे। यदि LFS का आकलित मूल्य विल्काक्सन तालिका में दिये गये क्रान्तिक मूल्य से कम है तो हम शून्य परिकल्पना अस्वीकृत/अमान्य करेंगे और यह मानते हैं कि प्रस्तुत उदाहरण में पतियों और पत्नियों की अभिरुचि के बीच में सांख्यिकीय सार्थकता का अन्तर है। यहाँ पर आकलित LFS मूल्य 6.5 है और यह क्रान्तिक मूल्य से बड़ा है। अतः शोधकर्ता शून्य परिकल्पना अमान्य करने में असफल हो जाता है। परिणामतः शोधकर्ता इस निष्कर्ष पर पहुँचता है कि पतियों और पत्नियों की अभिरुचि के बीच में सांख्यिकीय सार्थकता का अन्तर नहीं है।

मान–व्हाइटने यू परीक्षण (The Mann-Whitney U Test)

मान–व्हाइटने यू परीक्षण एक और सशक्त गैर प्राचल सांख्यिकी है। यह दो स्वतन्त्र प्रतिदर्शों में सार्थकता अन्तर की जाँच करने के लिये प्रयुक्त किया जाता है। जब शोधकर्ता एक ही समष्टि से दो यादृच्छिक नमूने लेकर किसी एक समूह

पर उपचार कर तथा दूसरे पर बिना उपचार के प्रभाव की दोनों समूहों में तुलना करके देखता है कि क्या समूहों के मध्य सांख्यिकीय सार्थक अन्तर है या नहीं तब इस परीक्षण का उपयोग किया जाता है। यह एक सर्वाधिक उचित परीक्षण है जो समाजकार्य शोधकर्ता के द्वारा उपयोग किया जाता है। जब वह हस्तक्षेप के प्रभाव का मूल्यांकन करता है और यह देखना चाहता है कि समष्टि से जो दो समूह दो अलग–अलग हस्तक्षेप के प्रभाव की माप हेतु लिये गये थे, उनके परिणाम में सार्थक अन्तर है।

एक उदाहरण लेते हैं जिसमें समाजकार्य शोधकर्ता यह परिकल्पना करता है कि बैचलर डिग्री पाठ्यक्रम के छात्रों और मास्टर डिग्री पाठ्यक्रम के छात्रों की तुलना में लिंग पीड़ितों के प्रति अधिक समानुभूति रखते हैं। अब शोधकर्ता शोध परिकल्पना का परीक्षण करने के लिये एक शून्य परिकल्पना स्थापित करेगा। माना कि यहाँ शून्य परिकल्पना यह है कि बैचलर डिग्री पाठ्यक्रम के छात्रों और मास्टर डिग्री पाठ्यक्रम के छात्रों की लिंग पीड़ितों के प्रति अभिरुचि में कोई अन्तर नहीं हैं।

पहला चरण यह है कि दोनों समूहों के सभी अभिरुचि स्कोरों को एक क्रम में लिया जाता है। स्कोर का क्रम ऊपर से नीचे की ओर होता है। इसके उपरान्त इनकी अनुस्थितियां निर्धारित की जाती हैं, जिन्हें हम निम्न तालिका 15.6 में देख सकते हैं।

तालिका 15.6

एटीट्यूडनल स्केल पर दो समाजकार्य वर्गों हेतु छात्रों का लिंग पीड़ितों के प्रति सहानुभूतिक भावनाओं के निर्धारण का स्कोर

समूह–1 (BSW Class)			*समूह–2 (MSW Class)*	
4	18	34	3	16
6	22	35	5	19
7	23	38	6	20
9	25	40	8	21
15	28	41	10	24
17	29	42	11	26
	30		12	27
	32		13	—
			14	
n_1 = 20			n_2 = 16	

तालिका 15.7

दो विभिन्न वर्गों से समाजकार्य छात्रों के दो समूहों के लिये संयुक्त सहानुभूतिक स्कोर एवं उनकी अनुस्थितियां (रैंक्स)

स्कोर	*अनुस्थिति*	*स्कोर*	*अनुस्थिति*
42	1	19	20
41	2	18	21
40	3	17	22
38	4	16	23
35	6	15	24
34	7	14	25
32	8	13	26
30	9	12	27
29	10	11	28
28	11	10	29
27	12	9	30
26	13	8	31
25	14	8	31
24	15	7	32
23	16	6	33
22	17	5	34
21	18	4	35
20	19	3	36

दूसरा चरण यह है कि स्कोरों को उनके वास्तविक समूहों में इनकी निर्धारित अनुस्थिति के साथ पुनः प्रतिस्थापित करते हैं। समूह 1 के लिये स्कोर स्तम्भ 1 के अन्तर्गत उनकी अनुस्थितियों के साथ सूचीबद्ध किया जाता है। हमें समूह 2 के अनुस्थिति स्कोर की आवश्यकता नहीं होती है। तालिका 15.8 में समूहों को दर्शाया गया है। इसमें समूह 1 के स्कोर उनके अनुस्थिति के साथ मूल रूप से गठित किये गये थे।

तालिका से हम सभी अनुस्थिति मूल्यों का योगफल प्राप्त करते हैं। समूह 1 के लिये अनुस्थिति मूल्यों का योगफल 305 है। हमारे पास अब तीन मूल्य $n_1 = 20$, $\Sigma R = 305$, $n_2 = 16$ हैं।

तालिका 15.8

समूह–1 में स्कोर के रैंक मानों के साथ, समूह–1 और समूह–2 के हेतु स्कोर

समूह 1 के लिये स्कोर	*अनुस्थिति*	*समूह 2 के लिये स्कोर*
4	35	3
6	33	5
7	32	6
9	30	8
15	24	10
17	22	11
18	21	12
22	17	13
23	16	14
25	14	16
28	11	19
29	10	20
30	9	21
32	8	24
34	7	26
35	6	27
38	4	
40	3	
41	2	
42	1	
$\Sigma R =$	350	
$n_1 = 20$		$n_2 = 16$

मान–व्हाइटने यू सूत्र इस प्रकार है :

$$U = n_1 n_2 + \frac{n_1(n_1 + 1)}{2} - \Sigma R$$

जहाँ n_1 = पहले समूह में स्कोरों की संख्या

n_2 = दूसरे समूह में स्कोरों की संख्या और

ΣR = समूह 1 के लिये अनुस्थितियों का योगफल

इन मूल्यों को सूत्र में प्रतिस्थापित करने पर हमें प्राप्त होता है :

$$U = n_1 n_2 + \frac{n_1(n_1 + 1)}{2} - \Sigma R$$

$$= \left((20) \times (16) + \frac{20(20+1)}{2} \right) - 305$$

$$= \left(320 + \frac{420}{2} \right) - 305$$

$$= (320 + 210) - 305$$

$$= 330 - 305$$

$$= 225$$

अब यह देखने के लिये कि शून्य परिकल्पना को अमान्य किया जा सकता है हमें सार्थक मूल्य की आवश्यकता है।

यहाँ शून्य परिकल्पना यह है कि बैचलर डिग्री पाठ्यक्रम के छात्रों और मास्टर डिग्री पाठ्यक्रम के छात्रों की लिंग पीड़ितों के सम्बन्ध में उनके अभिरुचि स्कोर में कोई अन्तर नहीं हैं।

माना कि शोधकर्ता 0.05 सार्थकता स्तर पर शून्य परिकल्पना का परीक्षण करना चाहता है।

मान–व्हाइटने यू के द्वि–पूंछ परीक्षण हेतु 0.05 सार्थकता स्तर पर क्रान्तिक मूल्यों के लिये सूची तालिका A-5 में दर्शाया गया है और वहाँ दो n मूल्य हैं। एक पहला स्तम्भ जिसमें nL (Largest) लेबल अंकित है या सर्वाधिक संख्याओं वाला समूह। इस उदाहरण में सबसे बड़ा n 20 है। अतः हम nL के स्तम्भ में 20 पर जायेंगे। इसके बाद हम nS(Smaller) पंक्ति के n हेतु छोटे समूह पर जायेंगे जो कि 16 है। पंक्ति और स्तम्भ के प्रतिच्छेदन बिन्दु पर क्रान्तिक मूल्य प्राप्त होता है जो कि 98 है।

अब हम इस सिद्धान्त का पालन करते हैं कि यदि आकलित मूल्य, क्रान्तिक मूल्य से बराबर या कम है तो शून्य परिकल्पना अस्वीकृत या अमान्य हो जाती है। चूँकि यहाँ पर आकलित मूल्य 241 है तथा क्रान्तिक मूल्य 98 है। अतः शून्य परिकल्पना अस्वीकृत या अमान्य नहीं हो सकती है। इसलिये शोधकर्ता इस निष्कर्ष पर पहुँचता है कि बैचलर डिग्री पाठ्यक्रम के छात्रों और मास्टर डिग्री पाठ्यक्रम के छात्रों की लिंग पीड़ितों के सम्बन्ध में उनके अभिरुचि स्कोर में 0.05 सार्थकता स्तर पर सांख्यिकीय सार्थकता अन्तर नहीं है।

समीक्षा के लिए महत्वपूर्ण पद (Important Terms for Review)

- कोलमोगोरोव–स्मिरनोव परीक्षण (The Kolmogorov-Smirnov Test)
- प्रतीक परीक्षण (The Sign Test)
- विलकोक्सन मैच्ड युग्म (Wilcoxon Matched - Pairs)
- प्रतीक अनुस्थिति परीक्षण (Signed Ranks Test)
- मान–व्हाइटने यू परीक्षण (The Mann-Whitney U Test)

समीक्षात्मक प्रश्न (Review Questions)

1. शून्य परिकल्पना का परीक्षण कीजिये कि धर्म से सम्बन्धित प्रतिदर्श उत्तरदाताओं के मध्य अभी तक कोई भेद नहीं है। सार्थकता स्तर 0.05 पर कोलमोगोरोव–स्मिरनोव के एक मार्गी परीक्षण का उपयोग करें।

हिन्दू	*मुसलमान*	*ईसाई*	*पारसी*
12	4	4	2

2. एक सामाजिक कार्यकर्ता एक विशिष्ट घर में बच्चों के लिये यह निर्धारण करने की रुचि रखता है कि द्वि–सप्ताह व्यवहार सुधार कार्यक्रम के द्वारा बच्चों के चयनित समूह से नकारात्मक व्यवहारों की संख्या कम करेगा। उपचार से पूर्व एवं बाद में नकारात्मक व्यवहार का अवलोकन किया गया। विलकोक्सन मैच्ड युग्म, प्रतीक अनुस्थिति परीक्षण द्वारा निर्धारण कीजिये कि नकारात्मक व्यवहारों की संख्या उपचार से पूर्व एवं बाद के मध्य एक छोर परीक्षण से 0.01 स्तर पर सार्थक अन्तर विद्यमान है।

नकारात्मक व्यवहार करने वाले बच्चों की संख्या

बच्चे	*पहले*	*बाद में*
1	4	6
2	9	2
3	6	9
4	4	1
5	6	4
6	10	4
7	7	3
8	6	6

आगे पढ़ने हेतु (For Further Reading)

बेकर, एल. थेरेसे, *डुईग सोशल रिसर्च,* न्यूयॉर्क, मैक्ग्रा हिल्स, 1998.

ब्लैलॉक, एच.एम. *सोशल स्टेटिसटिक्स,* ऑकलैण्ड, मैक्ग्रा हिल्स, 1998.

एलहान्स, डी.एन. *फन्डामेन्टल ऑफ स्टेटिसटिक्स,* इलाहाबाद, किताबमहल, 1984.

फेस्टीन्जर, एल. एण्ड काट्ज़ डी. (सम्पा.), *रिसर्च मैथड्स इन बिहैवियरल साइन्सेस,* न्यूयॉर्क : दि ड्रायडेन प्रेस, 1953.

फ्रेउड, जे. ई., *मॉडर्न एलीमेन्टरी स्टेटिसटिक्स,* न्यू दिल्ली, प्रैन्टिस हॉल, 1977.

गैरेट, एच. ई., *स्टेटिसटिक्स इन फिज़िकल एण्ड एजूकेशन,* बाम्बे, वकील्स, 1966.

गुप्ता, एस.पी., *स्टेटिसटिकल मैथड्स,* नई दिल्ली, एस चान्द, 1980.

कर्लिन्जर, फ्रेड आर. *फाउन्डेशन्स ऑफ बिहैवियरल रिसर्च,* दिल्ली, सुरजीत पब्लिकेशन्स, 1964.

किदर, ल्यूइस एच., *रिसर्च मैथड्स इन सोशल रिलेशन्स,* न्यूयॉर्क होल्ट, 1981.

क्रिशेफ, कर्टिस एच., *फन्डामेन्टल स्टेटिसटिक्स फॉर ह्यूमन सर्विसेज़ एण्ड सोशल वर्क,* बोस्टन : डक्सबरी प्रेस, 1987.

मोन्टे, ड्यूआना आर. एट ऑल, *अप्लायड सोशल रिसर्च : टूल फार दि ह्यूमन सर्विसेज़,* शिकागो होल्ट, 1986.

नचमियास, डी. एण्ड नचमियास, सी., *रिसर्च मैथड्स इन सोशल साइन्सेस,* न्यूयॉर्क सेन्ट मार्टिन्स प्रेस, 1981.

ओस्ले, बी. एण्ड मेन्सिग, आर. डब्लू, *स्टेटिसटिक्स इन रिसर्च,* नई दिल्ली, आक्सफोर्ड, 1975.

फिलिप, ए. ई. एट आल, *सोशल वर्क रिसर्च,* एण्ड *दि एनालिसिस ऑफ सोशल डाटा,* आक्सफोर्ड, पैरागैमन प्रेस,1975.

रूबिन, ऐलेन एण्ड बेबी, ई, *रिसर्च मैथडोलॉजी फॉर सोशलवर्क,* बेलमोन्ट, कैलिफोर्निया : वेड्सवर्थ, 1989.

सैन्डर्स, डी.एच. एट आल, *स्टेटिसटिक्स : ए फ्रेश एप्रोच,* नई दिल्ली, मैक्ग्रा हिल्स, 1975.

विल्किनसन, टी. एस. एण्ड भण्डारकर, पी. एल., *मैथडोलॉजी एण्ड टेक्निक्स ऑफ सोशल रिसर्च,* बॉम्बे, हिमालया, 1977.

यंग, पी. वी. *साइंटिफिक सोशल सर्वेज़ एण्ड रिसर्च,* ईगलवूड क्लिफ, एन.जे. प्रैन्टिस हॉल (चौथा संस्करण), 1953.

16

एकल विषय अभिकल्पन हेतु सार्थकता का परीक्षण

Tests of Significance for Single Subject Designs

सार्थकता परीक्षण हेतु अनेक सांख्यिकीय प्रक्रियाओं में परिवर्तन हस्तक्षेप की वजह से है। दो प्रक्रियायें जिनकी द्वि–मानक विचलन विधि और सह–सम्बन्ध रेखा अभिगम विधि के नाम से इस अध्याय में चर्चा की जायेगी। यह समाजकार्य के अभ्यासकर्ताओं में सर्वाधिक प्रिय है क्योंकि इसमें सरल गणितीय संकारकों को शामिल किया जाता है।

द्वि–मानक विचलन विधि (Two Standard Deviation Method)

इस विधि का उपयोग तब किया जाता है जब समंकों के बिन्दुओं के द्विभाजक (dichotomous) नहीं होते हैं। यह विधि अनुमान पर आधारित है। यदि आधार रेखा को अनिश्चित विन्दु तक विस्तारित कर दिया जाये तो 95 प्रतिशत समंकों के द्वि–मानक विचलन आधार रेखा के माध्य से कम दूर होंगे।

1. आधार रेखा स्कोर से समान्तर माध्य ज्ञात कीजिये।
2. सूत्र $SD = \sqrt{\frac{\Sigma d^2}{n-1}}$ की सहायता से स्कोर के मानक विचलन (SD) ज्ञात कीजिये।
3. मानक विचलन (SD) को 2 से गुणा कीजिये।
4. $\overline{X} \pm 2\,SD$ ज्ञात कीजिये।
5. आधार रेखा माध्य और माध्य के बीच अन्तर ज्ञात कीजिये।

एकल विषय अभिकल्पन शोध में सामाजिक कार्यकर्ता द्वारा प्राप्त स्कोर को एक उदाहरण के द्वारा दर्शाया गया है।

Baseline Scores (X)	*Intervention Scores (Y)*
54	51
56	51
56	50
58	49
59	49
60	48

तालिका 16.1

स्कोर का विश्लेषण

Observation No (n)	*Baseline (X)*	*Intervention (Y)*	*माध्य से विचलन (d) d=X-$\overline{X}$*	*d^2*
1	54	51	54–57.2 = 3.2	10.24
2	56	51	56–57.2 = –1.2	1.44
3	56	50	56–57.2 = –1.2	1.44
4	58	49	58–37.2= 0.8	.64
5	59	49	59–57.2 = 1.8	3.24
6	60	48	60.57.2 = 2.8	7.84
$\Sigma n = 6$	$\Sigma x = 343$ $\bar{x} = 343/6$ = 57.17 = 57.2		$\Sigma d^2 = 24.84$	$\Sigma Y = 298$ Y = 298/6 = 49.67

$$SD = \sqrt{\frac{\Sigma d^2}{n-1}}$$

$$= \sqrt{\frac{24.84}{6-1}} = \sqrt{\frac{24.84}{5}} = \sqrt{4.968} = 2.29$$

$2SD = 2 \times 2.29$

$= 4.516$

$= 4.6$

$= \overline{X} \pm 2SD$ ($\overline{X}$ = Mean Baseline Score)

$= 57.2 \pm 4.6 = 61.8$ or 52.6

निष्कर्ष (Inference)

सिद्धान्तः यह निष्कर्ष निकाला जा सकता है कि मध्यवर्त या हस्तक्षेप प्रभाव से सांख्यिकीय अन्तर क्या है? यदि मध्यवर्त स्कोर मूलभूत स्कोर के माध्य से भिन्नता (अन्तर) 2 मानक विचलन अधिक है तो 0.05 स्तर पर प्रभाव सांख्यिकीय रूप में सार्थक होगा। प्रस्तुत उदाहरण में मध्यवर्त स्कोर का माध्य 49–67 है जो मूलभूत स्कोर 57.2 के माध्य से दो मानक विचलन 4.6 से अधिक है। अतः प्रभाव सांख्यिकीय सार्थक है। अन्य शब्दों में हम कह सकते हैं कि प्रतिदर्श से परिकलित प्रतिदर्शज़ वास्तविक प्राचल से कितना भिन्न है। सरल प्रतिचयन में प्रतिदर्शज़ तथा प्राचल में अन्तर मानक विचलन के दुगुने से अधिक नहीं होना चाहिये।

वैकल्पिक रूप से, कम से कम दो लगातार मध्यवर्त स्कोर आधारभूत स्कोर के माध्य से दो मानक विचलनों से अधिक हो तो प्रभाव 0.05 स्तर पर सांख्यिकीय रूप में सार्थक माना जाता है।

सेलेरेशन रेखा अभिगम विधि (Method of Celeration Line Approach)

सेलेरेशन रेखा अभिगम विधि सार्थकता परीक्षण अनुमान या पूर्वधारणा पर आधारित है। इसमें आधारभूत रेखा पर समंकों का सतत् बढ़ना या घटना एक ही दर से हो। इसमें सार्थकता परीक्षण का उपयोग तभी होता है जब समंकों का रुझान आधारभूत रेखा के ढाल पर बढ़ते या घटते रूप में स्पष्ट हो।

सार्थकता परीक्षण दो चरणों में किया जाता है। पहले चरण में आधारभूत रेखा का ढाल निर्धारित किया जाता है और इसे मध्यवर्त अवधि तक विस्तारित किया जाता है। और फिर दूसरे चरण में रेखा से ऊपर या नीचे समंक बिन्दुओं का अनुपात आधारभूत रेखा की प्रवणता (ढाल) हस्तक्षेप चरण के दौरान अनुपात को दर्शाते हैं।

जिन्जेरिच और फेयरेहर्म (Gingerich and Feyerherm) ने 1979 में इस प्रक्रिया के आकलन में शामिल चरणों का सुझाव दिया जिसे चित्र 16.1 में दर्शाया गया है।

1. आधारभूत स्कोर के एक कालानुक्रमिक ग्राफ का निर्माण कीजिये।
2. कालानुक्रम में आधारभूत रेखा को 1/2 में विभाजित करते हैं। यदि आधारभूत रेखा पर समंक बिन्दु एक विषम संख्या है तो दूसरे आधे भाग में मध्यबिन्दु शामिल नहीं होता है।
3. प्रत्येक आधे भाग के माध्य स्कोर की गणना कीजिये।
4. कालानुक्रम में प्रत्येक आधे भाग के माध्य ज्ञात कीजिये (सम्पूर्ण आधारभूत रेखा पर एक चौथाई और तीन चौथाई भाग के बिन्दुओं में)।
5. चरण 4 में दिये गये दोनों बिन्दुओं को मिलाकर सीधी रेखा खींचिए।

6. उक्त रेखा को आधारभूत रेखा के आरम्भ से हस्तक्षेप अवधि के अन्त तक विस्तारित कीजिये। यह सेलेरेशन रेखा (Celeration Line) है।
7. वांछित क्षेत्र (Desired Zone) में आने वाली आधारभूत रेखा के अवलोकनों के प्रतिशत की गणना कीजिये। यदि समंक बिन्दुओं में वृद्धि (Increase) दिखायी देती है तो वांछित क्षेत्र सेलेरेशन रेखा के ऊपर होता है। यदि समंक बिन्दुओं में कमी (Decrease) दिखायी देती है तो वांछित क्षेत्र सेलेरेशन रेखा के नीचे दिखाई देता है।
8. हस्तक्षेप अवधि में समंक बिन्दुओं की कुल संख्या की गणना कीजिये।
9. हस्तक्षेप अवधि के दौरान वांछित क्षेत्र में आने वाले समंक बिन्दुओं की गणना कीजिये (वांछित क्षेत्र की परिभाषा के लिये क्रमांक 7 देखें)।
10. कोशिका प्रविष्टि के परीक्षण हेतु परिशिष्ट के तालिका क्रमांक A-9 देखें। यदि आधारभूत रेखा से हस्तक्षेप के दौरान तक की तुलना में वांछित क्षेत्र में आने वाले समंक बिन्दुओं का अनुपात अधिक (Significantly greater) है।

निष्कर्ष (Inference)

निष्कर्ष जानने के लिये हम परिशिष्ट के तालिका क्रमांक A-9 का उल्लेख कर रहे हैं। इसमें हम पहले चरण में वांछित क्षेत्र में अवलोकनों की संख्या के प्रतिशत का पता लगाते हैं। इस उदाहरण में वांछित क्षेत्र में आधार रेखा से नीचे दो अवलोकन हैं। इन अवलोकनों में समानुपात 0.20 है। तालिका क्रमांक A-9 के पहले स्तम्भ में

चित्र 16.1

सिरेलेशन रेखा दर्शाता कालानुक्रमिक ग्राफ

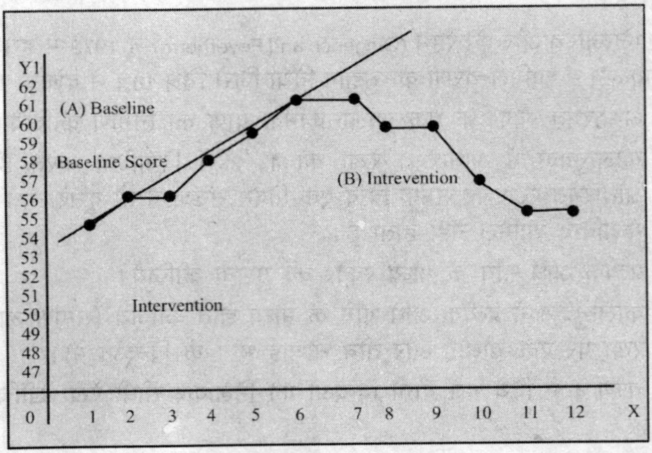

0.20 का पता लगाते हैं और फिर पहली पंक्ति में अवलोकनों की संख्या का पता लगाते हैं। इस मामले में हस्तक्षेप चरण (Intervention Phase) में अवलोकनों की संख्या 6 है। अतः अब हम उस स्तम्भ को देखेंगे जो 6 से आरम्भ होता है। पंक्ति 0.20 और स्तम्भ 6 के लिये इकाई का मूल्य 4 है। इसका तात्पर्य यह है कि वांछित क्षेत्रों में हस्तक्षेप चरण में परिवर्तन हेतु सांख्यिकीय सार्थकता होने के लिये कम से कम 4 अवलोकनों की आवश्यकता होगी। चित्र 16.1 में वांछित क्षेत्र में 6 अवलोकन दर्शाये गये हैं जो कि आवश्यकता से अधिक संख्या में हैं। अतः यह निष्कर्ष निकाला जा सकता है कि हस्तक्षेप प्रभाव सांख्यिकीय सार्थक है।

समीक्षा के लिए महत्वपूर्ण पद (Important Terms for Review)

- द्वि–मानक विचलन (Two Standard Deviation)
- सह–सम्बन्ध रेखा अभिगम (Correlation Line Approach)
- एकल विषय अभिकल्पन हेतु सार्थकता का परीक्षण (Tests of Significance for Single -Subject Designs)

समीक्षात्मक प्रश्न (Review Questions)

1. सांख्यिकीय सार्थकता क्या है? सांख्यिकीय सार्थकता के गुणों की चर्चा एकल विषय अभिकल्पन के परिणामों के परीक्षण के सन्दर्भ में कीजिये।
2. सार्थकता परीक्षण के द्वि–मानक विचलन विधि की कमियों का वर्णन कीजिये।
3. सह–सम्बन्ध रेखा अभिगम क्या है? द्वि–मानक विचलन और सह–सम्बन्ध रेखा अभिगम विधि की तुलना कीजिये।

आगे पढ़ने हेतु (For Further Reading)

क्रिशेफ, कर्टिस एच., *फन्डामेन्टल स्टेटिसटिक्स फॉर ह्यूमन सर्विसेज़ एण्ड सोशल वर्क,* बोस्टन : डक्सबरी प्रेस,1987.

मोन्टे, डयूआना आर. एट ऑल, *अप्लायड सोशल रिसर्च : टूल फार दि ह्यूमन सर्विसेज़,* शिकागो होल्ट, 1986.

रूबिन, ऐलेन एण्ड बेबी, ई, *रिसर्च मैथडोलॉजी फॉर सोशलवर्क,* बेलमोन्ट, कैलिफोर्निया : वेड्सवर्थ, 1989.

17

भिन्नता के प्राचल परीक्षण

Parametric Test of Difference

पिछले अध्याय में कुछ गैर प्राचल सांख्यिकीय प्रक्रियाओं के बारे में विवरण दिया गया है। इस अध्याय में प्राचल परीक्षण, विशेष रूप से टी परीक्षण (T-Test) और एफ परीक्षण (F-Test) के बारे बताया जा रहा है। प्राचल परीक्षण अवधारणा पर आधरित होते हैं। जिसमें समष्टि सामान्यतया बंटित होती है। इसके अलावा ये परीक्षण उच्च मापन स्तर, अन्तराल और अनुपात का उपयोग करते हैं।

टी–परीक्षण (T-Test)

टी–परीक्षण दो प्रकार के होते हैं। एक स्वतन्त्र नमूनों के लिये टी–परीक्षण और दूसरे को युग्मित टी–परीक्षण कहा जाता है। पहले प्रकार का परीक्षण एक समूह के स्कोर हेतु उपयोग किया जाता है। जो दूसरे समूह के स्कोर से स्वतन्त्र है। इसका अर्थ यह है कि पहले समूह से प्राप्त स्कोर की जब दूसरे समूह के स्कोर से तुलना की जाती है तो उनके बीच कोई तार्किक सम्बन्ध नहीं होते हैं, जबकि दोनों ही परीक्षण सार्थकता के महत्व के निर्धारण हेतु उपयोग में लाये जाते हैं।

युग्मित टी–परीक्षण (T-Test)

इस उदाहरण के लिये समंकों को एक विद्यालय के सामाजिक कार्यकर्ता द्वारा लिया गया है। विद्यालय का सामाजिक कार्यकर्ता बच्चों के आत्मसम्मान में हस्तक्षेप से सुधार की सूची बनाना चाहता है। एक कक्षा से 10 बच्चों का एक समूह यादृच्छाया (बेतरतीब) ढंग से चुना जाता है। बच्चों के आत्मसम्मान में हस्तक्षेप से पूर्व रेटिंग स्केल का निर्धारण कर लिया जाता है। पैमाने पर स्कोर 5 से 15 तक है। हस्तक्षेप के बाद विद्यालय के सामाजिक कार्यकर्ता उसी रेटिंग स्केल पर वितरित करता है। हस्तक्षेप से पूर्व एवं बाद के स्कोर निम्न तालिका 17.1 में दर्शाये गये हैं।

तालिका 17.1
10 बच्चों के आत्मसम्मान के स्कोर

Students	*Pre-test Scores (X)*	*Post-test Scores (Y)*	*D = (Y-X)*	D^2
1	9	12	3	9
2	8	10	2	4
3	15	15	0	0
4	12	14	2	4
5	8	14	6	36
6	4	11	7	49
7	6	10	4	16
8	3	8	5	25
9	3	8	5	25
10	2	8	6	36
n = 10			$\Sigma D = 40$	$\Sigma D^2 = 204$

एक सामाजिक कार्य शोधकर्ता एक शून्य परिकल्पना स्थापित करता है कि सूची में हस्तक्षेप के पूर्व तथा बाद में स्कोर में कोई अन्तर नहीं है। क्या यहाँ सांख्यिकीय सार्थकता में अन्तर है। अनुसन्धान परिकल्पना यह है कि हस्तक्षेप के पूर्व के स्कोर से हस्तक्षेप के उपरान्त स्कोर से बच्चों के आत्मसम्मान में सुधार दर्शायेगा। '*t*' की गणना की प्रक्रिया नीचे दी जा रही है।

कदम	*प्रक्रिया*	*तालिका 17.1 के अनुप्रयोग*
1.	हस्तक्षेप से पूर्व और बाद के मध्य अन्तर ज्ञात करें।	D =Y-X = 12-9 = 3, ..., 6
2.	माध्य अन्तर की गणना करें।	$\overline{X} = \frac{\Sigma D}{n} = \frac{40}{10} = 4$
3.	अन्तर के वर्ग की गणना करें।	$D^2 = (3)^2 = 9, (2)^2 = 4$.........
4.	अन्तर के वर्ग के योग की गणना करें।	$\Sigma D^2 = 204$
5.	योग के वर्ग (SS) की गणना करें।	$SS = \Sigma D^2 - \frac{\Sigma D^2}{n}$ $= 204 - \frac{(40)^2}{10}$ $= 204 - 160 = 44$
6.	स्वातन्त्र्य अंश (df) की गणना करें।	df = n – 1 = 10 – 1 = 9
7.	विचरण (S^2) की गणना करें।	$S^2 = \frac{SS}{df} = \frac{44}{9} = 4.89$
8.	ऊपर दिये गये सूत्र का उपयोग करके 't' की गणना	$t = \frac{\overline{X}}{\sqrt{S^2 / n}} = \frac{4}{\sqrt{4.89 / 10}}$ $= \frac{4}{\sqrt{.489}} = \frac{4}{0.699} = 5.7225$

अब युग्मित 't' परीक्षण के मूल्य की गणना की जा चुकी है। अब हमें यह देखना है कि क्या शून्य परिकल्पना को अमान्य किया जा सकता है। माना कि हस्तक्षेप पश्च हस्तक्षेप स्कोर में सुधार लाया जा सकता है। इसका तात्पर्य यह है कि समंको में निर्देशनशीलता है। अतः हम एक मार्गी परीक्षण (One-Tail test) का उपयोग करेंगे। परिशिष्ट में तालिका 7–A का अनुसरण करेंगे। सार्थकता स्तर 0.05 पर स्वातन्त्र्य अंश 9 पर हमारा टेल्ड परीक्षण किया गया है। यहाँ 't' का आकलित मान 5.7225 है जो कि क्रान्तिक मान 1.833 से बड़ा है। अतः शून्य परिकल्पना को अमान्य किया जा सकता है। और सामाजिक कार्यकर्ता यह कह सकता है कि छात्रों के आत्मसम्मान में सांख्यिकीय सार्थकता अन्तर हस्तक्षेप से पूर्व और हस्तक्षेप से बाद विद्यमान है।

स्वतन्त्र प्रतिदर्श के लिये 't' परीक्षण (The 't' test for Independent Samples)

अब 't' परीक्षण से यह देखा जा सकता है कि दो स्वतन्त्र प्रतिदर्शों के बीच उनके माध्य का अन्तर एक–दूसरे से कितने नज़दीक या दूर है। इसके लिये हम तालिका 17.2 में दिये गये समंकों पर विचार करते हैं।

तालिका 17.2

S.No.	*मास्टर डिग्री के छात्रों द्वारा प्राप्त स्कोर (Y)*	X^2	*बैचलर डिग्री के छात्रों द्वारा प्राप्त स्कोर (X)*	Y^2
1	8	64	12	144
2	11	121	9	81
3	9	81	6	36
4	12	144	5	25
5	16	256	8	64
6	10	100	12	144
7	7	49	11	121
8	16	256	10	100
9	6	36	10	100
10	5	25	7	49
n = 10	$\Sigma X = 100$	$\Sigma X^2 = 1132$	$\Sigma Y = 90$	$\Sigma Y^2 = 864$

छात्रों के दो समूहों में प्राप्त स्कोर की तुलना समंकों में की जाती है। उदाहरण के लिये माना कि मास्टर डिग्री के छात्रों का एक समूह और बैचलर डिग्री के छात्रों के समूह में एड्स रोगियों के प्रति उनके दृष्टिकोण को जानने के

लिये एक स्केल पर अभिकल्पन किया गया है। एक सामाजिक कार्यकर्ता अध्यापक यह अध्ययन करने की रुचि रखता है कि क्या दोनों समूहों के छात्रों में एड्स रोगियों के प्रति उनके दृष्टिकोण में सार्थक अन्तर है। सामाजिक कार्यकर्ता अध्यापक छात्रों के दो समूहों का यादृच्छया चयन कर एक सूची का निर्माण करता है। तालिका 17.2 में माप के अन्तराल स्तर पर स्कोर दर्शाये गये हैं।

माना कि मास्टर डिग्री के छात्रों द्वारा प्राप्त स्कोर X है तथा बैचलर डिग्री के छात्रों द्वारा प्राप्त स्कोर Y है। दो स्वतन्त्र प्रतिदर्शों हेतु 't' परीक्षण की गणना करने के लिये पहला चरण यह है कि स्तम्भ X और स्तम्भ Y के मूल्यों का वर्ग करके X^2 तथा Y^2 का मान ज्ञात करते हैं।

कदम	*प्रक्रिया*	*तालिका 17.2 के अनुप्रयोग*
1.	स्तम्भों X, Y के स्कोरों का वर्ग करके X^2 तथा Y^2 का मान ज्ञात करें।	$(8)^2 = 64,\ (11)^2 = 121,\ \ldots,\ 25$ $(12)^2 = 144,\ (9)^2 = 81,\ \ldots,\ 49$
2.	स्तम्भों X, Y और X^2 तथा Y^2 के योग ज्ञात करें।	$\Sigma x = 100 \quad \Sigma y = 90$ $\Sigma x^2 = 1132 \quad \Sigma y^2 = 864$
3.	स्तम्भ X, Y के लिये माध्य स्कोर की गणना ज्ञात करें।	$\overline{X} = \frac{100}{10} = 10 \quad \overline{Y} = \frac{90}{10} = 9$
4.	स्तम्भ X, Y के लिये वर्गों के विचरण योग (SSx एवं SSy) SSy की गणना ज्ञात करें।	$SSx = \Sigma x^2 - \frac{(\Sigma x)^2}{n}$ $= 1132 - \frac{(100)^2}{10} = 1132 - 1000$ $= 132$ $SSy = \Sigma y^2 - \frac{(\Sigma y)^2}{n}$ $= 864 - \frac{(90)^2}{10} = 864 - 810$ $= 54$
5.	वर्गों का योग ज्ञात करें।	$SSc = SSx + SSy = 132 + 54 = 186$
6.	समंक (df_c) के दो समुच्चयों हेतु स्वातन्त्र्य अंश (SSc) के संयुक्त की गणना ज्ञात करें।	$df_x = n - 1 = 10 - 1 = 9$ $df_y = n - 1 = 10 - 1 = 9$ $df_c = df_x + df_y = 9 + 9 = 18$
7.	संयुक्त विचरणों $S^2{}_c$ की गणना ज्ञात करें।	S2c = SSc/dfc = 186/18 = 10.33
8.	सूत्र $t = \frac{\overline{X} - \overline{Y}}{\sqrt{S_c^2\left(\frac{1}{n_n} + \frac{1}{n_y}\right)}}$ की सहायता से 't' गणना ज्ञात करें।	$= \frac{10 - 9}{\sqrt{10.33\left(\frac{1}{10} + \frac{1}{10}\right)}}$ $= \frac{1}{\sqrt{10.33 \times .2}}$ $= \frac{1}{\sqrt{2.066}}$ $= \frac{1}{1.43}$ $= .699$

दूसरा चरण यह है कि ΣX, ΣY तथा ΣX^2 और ΣY^2 का मान ज्ञात करने के लिये स्तम्भों का योगफल प्राप्त करें। स्तम्भ X और Y के माध्य की गणना का अनुसरण कर $\bar{X}$ एवं $\bar{Y}$ का मूल्य ज्ञात किया जाता है।

't' की गणना करने के लिये प्रक्रिया नीचे दी जा रही है।

यहाँ निर्णय लेने से पहले हमें यह जाँच लेना आवश्यक है कि दोनो समूहों के स्कोर क्या कोई दिशात्मकता दर्शाते हैं। समुच्चय के स्कोर दूसरे को प्रभावित कर रहे हैं। यहाँ ऐसे कोई संकेत नहीं हैं अतः यहाँ गैर–दिशात्मक परिकल्पना है। अब हमें यहाँ 0.05 सार्थकता स्तर पर 18 डिग्री के स्वातन्त्र्य अंश पर द्वि–पूंछ परीक्षण (Two Tailed Test) के लिये 't' के क्रान्तिक मान को देखना होगा। परिशिष्ट की तालिका A-7 के द्वारा 't' के क्रान्तिक मान की गणना करते हैं। तालिका से यह मान 2.101 के तुल्य है। यहाँ पर आकलित मूल्य 0.699 है जो क्रान्तिक मूल्य 2.101 से बड़ा नहीं है अतः शून्य परिकल्पना को अस्वीकार नहीं किया जा सकता है। इसका तात्पर्य यह है कि छात्रों के दोनों समूहों की एड्स के रोगियों से सम्बन्धित अभिरुचि में सार्थक अन्तर नहीं है।

एक मार्गी विचरण या प्रसरण विश्लेषण (The One-way Analysis of Variance)

प्रसरण विश्लेषण को एनोवा या एफ–परीक्षण भी कहा जाता है। प्रसरण विश्लेषण से यह निर्धारित किया जाता है कि दो या अधिक समूहों के मध्य उनके समान्तर माध्य के आधार पर सांख्यिकीय सार्थकता अन्तर है या नहीं।

यहाँ पर दो प्रसरण हैं। जिनकी गणना एफ–परीक्षण की प्रक्रिया से की जा रही है। पहला प्रसरण समूहों के मध्य से प्राप्त किया गया है, जबकि दूसरा प्रसरण प्रत्येक समूह के मूल्यों से प्राप्त किया गया है।

इस प्रक्रिया को एक उदाहरण के द्वारा समझाया गया है। एक सामाजिक कार्यकर्ता जो शराबियों पर कार्य करता है। इनको वह तीन समूहों A, B और C में बांटता है और तीनों समूहों में उपचार अलग–अलग तरीके से दिया जाता है।

उदाहरण – माना कि समूह A के सदस्यों को उनके अनुभव के आधार पर चर्चा करके शराब पीने के प्रभाव को पूछा गया। इसी प्रकार समूह B के सदस्यों से शराब पीने की लागत एवं इसके प्रभाव का विश्लेषण किया गया। समूह C के सदस्यों को व्यक्तिगत परामर्श दिया गया। उपचार के उपरान्त सामाजिक कार्यकर्ता ने शराबियों की स्थिति को स्केल पर मापने हेतु मदिरापान में शामिल सदस्यों का सूचकांक बनाया और यह जानने की कोशिश की कि जिन समूहों को अलग से उपचार दिया गया है, उन समूहों के बीच सार्थक अन्तर है या नहीं।

तालिका 17.3

अल्कोहॉल सहभागिता सूचकांक स्कोर

समूह A	A^2	*समूह B*	B^2	*समूह C*	C^2
14	196	38	1444	34	1156
20	400	42	1764	40	1600
22	484	24	576	30	900
18	324	12	144	48	2304
30	900	40	1600	58	3364
$\Sigma A=104$	$\Sigma A^2=2304$	$\Sigma B=156$	$\Sigma B^2=5528$	$\Sigma C = 210$	$\Sigma C^2=9324$

$n_1 = 5$

$n_2 = 5$

$n_3 = 5$

$n = n_1 + n_2 + n_3 = 5 + 5 + 5 = 15$

$\Sigma T = \Sigma A + \Sigma B + \Sigma C = 104 + 156 + 210 = 460$

सामाजिक कार्यकर्ता शून्य परिकल्पना स्थापित करता है और यह पाता है कि जिन समूहों में अलग से उपचार दिया गया है, उनमें कोई सार्थक अन्तर नहीं है।

एफ–परीक्षण (f-test) की गणना करने की प्रक्रिया निम्नलिखित है–

कदम प्रक्रिया		*तालिका 17.3 के अनुप्रयोग*
1.	तीनों स्तम्भ के प्रत्येक के स्कोर का वर्ग ज्ञात करें।	$(14)^2 = 196$, $(20)^2 = 400$, ...,900 $(38)^2 = 1444$, $(42)^2 = 1764$,..,1600 $(34)^2 = 1156$, $(40)^2 = 1600$,...,3364
2.	तीनों स्तम्भ में प्रत्येक स्कोर का योगफल ज्ञात करें।	$\Sigma A = 104$ $\Sigma A^2 = 2304$ $\Sigma B = 156$ $\Sigma B^2 = 5528$ $\Sigma C = 152$ $\Sigma C^2 = 9324$
3.	तीन स्तम्भ में प्रत्येक के योगफल को जोड़े ΣT।	$\Sigma T = \Sigma A + \Sigma B + \Sigma C$ $= 104 + 156 + 152$ $= 412$
4.	ΣT^2 की गणना करें।	$\Sigma T^2 = \Sigma A^2 + \Sigma B^2 + \Sigma C^2$ $= 2340 + 5528 + 9324$ $= 17156$
5.	कुल स्कोर (SS_T) के वर्गों के योग की गणना करें।	$SS_T = \Sigma T^2 - \frac{(\Sigma T)^2}{n}$ $= 17156 - \frac{(412)^2}{15}$ $= 17156 - 11316.266$ $= 5839.734$

लगातार...

...लगातार

6.	स्कोर (SS_B) के बीच वर्गों के योग की गणना करें।	$SS_B = \frac{(\Sigma A)^2}{n_1} + \frac{(\Sigma B)^2}{n_2} + \frac{(\Sigma C)^2}{n_3} - \frac{(\Sigma T)^2}{n_t}$ $= \frac{(104)^2}{5} + \frac{(156)^2}{5} + \frac{(210)^2}{5} - \frac{(412)^2}{15}$ = 2163.2 + 4867.2 + 8820 – 11316.266 = 15850.4 – 11316.266 = 4534.134
7.	त्रुटि ($SS = SS_T - SS_B$) की गणना करें।	= 5839.73 – 4534.134 = 1305.596
8.	सारांश तालिका तैयार करें।	तालिका 17.4

तालिका 17.4

सारांश तालिका

Source of Variation	*df*	*SS*	*Mean Squares*
Between the groups	2	4534.1	2267.05
Within the groups	12	1305.6	108.8

$$F_{(2,12)} = \frac{2267.05}{108.8} = .20.84$$

इस अभ्यास में प्रतिदर्श ठीक उसी प्रकार हैं, जैसे कि सामान्य रूप से F – परीक्षण हेतु उपयुक्त हों। सांख्यिकीय प्रक्रियाओं को समझने के लिये प्रतिदर्श के आकार को जानबूझकर छोटा बनाया गया है। परिशिष्ट के तालिका क्रमांक A-8 में F के क्रान्तिक मूल्य को दर्शाया गया है। सार्थकता स्तर 0.05 पर F का मूल्य 4.2565 है। चूंकि गणना द्वारा प्राप्त F का मान क्रान्तिक मूल्य से बड़ा नहीं है अतः शून्य परिकल्पना को हम अमान्य नहीं कर सकते हैं। अतः अब हम इस निष्कर्ष पर पहुंचते हैं कि स्कोरों के बीच में सांख्यिकीय सार्थकता अन्तर नहीं है। इसका तात्पर्य यह है कि तीनों उपचार के प्रभाव अलग–अलग नहीं हैं।

समीक्षा के लिए महत्वपूर्ण पद (Important Terms for Review)

- प्राचल परीक्षण (Parametric Tests)
- भिन्नता या अन्तर का परीक्षण (Test of Difference)
- युग्मित प्रतिदर्श या नमूने (Paired Samples)
- स्वतन्त्र नमूने (Independent Samples)
- संशोधन कारक (Correction Factor)

- वर्गों का योग (Sum of Squares)
- एक मार्गी विचरण या प्रसरण विश्लेषण (One Way Analysis of Variance)

समीक्षात्मक प्रश्न (Review Questions)

1. नीचे दिये गये छात्रों के दो समूहों में सहानुभूति स्कोर की तुलना टी–टेस्ट का उपयोग करके कीजिये।

Social Work Students	*Psychology Students*
16	20
9	5
4	1
23	16
19	2
10	4
5	
2	
n=8	n=6

जबकि 12 स्वातन्त्र्य अंश (degree of freedom) के लिये 0.05 सार्थकता स्तर पर (level of significance) for one tailed test टी का क्रान्तिक मूल्य (Critical Value of 't') 2.179 है।

2. नीचे दी गयी तालिका में ए, बी, सी मामले के समाधानकर्ताओं द्वारा हल किये गये मामलों की संख्या दर्शायी गई है।

	A	*B*	*C*
जनवरी	11	4	10
फरवरी	11	4	10
मार्च	11	4	10

तीनों सामाजिक कार्यकर्ताओं के प्रदर्शन के बीच सांख्यिकीय रूप से सार्थक अन्तर का निर्धारण कीजिये।

$F_{(2,6)}$ का क्रान्तिक मूल्य, सार्थकता स्तर (0.05) पर 5.1433 है।

आगे पढ़ने हेतु (For Further Reading)

बेकर, एल. थेरेसे, *डुईग सोशल रिसर्च,* न्यूयॉर्क, मैक्ग्रा हिल्स, 1998.

ब्लैलॉक, एच.एम. *सोशल स्टेटिसटिक्स,* ऑकलैण्ड, मैक्ग्रा हिल्स, 1998.

एलहान्स, डी.एन. *फन्डामेन्टल ऑफ स्टेटिसटिक्स,* इलाहाबाद, किताबमहल, 1984.

फेस्टीन्जर, एल. एण्ड काट्ज़ डी. (सम्पा.), *रिसर्च मैथड्स इन बिहैवियरल साइन्सेस,* न्यूयॉर्क : दि ड्रायडेन प्रेस, 1953.

फ्रेउड, जे. ई., *मॉडर्न एलीमेन्टरी स्टेटिसटिक्स,* न्यू दिल्ली, प्रैन्टिस हॉल, 1977.

गैरेट, एच. ई., *स्टेटिसटिक इन फिज़िकल एण्ड एजूकेशन,* बॉम्बे, वकील्स, 1966.

गुप्ता, एस.पी., *स्टेटिसटिकल मैथड्स,* नई दिल्ली, एस चान्द, 1980.

कर्लिन्जर, फ्रेड आर. *फाउन्डेशन्स ऑफ बिहैवियरल रिसर्च,* दिल्ली, सुरजीत पब्लिकेशन्स, 1964.

किदर, ल्यूइस एच., *रिसर्च मैथड्स इन सोशल रिलेशन्स,* न्यूयॉर्क होल्ट, 1981.

क्रिशेफ, कर्टिस एच., *फन्डामेन्टल स्टेटिसटिक्स फॉर ह्यूमन सर्विसेज़ एण्ड सोशल वर्क,* बोस्टन : डक्सबरी प्रेस, 1987.

मोन्टे, ड्यूआना आर. एट ऑल, *अप्लायड सोशल रिसर्च : टूल फार दि ह्यूमन सर्विसेज़,* शिकागो होल्ट, 1986.

नचमियास, डी. एण्ड नचमियास, सी., *रिसर्च मैथड्स इन सोशल साइन्सेस,* न्यूयॉर्क सेन्ट मार्टिन्स प्रेस, 1981.

ओस्ले, बी. एण्ड मेन्सिग, आर. डब्लू, *स्टेटिसटिक्स इन रिसर्च,* नई दिल्ली, ऑक्सफोर्ड, 1975.

फिलिप, ए. ई. एट आल, *सोशल वर्क रिसर्च,* एण्ड दि एनालिसिस ऑफ सोशल डाटा, आक्सफोर्ड, पैरागैमन प्रेस,1975.

रूबिन, ऐलेन एण्ड बेबी, ई, *रिसर्च मैथडोलॉजी फॉर सोशलवर्क,* बेलमोन्ट, कैलिफोर्निया : वेड्सवर्थ, 1989.

सैन्डर्स, डी.एच. एट आल, *स्टेटिसटिक्स : ए फ्रेश एप्रोच,* नई दिल्ली, मैक्ग्रा हिल्स, 1975.

विल्किनसन, टी. एस. एण्ड भण्डारकर, पी. एल., *मैथडोलॉजी एण्ड टेक्निक्स ऑफ सोशल रिसर्च,* बाम्बे, हिमालया, 1977.

यंग, पी. वी. *साइंटिफिक सोशल सर्वेज़ एण्ड रिसर्च,* ईगलवूड क्लिफ, एन.जे. प्रैन्टिस हॉल (चौथा संस्करण), 1953.

परिशिष्ट

Appendix

Table A-1

Probabilities Associated with the One-tailed Sign Test

LFS → *n* ↓	*0*	*1*	*2*	*3*	*4*	*5*	*6*	*7*	*8*	*9*	*10*
5	.031	.188	.500								
6	.016	.109	.344	.656							
7	.008	.062	.227	.500							
8	.004	.035	.145	.363	.637						
9	.002	.020	.090	.254	.500						
10	.001	.011	.055	.172	.377	.623					
11	.000	.006	.033	.113	.274	.500					
12	.000	.003	.019	.073	.194	.387	.613				
13	.000	.002	.011	.046	.133	.291	.500				
14	.000	.001	.006	.029	.090	.212	.395	.605			
15	.000	.000	.004	.018	.059	.151	.304	.500			
16	.000	.000	.002	.011	.038	.105	.227	.402	.598		
17	.000	.000	.001	.006	.025	.072	.166	.315	.500		
18	.000	.000	.001	.004	.015	.048	.119	.240	.407	.593	
19	.000	.000	.000	.002	.010	.032	.084	.180	.324	.500	
20	.000	.000	.000	.001	.006	.021	.058	.132	.252	.412	.588
	Reject H_O at .01 level					Reject H_O at .05 level					

Source: PWS Publishers, 20, Park Plaza, Boston, Massachusetts.

Table A-2

Probabilities Associated with the Two-tailed Sign Test

LFS → n ↓	0	1	2	3	4	5	6	7	8	9	10
5	.062	.376	*								
6	.032	.218	.688	*							
7	.016	.124	.454	*							
8	.008	.070	.290	.726	*						
9	.004	.040	.180	.508	*						
10	.002	.022	.110	.344	.754	*					
11	.000	.012	.066	.226	.548	*					
12	.000	.006	.038	.146	.388	.774	*				
13	.000	.004	.022	.092	.266	.582	*				
14	.000	.002	.012	.058	.180	.424	.790	*			
15	.000	.000	.008	.036	.118	.302	.608	*			
16	.000	.000	.004	.022	.076	.210	.454	.804	*		
17	.000	.000	.002	.012	.050	.144	.332	.630	*		
18	.000	.000	.002	.008	.030	.096	.238	.480	.814	*	
19	.000	.000	.000	.004	.020	.064	.168	.360	.648	*	
20	.000	.000	.000	.002	.012	.042	.116	.264	.504	.824	*
	Reject H_0 at .01 level				Reject H_0 at .05 level						

* = Probability greater than 1

Source: PWS Publishers, 20, Park Plaza, Boston, Massachusetts.

Table A-3

Critical Values for the Wilcoxon Matched-pairs, Signed-ranks Test

	Level of Significance for a One-tailed Test		
	.025	.01	.005
	Level of Significance for a Two-tailed Test		
n ↓	.05	.02	.01
6	0		
7	2		
8	3	1	
9	5	3	1
10	8	5	3
11	10	7	5
12	13	9	7
13	17	12	9
14	21	15	12
15	25	19	15
16	29	23	19
17	34	27	23
18	40	32	27
19	46	37	32
20	52	43	37
21	58	49	42
22	65	55	48
23	73	62	54
24	81	69	61
25	89	76	68
26	98	84	75
27	107	92	83
28	116	101	91
29	126	110	100
30	137	120	109
31	147	130	118
32	159	140	128
33	170	151	138

Cont'd...

...Cont'd

34	182	162	148
35	195	173	159
36	208	185	171
37	221	198	182
38	235	211	194
39	249	224	207
40	264	238	220
41	279	252	233
42	294	266	247
43	310	281	261
44	327	296	276
45	343	312	291
46	361	328	307
47	378	345	322
48	396	362	339
49	415	379	355
50	434	397	373

* To reject the null hypothesis, the calculated value of *T* must be equal to or less than the critical value listed in the table.

Source: PWS Publishers, 20, Park Plaza, Boston, Massachusetts.

Table A-4

Critical Values for the Kolmogorov-Smirnov One-sample Test

Sample Size (n)	Level of Significance	
	.05	.01
1	.975	.995
2	.842	.929
3	.708	.828
4	.624	.733
5	.565	.669
6	.521	.618
7	.486	.577
8	.457	.543
9	.432	.514
10	.410	.490
11	.391	.468
12	.375	.450
13	.361	.433
14	.349	.418
15	.338	.404
16	.328	.392
17	.318	.381
18	.309	.371
19	.301	.363
20	.294	.356
21	.290	.350
22	.285	.344
23	.280	.338
24	.276	.332
25	.272	.326
26	.267	.320
27	.262	.315
28	.258	.309
29	.253	.304
30	.248	.298

Cont'd...

...Cont'd

31	.244	.294
32	.241	.289
33	.237	.285
34	.234	.280
35	.230	.276
36	.227	.272
37	.224	.268
38	.221	.264
39	.217	.261
40	.215	.258
over 40	$\frac{1.36}{\sqrt{n}}$	$\frac{1.63}{\sqrt{n}}$

* To reject the null hypothesis, the calculated *D* value must be equal to or greater than the critical values listed in the table.

Source: PWS Publishers, 20, Park Plaza, Boston, Massachusetts.

Table A-5

Critical Values for the Mann-Whitney U when Alpha is .05 on a One-tailed Test and .10 opt a Two-tailed Test

								n_s												
nL	*1*	*2*	*3*	*4*	*5*	*6*	*7*	*8*	*9*	*10*	*11*	*12*	*13*	*14*	*15*	*16*	*17*	*18*	*19*	*20*
1	-	-	-	-	-	-	-	-	-	-	-	-	-	-	-	-	-	-	0	0
2	-	-	-	-	0	0	0	1	1	1	1	2	2	2	3	3	3	4	4	4
3	-	-	0	0	1	2	2	3	3	4	5	5	6	7	7	8	9	9	10	11
4	-	-	0	1	2	3	4	5	6	7	8	9	10	11	12	14	15	16	17	18
5	-	0	1	2	4	5	6	8	9	11	12	13	15	16	18	19	20	22	23	25
6	-	0	2	3	5	7	8	10	12	14	16	17	19	21	23	25	26	28	30	32
7	-	0	2	4	6	8	11	13	15	17	19	21	24	26	28	30	33	35	37	39
8	-	1	3	5	8	10	13	15	18	20	23	26	28	31	33	36	39	41	44	47
9	-	1	3	6	9	12	15	18	21	24	27	30	33	36	39	42	45	48	51	54
10	-	1	4	7	11	14	17	20	24	27	31	34	37	41	44	48	51	55	58	62
11	-	1	5	8	12	16	19	23	27	31	34	38	42	46	50	54	57	61	65	69
12	-	2	5	9	13	17	21	26	30	34	38	42	47	51	55	60	64	68	72	77
13	-	2	6	10	15	19	24	28	33	37	42	47	51	56	61	65	70	75	80	84
14	-	2	7	11	16	21	26	31	36	41	46	51	56	61	66	71	77	82	87	92
15	-	3	7	12	18	23	28	33	39	44	50	55	61	66	72	77	83	88	94	100
16	-	3	8	14	19	25	30	36	42	48	54	60	65	71	77	83	89	95	101	107
17	-	3	9	15	20	26	33	39	45	51	57	64	70	77	83	89	96	102	109	115
18	-	4	9	16	22	28	35	41	48	55	61	68	75	82	88	95	102	109	116	123
19	0	4	10	17	23	30	37	44	51	58	65	72	80	87	94	101	109	116	123	130
20	0	4	11	18	25	32	39	47	54	62	69	77	84	92	100	107	115	123	130	138
21	0	5	11	19	26	34	41	49	57	65	73	81	89	97	105	113	121	130	138	146
22	0	5	12	20	23	36	44	52	60	68	77	85	94	102	111	119	128	136	145	154
23	0	5	13	21	29	37	46	54	63	72	81	90	98	107	116	125	134	143	152	161
24	0	6	13	22	30	39	48	57	66	75	85	94	103	113	122	131	141	150	160	162
25	0	6	14	23	32	41	50	60	69	79	89	98	108	118	128	137	147	157	167	177
26	0	6	15	24	33	43	53	62	72	82	92	103	113	123	133	143	154	164	174	185
27	0	7	13	25	35	45	55	65	75	86	96	107	117	128	139	149	160	171	182	192
28	0	7	16	26	36	46	57	68	78	89	100	111	122	133	144	156	167	178	189	200
29	0	7	17	27	38	48	59	70	82	93	104	116	127	138	150	162	173	185	196	208
30	0	7	17	28	39	50	61	73	85	96	108	120	132	144	156	168	180	192	204	216
31	0	8	18	29	40	52	64	76	88	100	112	124	136	149	161	174	186	199	211	224
32	0	8	19	30	42	54	66	78	91	103	116	128	141	154	167	180	193	206	213	231

Cont'd...

...Cont'd

33	0	8	19	31	43	56	68	81	94	107	120	133	146	159	172	186	199	212	226	239
34	0	9	20	32	43	57	70	84	97	110	124	137	151	144	178	192	206	219	233	247
35	0	9	21	33	46	59	73	86	100	114	128	141	156	170	184	198	212	226	241	253
36	0	9	21	34	48	61	73	89	103	117	131	146	160	175	189	204	219	233	248	263
37	0	10	22	35	49	63	77	91	106	121	135	150	163	180	195	210	225	240	253	271
38	0	10	23	36	50	65	79	94	109	124	139	154	170	185	201	216	232	247	263	278
39	1	10	23	38	52	67	82	97	112	128	143	159	173	190	206	222	238	254	270	286
40	1	11	24	39	53	68	84	99	113	131	147	163	179	196	212	228	245	261	278	294

*To reject the null hypothesis, the calculated U value must be equal to or less than the critical value shown in the table. (Dashes indicate that no decision is possible.)

Source: PWS Publishers, 20, Park Plaza, Boston, Massachusetts.

Table A-6
Critical Values of Chi-square

	Level of Significance			
df	*.10*	*.05*	*.025*	*.01*
1	2.71	3.84	5.02	6.64
2	4.61	5.99	7.38	9.21
3	6.25	7.82	9.35	11.34
4	7.78	9.49	11.14	13.28
5	9.24	11.07	12.83	15.09
6	10.65	12.59	14.45	16.81
7	12.02	14.07	16.01	18.48
8	13.36	15.51	17.54	20.09
9	14.68	16.92	19.02	21.67
10	15.99	18.31	20.48	23.21
11	17.28	19.68	21.92	24.73
12	18.55	21.03	23.34	26.22
13	19.81	22.36	24.74	27.69
14	21.06	23.69	26.12	29.14
15	22.31	25.00	27.49	30.58
16	23.54	26.30	28.85	32.00
17	24.77	27.59	30.19	33.41
18	25.99	28.87	31.53	34.81
19	27.20	30.14	32.85	36.19
20	28.41	31.41	34.17	37.57
21	29.62	32.67	35.48	38.93
22	30.81	33.92	36.78	40.29
23	32.01	35.17	38.08	41.64
24	33.20	36.42	39.36	42.98
25	34.38	37.65	40.65	44.31
26	35.56	38.89	41.92	45.64
27	36.74	40.11	43-19	46.96
28	37.92	41.34	44.46	48.28
29	39.09	42.56	45.72	49.59
30	40.26	43.77	46.98	50.39

Cont'd...

...Cont'd

40	51.81	65.76	59.34	63.69
50	63.20	67.50	71.42	76.15
60	74.40	79.08	83.30	38.38
70	85.53	90.53	95.02	100.43
80	96.58	101.88	106.63	112.33
90	107.57	113.15	118.14	124.12
100	118.50	124.34	129.56	135.81

*To reject the null hypothesis, the calculated chi-square value must be greater than the critical value listed in the table.

Source: Tables are abridged from Table III of R.A. Fisher and F. Yates, Statistical Tables for Biological, Agricultural and Medical Research (1948 ed.), Published by Oliver and Boyd, Ltd., Edinburgh and London.

Table A-7

Critical Values of the t Distribution

	Level of Significance for a One-tailed Test	
	.05	*.025*
	Level of Significance for a Two-tailed Test	
	.10	*.05*
df		
1	6.314	12.706
2	2.920	4.303
3	2.353	3.182
4	2.132	2.776
5	2.015	2.571
6	1.943	2.447
7	1.895	2.365
8	1.860	2.306
9	1.833	2.262
10	1.812	2.228
11	1.796	2.201
12	1.782	2.179
13	1.771	2.160
14	1.761	2.145
15	1.753	2.131
16	1.746	2.120
17	1.740	2.110
18	1.734	2.101
19	1.729	2.093
20	1.725	2.086
21	1.721	2.080
22	1.717	2.074
23	1.714	2.069

Cont'd...

...Cont'd

24	1.711	2.064
25	1.708	2.060
26	1.706	2.056
27	1.703	2.052
28	1.701	2.048
29	1.699	2.045
30	1.697	2.042
40	1.684	2.021
60	1.671	2.000
120	1.658	1.980
∞	1.645	1.960

*To reject the null hypothesis, the calculated t value must be greater than the critical t value.

Source: Tables are abridged from Table III of R.A. Fisher and F. Yates, Statistical Tables for Biological, Agricultural and Medical Research (1948 ed.), Published by Oliver and Boyd, Ltd., Edinburgh and London.

Table A-8

Critical Values of the F Distribution—Alpha is .05

Within—measurements degrees of freedom—denumerator	*Between—measurements degrees of freedom—numerator* 1	2	3	4	5	6	7	8	9
1	161.45	199.50	215.71	224.58	230.16	233.99	236.77	238.88	240.54
2	18.513	19.000	19.164	19.247	19.296	19.330	19,353	19.371	19.385
3	10.128	9.5521	9.2766	9.1172	9.0135	8.9406	8.8868	8.8452	8.8123
4	7.7086	6.9433	6.5914	6.3883	6.2560	6.1631	6.0942	6.0410	5.9988
5	6.6079	5.7861	5.4095	5.1922	5.0503	4.9503	4.8759	4.8183	4.7725
6	5.9847	5.1433	4.7571	4.5337	4.3874	4.2839	4.2066	4.1468	4.0990
7	5.5914	4.7374	4.3468	4.1203	3.9715	3.8660	3.7870	3.7257	3.6767
8	5.3177	4.4590	4.0662	3.8378	3.6875	3.5806	3.5005	3.4391	3.3881
9	5.1174	4.2565	3.9626	3.6331	3.4817	3.3738	3.2927	3.2290	1.1789
10	4.9646	4.1028	3.7083	3.4780	3.3258	3.2172	3.1355	3.0717	3.0204
11	4.8443	3.9823	3.5874	3.3567	3.2039	3.0946	3.0123	2.9480	2.8962
12	4.7472	3.8853	3.4903	3.2592	3.1059	2.9961	2.9134	2.8486	2.7964
13	4.6672	3.8056	3.4105	3.1791	3.0254	2.9153	2.8321	2.7669	2.7144
14	4.6001	3.7389	3.3439	3.1122	2.9582	2.8477	2.7642	2.6987	2.6458
15	4.5431	3.6823	3.2874	3.0556	2.9013	2.7905	2.7066	2.6408	2.5976
16	4.4940	3.6337	3.2389	3.0069	2.8524	2.7413	2.6572	2.5911	2.5377
17	4.4513	3.5915	3.1968	2.9647	2.8100	2.6987	2.6143	2.5480	2.4943
18	4.4139	3.5546	3.1599	2.9277	2.7729	2.6613	2.5767	2.5102	2.4563
19	4.3808	3.5219	3.1274	2.8951	2.7401	2.6283	2.5435	2.4768	2,4227
20	4.3513	3.4928	3.0984	2.8661	2.7109	2.5990	2.5140	2.4471	2.3920
21	4.3248	3.4668	3.0725	2.8401	2.6848	2.5727	2.4876	2.4205	2.3661
22	4.3009	3.4434	3.0491	2.8167	2.6613	2.5491	2.4638	2.3965	2.3419
23	4.2793	3.4221	3.0280	2.7955	2.6400	2.5277	2.4422	2.3748	2.3201
24	4.2597	3.4028	3.0088	2.7763	2.6207	2.5082	2.4226	2.3551	2.3002
25	4.2417	3.3852	2.9912	2.7587	2.6030	2.4904	2.4047	2.3371	2.2821
26	4.2252	3.3690	2.9751	2.7426	2.5868	2.4741	2.3883	2.3205	2.2655
27	4.2100	3.3541	2.9604	2.7278	2.5719	2.4591	2.3732	2.3053	2.2501
28	4.1960	3.3404	2.9467	2.7141	2.5581	2.4453	2.3593	2.2913	2.2360
29	4.1830	3.3277	2.9340	2.7014	2.5454	2.4324	2.3463	2.2782	2.2229
30	4.1709	3.3158	2.9223	2,6896	2.5336	2.4205	2.3343	2.2662	2.2107
40	4.0848	3.2317	2.8387	2.6060	2.4495	2.3359	2.2490	2.1802	2.1240
60	4.0012	3.1504	2.7581	2.5252	2.3683	2.2540	2.1665	2.0970	2.0401
120	3.9201	3.0718	2.6802	2.4472	2.2900	2.1750	2.0867	2.0164	1.9588
∞	3.8415	2.9957	2.6049	2.3719	2.2141	2.0986	2.0096	1.9384	1.8799

Within—measurements degrees of freedom—denumerator	Between-measurements degrees of freedom—numerator									
	10	*12*	*15*	*20*	*24*	*30*	*40*	*60*	*120*	∞
1	241.88	243.91	245.95	248.01	249.05	250.09	251.14	252.20	253.25	254.32
2	19.396	19.413	19.429	19.446	19.454	19.462	19.471	19.479	19.487	19.496
3	8.7855	8.7446	8.7029	8.6602	8.6385	8.6166	8.5944	8.5720	8.5494	8.5265
4	5.9644	5.9117	5.8578	5.8025	5.7744	5.7459	5.7170	5.6878	5.6581	5.6281
5	4.7351	4.6777	4.6188	4.5581	4.5272	4.4957	4.4638	4.4314	4.3984	4.3650
6	4.0600	3.9999	3.9381	3.8742	3.8415	3.8082	3.7743	3.7398	3.7047	3.6688
7	3.6365	3.5747	3.5108	3.4445	3.4105	3.3758	3.3404	3.3043	3.2674	3.2298
8	3.3472	3.2840	3.2184	3.1503	3.1152	3.0794	3.0428	3.0053	2.9669	2.9276
9	3.1373	3.0729	3.0061	2.9165	2.9005	2.8637	2.8299	2.7872	2.7475	2.7007
10	2.9782	2.9130	2.8450	2.7740	2.7372	2.6996	2.6609	2.6211	2,5801	2.5379
11	2.8536	2.7876	2.7186	2.6464	2.6090	2.5705	2.5309	2.4901	2.4480	2.4045
12	2.7534	2.6866	2.6169	2.5436	2.5055	2.4663	2.4259	2.3842	2.3410	2.2962
13	2.6710	2.6037	2.5331	2.4589	2.4202	2.3803	2.3392	2.2966	2.2524	2.2064
14	2.6021	2.5342	2.4630	2.3879	2.3487	2.3082	2.2664	2.2230	2.1778	2.1307
15	2.5437	2.4753	2.4035	2.3275	2.2978	2.2468	2.2043	2.1001	2.1141	2.0658
16	2.4935	2.4247	2.3522	2.2756	2.2354	2.1938	2.1507	2.1058	2.0589	2.0096
17	2.4499	2.3807	2.3077	2.2304	2.1898	2.1477	2.1040	2.0584	2.0107	1.9604
18	2.4117	2.3421	2.2686	2.1906	2.1497	2.1071	2.0629	2.0166	1.9681	1.9168
19	2.3779	2.3080	2.2341	2.1555	2.1141	2.0712	2.0264	1.9796	1.9302	1.8780
20	2.3479	2.2776	2.2033	2.1242	2.0825	2.0391	1.9938	1.9464	1.8963	1.8432
21	2.3210	2.2504	2.1757	2.0960	2.0540	2.0102	1.9645	1.9165	1.8657	1.8117
22	2.2967	2.2258	2.1508	2.0707	2.0283	1.9842	1.9380	1.8895	1.8380	1.7831
23	2.2747	2.2036	2.1282	2.0476	2.0050	1.9605	1.9139	1.8649	1.8128	1.7570
24	2.2547	2.1834	2.1077	2.0267	1.9838	1.9390	1.8920	1.8424	1.7897	1.7331
25	2.2365	2.1649	2.0889	2.0075	1.9643	1.9192	1.8718	1.8217	1.7684	1.7110
26	2.2197	2.1479	2.0716	1.9898	1.9464	1.9010	1.8533	1.8027	1.7488	1.6906
27	2.2043	2,1323	2.0558	1.9736	1.9299	1.8842	1.8361	1.7851	1.7307	1.6717
28	2.1900	2.1179	2.0411	1.9586	1.9147	1.8687	1.8203	1.7689	1.7138	1.6541
29	2.1768	2.1045	2.0275	1.9446	1.9005	1.8543	1.8055	1.7537	1.6981	1.6377
30	2.1646	2.0921	2.0148	1.9317	1.8874	1.8409	1.7918	1.7396	1.6835	1.6223
40	2.0772	2.0035	1.9245	1.8389	1.7929	1.7444	1.6928	1.6373	1.5766	1.5089
60	1.9926	1.9174	1.8364	1.7480	1.7001	1.6491	1.5943	1.5343	1.4673	1.3893
120	1.9105	1.8337	1.7505	1.6587	1.6084	1.5543	1.4952	1.4290	1.3519	1.2539
∞	1.8307	1.7522	1.6664	1.5705	1.5173	1.4591	1.3940	1.3180	1.2214	1.0000

* If the calculated value of F is greater than the critical value listed in the table then the null hypothesis can be rejected.

Source: Tables are abridged from Table III of R.A. Fisher and F. Yates, Statistical Tables for Biological, Agricultural and Medical Research (1948 ed.), Published by Oliver and Boyd, Ltd., Edinburgh and London.

Table A-9

*Table Showing the Number of Observations of a Specified Type (for Example, a Desired Behavior) During the Intervention Period That Are Necessary to Represent a Significant Increase at the .05 Level over the Proportion of Like Observations During the Baseline Period**

Proportion of Observations in the Baseline Period	Number of Observations in the Intervention Period																												
	4	6	8	10	12	14	16	18	20	24	26	32	136	40	44	48	52	56	60	64	68	72	76	80	84	88	92	96	100
.05	2	2	3	3	3	3	3	4	4	4	4	5	5	5	6	6	6	7	7	7	8	8	8	8	9	9	9	10	10
.10	3	3	3	4	4	4	5	5	5	6	7	7	8	8	9	9	10	10	11	12	12	13	13	14	14	15	15	16	16
1/8	3	3	4	4	5	5	5	6	6	7	8	8	9	10	10	11	12	12	13	14	14	15	15	16	17	17	18	19	19
.15	3	3	4	4	5	5	6	6	7	8	8	9	10	111	12	12	13	14	15	15	16	17	18	18	19	20	21	21	22
1/6	3	4	4	5	5	6	6	7	7	8	9	10	11	12	13	13	14	15	16	17	18	18	19	20	21	22	22	23	24
.20	3	4	5	5	6	6	1	8	8	9	10	11	12	13	14	15	16	17	18	19	20	21	22	23	24	25	26	27	29
.25	4	4	5	6	7	7	8	9	9	11	12	13	14	16	17	16	19	20	22	23	24	25	26	27	29	30	31	32	33
.30	4	5	6	6	7	8	9	10	10	12	13	15	16	18	19	21	22	24	25	26	28	29	30	32	33	35	36	37	39
1/3	4	5	6	7	8	9	9	10	11	13	15	16	18	19	21	22	24	26	27	29	30	32	33	35	36	38	39	41	42
.35	4	5	6	7	8	9	10	11	12	13	15	17	18	20	22	23	25	27	28	30	31	33	35	36	38	39	41	42	44
3/8	4	5	6	7	8	9	10	11	12	14	16	18	19	21	23	25	26	28	30	31	33	35	36	38	40	42	43	45	47

Cont'd...

...Cont'd

.40	4	5	6	8	9	10	11	12	13	15	16	18	20	22	24	26	28	29	31	33	35	37	38	40	42	44	46	47	49
.45	4	6	7	8	9	10	11	13	14	16	18	20	22	24	26	28	30	32	34	36	38	40	42	44	46	48	50	52	54
.50	–	6	7	9	10	11	12	13	15	17	19	22	24	26	28	31	33	35	37	40	42	44	46	48	51	53	55	57	59
.55	–	6	8	9	10	12	13	14	16	18	21	23	26	28	31	33	35	38	40	43	45	48	50	52	55	57	59	62	64
.60	–	6	8	9	11	12	14	15	17	19	22	25	27	30	33	35	38	41	43	46	48	51	54	56	59	61	64	66	69
5/8	–	–	8	10	11	13	14	16	17	20	23	25	28	31	34	36	39	42	45	47	50	53	55	58	61	63	66	69	71
.65	–	–	8	10	11	13	14	16	17	20	23	26	29	32	35	38	40	43	46	49	52	54	57	60	63	65	68	71	74
2/3	–	–	8	10	12	13	15	16	18	21	24	27	30	32	35	38	41	44	47	50	53	55	58	61	64	67	70	72	75
.70	–	–	–	10	12	13	15	17	18	21	24	28	31	34	37	40	43	46	49	52	55	58	61	64	67	70	73	75	78
.75	–	–	–	–	12	14	16	17	19	22	26	29	32	35	39	42	45	48	51	55	58	61	64	67	70	74	77	80	83
.80	–	–	–	–	–	14	16	18	20	23	27	30	34	37	40	44	47	51	54	57	61	64	67	71	74	77	81	84	87
5/6	–	–	–	–	–	–	–	18	20	24	27	31	34	38	42	45	49	52	56	59	63	66	69	73	76	80	83	87	90
.85	-	-	-	-	-	-	-	-	20	24	28	31	34	38	42	46	49	53	56	60	63	67	70	74	78	81	85	88	92
7/8	-	-	-	-	-	-	-	-	-	24	23	32	36	39	43	47	50	54	57	61	65	68	72	76	79	83	86	90	94
.90	-	-	-	-	-	-	-	-	-	-	-	32	36	40	44	47	51	54	58	62	66	69	73	77	80	84	88	91	95
.95	-	-	-	-	-	-	-	-	-	-	-	-	-	-	-	-	52	56	60	64	68	72	76	79	83	87	91	95	99

*Tables of the Cumulative Binomial Probability Distribution-By the staff of the Harvard Computational Laboratory, Harvard University Press, 1955. This table constructed under the direction of Dr. James Norton, Jr., Indiana University-Purdue University at Indianapolis, 1973.

From the Paradox of Helping: Introduction to the Philosophy of Scientific Practice by Martin Bloom (New York: Macmillan, 1975). This table is reproduced by permission of the author and the publisher.

Source: Paradox of Helping: Introduction to the Philosophy of Scientific Practice Martin Bloom (New York: Macmillan, 1975).

ग्रन्थसूची
Bibliography

अबराम, एम., *सोशल सर्वेज़ एण्ड सोशल एक्शन,* लन्दन : हीनेमान, 1950.

एकॉफ, आर. एल., *दि डिज़ाइन ऑफ सोशल रिसर्च,* शिकागो, यूनिवर्सिटी ऑफ शिकागो प्रेस, 1953.

बैले, केनेथ डी., *मैथड्स ऑफ सोशल रिसर्च,* लन्दन, दि फ्री प्रेस, 1978.

बेकर, एल. थेरेसे. *डूइंग सोशल रिसर्च,* न्यूयॉर्क, मैक्ग्राहिल्स, 1988.

बारलो, डी. एच., एण्ड एम. हेर्सेन, सिंगल केस एक्सपेरीमेन्टल डिज़ाइन, यूज़ेज इन अप्लायड क्लीनिकल रिसर्च, अर्काइव ऑफ जनरल साकियाट्री, 29(1973), 319–325.

बेनेल, कार्ल एट ऑल, *इवेल्यूएशन एक्सपेरीमेन्ट्स,* न्यूयॉर्क, एकाडेमिक प्रेस, 1975.

भट्ट, अनिल और सुब्रमनियम, ए, डायरेक्टिंग प्रोग्राम, इवेल्यूएशन टुवार्ड दि फील्ड्स वर्कर, एन एक्सपेरीमेन्ट, *मैनेजमेन्ट इन गवर्नमेन्ट,* वॉल्यूम 26, नं. 3, 1984.

ब्लैक, जेम्स ए. एण्ड चैम्पियन, डीन जे., *मैथड्स एण्ड इश्यूज़ इन सोशल रिसर्च,* न्यूयॉर्क, जॉन विले, 1976.

ब्लैलॉक, एच.एम. *सोशल स्टेटिसटिक्स,* ऑकलैण्ड, मैक्ग्रा हिल्स, 1998.

ब्लूम, एम., चैलेन्ज़ेज टू हेल्पिंग प्रोफेसन एण्ड दि रेस्पान्सेस ऑफ साइंटिफिक प्रैक्टिस, *सोशल साइन्स रिव्यू,* 52, 584–595, 1978.

ब्लूम, एम., एण्ड फिशर जे. : *इवेल्यूएटिंग प्रैक्टिस, गाइडलाइन फॉर दि एकाउन्टेबल प्रोफेसन,* ईगलहुड क्लिफ, एन.जे., प्रैन्टिस हॉल, 1982.

ब्रॉडबेक, में (एड.), *रीडिंग्स इन द् फिलॉसफी ऑफ साइन्स,* न्यूयॉर्क, मैक्मिलन, 1968.

कैम्पबेल, डी.टी. एण्ड स्टैनले, जे. सी. *एक्सपेरीमेन्टल एण्ड क्वासी एक्सपेरीमेन्टल डिजायन्स फार रिसर्च,* बोस्टन, हॉफटान मिफलीन, 1963.

चापिन, एफ. एस., *एक्सपेरीमेन्टल डिज़ायन इन सोशियोलॉजिकल रिसर्च,* न्यूयॉर्क : हीर्पर, 1974.

कोहेन, येहेज़केल : सम क्रिटिकल रिफ्लेक्शन्स ऑन पार्टिसिपेटरी रिसर्च, *कन्वर्जेन्स,* 15(3), 77–79, 1953.

कुक, थामस डी. एण्ड चार्ल्स एस. रिचार्ड (एडिट्स) : *क्वालिटेटिव एण्ड क्वान्टिटेटिव मैथड्स इन इवेल्यूएशन रिसर्च,* बेवेरली हिल्स, सेज़, 1979.

दासगुप्ता, सुगाता, सोशल वर्क रिसर्च इन *एनसाइक्लोपीडिया ऑफ सोशल वर्क,* नई दिल्ली, गर्वन्मेन्ट ऑफ इन्डिया, 1977.

डे, गिन्डिट डब्लू. : फाइव एप्रोचेज़ फार एसेसिंग केयर, *हॉस्पिटल एडमिनिस्ट्रेशन,* वॉल्यूम 15 नं. 21, 1970.

डोबाय, जे. टी. एट.आल. : *एन इन्ट्रोडक्शन टू सोशल रिसर्च,* लन्दन, हैरिसबर्ग, स्टैकपोले कं., 1953.

एलहान्स, डी.एन. *फन्डामेन्टल ऑफ स्टेटिसटिक्स,* इलाहाबाद, किताबमहल, 1984.

एंगस्टार्म, जी.ए. : रिसर्च यूटिलायजेशन : दि चैलेन्जेज ऑफ अप्लाइंग सोशल रिसर्च, *वेलफेयर इन रिव्यू,* वॉल्यूम बी नं. 1, 1970.

एप्सटीन, आई एण्ड त्रिपोडी, टी., *रिसर्च टेक्निक्स फॉर प्रोग्राम प्लानिंग, मॉनीटरिंग एण्ड इवेल्यूएशन,* न्यूयॉर्क : कोलम्बिया यूनीवर्सिटी प्रोग्राम, 1973.

फैनसेल, डेविड, सर्विसेस टू एण्ड बाय दि रियल पीपुल, *सोशल वर्क,* 34 : 195–196, 1980

फेस्टीन्जर, एल. एण्ड काट्ज़ डी. (सम्पा.), *रिसर्च मैथड्स इन बिहैवियरल साइन्सेस,* न्यूयॉर्क : दि ड्रायडेन प्रेस, 1953.

फ्रीमैन, एच. एण्ड शेरवूड सी., रिसर्च इन लार्ज स्केल इन्टरवेंशन प्रोग्राम, *जर्नल आफ सोशल इश्यूज़,* वाल्यूम 21, अंक 11, 1965.

फ्रेउड, जे. ई., *माडर्न एलीमेन्टरी स्टेटिसटिक्स,* न्यू दिल्ली, प्रैन्टिस हॉल, 1977.

गॉलतुंग, जॉन, *थ्योरी एण्ड मैथड्स ऑफ सोशल रिसर्च,* लन्दन : जार्ज एलेन एण्ड अनविन, 1970.

गॉलतुंग, जॉन, थ्योरी एण्ड मैथड्स ऑफ सोशल रिसर्च : ए प्ली फॉर प्लूरलिज़्म इन ओइन एल्स (एड.), *कॉम्परेटिव मैथडोलॉजी : थ्योरी एण्ड प्रैक्टिस इन इन्टरनेशनल रिसर्च,* लन्दन, 1978.

गैरेट, एच. ई., *स्टेटिसटिक इन फिज़िकल एण्ड एजूकेशन,* बॉम्बे, वकील्स, 1966.

गेलेज़, आर. जे., मैथड्स फॉर स्टडीइंग सेन्सिटिव फैमिली टापिक्स : *अमेरिकन जर्नल ऑफ आर्थोसाइक्याट्री,* 48, 408–424,1978.

जिन्गोरिच, डब्लू. एण्ड फेयेरहर्म, डब्लू. : दि सेलेरेशन लाइव टेक्निक फॉर एसेसिंग क्लाइएन्ट चेन्ज, *जर्नल ऑफ सोशल सर्विस रिसर्च,* 3,1 99–113, 1979.

ग्लासेर, ई. एम. एण्ड टेलर एस. एच. : *फैक्टर्स इनफ्लूएन्सिग दि सक्सेज़ ऑफ अप्लायड रिसर्च,* ए स्टडी आफ टेन एनआयएचएम फन्डेड प्रोजेक्ट, लांस एन्जीलिस, ह्यूमन इन्टरएक्शन रिसर्च इन्टरएक्शन रिसर्च इन्स्टीट्यूट, 1969.

गोयल, एस. एल. एण्ड जैन, आर. के. : *सोशल वेलफेयर एडमिनिस्ट्रेशन,* नई दिल्ली, दीप एण्ड दीप, 188, 1988.

गूडे, डब्लू. जे. एण्ड हॉट, पी. के., *मैथड्स ऑफ सोशल रिसर्च,* न्यूयॉर्क, मैक्ग्रा हिल्स, 1952.

गोपालन, वी. : *इवेल्यूएशन ऑफ सोशल वेलफेयर प्रोग्राम, इवेल्यूएशन ऑफ सोशल वेलफेयर इन इन्डिया, वी. आय. मिनिस्ट्री ऑफ वेलफेयर,* गवर्नमेन्ट ऑफ इन्डिया, 1987.

गुप्ता, एस.पी., *स्टेटिसटिकल मैथड्स,* नई दिल्ली, एस चान्द, 1980.

होस्ती, ओले आर., *कन्टेन्ट एनॉलिसिस* इन दि हैन्ड बुक ऑफ साइकोलॉजी, एडिटेड बाय गार्डनर लिन्डेजी एण्ड इलियट एन्डरसन, मास एडिसन, वेज़ली, 1968

होप्स, जे. जी. : सर्विसेज़ टू एण्ड बाय दि रियल पीपुल, *सोशल वर्क,* 34, 195—196, 1989.

हाउस, इ. आर., इवेल्यूएटिंग विथ वैलीडिटी, बिवेरली हिल्स, कैलिफोर्निया : सेज़, 1980.

जैकब, के.के. : *मैथड्स एण्ड फील्ड्स ऑफ सोशल वर्क इन इन्डिया,* बॉम्बे, एशिया पब्लिशिंग, 1965.

जैन, एस. सी. : *एप्लीकशन ऑफ सोशल रिसर्च इन डेवलपमेन्ट प्रोजेक्ट्स,* बड़ौदा, बड़ौदा सिटिजन काउन्सिल, 1982.

जयरत्ने, श्रीनिका, त्रिपोडी, टोनी, एण्ड तालसामा, इन्जेने : दि कॉम्परेटिव एनालिसिस एण्ड एग्रीगेशन ऑफ सिंगल केस डाटा, *जर्नल ऑफ अप्लायड बिहैवियरल साइन्सेस,* 1, 24, 119—28, 1988.

जयरत्ने, श्रीनिका एण्ड लेवी, रोना, एल. : *इम्पीरिकल क्लीनिकल प्रैक्टिस,* न्यूयॉर्क कोलम्बिया यूनीवर्सिटी प्रेस, 1979.

कर्लिन्जर, फ्रेड आर. *फाउन्डेशन्स ऑफ बिहैवियरल रिसर्च,* दिल्ली, सुरजीत पब्लिकेशन्स, 1964.

किदर, ल्यूइस एच., *रिसर्च मैथड्स इन सोशल रिलेशन्स,* न्यूयॉर्क होल्ट, 1981.

किस, लेसली, सर्वे सेम्पलिंग, न्यूयॉर्क, 1965.

खिन्दुका, एस. के. : *सोशल वर्क इन इन्डिया,* इलाहाबाद, किताब महल, 1965.

कोठारी, एल. आर., *रिसर्च मैथडोलॉजी,* न्यू डेलही : विश्वा प्रकाशन, 1985.

क्रिशेफ, कर्टिस एच., *फन्डामेन्टल स्टेटिसटिक्स फॉर ह्यूमन सर्विसेज़ एण्ड सोशल वर्क,* बोस्टन : डक्सबरी प्रेस, 1987.

लाकाटोस, इम्रे, *दि मैथडोलॉजी ऑफ साइन्टिफिक रिसर्च प्रोग्राम्स* (वॉल्यूम 1), कैम्ब्रिज़, कैम्ब्रिज़ यूनिवर्सिटी प्रेस, 1978.

लेविन, एम. एच. : *कास्ट इफेक्टिवनेस : ए प्रीमीयर,* नई दिल्ली, सेज़, 1985.

लुण्डबर्ग, जी. ए. *सोशल रिसर्च,* न्यूयॉर्क : लांगमैन, 1946.

लिन, ल्वोन्स एण्ड वी. मारिस (एडिटर्स) : *प्रोग्राम इवेल्यूएशन,* लन्दन, सेज़, 1978.

मायकल, जे. एण्ड एसोसिएट्स : *इवेल्यूएटिंग योर एजेन्सीज़ प्रोग्राम्स,* लन्दन, सेज़, 1982.

मिल, जे. एस., *ए सिस्टम ऑफ लॉजिक,* न्यूयॉर्क : लांगमेन, एट्थ एडिशन, 1930.

मिलेर, डी. सी., *हैन्डबुक ऑफ रिसर्च डिज़ायन एण्ड सोशल मेज़रमेन्ट,* न्यूयॉर्क : डेविड मेकी को., 1964.

मिशान, इ. जे. : *कास्ट बेनीफिट एनालिसिस : एन इनफार्मल इन्ट्रोडक्शन,* लन्दन, जार्ज एलेन एण्ड अनविन लिमिटेड, 1971.

मोन्टे, ड्यूआना आर. एट ऑल, *अप्लायड सोशल रिसर्च : टूल फार दि ह्यूमन सर्विसेज़,* शिकागो होल्ट, 1986.

मोज़र, सी. ए. एण्ड कॉलटन, *सर्वे मैथड्स इन सोशल इनवेस्टिगेशन,* लन्दन, हीनेमॉन एजूकेशनल बुक्स, 1975.

मूलेन, इ. जे. एट. आल. (एडि.) : *इवेल्यूएशन ऑफ सोशल इन्टरवेन्शन,* सैन फ्रान्सिसको जासी बास, 1972.

नचमियास, डी. एण्ड नचमियास, सी., *रिसर्च मैथड्स इन सोशल साइन्सेस,* न्यूयॉर्क सेन्ट मार्टिन्स प्रेस, 1981.

ऑपेनहीम, एन.ए., *क्वैश्चनायर डिज़ायन एण्ड एटीट्यूड मीज़रमेन्ट,* न्यूयॉर्क, बेसिक बुक्स, 1966.

ओस्ले, बी. एण्ड मेन्सिग, आर. डब्लू, *स्टेटिसटिक्स इन रिसर्च,* नई दिल्ली, ऑक्सफोर्ड, 1975.

पणन्दिकर, ए. पाय (एडि.) : *प्रोग्राम प्लानिंग एण्ड मैनेजमेन्ट इन डेवलपमेन्ट एडमिनिस्ट्रेशन इन इन्डिया,* दिल्ली, दि मैक्मिलन, 69–70, 1974.

पौल, चौधरी डी. : *सोशल वेलफेयर एडमिनिस्ट्रेशन,* दिल्ली, एवरेस्ट प्रेस, 1962.

पौल, चौधरी डी. : *ट्रेनिंग मैथडोलॉजी एण्ड मैनेजमेन्ट,* नई दिल्ली, स्टर्लिंग, 1962.

फिलिप, ए. ई. एट आल, *सोशल वर्क रिसर्च,* एण्ड दि एनालिसिस ऑफ सोशल डाटा, आक्सफोर्ड, पैरागैमन प्रेस,1975.

पोलानस्काय, एन. ए. (एडिटर) : *सोशल वर्क रिसर्च,* शिकागो, दि यूनिवर्सिटी ऑफ शिकागो प्रेस, 1975.

पोसोवा, इ., जे. एण्ड कैरे, आर. जी., *प्रोग्राम इवेल्यूएशन मैथड्स एण्ड केस स्टडीज़* एनजे, ईगलवूड क्लिफ : प्रैन्टिस हॉल, 1975.

रामचन्द्रन, पी., सोशल वर्क रिसर्च एण्ड स्टेटिसटिक्स इन *हिस्ट्री एण्ड फिलॉसफी ऑफ सोशल वर्क इन इन्डिया,* बॉम्बे : एलायड पब्लिशर्स, 1968.

रामचन्द्रन, पी. : रिसर्च इन सोशल वर्क, इन ए.बी. बोस (एडिटर्स) : इन *एनसाइक्लोपीडिया ऑफ सोशल वर्क इन्डिया,* न्यू डेलही : गवर्नमेन्ट ऑफ इन्डिया, 1987, 386.

रीड, डब्लू : दि सोशल एजेन्सी एज़ ए रिसर्च मशीन, *जर्नल ऑफ सर्विस रिसर्च,* 2, 11–23, 1978.

रीड, विलियम जे. : रिसर्च इन सोशल वर्क, इन एनसाइक्लोपीडिया ऑफ सोशल वर्क, सिल्वर स्प्रिंग, मेरीलैण्ड, 1987.

रिपोर्ट ऑफ दि वर्किंग ग्रुप ऑन *इवेल्यूएशन, नई दिल्ली, प्लानिंग कमीशन, गवर्नमेन्ट ऑफ इन्डिया,* 1964.

रोज़ी, एच.पी. एण्ड विलियम, डब्लू (एडिटर्स) : *इवेल्यूएटिंग ऑफ सोशल प्रोग्राम्स, थ्योरी, प्रैक्टिस एण्ड पालिटिक्स,* न्यूयॉर्क, सेमिनार प्रेस, 1972.

रोज़ी, पी., एण्ड एच., फ्रीमैन, *इवेल्यूएशन : ए सिस्टेमेटिक एप्रोच,* बेवेरले हिल्स : सेज़, 1982.

रूबिन, ऐलेन एण्ड बेबी, ई, *रिसर्च मैथडोलॉजी फॉर सोशलवर्क,* बेलमोन्ट, कैलिफोर्निया : वेड्सवर्थ, 1989.

सैन्डर्स, डी.एच. एट आल, *स्टेटिसटिक्स : ए फ्रेश एप्रोच,* नई दिल्ली, मैक्ग्रा हिल्स, 1975.

स्केनीरेर, एम.ए., *प्रोग्राम इवेल्यूएशन : दि आर्गेनाइजेशनल कान्टेक्सट,* बेवेरले हिल्स, कैलिफोर्निया : सेज़, 1980.

सेलीट्ज, जी. एट ऑल, *रिसर्च मैथड्स इन सोशल रिलेशन्स,* न्यूयॉर्क : होल्ट (थर्ड एडिशन), 1973.

सर्विस, ए. आय., मैन्टल, एस.जे. एण्ड रीज़मैन, ए : सिस्टम इवेल्यूएशन ऑफ सोशल एजेन्सीज़ इन *सिस्टम एप्रोच एण्ड दि सिटी* (एडिट.) एम. डी. मीज़ोरोविक एण्ड ए.रीज़मैन, एमस्टर्डम, नार्थ हालैन्ड पब्लिशिंग, 1972.

शाह, वी. एफ, रिसर्च *डिज़ायन अहमदाबाद* : रचना प्रकाशन, 1977.

स्जोबर्ग, जी. एण्ड नेट बी., *ए मैथडोलॉज़ी ऑफ सोशल रिसर्च,* न्यूयॉर्क, हार्पर एण्ड रॉ, 1968.

स्टाउफर, एस. ए. *सोशल रिसर्च टू टेस्ट आडियाज़,* न्यूयॉर्क : फ्री प्रेस ऑफ ग्लेकोय, 1962.

स्ट्राउस, एन्सीलन : *क्वालिटेटिव एनालिसिस फार सोशल साइन्टिस्ट,* कैम्ब्रिज़, कैम्ब्रिज यूनिवर्सिटी प्रेस (फोटोकॉपीज़ ऑफ मेजर पोर्शन ऑफ चैप्टर 1 इन दि लाइब्रेरी), 1982.

शूमैन, इ. ए., *इवेल्यूएटिव रिसर्च : प्रिन्सिपल्स एण्ड प्रैक्टिस इन पब्लिक सर्विस एण्ड सोशल एक्शन प्रोग्राम्स,* न्यूयॉर्क : रसेल सेज़ फाउन्डेशन, 1967.

टिली, चार्ल्स, *बिग स्ट्रचर्स, लार्ज प्रोसेसेज़ एण्ड ह्यूज़ कॉम्प्रेजन्स,* न्यूयॉर्क रसैल सेज़ फाउन्डेशन, 1982.

थॉमस, पी. टी., सोशल रिसर्च इन *एनसाइक्लोपीडिया ऑफ सोशल वर्क इन्डिया,* न्यू डेलही : गवर्नमेन्ट ऑफ इन्डिया, 1977.

थॉमस, इ. जे., : दि बीबीइयसडीएयस मॉडल फार इफेक्टिव प्रैक्टिस, *सोशल वर्क रिसर्च एण्ड ऑब्सट्रेक्ट,* 13,12–16, 1977.

थर्सटोन, एल.एल., एटीट्यूड्स कैन बी मीज़र्ड, *अमेरिकन जर्नल ऑफ सोशियोलॉजी,* 33, जनवरी 1928.

ट्रैकर, एच. बी. : ग्रुप प्रोसेस इन एडमिनिस्ट्रेशन, वूमेन्स प्रेस, न्यूयॉर्क, 308.

यूएनडीपी : *ह्यूमेन डेवलपमेन्ट रिपोर्ट,* ऑक्सफोर्ड प्रेस, न्यूयॉर्क, 1993.

वैन मानेन, जॉन : *वैराइटीज़ ऑफ क्वालिटेटिव रिसर्च,* नई दिल्ली, सेज़, 1982.

वीस्स, कैरोल, *इवेल्यूएशन रिसर्च,* ईगलवूड क्लिफ एन.जे., प्रैन्टिस हॉल, 1972.

वर्नर, डब्लू. बी., *आब्जेक्टिक्स ऑफ सोशल करीकुलम ऑफ दि फ्यूचर,* न्यूयॉर्क : काउन्सिल ऑफ सोशल वर्क एजूकेशन, 1959.

वीनबैक, आर. डब्लू. एण्ड रूबिन, ए. (एडिटर्स) : *टीचिंग ऑफ सोशल वर्क रिसर्च : अल्टरनेटिव प्रोग्राम्स एण्ड स्ट्रेटजीज,* न्यूयॉर्क, काउन्सिल ऑफ सोशल वर्क एजूकेशन, 1980.

विल्किनसन, टी.एस. एण्ड भण्डारकर, पी.एल., *मैथडोलॉजी एण्ड टेक्निक्स ऑफ सोशल रिसर्च,* बॉम्बे, हिमालया पब्लिशिंग, 1977.

यीन, राबर्ट के., *केस स्टडी रिसर्च डिज़ायन एण्ड मैथड्स,* अप्लायड सोशल रिसर्च मैथड्स सीरीज़, वाल्यूम 5, न्यू डेल्ही : सेज़, 1982.

यंग, पी.वी. *साइन्टफिक सोशल सर्वेज़ एण्ड रिसर्च,* इगलवूड क्लिफ, एन.जे. प्रैन्टिस हॉल (चौथा संस्करण), 1953.